C 로 코딩된
소스 프로그램 연습

자연과학 및 공학해석을 위한

수치해석

노성철 지음

Numerial Methods for Analysis of
Natural Science and Engineering Problems

도서출판 동화기술

이 책은 자연과학이나 공학에서 자주 나오는 문제들을 컴퓨터를 이용하여 쉽게 해를 얻어내는 기본적 방법을 제공하고자 기술된 서적이라 할 수 있다. 사실상 이와 관련한 수치해석 책은 헤아릴 수 없이 많다. 따라서, 또 하나의 책을 내 놓는 것에 대한 타당성을 설명하기 어려운 것도 사실이다. 이러한 상황에서 본서는 다 년간 대학에서 수치해석을 가르치며 학생들이 어려워하는 것이 무엇이고 학생들에게 꼭 필요한 것이 무엇인가에 초점을 맞추어 어려운 수학적 이론에 매달리기 보다는 실제로 컴퓨터를 활용하여 실질적으로 문제를 해결하는 것에 역점을 두어 기술하였다. 따라서 본서의 특징은 혼자서도 수치해석을 공부할 수 있도록 전체적으로 쉽게 설명하려 하였고, 각 단원 예제를 통해 수치해석 이론을 연습하도록 하였으며, 더 나아가 C 프로그램으로 각각의 예제를 프로그래밍 하여 컴퓨터를 이용하여 해를 구하도록 유도하여 수치해석을 쉽고 친숙하게 하도록 하였다.

이 책은 총 3개의 파트로 구성되어 있다. 파트 1에서는 수치해석 전반을 이해하는데 필요한 수학적 기초와 본서에서 제공하는 C 프로그램을 이용하는데 필요한 C 언어 기초를 기술하였고, 파트 2에서는 수치해석에서 다루는 일반적인 내용, 즉 방정식의 근 구하기, 주어진 데이터 사이값을 추정하는 보간법, 행렬의 풀이를 통한 연립방정식의 해를 구하는 방법, 데이터 근사 함수 구하기, 수치적분 구하기, 고유치 및 고유벡터 구하기, 최적화 이론 및 적용 등 총 7개 장으로 구분하여 다루었다. 마지막으로 파트 3에서는 자연과학이나 공학 문제에서 자주 나타나는 미분방정식의 해법을 다루었는데, 이러한 미분방정식은 다시 상미분방정식과 편미분방정식으로 구분되므로, 파트 3는 총 2개의 장으로 나누어 상미분방정식과 편미분방정식의 해법을 다루었다. 상미분방정식의 해법으로는 초기치 문제와 경계치 문제에 대한 해법을 다루었고, 편미분방정식의 해법으로는 편미분방정식이 크게 포물형 편미분방정식, 타원형 편미분방정식, 그리고 쌍곡선형 편미분방정식으로 구분되는 것과 관련하여 각각에 대한 일반적인 해법을 비교적 상세하게 다루었다. 또한, 앞서 언급한 각각의 수치해석 주제에 따른 컴퓨터를 이용한 실질적 계산을 할 수 있도록 C 프로그램 소스파일을 제공함으로써 자연과학도나 공학도 모두에게 도움이 되도록 하였다.

끝으로, 이 책이 나오도록 해주신 도서출판 동화기술 여러분께 감사를 드립니다.

알려드립니다.

본 도서에 필요한 C 프로그램 소스파일은
자사 홈페이지에서 다운로드 가능하오니
아래 안내를 참고하셔서 이용해주시기 바랍니다.

C 프로그램 소스파일 다운로드 안내

https://www.donghwapub.co.kr
도서출판 동화기술 홈페이지 고객센터 내 자료실

목차

Part I. 수치해석의 기초

Part II. 자연과학 및 공학해석을 위한 기초수치해석

Part I

수치해석의 기초

수치해석이란

궁극적으로 미분방정식으로 표현되는 자연과학 및 공학 문제를 풀기 위한 방법론이라고 말할 수 있겠다.
자연과학 및 공학에서 자주 나타나는 고유치, 고유벡터, 최적화 이론 등 여러 가지 문제들의 해를 컴퓨터를 통해 쉽고 간단하게 얻고자 하는 것이다.
이러한 문제들 중에는 이미 획득한 데이트를 통하여 획득하지 못한 구간에서의 값을 얻고자 하는 보간(Interpolation) 기법, 어떤 함수의 임의 구간에서의 적분값의 산정, 임의 방정식의 근 구하기, 주어진 데이터를 임의 Curve로 근사시키는 기법, 그리고 행렬방정식의 해법을 이용한 선형방정식들의 해를 구하는 방법들을 포함한다.
컴퓨터를 이용하여 이러한 자연과학 및 공학에서의 제반 문제들을 해결하기 위해 컴퓨터 프로그램 언어가 필수적으로 사용되어야 하는데 대표적으로 C 언어, MATLAB, Python, BASIC, FORTRAN 등의 언어가 사용된다.

수치해석 응용

최근에는 자연과학·공학 문제를 해결하는 상용 패키지들, 즉 ANSYS, FLUENT, NASTRAN, COMSOL 등을 들 수 있는데, 이 모든 패키지들의 내부 프로그래밍은 앞의 언급한 수치해석의 여러 가지 기법들을 통하여 C 언어, BASIC, FOTRAN 등의 다양한 컴퓨터 언어로 프로그래밍 된 것들이다.
컴퓨터를 이용한 실재응용문제의 해결은 항공기, 자동차, 선박 주변으로의 유동문제로부터 인체 내부의 혈류유통의 계산뿐 만 아니라, 가스터번 엔진의 유동, 구조물의 하중계산, 파괴 문제에 이르기까지 다양한 영역에서 계산을 수행하며, 실험결과에 결코 뒤지지 않은 정밀한 계산을 수행하는데 까지 이르고 있다.
이는 최근 컴퓨터 하드웨어의 급속한 발달로 계산속도의 비약적 발전과 컴퓨터 저장 능력의 향상으로 이루어진 결과라 할 수 있다. 또한, 컴퓨터의 계산속도의 급속한 향상은 이러한 실재응용문제에 대한 방대한 계산을 가능케 하며, 또한 계산의 정확도를 높이고 있다.

0. 컴퓨터 프로그램 언어 C 소개

0.1 C 프로그래밍 언어

C 언어는 1972년 리치(Ritchie)에 의해 개발된 컴퓨터 프로그래밍 언어로 다양한 컴퓨터 기종의 시스템 OS를 비롯하여 자연과학, 공학용 프로그램에도 광범위하게 쓰이는 컴퓨터 언어로 사용되어 왔다. 수치해석과 같이 자연과학 및 공학적인 계산에 있어서도 몇 가지 C 언어의 기본사항만 숙지하면 프로그래밍이 쉽고 또한 프로그램을 실행할 컴파일러도 인터넷 등에서 쉽게 프리웨어를 다운받아 사용할 수 있다는 장점이 있다. C 언어 프로그램을 컴파일 할 프리웨어가 여럿 있지만, 그 중에 Dev-C++가 다운로드 및 설치실행이 쉽고 간편하다.

0.2 Dev-C++ 컴파일러 사용법

Dev-C++ 컴파일러는 무료로 다운로드 받아 설치 후 사용할 있는 프리웨어로 매우 유용한 C, C++ 컴파일러이다. Dev-C++ 컴파일러는 C 또는 C++로 작성된 프로그램을 컴파일 할 수 있도록 되어 있고, 디버깅 등 사용하기 쉽고 편리하다. 먼저 구글이나 네이버 등에서 Dev-C++를 검색하면 아래와 같은 사이트가 나오고 Dev-C++를 다운로드 받는다.

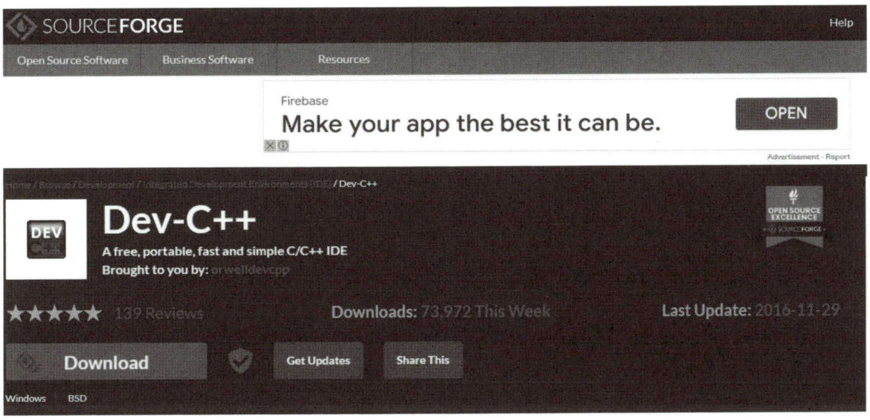

다운로드 된 실행파일은 “Dev-Cpp 5.11 TDM-GCC 4.9.2 Setup.exe”와 같이 되며 이를 실행하면

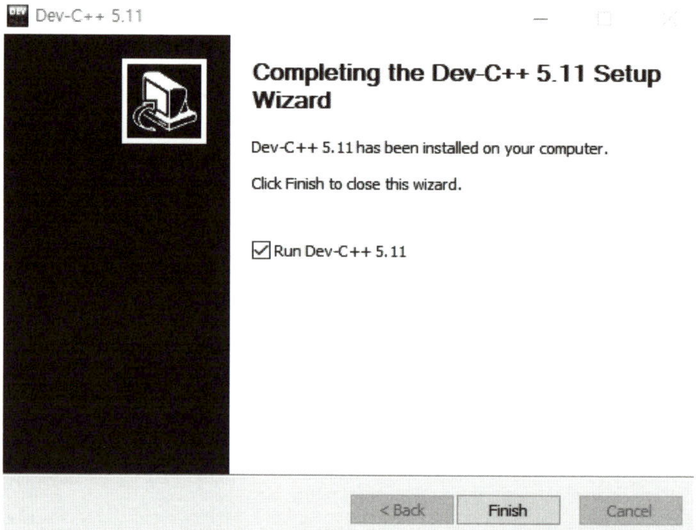

와 같이 되어 Finish를 누르면 설치완료 된다. 이제 C 언어 기본사항을 연습해 보자. 이러한 C 언어 기본사항의 숙지는 앞으로 수치해석의 각 단원마다 제공될 C 프로그래밍 연습문제 풀이의 소스 파일을 실행하여 결과들을 살펴보는데 도움이 될 것이다.

0.2.1 Dev-C++ 실행

앞서 설치된 Dev-C++ 컴파일러를 실행해 보자. 먼저, 제공된 아래 Dev-C++ 실행.cpp 파일[파트 2, 5장에서 다룰 수치적분 (예)]을 열어보자.

이름	수정한 날짜	유형	크기
Dev-C++ 실행.cpp	2022-07-25 오후 4:04	C++ Source File	1KB

그리고 위 파일을 열어보면 다음과 같다.

[*] Dev-C++ 실행.cpp

```
#include <stdio.h>
#include <math.h>

#define func(x) (cos(x))

double fx[101];

main ()
{

    FILE *out1;
    out1=fopen("integration(trapezoidal method)_ex1.dat","w");

    int i,n;
    double x,x0,xn,delx,area_pre,area_integ;

    n=4;           /* number of span  */

    x0=-3.141592/2.0;
    xn=3.141592/2.0;
    delx=(xn-x0)/float(n);

    for(i=0;i<=n;i++)
    {
        x=x0+delx*float(i);
        fx[i]=func(x);
    }

    area_pre=0.0;

    for(i=1;i<=n-1;i++)
    {
        area_pre=area_pre+2.0*fx[i];
    }

        area_integ=(delx/2.0)*(fx[0]+fx[n]+area_pre);

    for(i=0;i<=n;i++)
    {
        fprintf(out1,"fx[%f] = %f \n", i*delx, fx[i]);
    }

        fprintf(out1,"\n");
        fprintf(out1,"integration_trapezoidal method = %f \n", area_integ);

    fclose(out1);
}
```

Line: 4 Col: 1 Sel: 0 Lines: 47 Length: 796 Insert Done parsing in 0.078

여기서 상단의 키(compile & run)를 클릭하면 위 실행파일이 있는 디렉토리에 아래와 같은 파일이 생성된다. 즉, 위 프로그램을 실행한 것이며 계산된 결과를 파일로 출력한 것이다.

이름	수정한 날짜	유형	크기
Dev-C++ 실행.cpp	2022-07-25 오후 4:04	C++ Source File	1KB
Dev-C++ 실행.exe	2022-07-25 오후 4:30	응용 프로그램	133KB
integration(trapezoidal method)_ex1.dat	2022-07-25 오후 4:30	DAT 파일	1KB

여기서, 소스파일을 컴파일해서 “Dev-C++ 실행.exe”와 같은 실행파일이 생성되고 그것을 실행하여 데이터파일인 “integration(trapezoidal method)_ex1.dat”가 생성된다. 생성된 데이터파일을 열어보면 아래와 같은 결과를 주고 있는 것을 볼 수 있다.

integration(trapezoidal method)_ex1.dat - Windows 메모장

파일(F) 편집(E) 서식(O) 보기(V) 도움말(H)

```
fx[0.000000] = 0.000000
fx[0.785398] = 0.707107
fx[1.570796] = 1.000000
fx[2.356194] = 0.707107
fx[3.141592] = 0.000000

integration_trapezoidal method = 1.896119
```

앞으로 수치해석의 각 단원에서 제공될 C 프로그래밍 연습 소스파일을 열고 위와 같이 실행하면 데이터 파일로 수치해석 계산결과를 볼 수 있게 될 것이다. Dev-C++ 실행과 관련해서는 여기까지 살펴보고, 다음으로는 간단한 C 언어의 기본을 살펴보도록 하자.

0.3 C 프로그램의 구조

앞 절에서 살펴본 “Dev-C++ 실행.cpp” 소스파일을 보면

```
main()
{
 ⋮        /* 실행코트 */
 ⋮

}
```

와 같은 구조가 보이는데, 이러한 구조가 C 프로그램 실행의 기본 구조이며, main() 위로는

```
#include <stdio.h>
#include <math.h>
 ⋮
```

가 보이는데 #include <stdio.h>는 C 언어에서 기본적으로 사용하는 입출력 함수가 담겨있으며, #include <math.h>는 수학적 계산을 위한 함수들이 담겨있다. 따라서, C 프로그래밍을 할 때 항상 들어가야 할 함수들이므로 main() { … } 위에 선언해주어야 한다. 또한 이러한 함수들 아래로 또

하나의 함수가 나오고 있는데 #define func(x) (cos(x))를 볼 수 있다. 이것은 main() 구조 안에 프로그램 실행에서 포함되는 임의 함수를 미리 main() 위에서 포함시키는 것이라는 것을 알 수 있다. 이러한 임의 함수는 항상 넣는 것이 아니라 필요할 때 넣는 것으로 이해하면 되겠다.

0.4 변수(Variables)

수치해석 계산을 하다보면 정수형 변수 실수형 변수로 구분해 놓아야 할 경우가 대단히 많다. C 언어에서는 변수를 정수형(int) 또는 실수형(float, double)으로 구분하도록 프로그래밍 할 때 선언하도록 되어있다. 그 외에 문자형(char) 등도 있지만 수치계산을 위해선 위 정수형 및 실수형 변수 선언으로 충분하므로 이에 대해서 살펴보도록 하자.

위의 "Dev-C++ 실행.cpp" 파일을 보면 line 14～15를 보면

```
14    int i,n;
15    double x,x0,xn,delx,area_pre,area_integ;
```

와 같다. line 14를 보면 "int i, n;"이 나오는데, 여기서 int는 integer, 즉 정수형을 의미하고 그 옆에 i, n은 각각 뒤에서 사용할 변수를 나타내며 이것을 정수로 선언한다는 것이다. 그리고 line 15에서 double은 뒤에 나오는 x, x0, xn, delx, area_pre, area_integ 6개 변수를 각각 실수형으로 선언하는 것을 보여주고 있다. 그리고 프로그램을 보면 " ; "으로 끝나고 있는데, 이것은 문장일 끝났을 때 " . "를 붙이는 것으로 이해하면 되겠다. 프로그램을 보면, 이러한 정수형 및 실수형 변수를 선언하고 아래에서는 이러한 변수에 대한 값들을 지정하고 있는데, line 17～21을 살펴보면

```
17    n=4;              /* number of span */
18
19            x0=-3.141592/2.0;
20            xn=3.141592/2.0;
21            delx=(xn-x0)/float(n);
```

와 같다. line 17에서 "n=4"를 볼 수 있는데, n을 정수형으로 선언하고 있으므로 "n=4"로 쓰고 있다. 만약 위에서 n을 실수형으로 선언했다면, 즉 "double n"으로 했다면, line 17에서 "n=4.0"으로 해야 할 것이다. 참고로 옆에 "/* number of span */"이 있는데, 이는 C 프로그램에서 자주 볼 수 있는 것으로 프로그램 계산과 상관없는 코멘트를 기술할 때 /* … */를 사용하는 것이다. 뒤에 line 19～20을 보면 "x0=-3.141592/2.0;", "xn=3.141592/2.0;"이 나타나는데, 위 line 15에서 실수형으로 선언했으므로, 각각 실수를 할당하고 있는 것을 볼 수 있다. 마지막으로 line 21을 보면

delx가 나타나는데, 우변이 (xn-x0)/float(n);으로 실수형인 것을 알 수 있다. 특히, float(n)은 앞서 line 14에서 "int i, n"으로 n을 정수형으로 선언하고 있으므로, 특히 line 21 "delx=(xn-x0)/float(n);" 에서만 n을 실수형으로 사용할 때 이렇게 사용한다.

0.5 연산자(Operators)

C 언어에는 여러 가지 연산을 할 수 있도록 연산자를 제공하는데, 여기에는 산술연산자(Arithmetic Operator), 증감연산자(Increment and Decrement Operators), 관계연산자(Relational Operator), 논리연산자(Logical Operator) 등이 있다.

0.5.1 산술연산자(Arithmetic Operators)

컴퓨터를 이용한 수치해석 계산에 기본적으로 필요한 것이 사칙연산 (+, −, ×, ÷)이다. 앞서 다룬 "Dev-C++ 실행.cpp" 프로그램 line 21에서 "delx=(xn-x0)/float(n);"을 보면 우변에서 xn에서 x0를 빼라는 빼기연산(−)이 있고 또 이러한 값(xn-x0)을 float(n)으로 나누라는 나누기연산(÷)이 (/)와 같이 있다. line 25에서는 "x=x0+delx*float(i);"을 보면 delx와 float(i)를 서로 곱하라는 곱하기연산(*)이 있고 이러한 값(delx*float(i))을 x0에 더하라는 더하기연산(+)이 있다는 것을 알 수 있다.

0.5.2 증감연산자(Increment and Decrement Operators)

C 언어를 소개할 때 반복문(for~)을 소개하게 되는데, 이때 많이 사용하는 것이 증감연산자이다. 반복문이란 계속해서 같은 연산을 반복해서 수행하게 하는 것인데, (++) 혹은 (− −)와 같은 연산자를 쓰게 된다. 앞으로 다룰 수치해석 예제의 C 프로그래밍에서는 (++) 연산자를 주로 사용한다. 위의 "Dev-C++ 실행.cpp" 파일을 다시보자. line 23~27을 보면 반복문(for~)이 나타나는데, line 23~27에서 "for(i=0;i<=n;i++) { … }"와 같이 (++)연산자가 보인다. 뒤에서 설명하겠지만, 위의 for 반복문은 i=0에서부터 i=n까지, 즉 n+1회 만큼 괄호 { … }안에 있는 내용을 반복해서 수행하라는 의미이다. 이때 (++) 혹은 (− −)는 증가하면서 혹은 감소하면서 반복해서 수행하는 것을 나타낸다.

0.5.3 관계연산자(Relational Operators)

앞서 언급한 변수는 수치해석 프로그래밍에서 주로 어떤 숫자 값을 담게 되는데, 변수가 여럿 있을 때 이러한 변수 사이의 관계를 나타내는 연산자가 필요하다. 이러한 연산자를 관계연산자(>, >=, <, <=)라고 한다. 앞서 언급한 "Dev-C++ 실행.cpp" 파일을 살펴보자. line 23에서 "for(i=0;i<=n;i++)"를 보면, 괄호안의 내용은 i=0부터 { … } 내용을 실행하는 의미로 앞서 설명하였다. 이 때 n=4라고 하면, 괄호안의 내용 중 "i<=n"이 나오는데, 이는 i가 n=4보다 작거나 같으면 { … }를 수행하라는 의미이다. 결과적으로 "for(i=0;i<=n;i++) { … }" 의미는 i가 1씩 증가한 0, 1, 2, 3, 4일 때 각각 { … } 연산을 수행하라는 의미인 것이다.

0.5.4 논리연산자(Logical Operators)

논리연산자는 참과 거짓을 판별하는데 사용하는 연산자로 &&(and), ||(or), !(not) 3개의 연산자가 있다. 예를 들면, 두 개의 논리 사이에 &&연산자가 있으면 두 개의 논리가 모두 참일 때 그대로 참이고, 하나라도 거짓이면 거짓이 되는 의미이고, 두 개의 논리 사이에 ||연산자가 있으면 두 개의 중 하나만이라도 참이면 참이 된다는 의미이다. (!) 연산자와 관련하여서는, 어떤 논리를 A라 하면 !A는 A 논리의 부정을 의미한다.

0.6 조건문(if~문)

수치해석 프로그래밍을 수행하다보면 조건을 통하여 수행을 분기해야 하는 상황이 발생한다. 이러할 때 C 언어의 조건문(if~문)은 강력하다. if~문의 형식은 아래와 같다.

```
if( 조건 )
{  ...
   ...
}
```

위 if~문 형식은 if(조건)에서 괄호안의 조건을 만족하면 아래 { … } 내용을 수행하고, 괄호안의 조건을 만족하지 않으면 { … } 내용을 수행하지 않고 뛰어 넘어 다음단계로 넘어 가는 형식으로 기술된다. 다음으로는 if~ else~ 문의 형식을 나타낸다.

```
if( 조건 )
{  ...
   ...
```

```
}
else
{ ...
  ...
}
```

if~ else~ 문은 if(조건)에서 조건이 맞으면 아래 { … } 내용을 수행하고 if(조건)의 조건이 맞지 않으면 else 다음의 { … } 내용을 수행하는 조건문이 된다. 수행이 끝나면 프로그램의 다음 단계로 넘어간다.

0.7 반복문(for~문)

C 언어에서 반복문은 while~문, for~문, do~ while문 등 여러 가지가 있는데, 이러한 반복문은 동일한 작업(연산 포함)을 몇 가지 형식에 의해 반복수행하도록 고안된 것이다. 실제로, 수치계산을 수행할 때 반복적인 계산이 많은 경우 필요하다. 이러한 때 반복문은 수치계산에 강력한 도구가 된다. 이 책에서는 실제 수치해석 문제에 대한 C 프로그램을 소개하는데 수치해석 특성상 반복계산이 많으며 주로 for~문을 활용하고 있다. 위 언급한 반복문 각각에 대하여 형식은 다음과 같은데, 먼저 while~문부터 살펴보도록 하자.

```
while ( 조건 )
{  ...
   ...
}
```

위 while~문은 괄호안의 조건이 맞으면 아래 { … } 내용을 수행하라는 의미이다.

```
for (초기식; 조건식; 증감식)
{  ...
   ...
}
```

위 for~문은 괄호안의 반복문 제어식이 (초기식; 조건식; 증감식)와 같이 구체적으로 언급되고 있다. 즉, { … }안의 내용을 101번의 반복계산을 수행하라고 하면 초기식을 i=0으로 놓고, 조건식을 i<=(n=100)으로 놓고, 마지막 증감식을 i++로 놓으면 되는데, for(i=0; i<=n; i++) { … }와 같이 된다. 앞의 내용 중 “Dev-C++ 실행.cpp” 파일을 다시 살펴보면, line 23~27에서 for~문이 다음과 같이 나오고 있는데

```
4    #define  func(x) (cos(x))

17   n=4

19         x0=-3.141592/2.0;
20         xn=3.141592/2.0;
21         delx=(xn-x0)/float(n);

23   for(i=0; i<=n; i++)
24   {
25   x=x0+delx*float(i);
26   fx[i]=func(x);
27   }
```

위 반복문(for~문)을 살펴보면, line 4에서 함수 "func(x)=cos(x)"가 정의되어 있고, line 17에서는 이미 n=4로 설정되어 있으므로, line 23을 보면 인덱스 i=0에서 i<=n까지 i가 하나씩 증가하면서(i++) 5회 아래 { … } 내용을 수행하라는 의미이다. 한편, line 19~21에서 x0, xn, delx값들이 정의되어 위 for~문을 수행하면 다음과 같은 결과를 얻게 된다.

```
f[0]=cos(x0+delx*float(0))=cos(-3.141592/2.0+(3.141592/4.0)*0.0)=0.000000
f[1]=cos(x0+delx*float(1))=cos(-3.141592/2.0+(3.141592/4.0)*1.0)=0.707107
f[2]=cos(x0+delx*float(2))=cos(-3.141592/2.0+(3.141592/4.0)*2.0)=1.000000
f[3]=cos(x0+delx*float(3))=cos(-3.141592/2.0+(3.141592/4.0)*3.0)=0.707107
f[4]=cos(x0+delx*float(4))=cos(-3.141592/2.0+(3.141592/4.0)*4.0)=0.000000
```

0.8 배열(Arrays)

컴퓨터를 이용한 수치해석 계산 시 C 언어에서 제공하는 배열은 매우 유용하게 이용된다. 즉, 배열은 프로그램 작성 시 매번 변수를 설정하지 않고 수치계산을 배열을 선언함으로써 간단하게 처리하는 도구가 된다. 앞서 언급한 반복문(for~문) 예에서 f[0], f[1], f[2], f[3], f[4]와 같은 5개의 변수는 계산된 값을 저장하게 되는데, 매번 이러한 변수를 선언하지 않고, "Dev-C++ 실행.cpp" 프로그램에서 line 6을 보면 "double fx[101]"과 같이 배열이 선언되어 있는데, 이는 실수형으로 f[0], f[1], … , f[100]과 같이 101개의 변수를 선언해 놓은 것과 같다. 이러한 배열을 1차원 배열이라고 한다. 한편, 다음과 같이 배열을 설정하고 초기값을 부여할 수도 있다.

```
float fx[5] = {0.1, 0.2, 0.3, 0.4, 0.5};
```

위 배열초기화를 통하여 fx[] 1차원 배열, 즉 5개의 실수형 변수가 만들어지고 초기값이 부여되는데, fx[0] = 0.1, fx[1] = 0.2, fx[2] = 0.3, fx[3] = 0.4, fx[4] = 0.5와 같이 각각의 변수들에 초기값들이 부여된다. 다음과 2차원 배열에 초기값을 설정한 예를 살펴보자.

```
double A[3][3] = {{1.0, 2.0, 3.0}, {4.0, 5.0, 6.0}, {7.0, 8.0, 9.0}};
```

위에서는 A[3][3]을 통하여 9개의 변수가 생성되는데, A[0][0], A[0][1], A[0][2], A[1][0], A[1][1], A[1][2], A[2][0], A[2][1], A[2][2]와 같이 9개의 변수가 생성된다. 그리고 초기값이 각각의 변수들에 대하여 우변과 같이 할당되므로, A[0][0]=1.0, A[0][1]=2.0, A[0][2]=3.0, A[1][0]=4.0, A[1][1]=5.0, A[1][2]=6.0, A[2][0]=7.0, A[2][1]=8.0, A[2][2]=9.0과 같이 각각의 변수들에 초기값이 부여되고 있다. 이러한 2차원 배열은 수학의 행렬방정식을 다룰 때 그대로 사용된다. 즉, 다음과 같은 (3×3) A행렬을 표현할 때 2차원 배열을 사용하여 C 프로그래밍 한다.

$$A = \begin{bmatrix} 1\,2\,3 \\ 4\,5\,6 \\ 7\,8\,9 \end{bmatrix} \Rightarrow \text{“int A[3][3] = \{\{1, 2, 3\}, \{4, 5, 6\}, \{7, 8, 9\}\};”}$$

0.9 파일 입출력(Input and Output)

C 언어로 프로그래밍 된 수치해석 계산결과를 출력할 때 특정 이름을 갖는 파일로 저장하여 출력하게 되는데, 이때 사용되는 방법이 C 언어 파일 입출력 문이 된다. 파일 입출력 문은 다음과 같은 형식을 갖는다.

```
FILE *변수;
변수 = fopen( "파일이름", "읽기 또는 쓰기")
...

fprintf(변수, "형식", 출력할 내용);
...

fclose(변수);
```

위 구조와 같이 읽거나(r) 쓰게(w) 되면 fope n안에 있는 “파일이름”으로 읽거나(r) 출력내용이 저장(w)된다. 따라서, 수치 계산한 결과를 임의 파일 이름으로 저장할 때 위와 같은 형식으로, 특별히 fopen(“파일이름”, “w”) 형식으로 C 프로그래밍 하면 계산결과를 임의 파일이름으로 저장하게 된다. 위에서 언급한 “Dev-C++ 출력.cpp” 프로그램을 다시 한 번 살펴보면 line 11~12에서

```
11    FILE *out1;
12    out1=fopen("integration(trapezoidal method)_ex1.dat","w");
```

와 같이 나타난다. 여기서 line 11의 "out1" 변수를 의미하며, "*out1"은 포인터 변수라 하여 컴퓨터 안에서의 임의 저장 공간을 나타낸다. 즉, 계산결과를 이곳에 출력 저장하게 된다. line 12에서 fopen안에 있는 "integration(trapezoidal method)_ex1.dat"라는 파일 지정하고 옆에 있는 "w"는 쓰기를 나타낸다. 어떤 임의 파일을 지정하고 "r"로 하면 읽으라는 의미이다. 따라서, line 12는 지정된 파일에 계산한 결과를 출력 저장하라는 의미이다. 또한, line 38～41에서

```
38    for(i=0; i<=n; i++)
39    {
40    fprintf(out1,"fx[%f] = %f \n", i*delx, fx[i]);
41    }
```

fprintf의 괄호 안의 내용 중 "fx[%f] = %f ＼n"의 형식으로 i*delx 그리고 fx[i]를 out1변수 지정공간에 출력저장 하라는 의미이다. 이때 출력형식 중 "＼n"은 한줄 씩 넘기면서 출력하라는 의미이다. 앞서 다룬 반복문(for～문)에 출력을 실행하는 것이므로 위 line 38～41의 결과는 다음과 같다.

```
fx[0.000000] = 0.000000
fx[0.785398] = 0.707107
fx[1.570796] = 1.000000
fx[2.356194] = 0.707107
fx[3.141592] = 0.000000
```

즉, "integration(trapezoidal method)_ex1.dat" 파일을 열면 위의 결과가 있다. 좀 더 자세한 내용을 알기 바라는 독자는 책 뒤에 언급한 참고문헌 중 B. W. Kernighand와 D. M. Ritche의 "The C Programming Language"를 참고하기 바란다.

Chap 1. 테일러급수와 오차범위(Taylor Series and Error Bound)

앞서 연급한대로 자연과학 및 공학 문제의 많은 부분은 미분방정식으로 (상미분방정식, 편미분방정식) 나타난다고 하였다. 이러한 미분방정식을 컴퓨터로 해결하기 위해서 우선, 미분방정식을 선형연립방정식 형태로 바꾸어야 한다. 왜냐하면, 컴퓨터의 연산이 (+, −, ×, ÷)와 같이 사칙연산이 기본이기 때문에, 미분방정식의 미분항을 컴퓨터가 인식할 수 있는 사칙연산 형태, 즉 선형연립방정식 형태로 바꾸어 주어야 하기 때문이다.

이렇듯 미분방정식을 선형연립방정식 형태로 바꾸고 산술적 연산 작업을 할 경우, 수학적 기초를 필요로 하는데, 테일러급수전개(Taylor series Expansion)와 유한차분법(Finite Differencing Methods)과 같은 수학적 도구가 요구된다.

테일러 함수를 살펴보면 각 항들에 저차(Low Order)로부터 고차(High Order)에 이르는 미분항들로 구성되어 있어 임의 미분항이 함수값의 가감승제로 나타나게 된다.

또한 앞에 언급한 유한차분법은 어떤 임의점에서 저차로부터 고차에 이르는 미분항을 임의구간에서의 함수값의 가감승제(+, −, ×, ÷)로 나타내는 기초를 제공한다.

이러한 테일러급수이론과 유한차분법을 통하여 자연과학 및 공학 문제인 미분방정식을 선형연립방정식으로 바꾸게 되면, 선형연립방정식은 다시 행렬방정식으로 바뀌게 되는데 이러한 행렬방정식은 컴퓨터로 해석 가능한 Gauss Elimination, Gauss-Jordan Elimination, Gauss Siedel 방법 등으로 해를 구하게 되며 이러한 해는 결국 본래 미분방정식의 해가 되며, 더 나아가 자연과학 및 공학문제를 해결한 셈이 된다.[1)]

Taylor 급수는 어떤 함수 $f(x)$의 임의점 $x=a$에서의 함수값 및 도함수값 $f(a)$, $f'(a)$, $f''(a)$, $\cdots$, $f^{(n)}(a)$, $\cdots$ 로 알고 있다면, $x=a$ 근처 $x=x$에서의 함수값을 이러한 함수값 및 도함수값들의 무한급수로 나타낼 수 있다는 것을 보여준다.

$$f(x)=f(a)+(x-a)f'(a)+\frac{(x-a)^2}{2!}f''(a)+\ \cdots\ +\frac{(x-a)^n}{n!}f^n(a)+\ \cdots \tag{1}$$

즉, (1)식이 성립하려면 $x=a$ 점에서 해석적 ($f'(a)$, $f''(a)$, $\cdots$, $f^n(a)$, $\cdots$, 존재)이어야 하며, 만약 그렇다면, 임의 $x=x$에서의 함수값 $f(x)$을 $x=a$에서의 알고 있는 값들의 무한한 합으로 구해진다.

1) 여기서 Taylor series Expansion 이론은 수치해석을 통하여 방정식을 풀 때 오차의 범위 및 크기를 제시해준다. 따라서, Taylor series Expansion은 수치해석 초기에 학습한다.

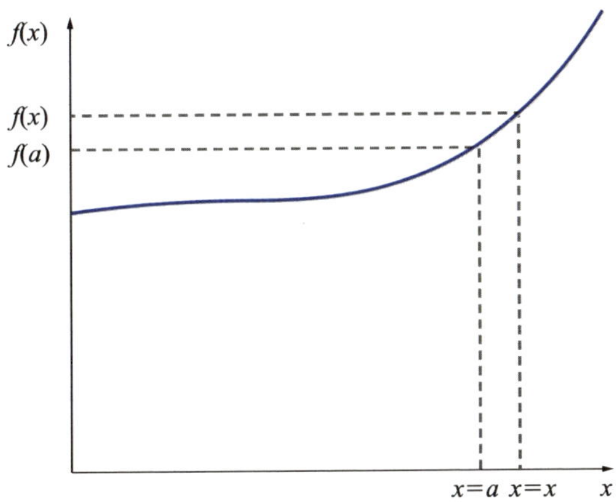

그림 I-1-1 테일러급수 (1)식 이해를 위한 그래프

만약 (1)식에서 $f(x)$ 값을 구하기 위해 우변항 $n+1$개 항만 취한다면, $n+2$ 이후의 항들 합만큼 오차가 발생할 것이며, 이를 절단오차(Cut-Off Error) $\sigma(x-a)^{n+1}$로 표시한다. 즉,

$$f(x) = f(a) + (x-a)f'(a) + \frac{(x-a)^2}{2!}f''(a) + \cdots + \frac{(x-a)^n}{n!}f^n(a) + \sigma(x-a)^{n+1} \quad (2)$$

예를 들면,

$$f(x) = f(a) + (x-a)f'(a) + \frac{(x-a)^2}{2!}f''(a) + \sigma(x-a)^3 \quad (3)$$

$$f(x) = f(a) + (x-a)f'(a) + \frac{(x-a)^2}{2!}f''(a) + \frac{(x-a)^3}{3!}f'''(a) + \sigma(x-a)^4 \quad (4)$$

(2), (4)로부터, $\sigma(x-a)^3 > a(x-a)^4$이고 $a(x-n)^n > a(x-a)^{n+1}$이다.

한편, 이러한 절단오차의 크기와 관련하여

$$\left|\frac{d^{n+1}f}{dx^{n+1}}\right|_{\max} \cdot \left|\frac{(|x-a|)^{n+1}}{(n+1)!}\right| > \sigma(x-a)^{n+1} \quad (5)$$

(5)식은 수학적으로 항상 성립한다.[2)]

그런데 이러한 테일러급수는 사용에 있어 제한이 있는데 (1)식에서 $x=a$ 근처에 임의 $x=x$에서의 함수값을 추정하되 $(x-a) < R$ (R : 어떤 임의값)인 제한조건이 추가되게 되며, 여기서 R 값이 수렴반경이 된다.

2) (5)식과 관련하여 자세한 내용은 참고문헌 [1]을 참고하기 바란다.

예제 I-1-1

함수 $f(x)=\sin x$를 테일러급수 형태로 나타내되 절단오차 $\sigma(x)^4$ 형태로 나타내시오.

해설 $f(x)=f(0)+(x-0)f'(0)+\frac{(x-0)^2}{2!}f''(0)+\frac{(x-0)^3}{3!}f'''(0)+\sigma(x)^4$

위 식에서 $f(0)=\sin 0=0$, $f'(0)=\cos 0=1$, $f''(0)=-\sin 0=0$, $f'''(0)=-\cos 0=-1$ 이므로

$$f(x)=\sin x=0+x\cdot(1)+\frac{x^2}{2!}\cdot(0)+\frac{x^3}{3!}(-1)+\sigma(x)^4=x-\frac{x^3}{3!}+\sigma(x)^4$$

예제 I-1-2

함수 $f(x)=e^x$를 $x=0$에 대하여 테일러급수 형태로 나타내되 절단오차 $\sigma(x)^4$ 형태로 나타내고, $f(0.4)$를 구할 때 절단오차 $\sigma(0.4)^4$의 크기를 산정하시오.

해설 본문에서 (1)식에서 $a=0$으로 놓고 정리를 하면 다음과 같다.

$$f(x)=f(0)+(x)f'(0)+\frac{(x)^2}{2!}f''(0)+\frac{(x)^3}{3!}f'''(0)+\cdots+\frac{(x)^n}{n!}f^n(0)+\cdots \quad ①$$

①식에서 $f(x)=e^{2x}$로 놓고 정리하면 다음과 같다.

$$e^x=e^0+(x)e^0+\frac{(x)^2}{2!}e^0+\frac{(x)^3}{3!}e^0+\cdots+\frac{(x)^n}{n!}e^0+\cdots \quad ②$$

$$=1+x+\frac{1}{2}x^2+\frac{1}{6}x^3+\cdots+\frac{1}{n!}x^n+\cdots$$

②식을 절단오차 $\sigma(x)^4$ 형태로 나타내면

$$e^x=1+x+\frac{1}{2}x^2+\frac{1}{6}x^3+\sigma(x)^4 \quad ③$$

와 같다. 그런데 $x=0.4$에서의 함수값 $f(0.4)$은

$$f(0.4)=e^{0.4}=1.491824698 \quad ④$$

이고, ③식에서는

$$e^{0.4}=1+0.4+\frac{1}{2}0.4^2+\frac{1}{6}0.4^3+\sigma(0.4)^4=1.490666667+\sigma(0.4)^4 \quad ⑤$$

이므로, ④와 ⑤를 비교하면 $\sigma(0.4)^4=0.001158031$이다.

본문 (5)식은 절단오차의 크기정도를 미리 알 수 있도록 산정한 것이므로 적용하여 보면

$$\left|\frac{d^4(e^x)}{dx^4}\right|_{x=0.4,\max}\cdot\left|\frac{(|0.4|)^4}{(4)!}\right|>\sigma(0.4)^4 \quad ⑥$$

와 같다. ⑥식에서 좌변을 계산해 보면 $\left|\frac{d^4(e^x)}{dx^4}\right|_{x=0.4,\max}\cdot\left|\frac{(|0.4|)^4}{(4)!}\right|=0.00159128$이고 $\sigma(0.4)^4=0.001158031$이므로 ⑥식이 만족된다. 즉, ⑥식의 좌변을 계산함으로써 미리 절단오차의 크기를 산정해 볼 수 있다.

Chap 2. 유한차분법(Finite Difference Methods)

자연과학·공학 등에서 나타나는 미분방정식의 미분항들에 대한 공간적, 시간적 격자점들에서의 함수값의 산술적 표현으로 나타내는 수학적 방법을 유한차분법이라 하며, 이러한 차분법을 통하여 상미분방정식, 편미분방정식 등을 컴퓨터가 인식할 수 있는 함수값들의 산술적 표현(+, −, ×, ÷)으로 된 선형방정식 형태로 전환하게 해준다. 이러한 유한차분법에는 앞 절 테일러급수전개이론이 그대로 적용되며, 전방차분법(Forward Differencing Methods), 후방차분법(Backward Differencing Methods), 중앙차분법(Central Differencing Methods) 등으로 구분된다.[3)]

2.1 1계 오차정확도 전방 및 후방차분법

(First Order Error Accuracy Forward & Backward Differencing Methods)

2.1.1 전방차분법(Forward Differencing Methods)

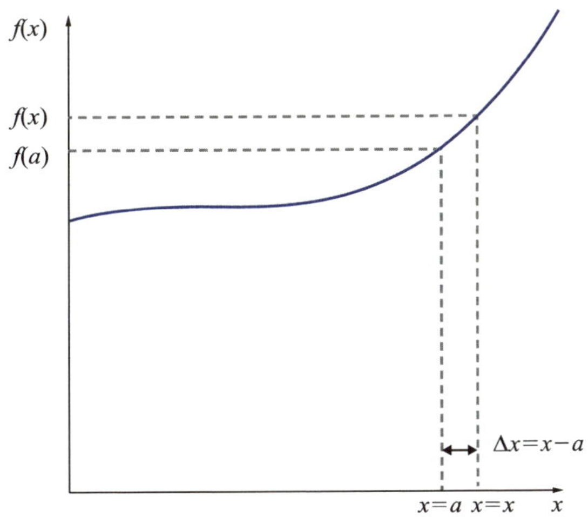

그림 I-2-1 테일러급수 (1)식의 이해를 위한 그래프

3) 본문의 유한차분법과 관련한 내용은 이 책의 후반부에 언급한 참고문헌 [1]을 참고하였으므로, 더 자세한 내용은 참고문헌 [1]을 참고하기 바란다.

위 그림에서 $x=a$에서 함수값 및 미분값들을 알 때 임의 x에서의 함수값 $f(x)$는 테일러급수전개로부터

$$f(x)=f(a)+(x-a)f'(a)+\frac{(x-a)^2}{2!}f''(a)+\frac{(x-a)^3}{3!}f'''(a)+\cdots \tag{1}$$

(1)식과 같이 주어지며, 같은 방법으로 아래 그림에서 임의의 $x=x$에서 함수값 $f(x)$ 및 미분값들을 알고 있다고 하면 $x=x+h$에서의 함수값 $f(x+h)$을 앞 절에서 다룬 테일러급수로 다음 식과 같이 나타낼 수 있다.

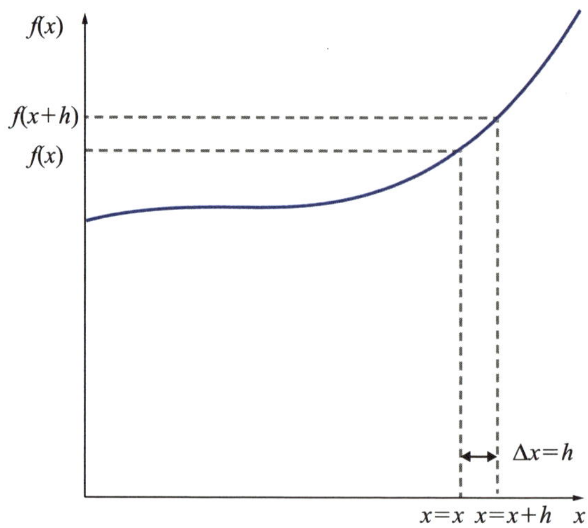

그림 I-2-2 테일러급수 (2)식의 이해를 위한 그래프

$$f(x+h)=f(x)+hf'(x)+\frac{h^2}{2!}f''(x)+\frac{h^3}{3!}f'''(x)+\cdots \tag{2}$$

(2)식으로부터 $x=x$에서 함수의 1계 미분값 $f'(x)$는 아래와 같이 구할 수 있다.

$$\begin{aligned} f'(x)&=\frac{f(x+h)-f(x)}{h}-\frac{h}{2!}f''(x)-\frac{h^2}{3!}f'''(x)-\cdots \\ &=\frac{f(x+h)-f(x)}{h}+\sigma(h) \end{aligned} \tag{3}$$

(3)식에서 $f'(x)$를 $\frac{f(x+h)-f(x)}{h}$로 나타내면 $-\frac{h}{2!}f''(x)-\frac{h^2}{3!}f''(x)-\cdots$ 만큼의 오차가 발생되며, $|h|<1$이면 high order 항들은 상대적 작아지게 되므로 가장 큰 항은 첫 번째 항

$-\frac{h}{2!}f''(x)$가 될 것이므로, 이를 $\sigma(h)$로 나타낸 것이다.

여기서 $f(x+h)=f_{j+1}$, $f(x)=f_j$라 하면 (3)식은 다시

$$f'(x)=\frac{f_{j+1}-f_j}{h}+\sigma(h)=\frac{\Delta f_j}{h}+\sigma(h) \tag{4}$$

(4)식에서 $\Delta f_j=f_{j+1}-f_j$를 함수 f의 j점에서의 1계 전방차분이라 한다.

2.1.2 후방차분법(Backward Differencing Methods)

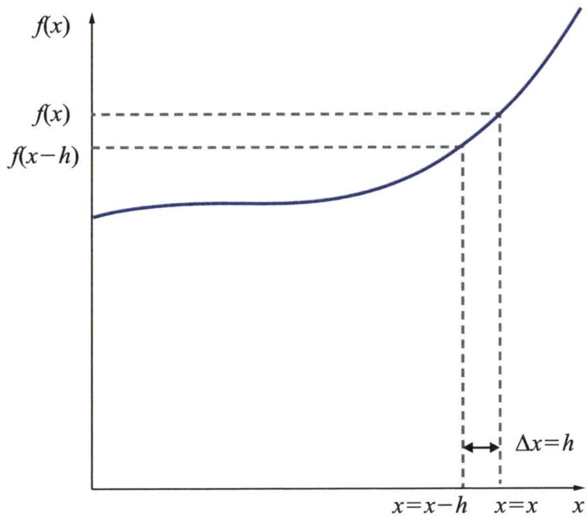

그림 I-2-3 테일러급수 (5)식의 이해를 위한 그래프

위 그림에서 $x=x$에서 $f(x)$ 및 미분값을 알 때 $x=x-h$에서의 $f(x-h)$를 테일러급수전개로부터 구하면

$$f(x-h)=f(x)+(-h)f'(x)+\frac{(-h)^2}{2!}f''(x)+\frac{(-h)^3}{3!}f'''(x)+\cdots \tag{5}$$

(5)로부터 $x=x$에서 1계 미분값 $f'(x)$은

$$f'(x)=\frac{f(x)-f(x-h)}{h}+\frac{h}{2!}f''(x)-\frac{h^2}{3!}f'''(x)+\cdots \tag{6}$$

$$=\frac{f(x)-f(x-h)}{h}+\sigma(h)$$

(6)에서 $f(x)=f_j$, $f(x-h)=f_{j-1}$ 라고 하면 (6)식을 다시

$$f'(x)=\frac{f_j-f_{j-1}}{h}+\sigma(h)=\frac{\nabla f_j}{h}+\sigma(h) \tag{7}$$

여기서 $\nabla f_j=f_j-f_{j-1}$는 함수 $f(x)$의 j점에서의 1계 후방차분이라 한다.

결과적으로 어떤 함수의 $x=x$에서의 1계 미분값 $f'(x)$는 (4)와 (7)식과 같이 기술되어, 기준이 되는 점과 앞뒤의 x점들의 함수값 f_{j-1}, f_j, f_{j+1}의 산술적 연산 가감승제(+, −, ×, ÷)로 표현된다는 것을 알 수 있다.

2.1.3 고차 미분항들에 대한 1계 오차정확도 차분(f'', f''', ⋯)

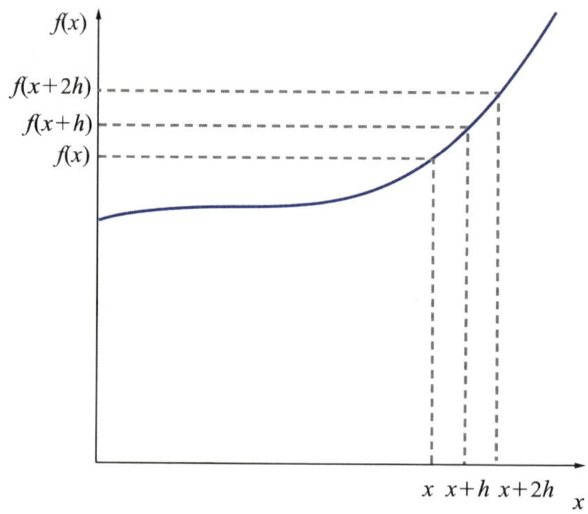

그림 I-2-4 테일러급수 (8), (9)식의 이해를 위한 그래프

위 그림에서 $x=x$에서의 $f''(x)$를 구하기 위해 $x=x+h$, $x=x+2h$에서의 함수값 $f(x+h)$, $f(x+2h)$을 테일러급수전개로 각각 나타내면

$$f(x+h)=f(x)+hf'(x)+\frac{h^2}{2!}f''(x)+\frac{h^3}{3!}f'''(x)+\frac{h^4}{4!}f^{iv}(x)\cdots \tag{8}$$

$$f(x+2h)=f(x)+2hf'(x)+\frac{(2h)^2}{2!}f''(x)+\frac{(2h)^3}{3!}f'''(x)+\frac{(2h)^4}{4!}f^{iv}(x)\cdots \tag{9}$$

와 같이 나타난다. (8), (9)식으로부터 $f''(x)$를 구하면, 즉 [(9)식−2×(8)식]으로부터

$$f'' = \frac{f(x+2h) - 2f(x+h) + f(x)}{h^2} - hf'''(x) - \frac{7}{12}h^2 f^{iv}(x) + \cdots \tag{10}$$

$$= \frac{f(x+2h) - 2f(x+h) + f(x)}{h^2} + \sigma(h)$$

(10)식에서 $f(x+2h) = f_{j+2}$, $f(x+h) = f_{j+1}$, $f(x) = f_j$로 하면, (10)식은 다시

$$f'' = \frac{f_{j+2} - 2f_{j+1} + f_j}{h^2} + \sigma(h) \tag{11}$$

와 같이 된다. 한편,

$$\begin{aligned} \Delta^2 f_j = \Delta(\Delta f_j) = \Delta(f_{j+1} - f_j) &= \Delta f_{j+1} - \Delta f_j \\ &= f_{j+2} - f_{j+1} - (f_{j+1} - f_j) \\ &= f_{j+2} - 2f_{j+1} + f_j \end{aligned} \tag{12}$$

(12)식과 같이 $\Delta^2 f_j$을 정의하면 (11)식은 다시 다음과 같이 쓸 수 있다.

$$f''(x) = \frac{\Delta^2 f_j}{h^2} + \sigma(h) \tag{13}$$

$x = x$에서의 2계미분 $f''(x)$가 f_j, f_{j+1}, f_{j+2} 값으로 (11), (13)식과 같은 산술식으로 표현되는 것을 1계 오차정확도 전방차분식(First Order Accuracy Forward Differencing Formula)이라고 부른다. 이는 $x = x$에서 $f(x)$의 2계 미분값이 $x = x$, $x = x + h$, $x = x + 2h$에서의 함수값들의 산술식으로 표현되기 때문이다.

같은 방법으로 다음 미분 $f''(x)$을 1계 오차정확도 후방차분법(First Order Error Backward Differencing Methods)으로 나타내면

$$f''(x) = \frac{f(x) - 2(fx - h) + f(x - 2h)}{h^2} + hf'''(x) + \ldots \tag{14}$$

$$= \frac{f_j - 2f_{j-1} + f_{j-2}}{h^2} + \sigma(h)$$

$$= \frac{\nabla^2 f_j}{h^2} + \sigma(h)$$

(14)식에서

$$\nabla^2 f_j = \nabla(\nabla f_j) = \nabla(f_j - f_{j-1}) = \nabla f_j - \nabla f_{j-1} \tag{15}$$

$$= f_j - f_{j-1} - (f_{j-1} - f_{j-2})$$

$$= f_j - 2f_{j-1} + f_{j-2}$$

이고, (12), (15)식으로부터 일반적으로

$$\Delta^n f_j = \Delta(\Delta^{n-1} f_j) \tag{16}$$

$$\nabla^n f_j = \nabla(\nabla^{n-1} f_j)$$

(16)식과 같이 쓸 수 있고 (16)식을 이용하여 다음 미분 $f^{(n)}(x)$을 1계 오차정확도 전방, 후방차분식으로 다음과 같이 나타낼 수 있다.

$$f^{(n)}(x) = \frac{\Delta^n f_j}{h^n} + \sigma(h) \tag{17}$$

$$f^{(n)}(x) = \frac{\nabla^n f_j}{h^n} + \sigma(h)$$

또한 (17)식은 어떤 함수 $f(x)$의 $x = x$에서의 n계 미분항 $f^{(n)}(x)$이 전방, 또는 후방 차분식 17(식)으로 표현될 경우 오차한도가 $\sigma(h)$만큼 갖는다는 것을 보여준다.

2.2 고계 오차정확도 전방 및 후방차분법

(High Order Error Forward and Backward Differences)

2.2.1 전방차분법

앞서 그림 I-2-4에서 함수 임의점 $x = x$에서의 미분값을 구하는데 테일러급수전개로부터 무한급수의 임의 항 이후 항들을 절단(Truncate)시키고 임의점 $x = x$ 주변에서의 유한한 함수값들의 산술식으로 표현된다고 하였다. 이 때 무한급수에서의 절단된 항들은 임의점 $x = x$에서의 미분값을 함수값들의 산술식으로 나타낼 때 정확도를 나타낸다. 따라서 앞서 유도한 식들은 오차 한도가 격자구간 (h) 크기, 즉 $\sigma(h)$으로 나타내었다.

이번 절에서는 이러한 오차 한계를 더욱 작게 하는 것을 다루고자 한다. 즉, 오차 한도가 $\sigma(h^2)$, $\cdots$ 인 $x=x$에서의 미분값의 산술적 표현을 살펴보고자 한다.

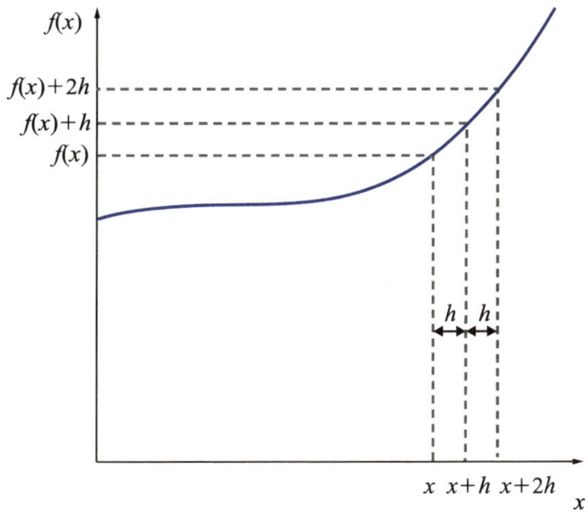

그림 I-2-5 테일러급수 (18)식의 이해를 위한 그래프

위 그림에서 $x=x$에서의 함수값 및 미분값들을 알고 있다면 이를 통해 테일러급수전개로부터 $f(x+h)$ 값을 구할 수 있다.

$$f(x+h)=f(x)+hf'(x)+\frac{h^2}{2!}f''(x)+\frac{h^3}{3!}f'''(x)+\cdots \tag{18}$$

(18)로부터 $f'(x)$ 값은

$$f'(x)=\frac{f(x+h)-f(x)}{h}-\frac{h}{2!}f''(x)-\frac{h^2}{3!}f'''(x)-\cdots \tag{19}$$

앞서 (10)식을 (19)식에 대입 정리하면

$$f'(x)=\frac{f(x+h)-f(x)}{h}-\frac{h}{2!}\left[\frac{f(x+2h)-2f(x+h)+f(x)}{h^2}-hf'''(x)+\cdots\right] \\ -\frac{h^2}{3!}f'''(x)-\cdots \tag{20}$$

(20)식을 정리하면

$$f'(x) = \frac{-f(x+2h)+4f(x+h)-3f(x)}{2h} + \frac{h^2}{2!}f'''(x) - \frac{h^2}{3!}f'''(x) + \cdots \tag{21}$$

$$= \frac{-f(x+2h)+4f(x+h)-3f(x)}{2h} + \frac{h^2}{3}f'''(x)$$

$$= \frac{-f(x+2h)+4f(x+h)-3f(x)}{2h} + \sigma(h^2)$$

$$= \frac{-f_{j+2}+4f_{j+1}-3f_j}{2h} + \sigma(h^2)$$

(4)식과 (21)식을 비교해보면 $x=x$에서의 $f(x)$의 1계 미분값을 유한차분법으로 표현할 때, 오차를 작게 하려면, 즉 정확도를 높이려면, $x=x$ 주변에 더 많은 점들에서의 함수값이 필요하다는 것을 알 수 있다.

2.2.2 후방차분법

위 그림에서 $x=x$에서의 함수값 및 미분값들을 알고 있다면 이를 통해 테일러급수전개로부터 $f(x-h)$ 값을 구할 수 있다.

$$f(x-h) = f(x) - hf'(x) + \frac{h^2}{2!}f''(x) - \frac{h^3}{3!}f'''(x) + \cdots \tag{22}$$

(22)로부터 $f'(x)$ 값은

$$f'(x) = \frac{-f(x-h)+f(x)}{h} + \frac{h}{2!}f''(x) - \frac{h^2}{3!}f'''(x) + \cdots \tag{23}$$

2.2.1 전방차분법 때와 같이 (14)식을 (23)식에 대입 정리하면

$$f'(x) = \frac{-f(x-h)+f(x)}{h} + \frac{h}{2!}\left[\frac{f(x-2h)-2f(x-h)+f(x)}{h^2} + hf'''(x) + \ldots\right] - \frac{h^2}{3!}f'''(x) - \cdots \tag{24}$$

(24)식을 정리하면

$$f'(x) = \frac{f(x-2h) - 4f(x+h) + 3f(x)}{2h} + \frac{h^2}{2!}f'''(x) - \frac{h^2}{3!}f'''(x) + \cdots \tag{25}$$

$$= \frac{f(x-2h) - 4f(x-h) + 3f(x)}{2h} + \frac{h^2}{3}f'''(x)$$

$$= \frac{f(x-2h) - 4f(x-h) + 3f(x)}{2h} + \sigma(h^2)$$

$$= \frac{f_{j-2} - 4f_{j-1} + 3f_j}{2h} + \sigma(h^2)$$

(25)식과 (21)식을 비교해보면 $x = x$에서의 $f(x)$의 1계 미분값을 유한차분법으로 표현할 때, 전방차분법은 $x = x$를 기준으로 할 때 전방의 함수값들의 산술적 표현으로 나타나고, 후방차분법은 $x = x$를 기준으로 할 때 후방의 함수값들의 산술적 표현으로 나타나고 있음을 알 수 있다.

2.3 중앙차분법(Central Differencing Methods)

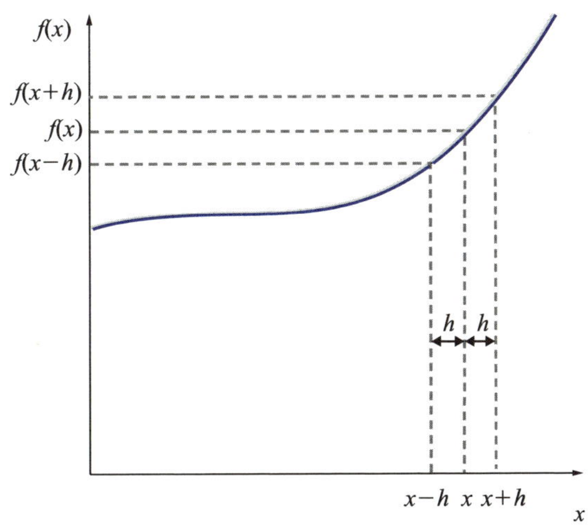

그림 I-2-6 중앙차분법 설명을 위한 그래프

전방차분법은 임의 $x = x$에서의 미분값을 구하기 위해 x보다 큰 x점들에서의 함수값을 사용하고, 후방차분법은 x보다 작은 x점들에서의 함수값을 사용하는데, 반해, 중앙차분법은 x보다 크거나 작은 점들에서의 함수값을 동시에 사용하여, $x = x$에서의 미분값을 산정하게 된다.

위 그림에서 $f(x+h)$ 함수값 및 $f(x-h)$ 함수값을 테일러급수전개로 각각 구하면

$$f(x+h)=f(x)+hf'(x)+\frac{h^2}{2!}f''(x)+\frac{h^3}{3!}f'''(x)+\cdots \tag{26}$$

$$f(x-h)=f(x)-hf'(x)+\frac{(-h)^2}{2!}f''(x)+\frac{(-h)^3}{3!}f'''(x)+\cdots \tag{27}$$

(26) − (27)에서 $f'(x)$를 구하면

$$f'(x)=\frac{f(x+h)-f(x-h)}{2h}+\frac{h^2}{6}f'''(x)+\cdots \tag{28}$$

$$=\frac{f(x+h)-f(x-h)}{2h}+\sigma(h^2)$$

(28)식을 차분식으로 표현하면

$$f'(x)=\frac{f_{j+1}-f_{j-1}}{2h}+\sigma(h^2) \tag{29}$$

$x=x_j$에서의 1계 미분값을 (29)식과 같이 나타낼 때 이를 중앙차분식이라 한다.

한편 (26), (27)식으로부터 (26)식 + (27)식 하여 2계 미분 $f''(x)$을 다음과 같이 나타낼 수 있다.

$$f''(x)=\frac{f(x+h)-2f(x)+f(x-h)}{h^2}-\frac{h^2}{12}f^{(4)}(x)+\cdots \tag{30}$$

$$=\frac{f(x+h)-2f(x)+f(x-h)}{h^2}+\sigma(h^2)$$

$$=\frac{f_{j+1}-2f_j+f_{j-1}}{h^2}+\sigma(h^2)$$

예제 I-2-1

다음 함수값을 가지고 1계 오차정확도와 2계 오차정확도로 $f'(1)$을 구하시오.

x	1	1.2	1.4	1.6	1.8	2
$f(x)$	1	1.44	1.96	2.56	3.24	4

해설 위 표를 보면 함수값들의 x간격이 $h=0.2$인 것을 알 수 있고 $x=1$을 기준으로 할 때 전방에 함수값들이 분포함을 알 수 있다. 따라서, 전방차분법을 이용하여 $f'(1)$을 구할 수 있다. 먼저, $x=1$에서의 $f'(1)$를 1계 오차정확도로 구하면, 즉 $\sigma(h)$로 구하면 본문의 (3)식을 이

용하면 되겠다. 참고로, 위의 함수는 $f(x)=x^2$인 함수이므로, $f'(x)=2x$이고 $f'(1)=2$이다. 본문의 (3)식을 이용하면

$$f'(x)=\frac{f(x+h)-f(x)}{h}+\sigma(h)=\frac{f(1.2)-f(1)}{0.2}+\sigma(0.2) \quad ①$$
$$=\frac{1.44-1}{0.2}+\sigma(0.2)=2.2+\sigma(0.2)$$

①결과를 보면 1계 오차정확도로 $f'(1)=2.2$임을 알 수 있다. 이번에는 2계 오차정확도로 $f'(1)$을 구하여 보자. 본문에서 (21)을 이용하면 되겠다.

$$f'(x)=\frac{-f(x+2h)+4f(x+h)-3f(x)}{2h}+\sigma(h^2)=\frac{-f_{j+2}+4f_{j+1}-3f_j}{2h}+\sigma(h^2) \quad ②$$
$$=\frac{-1.96+4\times1.44-3\times1}{2\times0.2}+\sigma(0.2^2)=2+\sigma(0.2^2)$$

②결과를 보면 2계 오차정확도로 $f'(1)=2$이고, 완전해와 일치된 결과를 준다.

예제 I-2-2

다음 주어진 함수를 통하여 표를 만들면 아래와 같다. 이 표를 이용하여 $f'(1)$을 1계 오차정확도와 2계 오차정확도로 구하시오.

$$f(x)=e^{-\frac{x}{2}}(1-x)+2$$

x	1	1.2	1.4	1.6	1.8	2
$f(x)$	2	1.890238	1.801366	1.730403	1.674744	1.632121

해설 위 함수의 미분은 $f(x)=-\frac{1}{2}e^{-\frac{x}{2}}(1-x)+e^{-\frac{x}{2}}(-1)$이므로 $f'(1)=-0.606531$이다. 본문의 (3)식을 통해서 1계 오차정확도 $f'(1)$ 값을 구하면

$$f'(x)=\frac{f(x+h)-f(x)}{h}+\sigma(h)=\frac{f(1.2)-f(1)}{0.2}+\sigma(0.2) \quad ①$$
$$=\frac{1.890238-2}{0.2}+\sigma(0.2)=-0.54881+\sigma(0.2)$$

①결과를 보면 1계 오차정확도로 $f'(1)=-0.54881$이고, 완전한 값 $f'(1)=-0.606531$와 0.057721만큼 차이가 남을 알 수 있다. 이번에는 (21)식을 이용하여 2계 오차정확도로 $f'(1)$을 구하여 보자.

$$f'(x)=\frac{-f(x+2h)+4f(x+h)-3f(x)}{2h}+\sigma(h^2)=\frac{-f_{j+2}+4f_{j+1}-3f_j}{2h}+\sigma(h^2) \quad ②$$
$$=\frac{-1.801366+4\times1.890238-3\times2}{2\times0.2}+\sigma(0.2^2)=-0.601035+\sigma(0.2^2)$$

②결과를 보면 2계 오차정확도로 $f'(1)=-0.601035$이고, 완전 값 $f'(1)=-0.606531$과 근접한 결과를 주며, 완전해와의 차이는 0.005496으로 오차정확도가 커질수록 완전 값에 근접하는 것을 알 수 있다.

예제 1-2-3

전방차분법으로 $x=x$에서의 $f''(x)$를 오차한계 $\sigma(h^2)$으로 구하시오.

해설 본문에서 (10)식을 보면

$$f''=\frac{f(x+2h)-2f(x+h)+f(x)}{h^2}-hf'''(x)-\frac{7}{12}h^2f^{iv}(x)+\cdots \quad ①$$
$$=\frac{f(x+2h)-2f(x+h)+f(x)}{h^2}-hf'''(x)+\sigma(h^2)$$

와 같이 나타낼 수 있다. ①식에서 $-hf'''(x)$을 찾아 넣으면 $f''(x)$를 $\sigma(h^2)$로 구한 셈이 된다. 이번에는 $x=x+h$에서의 함수값 $f(x+h)$을 본문 (2)식과 같이 테일러급수로 나타내면

$$f(x+h)=f(x)+hf'(x)+\frac{h^2}{2!}f''(x)+\frac{h^3}{3!}f'''(x)+\frac{h^4}{4!}f^{iv}(x)\cdots \quad ②$$

같은 방법으로 $x=x+2h$, $x+3h$에서의 함수값 $f(x+2h)$, $f(x+3h)$을 각각 나타내면

$$f(x+2h)=f(x)+(2h)f'(x)+\frac{(2h)^2}{2!}f''(x)+\frac{(2h)^3}{3!}f'''(x)+\frac{(2h)^4}{4!}f^{iv}(x)\cdots \quad ③$$

$$f(x+3h)=f(x)+(3h)f'(x)+\frac{(3h)^2}{2!}f''(x)+\frac{(3h)^3}{3!}f'''(x)+\frac{(3h)^4}{4!}f^{iv}(x)\cdots \quad ④$$

이제는 ③식$-2\times$②식에서 $f'(x)$ 항을 소거하고 하나의 식이, $2\times$③식$-3\times$④식에서 $f'(x)$ 항을 소거하면 하나의 식이 다음과 같이 얻어진다.

$$f(x+2h)-2f(x+h)=-f(x)+h^2f''(x)+h^3f'''(x)+\frac{7h^4}{12}f^{iv}(x)+\cdots \quad ⑤$$

$$2f(x+3h)-3f(x+2h)=-f(x)+3h^2f''(x)+5h^3f'''(x)+\frac{19h^4}{4}f^{iv}(x)+\cdots \quad ⑥$$

⑥식$-3\times$⑤식에서 $f''(x)$을 소거하면 다음과 같은 식을 얻는다.

$$2f(x+3h)-3f(x+2h)-3f(x+2h)+6f(x+h)=2f(x)+2h^3f'''(x)+3h^4f^{iv}(x)+\cdots \quad ⑦$$

⑦식을 정리하면 $f'''(x)$을 다음과 같이 얻게 된다.

$$f'''(x)=\frac{2f(x+3h)-3f(x+2h)-3f(x+2h)+6f(x+h)-2f(x)}{2h^3}-\frac{3h^4f^{iv}(x)}{2h^3}+\ldots \quad ⑧$$
$$=\frac{f(x+3h)-3f(x+2h)+3f(x+h)-f(x)}{h^3}+\sigma(h)$$

⑧식을 ①식에 대입 정리하면 $f''(x)$를 $\sigma(h^2)$으로 다음과 같이 구하게 된다.

$$f''(x)=\frac{f(x+2h)-2f(x+h)+f(x)}{h^2}-hf'''(x)+\sigma(h^2) \quad ⑨$$
$$=\frac{f(x+2h)-2f(x+h)+f(x)}{h^2}$$
$$-h\left[\frac{f(x+3h)-3f(x+2h)+3f(x+h)-f(x)}{h^3}+\sigma(h)\right]+\sigma(h^2)$$
$$=\frac{-f(x+3h)+4f(x+2h)-5f(x+h)+2f(x)}{h^2}+\sigma(h^2)$$

Part II

자연과학 및 공학해석을 위한 기초수치해석

Chap 1. 보간법(Interpolation Method)

공학을 포함한 자연과학 영역은 실험을 통한 데이터의 획득을 기초로 하는 학문이라 해도 과언이 아니다. 실험을 수행할 때 일반적으로 일정 시간 간격을 통해 데이터를 획득하게 되는 경우가 많은데, 한 번 데이터를 획득하면 수정보완이 어려우며, 필요하면 시간 간격을 바꾸어 원하는 실험을 다시 수행해야 한다. 경우에 따라서 실험을 반복적으로 수행하기는 쉽지 않다. 따라서 획득된 데이터 사이에서의 데이터 값이 요구될 때 주어진 데이터를 이용하여 보간해야 할 필요가 발생한다. 이렇듯 필요에 따라 측정되지 않은 데이터 값을 주변의 얻어진 데이터를 통하여 적절히 보간하는 것이 요구된다. 데이터 보간은 적당히 하는 것이 아니므로, 이번 장에서 다루게 될 내용은 과학적 논리적 방법에 입각한 데이터 보간 방법이다.

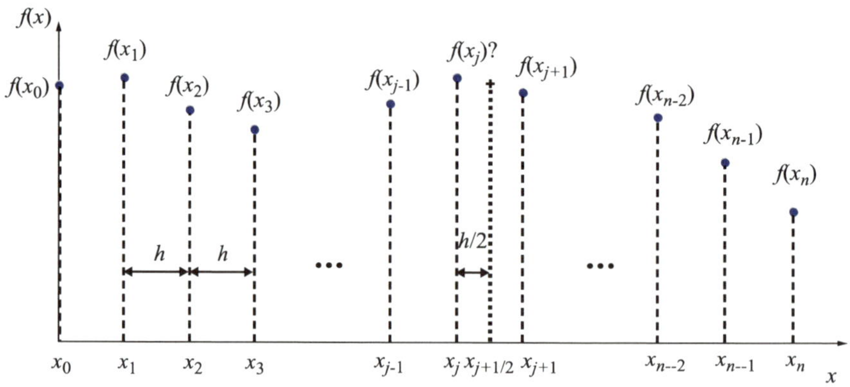

그림 II-1-1 일정간격으로 얻어진 데이터 및 필요한 사이값

위 그림은 실험을 통해서 얻은 x_0에서 x_n까지 일정 간격 h를 갖는 $n+1$개의 데이터 $f(x_0)$ ⋯ $f(x_n)$을 나타내고 있다. 그런데 그림에서 보듯이 x_j와 x_{j+1} 사이 $x_{j+1/2}$에서의 실험값을 추정해야할 필요가 있을 때 다시 실험을 다시 수행하든지 아니면 과학적 근거에서 $x_{j+1/2}$에서의 값을 추정해야 할 것이다. 본 장에서는 테일러급수전개 보간법(Taylor Series Expansion Interpolation Method), 라그랑지 다항식 보간법(Lagrange Polynomial Interpolation Method), 스플라인 보간법(Spline Interpolation Method) 등을 통하여 보간하는 것을 다룬다.[4)]

4) 본 장에서 다루는 보간법과 관련한 내용은 주로 참고문헌 [1], [2]를 참고하여 기술하였다.

① 테일러급수전개 보간법(Taylor Series Expansion Interpolation Method)

먼저 파트1, 1장에서 배운 테일러급수전개를 통해 $x_{j+1/2}$에서의 함수값을 산정할 수 있다. 즉,

$$f\left(x_j + \frac{h}{2}\right) = f(x_j) + \left(\frac{h}{2}\right) f'(x_j) + \frac{\left(\frac{h}{2}\right)^2}{2!} f''(x_j) + \frac{\left(\frac{h}{2}\right)^3}{3!} f'''(x_j) + \cdots \tag{1}$$

(1)식에서 $f'(x_j)$, $f''(x_j)$, $f'''(x_j)$, $\cdots$ 등은 $x = x_j$ 주변의 실험값들 $\cdots$, $f(x_{j-2})$, $f(x_{j-1})$, $f(x_j)$, $f(x_{j+1})$, $f(x_{j+2})$, $\cdots$ 으로부터 파트1, 2장에서 배운 유한차분법(Finite Difference Method)을 통한 산술식으로 표현이 가능하므로 결과적으로 $f(x_j + \frac{h}{2})$ 값은 테일러급수전개로 구할 수 있게 된다. 즉, 측정하지 않은 테이터 값이 주변의 측정된 데이터 값들을 통해 보간(Interpolation)한 셈이 된다.

② 라그랑지 다항식 보간법(Lagrange Polynomial Interpolation Method)

이 방법은 주어진 실험데이터 $f(x_0)$, $\cdots$, $f(x_n)$로부터 새롭게 라그랑지(Lagrange) 다항식 $p_n(x)$를 정의하고 구하고자 하는 x_j와 $x_{j+1/2}$ 사이에서의 함수값 $f(x_{j+1/2})$를 아래와 같이 구하는 방법이다.

$$f(x_{j+1/2}) = f(x_0)P_0(x_{j+1/2}) + f(x_1)P_1(x_{j+1/2}) + \cdots + f(x_n)P_n(x_{j+1/2}) \tag{2}$$

(2)식에서 $p_0(x)$, $\cdots$, $p_n(x)$를 라그랑지 다항식이라 하고, $f(x_0)$, $\cdots$, $f(x_n)$는 실험을 통해서 얻은 함수값들이다. 라그랑지 다항식 방법을 통한 보간법은 주어진 실험데이터 값을 통하여 라그랑지 다항식 $p_0(x)$, $p_1(x)$, $\cdots$, $p_0(x)$, $\cdots$, $p_n(x)$를 어떻게 구하느냐 하는 것이 관건이 된다. 또 한 가지 특기할 사항은 앞서 테일러급수전개 방법과는 다르게 주어진 실험데이터 간격이 등간격 뿐만 아니라 비 등간격의 경우에도 적용할 수 있다는 점이다.

③ 스플라인 보간법(Spline Interpolation Method)

스플라인 보간법은 주어진 실험데이터를 가지고 데이터 사이를 직선 또는 곡선으로 연결시키는 방법으로 다음 그림과 같이 실험데이터 사이를 1차, 2차, 3차 다항식으로 연결시키는 방법을 의미한다.

따라서 각 실험데이터 사이를 다항식으로 연결시키면 주어진 다항식을 통하여 각 구간 사이에서의 함수값을 얻을 수 있으며 이를 스플라인 보간법(Spline Interpolation Method)이라고 한다. 본 장에서는 일반적으로 많이 사용되는 3차 다항식을 사용하는 3차 스플라인 보간법을 다룬다.

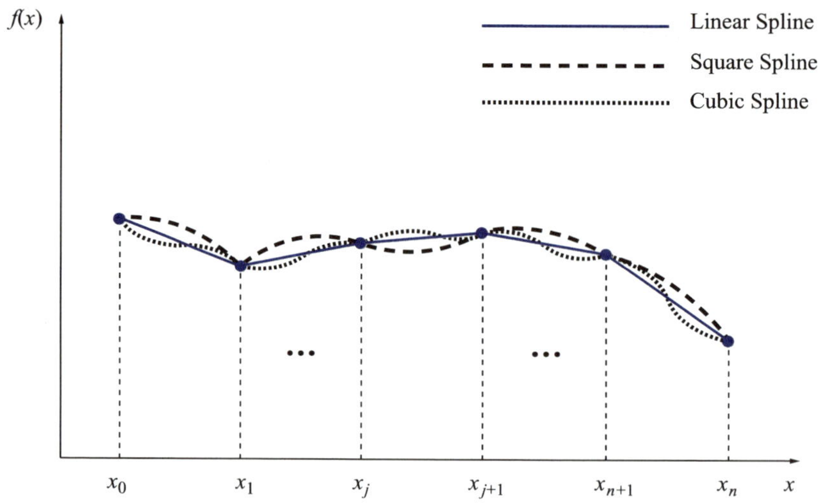

그림 II-1-2 주어진 데이터 사이값 추정을 위한 1차, 2차, 3차 스플라인

1.1 유한차분법을 이용한 보간

(Interpolation of Using the Finite Difference Method)

앞서 언급했듯이 유한차분법을 이용한 테일러급수전개 보간법은 주어진 데이터가 등 간격으로 주어진 경우라고 했다. 따라서, 아래 그림과 같이 실험 결과가 등 간격($\Delta x = h$)으로 주어진 경우 중간 사이 값을 유한차분법으로 보간하는 방법을 알아보도록 하자.

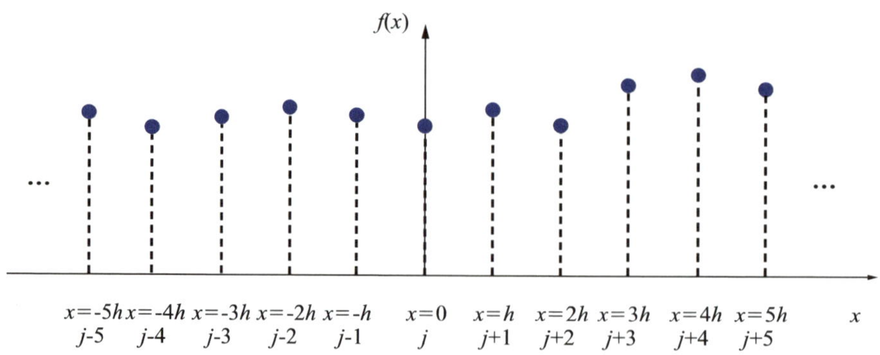

그림 II-1-3 등 간격으로 주어진 데이터

1.1.1 전방 · 후방차분법을 이용한 보간방법 (Interpolation from Forward & Backward Difference Methods)

임의 $x=a$에서 함수값 $f(a)$이 주어졌을 때 $x=a$에서 가까운 임의 $x=x$에서의 함수값 $f(x)$는 테일러급수전개를 통해 다음과 같이 주어진다(단, x는 $|x-a|$가 수렴반경 안에 있는 값으로 가정).

$$f(x)=f(a)+(x-a)f'(a)+\frac{(x-a)^2}{2!}f''(a)+\frac{(x-a)^3}{3!}f'''(a)+\cdots \tag{1}$$

(1)식에서 $a=0$이라고 하면 (1)식은 다시 다음 식과 같이 쓰인다.

$$f(x)=f(0)+(x)f'(0)+\frac{x^2}{2!}f''(0)+\frac{x^3}{3!}f'''(0)+\cdots \tag{2}$$

한편, 파트1, 2장에서 $x=x$에서의 1계 미분값은 테일러급수전개를 통해 다음과 같이 주어졌다.

$$f'(x)=\frac{f(x+h)-f(x)}{h}-\frac{h}{2!}f''(x)-\frac{h^2}{3!}f'''(x)+\cdots \tag{3}$$

(3)식에서 $x=0$이라 하면(기준점 의미)

$$\begin{aligned} f'(0)&=\frac{f(h)-f(0)}{h}-\frac{h}{2!}f''(0)-\frac{h^2}{3!}f'''(0)+\cdots \\ &=\frac{f_1-f_0}{h}-\frac{h}{2!}f''(0)-\frac{h^2}{3!}f'''(0)+\cdots \\ &=\frac{\Delta f_0}{h}-\frac{h}{2!}f''(0)+\sigma(h^2) \end{aligned} \tag{4}$$

(4)식을 (2)식에 대입 정리하면

$$\begin{aligned} f(x)&=f(0)+x\left(\frac{\Delta f_0}{h}-\frac{h}{2!}f''(0)+\sigma(h^2)\right)+\frac{x^2}{2!}f''(0)+\frac{x^3}{3!}f'''(0)+\cdots \\ &=f(0)+\frac{x}{h}\Delta f_0+\frac{x(x-h)}{2!}f''(0)+x\sigma(h^2)+\frac{x^3}{3!}f'''(0)+\ldots \end{aligned} \tag{5}$$

또한 파트1, 2장에서 함수 $f(x)$의 2계 미분값은 다음 식과 같이 주어지며

$$f''(x) = \frac{f(x+2h) - 2f(x+h) + f(x)}{h^2} - hf''(x) + \sigma(h^2) \tag{6}$$

(6)식으로부터 $f''(0)$는 다음 식과 같다.

$$\begin{aligned} f''(0) &= \frac{f(2h) - 2f(h) + f(0)}{h^2} - hf''(0) + \sigma(h^2) \\ &= \frac{\Delta^2 f_0}{h^2} - hf''(0) + \sigma(h^2) \end{aligned} \tag{7}$$

(7)식을 (5)식에 대입 정리하면 다음과 같은 식을 얻으며

$$\begin{aligned} f(x) &= f(0) + \frac{x}{h}\Delta f_0 + \frac{x(x-h)}{2!}\left(\frac{\Delta^2 f_0}{h^2} - hf'''(0) + \sigma(h^2)\right) \\ &\quad + x\sigma(h^2) + \frac{x^3}{3!}f'''(0) + \cdots \\ &= f(0) + \frac{x}{h}\Delta f_0 + \frac{x(x-h)}{2!h^2}\Delta^2 f_0 + \frac{x^3}{3!}f'''(0) - \frac{x(x-h)}{2!}hf'''(0) \\ &\quad + \frac{x(x-h)}{2!}\sigma(h^2) + x\sigma(h^2) + \cdots \end{aligned} \tag{8}$$

(8)식에서 $f'''(0)$을 위와 같은 방법으로 소거하면 (8)식은 다시 다음 식과 같이 쓰인다.

$$f(x) = f(0) + \frac{x}{h}\Delta f_0 + \frac{x(x-h)}{2!h^2}\Delta^2 f_0 + \frac{x(x-h)(x-2h)}{3!h^3}\Delta^3 f_0 + \cdots \tag{9}$$

(9)식을 그레고리-뉴튼 전방 보간식(Gregory-Newton Forward Interpolation Formula) 이라고 한다. 같은 방법으로 $f'(0)$, $f''(0)$, $f'''(0)$, $\cdots$ 값들을 (그림 II-1-3)에서의 $x=0$을 기준으로 할 때 후방 함수값들을 가지고 계산할 수도 있는데, 이를 후방차분을 이용한 보간법이라 하며 다음과 같은 식으로 표현된다.

$$f(x) = f(0) + \frac{x}{h}\nabla f_0 + \frac{x(x+h)}{2!h^2}\nabla^2 f_0 + \frac{x(x+h)(x+2h)}{3!h^3}\nabla^3 f_0 + \cdots \tag{10}$$

(10)식을 그레고리-뉴튼 후방 보간식(Gregory-Newton Backward Interpolation Formula)이라고 한다.

파트1, 2장에서 임의 $x=a$에서의 전방 또는 후방 차분식을 구하는 방법을 이미 다루었으며, (9)식과 (10)식에서 필요한 전방 차분 Δf_a, $\Delta^2 f_a$, $\Delta^3 f_a$, $\cdots$, $\Delta^n f_a$와 ∇f_a, $\nabla^2 f_a$, $\nabla^3 f_a$, $\cdots$, $\nabla^n f_a$을 구할 수 있으므로, $x=a$를 기준으로 할 때 임의 $x=x$에서의 함수값 $f(x)$을 구할 수

있게 된다.

예제 II-1-1

다음 표와 같이 x값에 대한 함수값이 주어져 있다. 그레고리-뉴튼 전방 차분식을 이용하여 함수값 $f(0.1)$를 구해보자.

x	0	1	2	3	4	5
$f(x)$	-2	3	12	28	56	104

해설 본문의 전방차분식인 (9)식으로부터 $f(0.1)$을 구할 수 있는데, 다음과 같다.

$$f(0.1)=f(0)+\frac{0.1}{h}\Delta f_0+\frac{0.1(0.1-h)}{2!h^2}\Delta^2 f_0+\frac{0.1(0.1-h)(0.1-2h)}{3!h^3}\Delta^3 f_0+\cdots \quad ①$$

위의 표에서 x는 등간격으로 분포하므로, ①식에서 $h=1$이고 Δf_0, $\Delta^2 f_0$, $\Delta^3 f_0$, $\cdots$, $\Delta^n f_0$값은 $x=0$을 기준으로 해서 전방에 5개의 함수값이 있으므로 Δf_0에서 $\Delta^5 f_0$까지 구할 수 있다. 즉,

$$\Delta f_0=f_1-f_0=3-(-2)=5$$

$$\begin{aligned}\Delta^2 f_0&=\Delta(\Delta f_0)=\Delta(f_1-f_0)=\Delta f_1-\Delta f_0=f_2-f_1-(f_1-f_0)\\&=f_2-2f_1+f_0=12-2\times(3)+(-2)=4\end{aligned} \quad ②$$

$$\Delta^3 f_0=f_3-3f_2+3f_1-f_0=28-3\times12+3\times(3)-(-2)=3$$

$$\Delta^4 f_0=f_4-4f_3+6f_2-4f_1+f_0=56-4\times28+6\times12-4\times(3)+(-2)=2$$

$$\begin{aligned}\Delta^5 f_0&=f_5-5f_4+10f_3-10f_2+5f_1-f_0\\&=104-5\times56+10\times28-10\times12+5\times3-(-2)=1\end{aligned}$$

따라서, ②식을 ①식에 대입정리하면

$$\begin{aligned}f(0.1)=f(0)&+\frac{0.1}{1}\Delta f_0+\frac{0.1(0.1-1)}{2!\times1^2}\Delta^2 f_0+\frac{0.1(0.1-1)(0.1-2)}{3!\times1^3}\Delta^3 f_0\\&+\frac{0.1(0.1-1)(0.1-2)(0.1-3)}{4!\times1^4}\Delta^4 f_0\\&+\frac{0.1(0.1-1)(0.1-2)(0.1-3)(0.1-4)}{5!\times1^5}\Delta^5 f_0\end{aligned} \quad ③$$

$$\begin{aligned}&=f(0)+\frac{0.1}{1}5+\frac{0.1(0.1-1)}{2!\times1^2}4+\frac{0.1(0.1-1)(0.1-2)}{3!\times1^3}3\\&\quad+\frac{0.1(0.1-1)(0.1-2)(0.1-3)}{4!\times1^4}2\\&\quad+\frac{0.1(0.1-1)(0.1-2)(0.1-3)(0.1-4)}{5!\times1^5}1\\&=-1.619708\end{aligned}$$

참고로, 상기 ③식에서 Δf_0, $\Delta^2 f_0$, $\Delta^3 f_0$, $\cdots$, $\Delta^n f_0$을 구하는 것과 관련하여, 이미 파트1, 2장에서 언급하였다. 이를 이용하면 위 표를 통하여 아래와 같은 차분표가 만들어진다.

표 II-1-1

x	$f(x)$		Δf	$\Delta^2 f$	$\Delta^3 f$	$\Delta^4 f$	$\Delta^5 f$
0	−2	f_0	5	4	3	2	1
1	3	f_1	9	7	5	3	
2	12	f_2	16	12	8		
3	28	f_3	28	20			
4	56	f_4	48				
5	104	f_5					

표 II-1-1을 통해 $\Delta f_0=5$, $\Delta^2 f_0=4$, $\Delta^3 f_0=3$, $\Delta^4 f_0=2$, $\Delta^5 f_0=1$임을 알 수 있다. 이러한 값들을 ①식에 대입하면 바로 $f(0.1)$값을 얻을 수 있다는 것을 알 수 있다.

예제 II-1-2

(예제 II-1-1)에서의 함수값을 이용하여, 같은 방법으로 $f(1.1)$을 구하는데 앞서 언급한 (표 II-1-1)을 참조해서 구해보자.

해설 본문의 (9)식을 이용하여 함수값 $f(1.1)$을 구하는데, (예제 II-1-1)과 동일하게 등간격 $h=1$이고 $x=1.1$이므로 (표 II-1-1)에서 $\Delta f_1=9$, $\Delta^2 f_1=7$, $\Delta^3 f_1=5$, $\Delta^4 f_1=3$을 사용하면 되며, $x=1$을 기준으로 할 때 $x=1.1$는 기준에서 0.1만큼 벗어나 있으므로, (9)식을 사용할 때 $x=0.1$을 대입하면 된다.

$$\begin{aligned}
f(1.1) &= f(1)+\frac{0.1}{1}\Delta f_1+\frac{0.1(0.1-1)}{2!\times 1^2}\Delta^2 f_1+\frac{0.1(0.1-1)(0.1-2)}{3!\times 1^3}\Delta^3 f_1 \\
&\quad +\frac{0.1(0.1-1)(0.1-2)(0.1-3)}{4!\times 1^3}\Delta^4 f_1 \\
&= 3+\frac{0.1}{1}\times 9+\frac{0.1(0.1-1)}{2!\times 1^2}\times 7+\frac{0.1(0.1-1)(0.1-2)}{3!\times 1^3}\times 5 \\
&\quad +\frac{0.1(0.1-1)(0.1-2)(0.1-3)}{4!\times 1^3}\times 3 \\
&= 3.665513
\end{aligned}$$

(표 II-1-1)과 같이 나타나는 전방차분법으로 보간할 경우 주어진 함수값이 한정적이므로 x값이 커질수록 보간을 위해 사용되는 차분항 Δf, $\Delta^2 f$, $\Delta^3 f$, $\cdots$, $\Delta^n f$의 개수는 줄어들게 되어 정확도가 떨어지게 된다는 것을 알 수 있으며, 이러한 때는 앞서 언급한 후방차분식 (10)식을 써서 보간을 해야 한다.

예제 II-1-3

앞의 (예제 II-1-1)과 같이 함수값이 주어졌을 때, 함수값 $f(4.9)$를 구해보자.

해설 함수값 $f(4.9)$를 구하기 위해, (9)식으로 주어지는 전방차분법으로 구하려 하면, $x=4$를 기준으로 할 때 0.9만큼 벗어나 있으므로, (9)식에는 $h=1$과 $x=0.9$를 대입하고 (표 II-1-1)에서 $\Delta f_4=48$만을 이용할 수 있다. 즉,

$$f(4.9)=f(4)+\frac{0.9}{1}\Delta f_4=56+\frac{0.9}{1}48=99.2$$

이번에는 함수값 $f(4.9)$를 구하기 위해 (10)식으로 주어지는 후방차분법으로 구해보자. 후방차분법으로 구하기 위해 파트1, 2장에서 언급한 후방차분을 이용하여 후방차분표를 만들면 다음과 같다.

표 II-1-2

x	$f(x)$		∇f	$\nabla^2 f$	$\nabla^3 f$	$\nabla^4 f$	$\nabla^5 f$
0	-2	f_0					
1	3	f_1	5				
2	12	f_2	9	4			
3	28	f_3	16	7	3		
4	56	f_4	28	12	5	2	
5	104	f_5	48	20	8	3	1

(10)식으로 함수값 $f(4.9)$를 구하기 위해 기준이 되는 x값을 $x=5$로 하면, $x=4.9$는 $x=5$로부터 -0.1만큼 떨어져 있으므로 (10)식에서 나타나는 x에 $x=-0.1$을 대입하고, (표 II-1-2)에서 나타나는 ∇f_5으로부터 $\nabla^5 f_5$를 대입하면 된다. 즉,

$$\begin{aligned}f(4.9)&=f(5)+\frac{-0.1}{1}\nabla f_5+\frac{-0.1(-0.1+1)}{2!\times 1^2}\nabla^2 f_5+\frac{-0.1(-0.1+1)(-0.1+2)}{3!\times 1^3}\nabla^3 f_5\\&+\frac{-0.1(-0.1+1)(-0.1+2)(-0.1+3)}{4!\times 1^4}\nabla^4 f_5\\&+\frac{-0.1(-0.1+1)(-0.1+2)(-0.1+3)(-0.1+4)}{5!\times 1^5}\nabla^5 f_5\\&=104+\frac{-0.1}{1}\times 48+\frac{-0.1(-0.1+1)}{2!\times 1^2}\times 20+\frac{-0.1(-0.1+1)(-0.1+2)}{3!\times 1^3}\times 8\\&+\frac{-0.1(-0.1+1)(-0.1+2)(-0.1+3)}{4!\times 1^4}\times 3\\&+\frac{-0.1(-0.1+1)(-0.1+2)(-0.1+3)(-0.1+4)}{5!\times 1^5}\times 1\\&=97.993896\end{aligned}$$

1.1.2 중앙차분법을 통한 보간법 (Interpolation from Central Differencing Formula)

우리는 앞 절에서 전방차분법 및 후방차분법을 통한 보간법을 살펴보았다. 모두가 주어진 함수값을 통하여 미분항을 차분값들로 나타내었다. 다만, 기준이 되는 $x=x$의 전방에서의 함수값들로부터 이와 같은 차분값을 얻어 낸 것을 전방차분법이라 불렀고, 기준이 되는 $x=x$의 후방에서의 함수값들로부터 차분값을 얻어낸 경우를 후방차분법이라 하였다. 이번에는 기준이 되는 $x=x$의 전방과 후방에서의 함수값들을 동시에 사용하여 차분값을 얻어내는 경우를 살펴보고자 하며, 이를 중앙차분법을 이용한 보간법이라 한다. 다음은 함수값이 아래 표와 같이 주어졌을 때, 중앙차분법을 이용한 보간법을 살펴보도록 하자.

표 II-1-3

x	0	1	2	3	4	5
$f(x)$	−2	3	12	28	56	104

먼저, 위의 표에 대한 중앙차분표를 만들어 보자.

표 II-1-4

x	$f(x)$		δf	$\delta^2 f$	$\delta^3 f$	$\delta^4 f$	$\delta^5 f$
0	−2	f_0					
			5				
1	3	f_1		4			
			9		3		
2	12	f_2		7		2	
			16		5		1
3	28	f_3		12		3	
			28		8		
4	56	f_4		20			
			48				
5	104	f_5					

(표 II-1-4)에서 주목할 것은 중앙차분은 두 개의 함수값의 사이값을 의미한다는 것이다. 즉, $x=0$과 $x=1$ 사이에서의 함수값을 생각해 보면, 각각 $f(0)=-2$와 $f(1)=3$인 것을 알 수 있다. 이때, 이러한 두 개의 함수값을 통한 중앙차분을 살펴보면 다음과 같다.

$$\delta f=\frac{\Delta f}{\Delta x}=\frac{f(1)-f(0)}{1-0}=\frac{3-(-2)}{1}=5 \tag{11}$$

그런데, (11)식에서 δf는 x가 0과 1 사이이므로, 기준은 $x=0.5$인 것을 알 수 있다. (표 II-1-4)에서는 이러한 기준점을 나타내도록 표기하고 있다. 그러므로 이러한 기준이 되는 x값과 그때의 함수값을 평균값으로 하면, 다음과 같은 수정된 표를 얻게 된다.

표 II-1-5

x	$f(x)$		δf	$\delta^2 f$	$\delta^3 f$	$\delta^4 f$	$\delta^5 f$
0	-2	f_0					
0.5	0.5	$f_{1/2}$	5				
1	3	f_1	7	4			
1.5	7.5	$f_{1+1/2}$	9	5.5	3		
2	12	f_2	12.5	7	4	2	
2.5	20	$f_{2+1/2}$	16	9.5	5	2.5	1
3	28	f_3	22	12	6.5	3	
3.5	42	$f_{3+1/2}$	28	16	8		
4	56	f_4	38	20			
4.5	80	$f_{4+1/2}$	48				
5	104	f_5					

다음으로는 이러한 중앙차분표를 이용하는 중앙차분법을 이용한 2가지 보간식으로 스터링식(Stiring's formula)과 베셀식(Bessel's formula)을 소개한다. 이러한 방법도 앞서 언급한 테일러급수에서 미분항들을 주어진 함수값들의 산술식으로 나타낸 것을 볼 수 있다.

(표 II-1-5)에서 본래 함수값이 있는 행을 "full line"으로 하고, 사이값이 있는 행을 "half line"이라고 하면, "full line"에 적용되는 식이 스터링식이고 "half line"에 적용되는 식이 베셀식이라 하며, 다음과 같다.[1]

① full line에 대한 식(Stiring's formula)

$$f(x)=f(0)+x\delta f_0+\frac{x^2}{2!}\delta^2 f_0+\frac{x(x^2-1)}{3!}\delta^3 f_0+\frac{x^2(x^2-1)}{4!}\delta^4 f_0 \\ +\frac{x(x^2-1)(x^2-4)}{5!}\delta^5 f_0+\cdots \tag{12}$$

② half line에 대한 식(Bessel's formula)

$$f(x)=f(0)+x\delta f_0+\frac{x^2-1/4}{2!}\delta^2 f_0+\frac{x(x^2-1/4)}{3!}\delta^3 f_0 \\ +\frac{(x^2-1/4)(x^2-9/4)}{4!}\delta^4 f_0+\frac{x(x^2-1/4)(x^2-9/4)}{5!}\delta^5 f_0+\cdots \tag{13}$$

예제 II-1-4

(표 II-1-3)과 같이 함수값이 주어졌을 때, $f(2.7)$을 중앙차분법을 이용하여 구하시오.

해설 (표 II-1-3)으로 주어지는 함수값에 대한 중앙차분표 (표 II-1-5)를 보면, $x=2.7$은 $x=2.5$를 기준으로 할 때 기준으로부터 0.2만큼 떨어져 있다. 그리고 기준인 $x=2.5$는 (표 II-1-5)에서 "half line"이므로 (13)식인 베셀식을 사용하며, (13)식에서 $x=0.2$로 하고 $\delta f_{2.5}$, $\delta^2 f_{2.5}$, $\delta^3 f_{2.5}$, $\delta^4 f_{2.5}$, $\delta^5 f_{2.5}$는 (표 II-1-5)에서의 값을 대입한다. 이렇게 해서 얻어진 해는 다음과 같다.

$$\begin{aligned} f(2.7)&=f(2.5)+0.2\times\delta f_{2.5}+\frac{0.2^2-1/4}{2!}\delta^2 f_{2.5}+\frac{0.2(0.2^2-1/4)}{3!}\delta^3 f_{2.5} \\ &\quad+\frac{(0.2^2-1/4)(0.2^2-9/4)}{4!}\delta^4 f_{2.5}+\frac{0.2(0.2^2-1/4)(0.2^2-9/4)}{5!}\delta^5 f_{2.5} \\ &=20+0.2\times 16+\frac{0.2^2-1/4}{2!}\times 9.5+\frac{0.2(0.2^2-1/4)}{3!}\times 5 \\ &\quad+\frac{(0.2^2-1/4)(0.2^2-9/4)}{4!}\times 2.5+\frac{0.2(0.2^2-1/4)(0.2^2-9/4)}{5!}\times 1 \\ &=22.216617 \end{aligned}$$

예제 II-1-5

(표 II-1-3)과 같이 함수값이 주어졌을 때, $f(2.3)$을 중앙차분법을 이용하여 구하시오.

해설 중앙차분표 (표 II-1-5)를 보면, $x=2.3$은 $x=2.0$을 기준으로 할 때 기준으로부터 0.3만큼 떨어져 있고 기준인 $x=2.0$이 (표 II-1-5)로부터 "full line"이므로 (12)식 스터링식을 사용하면 된다.

(13)식에서 $x=0.3$으로 하고 δf_2, $\delta^2 f_2$, $\delta^3 f_2$, $\delta^4 f_2$는 (표 II-1-5)에서의 값을 대입하여 얻어진 해는 다음과 같다.

$$f(2.3) = f(2) + 0.3\delta f_2 + \frac{0.3^2}{2!}\delta^2 f_2 + \frac{0.3(0.3^2-1)}{3!}\delta^3 f_2 + \frac{0.3^2(0.3^2-1)}{4!}\delta^4 f_2$$

$$+ \frac{0.3(0.3^2-1)(0.3^2-4)}{5!}\delta^5 f_2$$

$$= 12 + 0.3 \times 12.5 + \frac{0.3^2}{2!} \times 7 + \frac{0.3(0.3^2-1)}{3!} \times 4 + \frac{0.3^2(0.3^2-1)}{4!} \times 2$$

$$= 15.876175$$

1.2 Lagrange 다항식을 이용한 보간

(Lagrange Polynomial Interpolation Method)

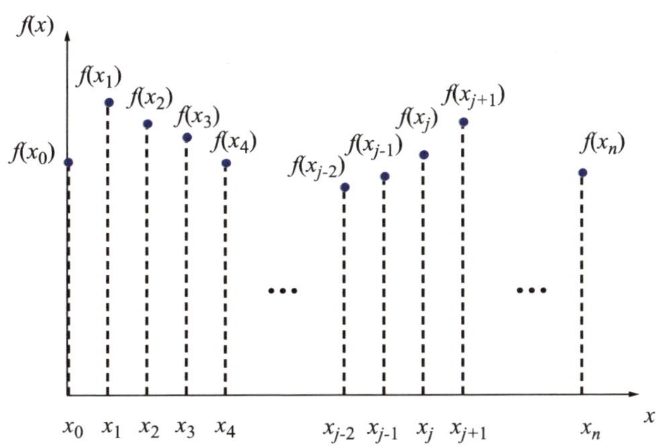

그림 II-1-4 $n+1$ 개 데이터를 이용한 n차 다항식

그림에서 임의 주어진 함수값들 사이에서의 사이값을 구하기 위해, 전체 구간 $(x_0 \leq x \leq x_n)$에서 어떤 x_j에 대한 $f(x_j)$를 만족하는 다항식을 생각해 볼 수 있다. 즉,

$$f(x) = a_0 + a_1 x + a_2 x^2 + a_3 x^3 + \cdots + a_n x^n \tag{14}$$

여기서, a_0, a_1, a_2, $\cdots$, a_n는 임의 상수이다.

만약, (14)식이 (그림 II-1-4)에서 전체 구간 $(x_0 \leq x \leq x_n)$에서의 $n+1$개 모든 함수값을 만족한다고 하면 이를 통하여 임의구간 $x(x_j < x < x_{j+1})$에서의 함수값을 구할 수 있을 것이다.

이러한 n차 다항식을 만드는 방법으로 Lagrange가 제안한 방법을 살펴보도록 하자.

(14)식과 같이 주어지는 함수 $f(x)$가 주어진 함수값 $f(x_0)$, $f(x_1)$, $f(x_2)$, $\cdots$, $f(x_n)$을 만족하는 다음과 같은 다항식을 생각하자.

$$f(x) = f(x_0)p_0(x) + f(x_1)p_1(x) + f(x_2)p_2(x) + \cdots + f(x_n)p_n(x) \tag{15}$$

여기서, $p_0(x)$, $p_1(x)$, $\cdots$, $p_n(x)$는 n차 다항식들이다.

이러한 $n+1$개의 다항식들이 다음과 같은 조건을 만족한다면,

$$p_j(x) = \begin{cases} 1 : x = x_j \\ 0 : x \neq x_j \end{cases} \tag{16}$$

여기서, $p_j(x)$는 x_0, x_1, x_2, $\cdots$, x_n 점들 사이 $x = x$에서는 임의의 함수값을 갖는다.

또한, 이러한 $n+1$개의 다항식을 성공적으로 찾는다면, (15)식으로 주어지는 함수 $f(x)$는 x_0, x_1, x_2, $\cdots$, x_n에서의 함수값 $f(x_0)$, $f(x_1)$, $f(x_2)$, $\cdots$, $f(x_n)$을 기본적으로 만족하고, 전체 x구간 $x_0 \le x \le x_n$에서 x_0, x_1, x_2, $\cdots$, x_n를 제외한 임의 $x = x$에서의 함수값을 제공할 것이다. 즉, interpolation값을 구하게 되는 것이다.

이제는 (16) 조건을 만족하는 다항식 $p_j(x)$을 찾아보자. 즉, (15)식에서 $n+1$개의 다항식 $p_0(x)$, $p_1(x)$, $\cdots$, $p_n(x)$을 찾아보도록 하자. Lagrange가 제안한 방법은 다음 식으로 표현된다.

$$p_j(x) = \frac{(x-x_0)(x-x_1)(x-x_2)\cdots(x-x_{j-1})(x-x_{j+1})\cdots(x-x_n)}{(x_j-x_0)(x_j-x_1)(x_j-x_2)\cdots(x_j-x_{j-1})(x_j-x_{j+1})\cdots(x_j-x_n)} \tag{17}$$

(17)식을 자세히 들여다보면, $x = x_j$일 때는 $p_j(x_j) = 1$이고 $x \neq x_j$일 때는 $p_j(x(\neq x_j)) = 0$이 된다(왜냐하면, x_0, x_1, x_2, $\cdots$, x_{j-1}, x_{j+1}, $\cdots$, x_n에서 (17)식의 분자가 0인 부분이 발생하기 때문이다).

이렇게 얻어진 $n+1$개의 $p_j(x)(0 \le j \le n)$를 Lagrange 다항식이라고 한다.

예제 II-1-6

다음 표와 같이 주어지는 x값에 대한 함수값이 있다. Lagrange 다항식을 써서 함수값 $f(7)$을 구해보자.

j	0	1	2	3
x	1	2	5	9
$f(x)$	1	5	9	14

해설 Lagrange 다항식을 포함하는 함수식 $f(x)$는 (15)식으로부터,

$$f(x)=f(x_0)p_0(x)+f(x_1)p_1(x)+f(x_2)p_2(x)+f(x_3)p_3(x) \quad ①$$

①식에서 라그랑지 다항식들 $p_0(x)$, $p_1(x)$, $p_2(x)$, $p_3(x)$는 각각 다음과 같이 구해진다.

$$p_0(x)=\frac{(x-x_1)(x-x_2)(x-x_3)}{(x_0-x_1)(x_0-x_2)(x_0-x_3)}$$
$$p_1(x)=\frac{(x-x_0)(x-x_2)(x-x_3)}{(x_1-x_0)(x_1-x_2)(x_1-x_3)} \quad ②$$
$$p_2(x)=\frac{(x-x_0)(x-x_1)(x-x_3)}{(x_2-x_0)(x_2-x_1)(x_2-x_3)}$$
$$p_3(x)=\frac{(x-x_0)(x-x_1)(x-x_2)}{(x_3-x_0)(x_3-x_1)(x_3-x_2)}$$

①, ②식에서 $x=7$을 대입하고 위의 표로부터 $x_0=1$, $x_1=2$, $x_2=5$, $x_3=9$에 대한 함수값을 $f(x_0)=1$, $f(x_1)=5$, $f(x_2)=9$, $f(x_3)=14$를 각각 대입하면

$$p_0(x)=\frac{(x-x_1)(x-x_2)(x-x_3)}{(x_0-x_1)(x_0-x_2)(x_0-x_3)}=\frac{(7-2)(7-5)(7-9)}{(1-2)(1-5)(1-9)}=\frac{-20}{-32}$$
$$p_1(x)=\frac{(x-x_0)(x-x_2)(x-x_3)}{(x_1-x_0)(x_1-x_2)(x_1-x_3)}=\frac{(7-1)(7-5)(7-9)}{(2-1)(2-5)(2-9)}=\frac{-24}{21} \quad ③$$
$$p_2(x)=\frac{(x-x_0)(x-x_1)(x-x_3)}{(x_2-x_0)(x_2-x_1)(x_2-x_3)}=\frac{(7-1)(7-2)(7-9)}{(5-1)(5-2)(5-9)}=\frac{-60}{-48}$$
$$p_3(x)=\frac{(x-x_0)(x-x_1)(x-x_2)}{(x_3-x_0)(x_3-x_1)(x_3-x_2)}=\frac{(7-1)(7-2)(7-5)}{(9-1)(9-2)(9-5)}=\frac{60}{224}$$

$$f(x)=f(x_0)p_0(x)+f(x_1)p_1(x)+f(x_2)p_2(x)+f(x_3)p_3(x) \quad ④$$
$$=f(1)p_0(7)+f(2)p_1(7)+f(5)p_2(7)+f(9)p_3(7)$$
$$=1\times\frac{-20}{-32}+5\times\frac{-24}{21}+9\times\frac{-60}{-48}+14\times\frac{60}{224}$$
$$=9.910714$$

$f(7)=9.910714$를 얻는다.

예제 II-1-7

다음 표와 같이 x값에 대한 함수값이 주어져 있다. Lagrange 다항식을 써서 함수값 $f(2.2)$를 구해보자.

j	0	1	2	3	4
x	0	1	2	3	4
$f(x)$	1	3.07	5.4	11.95	41.32

해설

$$f(x) = f(x_0)p_0(x) + f(x_1)p_1(x) + f(x_2)p_2(x) + f(x_3)p_3(x) + f(x_4)p_4(x) \quad ①$$

$$p_0(x) = \frac{(x-x_1)(x-x_2)(x-x_3)(x-x_4)}{(x_0-x_1)(x_0-x_2)(x_0-x_3)(x_0-x_4)}$$

$$p_1(x) = \frac{(x-x_0)(x-x_2)(x-x_3)(x-x_4)}{(x_1-x_0)(x_1-x_2)(x_1-x_3)(x_1-x_4)} \quad ②$$

$$p_2(x) = \frac{(x-x_0)(x-x_1)(x-x_3)(x-x_4)}{(x_2-x_0)(x_2-x_1)(x_2-x_3)(x_2-x_4)}$$

$$p_3(x) = \frac{(x-x_0)(x-x_1)(x-x_2)(x-x_4)}{(x_3-x_0)(x_3-x_1)(x_3-x_2)(x_3-x_4)}$$

$$p_4(x) = \frac{(x-x_0)(x-x_1)(x-x_2)(x-x_3)}{(x_4-x_0)(x_4-x_1)(x_4-x_2)(x_4-x_3)}$$

(예제 II-1-6)과 같은 방법으로 ①, ②식에서 $x=2.2$를 대입하고 위의 표로부터 $x_0=0$, $x_1=1$, $x_2=2$, $x_3=3$, $x_4=4$에서의 함수값과 라그랑지 다항식 값을 각각 대입하면, $f(2.2)=5.988016$을 얻게 된다.

C 프로그래밍 연습 [II-1-1]

다음 표와 같이 x값에 대한 함수값이 주어져 있다. Lagrange 다항식을 써서 함수값 $f(2.2)$를 구하는 C 프로그램을 작성해보자.

j	0	1	2	3	4
x	0	1	2	3	4
$f(x)$	1	3.07	5.4	11.95	41.32

```
#include <stdio.h>
#include <math.h>

/* nd: number of data */
/* n = nd-1           */
```

```
6
7     #define nd 5
8     double xd[nd]={0.0,1.0,2.0,3.0,4.0};
9     double fd[nd]={1.0,3.07,5.4,11.95,41.32};
10
11
12    main()
13    {
14    FILE *out1;
15    out1=fopen("lagrange interpolation_II-1-1.dat","w");
16
17    int n,i,j;
18    double p,sum,f_x;
19    double x,y;
20
21    n = nd-1;
22    x = 2.2;
23    sum=0.0;
24    f_x=0.0;
25
26            for(i=0;i<=n;i++)
27            {
28        p=1;
29        for(j=0;j<=n;j++)
30        {
31            if(i!=j)
32            p=p*(x-xd[j])/(xd[i]-xd[j]);
33        }
34            sum=sum+p*fd[i];
35            }
36
37    f_x = sum;
38
39    fprintf(out1,"  x = %f : f(x) = %f", x, f_x);
40
41    fclose(out1);
42    }
```

위 프로그램은 그대로 Dev-C++ 컴파일러에서 실행시키면 답을 제공하는 프로그램을 나타낸 것이다. 1~2라인은 선언문으로 그대로 C-프로그램 언어에서 제공하는 표준 입출력 라이브러리 및 수학연산자 연장세트를 불러오는 것으로 이해하면 되고 그대로 쓰면 된다. 4~5라인은 데이터의 개수가 5개라는 의미이며, n=nd−1=4는 아래 main 프로그램에서 C-언어가 배열을 읽을 때 0에서 4까지 읽어 5개의 데이터를 읽는다는 것을 나타낸다. 7~9 line은 $x(0,1,2,3,4)$에 대한 함수값들을 배열로 넣어준 것이며, 12~42 line은 main 프로그램으로 Lagrange 다항식 방법을 통한 함수값 $f(2.2)$을 구하는 프로그램이다. 여기서, for문으로 주어지는 26~35 line이 (예제 II-1-6)에서 ③, ④식으로 주어지는 Lagrange 다항식 함수값들과 최종 함수값 $f(2.2)$을 구하는 것을 보여준다. line 39는 출력되는 결과에 대한 양식을 제어하는 것으로 x값과 f(x)값을 실수형으로 출력하도록 지정하고 있다. 독자는 이 프로그램을 일단 컴퓨터에 저장하고 x값을 변화하면서 interpolation 값이 어떻게 나타나는 지를 확인해보기 바란다. 상기 프로그램을 컴파일하면 "lagrange interpolation_II-1-1.dat"라는 파일이 생성되며, 아래와 같은 결과를 출력한다.

```
x = 2.200000 : f(x) = 5.988016
```

독자는 반드시 기술된 C-프로그램을 그대로 Dev-C++ 컴파일러에 입력하여 결과를 도출해 보기 바라며, 이러한 작업을 통해 프로그래밍에 자연스럽게 적응되며, 더 나아가 컴퓨터를 이용한 자연과학 및 공학문제를 해결하는 기초가 만들어진다.[5)]

1.3 3차 스플라인 보간법

(Interpolation with Cubic Spline Method)

앞서 Lagrange 다항식을 이용한 보간법은 (그림 II-1-4)에서와 같이 $n+1$개 함수값들을 모두 만족하는 (15)식과 같은 하나의 함수를 구하는 방법인데 반하여, 본 절에서 다룰 스플라인 보간법은 다음 그림 (그림 II-1-2)에서와 같이 각각의 주어진 함수값 사이 n개의 구간에 함수값들을 이용하여 직선, 2차 곡선 또는 3차 곡선으로 연결하는 방법을 말한다. 본 절에서는 일반적으로 많이 사용하는 3차 곡선 연결법인 3차 스플라인 방법(cubic spline method)을 다루고자 한다.

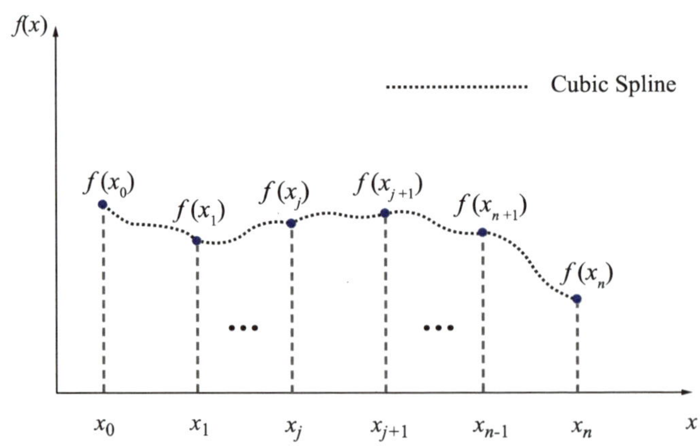

그림 II-1-5 데이터 포인트 사이를 연결하는 3차 스플라인

5) C 언어와 관련하여 자세한 내용은 참고문헌 [11]을 참고하기 바란다.

(그림 II-1-4)에서 $x_j \le x \le x_{j+1}$ 구간을 생각해 보자. x_j와 x_{j+1}에서의 함수값은 각각 $f(x_j)$와 $f(x_{j+1})$로 주어져 있고, 그 사이를 다음과 같은 3차 곡선으로 연결해 보자.

$$F_j(x) = a_0 + a_1 x + a_2 x^2 + a_3 x^3 \ (x_j \le x \le x_{j+1}) \tag{18}$$

여기서, a_0, a_1, a_2, a_3은 각각 상수이다.

(18)식에서 각각의 상수 값들을 구해야 $x_j \le x \le x_{j+1}$ 구간에서의 3차 스플라인 보간이 되며, (그림 II-1-4)에서 n개의 구간이 있으므로, 이러한 작업을 n번 반복해야 한다. 즉, n개의 3차 스플라인 보간함수 $F(x_0)$, $F(x_1)$, $F(x_2)$, $\cdots$, $F(x_{n-1})$를 구해야 한다. 이러한 작업을 마치게 되면, n개의 구간 중 임의의 x에서의 함수값 $f(x)$가 구해지게 되며, 이를 3차 스플라인 보간법이라 한다. 생각해 보면 대단히 많은 작업으로 생각되지만, 컴퓨터를 이용하게 되면 생각보다 간단히 문제를 해결할 수 있다. 앞으로 파트2, 3장에서 다룰 행렬방정식의 해법과 관련한 컴퓨터 프로그램이 이 문제를 간단히 해결해 준다.

이제는 실질적으로 n개 구간에서의 $F_j(x)$를 구하는 방법을 살펴보자. 먼저, (그림 II-1-4)에서 $(x_{j-1} \le x \le x_j)$구간과 $(x_j \le x \le x_{j+1})$을 생각하자. $(x_{j-1} \le x \le x_j)$구간에서의 보간함수는 $F_{j-1}(x)$이고, $(x_j \le x \le x_{j+1})$구간에서의 보간함수는 $F_j(x)$이며, 경계점인 $x = x_j$에서는 수학적으로 연속이어야 하므로, 보간함수들의 1계, 2계 도함수값들이 같아야 한다. 즉,

$$F'_{j-1}(x_j) = F'_j(x_j) \tag{19}$$

$$F''_{j-1}(x_j) = F''_j(x_j) \tag{20}$$

또한, $(x_j \le x \le x_{j+1})$구간에서 보간함수 $F_j(x)$는 경계에서 함수값들이 주어지므로 아래와 같은 조건을 얻는다.

$$F_j(x_j) = f(x_j) \tag{21}$$

$$F_j(x_{j+1}) = f(x_{j+1}) \tag{22}$$

(18)식으로 표현되는 $F_j(x)$는 4개의 상수 a_0, a_1, a_2, a_3가 결정되면 되는데, 위의 (19), (20), (21), (22)식과 같이 4개의 조건이 주어지므로 구할 수 있게 된다. 이를 구하기 위해, 먼저 (19), (20)식으로 표현되는 1계, 2계 도함수를 간단히 $g(x)$라는 함수로 표시하면 다음과 같다.

$$F'_{j-1}(x_j) = F'_j(x_j) = g'(x_j) \tag{23}$$

$$F''_{j-1}(x_j) = F''_j(x_j) = g''(x_j) \tag{24}$$

(24)식으로부터 함수값이 있는 모든 x점들, 즉 x_0, x_1, x_2, $\cdots$, x_n에서 2계 도함수값을 각각 $g''(x_0)$, $g''(x_1)$, $g''(x_2)$, $\cdots$, $g''(x_n)$이라고 하면, $(x_j \le x \le x_{j+1})$구간에서의 임의점 $x=x$에서의 $g''(x)$는 다음과 같이 직선식으로 표현된다.

$$g''(x) = g''(x_j) + \frac{x - x_j}{x_{j+1} - x_j}[g''(x_{j+1}) - g''(x_j)] \tag{25}$$

(25)식을 2번 적분하면 $g(x)$를 얻게 되며 이로부터 $F_j(x)$를 얻게 된다는 것을 알 수 있다.

$$\begin{aligned} g(x) &= \frac{1}{2}\left[g''(x_j) - \frac{x_j}{x_{j+1} - x_j}[g''(x_{j+1}) - g''(x_j)]\right]x^2 \\ &\quad + \frac{1}{6}\left[\frac{1}{x_{j+1} - x_j}[g''(x_{j+1}) - g''(x_j)]\right]x^3 + c_1 x + c_2 \\ &= F_j(x) \end{aligned} \tag{26}$$

(26)식에서 계수 c_1과 c_2를 구하면 결과적으로 3차 스플라인 보간함수를 얻게 되는데, 앞서 언급한 (21), (22)식을 다음과 같이 적용하면 된다.

$$\begin{aligned} F_j(x_j) = g(x_j) &= \frac{1}{2}\left[g''(x_j) - \frac{x_j}{x_{j+1} - x_j}[g''(x_{j+1}) - g''(x_j)]\right]x_j^2 \\ &\quad + \frac{1}{6}\left[\frac{1}{x_{j+1} - x_j}[g''(x_{j+1}) - g''(x_j)]\right]x_j^3 + c_1 x_j + c_2 \\ &= f(x_j) \end{aligned} \tag{27}$$

$$\begin{aligned} F_j(x_{j+1}) = g(x_{j+1}) &= \frac{1}{2}\left[g''(x_j) - \frac{x_j}{x_{j+1} - x_j}[g''(x_{j+1}) - g''(x_j)]\right]x_{j+1}^2 \\ &\quad + \frac{1}{6}\left[\frac{1}{x_{j+1} - x_j}[g''(x_{j+1}) - g''(x_j)]\right]x_{j+1}^3 + c_1 x_{j+1} + c_2 \\ &= f(x_{j+1}) \end{aligned} \tag{28}$$

(27), (28)식을 정리하여 c_1과 c_2를 구하면 $(x_j \le x \le x_{j+1})$구간에서의 보간함수가 다소 복잡하지만 다음과 같이 얻어진다.

$$F_j(x) = g(x) = \frac{g''(x_j)}{6}\left[\frac{(x_{j+1}-x)^3}{x_{j+1}-x_j} - (x_{j+1}-x_j)(x_{j+1}-x)\right] \tag{29}$$
$$+ \frac{g''(x_{j+1})}{6}\left[\frac{(x-x_j)^3}{x_{j+1}-x_j} - (x_{j+1}-x_j)(x-x_j)\right]$$
$$+ f(x_j)\left[\frac{x_{j+1}-x}{x_{j+1}-x_j}\right] + f(x_{j+1})\left[\frac{x-x_j}{x_{j+1}-x_j}\right]$$

(29)식은 일반적인 j번째 구간이므로, $j=0$에서 $j=n-1$, n개의 구간 모두에서 적용된다. 그런데, (29)식을 들여다보면, 구간($x_j \le x \le x_{j+1}$)에서 임의의 x에서의 함수값을 구하는 보간함수를 나타내는데, 경계점 x_j과 x_{j+1}에서 각각 $g''(x_j)$, $g''(x_{j+1})$를 알아야 한다. 그리고 전체구간($x_0 \le x \le x_n$)에서 (29)식을 사용하기 위해선 $n+1$개의 $g''(x_0)$, $g''(x_1)$, $g''(x_2)$, $\cdots$, $g''(x_n)$을 알아야 한다. 이러한 2계 미분값을 얻기 위해, (29)식을 (23)식에 적용하면 되는데, 다음과 같은 관계식을 얻게 된다.

$$g''(x_{j-1})\left[\frac{x_j-x_{j-1}}{x_{j+1}-x_j}\right] + g''(x_j)\left[\frac{2(x_{j+1}-x_{j-1})}{x_{j+1}-x_j}\right] + g''(x_{j+1})[1] \tag{30}$$
$$= 6\left[\frac{f(x_{j+1})-f(x_j)}{(x_{j+1}-x_j)^2} - \frac{f(x_j)-f(x_{j-1})}{(x_{j+1}-x_j)(x_j-x_{j-1})}\right]$$

(30)식은 임의의 x_j점을 기준으로 한 인접한 3개의 2계 미분값 $g''(x_{j-1})$, $g''(x_j)$, $g''(x_{j+1})$사이의 관계식을 나타낸다. 이러한 관계식을 ($x_0 \le x \le x_n$)구간에 적용하면 (26)식과 같은 형태의 $n-1$개의 방정식을 얻게 된다. $g''(x_0)$, $g''(x_1)$, $g''(x_2)$, $\cdots$, $g''(x_n)$는 $n+1$개이므로, 2개의 방정식이 더 필요하다. 그런데, 실제로 ($x_0 \le x \le x_n$)구간의 끝단, 즉 경계부분에서의 2계 미분값은 스플라인 함수의 성격상 0이다. 즉, $g''(x_0)=0$, $g''(x_n)=0$. 결과적으로, 찾고자 하는 미지수는 $g''(x_1)$, $g''(x_2)$, $\cdots$, $g''(x_{n-1})$이고, 즉 $n-1$개다. 따라서, (30)식 형태로 주어지는 방정식이 $n-1$개이고 찾고자 하는 미지수가 $n-1$개이므로 해를 얻을 수 있게 된다.

예제 II-1-8

다음 표와 같이 x값에 대한 함수값 $f(x)$가 주어져 있다. 3차 스플라인 보간법을 써서 함수값 $f(5)$를 구해보자.

j	0	1	2	3	4
x	1	3	6	8	10
$f(x)$	2	7	16	9	6

해설 위 표로부터 $x=5$일 때, (29)식으로 주어지는 3차 스플라인 다항식의 적용범위는 $3 \le x \le 6$이며, 즉 $x_j=3$이고 $x_{j+1}=6$이다. 또한, 경계부분에서의 함수값은 각각 $f(3)=7$, $f(6)=16$이다. 이러한 값들을 (29)식에 적용하면

$$F_j(5)=g(5)=\frac{g''(3)}{6}\left[\frac{(6-5)^3}{6-3}-(6-3)(6-5)\right]+\frac{g''(6)}{6}\left[\frac{(5-3)^3}{6-3}-(6-3)(5-3)\right] \quad ①$$
$$+f(3)\left[\frac{6-5}{6-3}\right]+f(6)\left[\frac{5-3}{6-3}\right]$$
$$=g''(3)\times\left(-\frac{4}{9}\right)+g''(6)\times\left(-\frac{5}{9}\right)+7\times\frac{1}{3}+16\times\frac{2}{3}$$

①식을 보면 함수값 $f(5)=F_j(5)$는 $g''(3)$과 $g''(6)$을 알아야 얻을 수 있음을 알 수 있다. $g''(3)$과 $g''(6)$은 (30)식을 이용하여 얻을 수 있는데, 표에 있는 x값과 그에 대한 함수값들을 (30)식에 적용함으로써 $g''(x)$를 계산하게 된다.

(30)식을 자세히 보면, 인접한 3개의 x값, 즉 x_{j-1}, x_j, x_{j+1}에서의 $g''(x_{j-1})$, $g''(x_j)$, $g''(x_{j+1})$ 값들로 하나의 방정식이 만들어지는 것을 볼 수 있다. 따라서, 주어진 표를 고려해 볼 때 $x=3$, $x=6$, $x=8$에서 각각 3개의 방정식이 만들어질 수 있음을 알 수 있다. 즉,

$$g''(1)\left[\frac{3-1}{6-3}\right]+g''(3)\left[\frac{2(6-1)}{6-3}\right]+g''(6)[1]=6\left[\frac{16-7}{(6-3)^2}-\frac{7-1}{(6-3)(3-1)}\right] \quad ②$$

$$g''(3)\left[\frac{6-3}{8-6}\right]+g''(6)\left[\frac{2(8-3)}{8-6}\right]+g''(8)[1]=6\left[\frac{9-16}{(8-6)^2}-\frac{16-7}{(8-6)(6-3)}\right] \quad ③$$

$$g''(6)\left[\frac{8-6}{10-8}\right]+g''(8)\left[\frac{2(10-6)}{10-8}\right]+g''(10)[1]=6\left[\frac{6-9}{(10-8)^2}-\frac{9-16}{(10-8)(8-6)}\right] \quad ④$$

앞서 언급한 대로 전체구간 $(1 \le x \le 10)$에서 경계에서의 $g''(x)$값은 0이라고 했으므로, $g''(1)=0$, $g''(10)=0$이고, ②~④식을 다시 정리하면 아래와 같다.

$$5g''(3)+\frac{3}{2}g''(6)=0 \quad ⑤$$

$$\frac{3}{2}g''(3)+5g''(6)+g''(8)=-\frac{39}{2} \quad ⑥$$

$$g''(6)+4g''(8)=15 \quad ⑦$$

⑤~⑦식으로부터 3개의 미지수 3개의 방정식이므로, 다음과 같이 $g''(3)$, $g''(6)$, $g''(8)$가

결정된다. 즉, 다음과 같은 값을 얻는다.

$$g''(3) = 1.622093 \quad ⑧$$
$$g''(6) = -5.406977$$
$$g''(8) = 5.101744$$

⑧에서의 $g''(3)$, $g''(6)$값을 각각 ①식에 대입하면 문제에서 요구하는 $f(5) = F_1(5)$ 값을 아래와 같이 얻게 된다.

$$\begin{aligned} F_j(5) = g(5) &= \frac{g''(3)}{6}\left[\frac{(6-5)^3}{6-3} - (6-3)(6-5)\right] \\ &\quad + \frac{g''(6)}{6}\left[\frac{(5-3)^3}{6-3} - (6-3)(5-3)\right] + f(3)\left[\frac{6-5}{6-3}\right] + f(6)\left[\frac{5-3}{6-3}\right] \\ &= g''(3) \times \left(-\frac{4}{9}\right) + g''(6) \times \left(-\frac{5}{9}\right) + 7 \times \frac{1}{3} + 16 \times \frac{2}{3} \\ &= 1.622093 \times \left(-\frac{4}{9}\right) - 5.506977 \times \left(-\frac{5}{9}\right) + 7 \times \frac{1}{3} + 16 \times \frac{2}{3} \\ &= 15.338501 \end{aligned} \quad ⑨$$

⑨식에서 $f(5) = F_1(5) = 15.338501$로 문제의 표를 보면 함수값이 7~16 사이에 나타나는 것을 볼 수 있다.

(예제 II-1-8)에서는 x변수가 5개점에서 주어진 함수값들을 통해 $g''(3)$, $g''(6)$, $g''(8)$과 같이 3개의 2계 미분값들을 구했지만, 보다 많은 함수값들을 갖는 경우 이러한 3차 스플라인 다항식 방법을 사용하여 보간을 할 경우에는 보다 많은 미지수에 대한 선형방정식을 풀어야 하므로 쉽게 구해질 수 없다. 앞으로 파트2, 3장에서 다룰 행렬방정식의 해법을 공부하여 선형방정식의 해를 컴퓨터를 통해 풀 수 있을 때, 이러한 문제는 쉽게 해결된다.

Chap 2. 근 구하기(Roots Finding)

근을 구하는 문제는 자연과학 및 공학문제에서도 자주 나타난다. 즉, 어떤 함수 $f(x)$가 있는데 $f(x)$가 특정값 c를 갖는다고 할 때, 어떤 x값에서 함수 $f(x)$가 c가 되는지를 찾는 것이 곧 근을 구하는 것이 된다. 이를 다르게 표현하면, 어떤 x값에서 $f(x)-c$가 0이 되는지를 찾는 것과 같은 의미이다.

$$f(x)=c \rightarrow f(x)-c=0 \tag{1}$$

즉, (1)식과 같은 방정식 문제가 되는 것이다.

본 장에서는 이러한 근을 구하는 몇 가지 방법을 소개하고자 하며, 대표적으로 이분법(Bisection Method), 뉴튼-랩슨 방법(Newton-Rapson Method), 할선법(Secant Method) 등이 있으며, 파트2, 1장에서 다룬 보간법을 이용한 근 구하기를 들 수도 있다.[6)] 이들 각각에 대한 근구하기 해법과 C 언어를 이용한 프로그램을 소개하고자 한다.

2.1 이분법(Bisection Method)

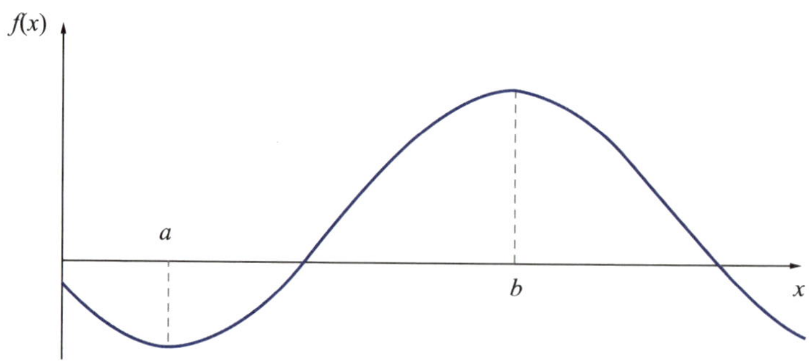

그림 II-2-1 $a \le x \le b$ 구간에 하나의 근을 갖는 함수

6) 본 장에서 언급하는 근을 구하는 방법은 주로 참고문헌 [1]을 참고했으며, 좀 더 자세한 내용은 참고문헌 [2], [3], [6], [8]을 참고하기 바란다.

위 그림에서 함수 $f(x)$는 $a \le x \le b$ 영역 안에 근이 1개 존재한다. 주어진 x구간에서 근의 존재를 살펴보기 위해 구간의 끝단, 즉 두 개의 끝단에서의 함수값들의 곱에 관심을 가져보자.

위 그림에서 $f(a) \times f(b)$ 값은 마이너스(−) 부호를 갖는다. 즉,

$$f(a) \times f(b) < 0. \tag{2}$$

다시 말해서 주어진 구간 $a \le x \le b$에서 주어진 함수 $f(x)$가 하나의 근을 가질 경우, 구간 양 끝단에서의 함수값의 곱은 마이너스(−)를 가져야 한다는 것이다.

(2)와 같은 조건이 확인되면 위 그림에서 함수 $f(x)$의 근을 구하기 위해 구간 $a \le x \le b$를 2개의 구간으로 등분하면

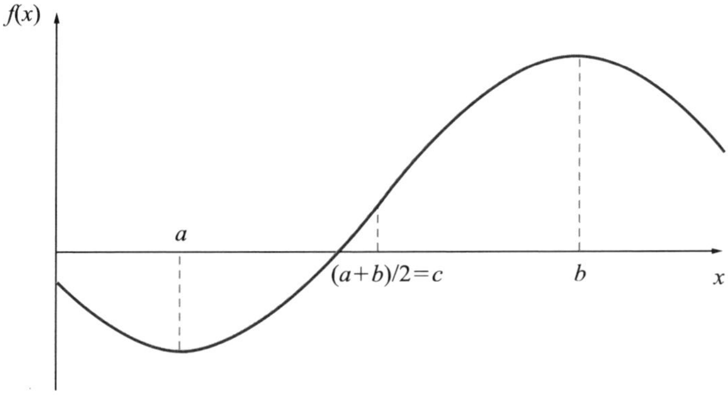

그림 II-2-2 $x=a$와 $x=\frac{(a+b)}{2}$ 사이에 하나의 근을 갖는 함수

그림 II-2-2와 같이 되고 $f(a) \times f(c)$, $f(c) \times f(b)$를 각각 계산하여, $a \le x \le c$와 $c \le x \le b$ 각각의 구간에서 마이너스(−) 값이 어느 구간에서 발생하는지를 찾는다. 이 때, 마이너스 값이 나타나는 구간에 근이 존재하게 되는데, 위 그림에서는 좌측구간 ($a \le x \le c$)에 근이 존재하는 것을 알 수 있다.

같은 방법으로 계속해서 근이 존재하는 구간으로 옮겨 다니며 2등분을 계속하면 최종적으로 근을 얻게 되는데, 이러한 방법을 이분법(Bisection Method)이라 한다. 이러한 이분법 방법은 반복계산을 빠른 시간에 수행하는 컴퓨터를 이용하여 근을 구하는데 매우 유용한 강력한 방법이다. 반면에 함수의 근이 어느 정도 위치에 존재하는지를 알고 있어야 한다.

예제 II-2-1

다음 함수의 근을 구하시오.

$f(x) = x^2 - 4$

해설 위의 함수의 근은 간단히 $x = \pm 2$임을 알 수 있다. 먼저 $x = \pm 2$근을 이분법에 의해 찾아보면, 정확한 값 2를 모른다고 가정하면 먼저 좌측과 우측이 $x_L = 0$, $x_R = 3$ 인 구간을 정하여 보자. 이 구간 안에 해가 존재하는지는 구간 좌측끝 값과 우측끝 값의 곱이 음의 값이 나오는지 확인하면 된다. $f(x_L) \times f(x_R) = -4 \times 5 < 0$이므로 $x_L = 0$, $x_R = 3$ 구간 안에 근이 존재한다. 이번에는 주어진 구간을 이등분하여 좌측과 우측구간을 살펴보자. 이등분점은 $x_m = 1.5$이므로 이등분된 좌측구간은 $x_L = 0$, $x_R = 1.5$이고 우측구간은 $x_L = 1.5$, $x_R = 3$이다. 이번에는 이등분된 좌측구간과 우측구간에 각각 근이 존재하는지를 확인해 본다. 좌측구간은 $f(x_L) \times f(x_R) = f(0) \times f(1.5) = -4 \times -1.75 > 0$이므로 근이 존재하지 않고, 우측구간은 $f(x_L) \times f(x_R) = f(1.5) \times f(3) = -1.75 \times 5 < 0$이므로 근이 존재한다. 이번에는 근이 존재하는 우측구간을 이등분하여 위와 같은 계산을 반복한다. 이러한 방법으로 계속 반복계산을 수행하면 $x = \pm 2$ 값으로 수렴하게 되는데 이 값이 근이 되게 된다.

C 프로그래밍 연습 [II-2-1]

(예제 II-2-1)에 대한 C 프로그램을 작성하고 실행하여 보시오.

```
#include <stdio.h>
#include <math.h>

#define func(x) (x*x-4)

main ()
{

FILE *out1;
out1=fopen("roots finding bisection_II-1-2.dat","w");

int imax,iter;
double a,b,xc,fa,fb,fc,epsil;

epsil = 0.000001;
imax=1000;

a=0.0;
```

```
b=3.0;

fa=func(a);
fb=func(b);

if(fabs(fa)<=epsil)
{
   fprintf(out1,"root x = %f \n", a);
}

 if(fabs(fb)<=epsil)
{
   fprintf(out1,"root x = %f \n", b);
}

 if(fa*fb>0.0)
{
   fprintf(out1,"no root between a and b  \n");
   goto END;
}


for(iter=1;iter<imax;++iter)
   {
       xc=(a+b)/2.0;
       fc=func(xc);

        fprintf(out1,"a = %f, b = %f \n", a, b);

       if(fabs(fc)<=epsil)
       {
       fprintf(out1,"root x = %f \n", xc);
       goto END;
   }
if(fa*fc<0.0)
{
    b=xc;
fb=fc;
}
else
{
    a=xc;
fa=fc;
}

```

```
64        }
65
66    END:;
67
68    fclose(out1);
69    }
```

위 프로그램에서 line 1～2는 앞서 파트2, 1장 연습에서도 언급했듯이 C 프로그래밍에서 표준입출력라이브러리 및 수학연산자를 기본적으로 선언하는 것이므로 그대로 적어주면 되고, line 4는 근을 구하고자 하는 함수를 나타낸다. (예제 II-2-1)에서는 $f(x) = x^2 - 4$와 같은 함수에 대한 근을 얻으려 했으므로 그대로 선언해 준다. line 6～69는 근을 구하는 main 프로그램을 나타내며, line 10은 결과를 저장하는 파일을 지정하며 프로그램을 실행하면 파일이 생성된다. line 15에서의 epsil은 구하고자 하는 근의 정확도를 나타내는 오차한계를 나타내며 10^{-5} 정도면 적당하다. 사용자가 적당히 정하면 된다. 그리고 line 18～19는 앞서 예제에서 언급한 근이 존해하는 처음 설정구간을 나타내며, 위 예제에서는 $x_L = 0$, $x_R = 3$이므로 프로그램에서 a=0.0, b=3.0을 넣어주면 된다.
위의 프로그램을 실행하면 아래와 같은 내용을 담은 "roots finding bisection_II-2-1.dat" 파일이 생성된다.

```
a = 0.000000, b = 3.000000
a = 1.500000, b = 3.000000
a = 1.500000, b = 2.250000
a = 1.875000, b = 2.250000
a = 1.875000, b = 2.062500
a = 1.968750, b = 2.062500
a = 1.968750, b = 2.015625
a = 1.992188, b = 2.015625
a = 1.992188, b = 2.003906
a = 1.998047, b = 2.003906
a = 1.998047, b = 2.000977
a = 1.999512, b = 2.000977
a = 1.999512, b = 2.000244
a = 1.999878, b = 2.000244
a = 1.999878, b = 2.000061
a = 1.999969, b = 2.000061
a = 1.999969, b = 2.000015
a = 1.999992, b = 2.000015
a = 1.999992, b = 2.000004
a = 1.999998, b = 2.000004
a = 1.999998, b = 2.000001
a = 2.000000, b = 2.000001

root x = 2.000000
```

위 예제에서 두 번째 근을 얻어보자. 프로그램에서 line 18～19를 수정하면 되는데, 즉 a=−3, b=0.0로 놓으면 되겠다. 이렇게 하여 프로그램을 다시 실행하면 다음과 같은 결과를 얻는다.

```
a = -3.000000, b = 0.000000
a = -3.000000, b = -1.500000
a = -2.250000, b = -1.500000
a = -2.250000, b = -1.875000
a = -2.062500, b = -1.875000
a = -2.062500, b = -1.968750
a = -2.015625, b = -1.968750
a = -2.015625, b = -1.992188
a = -2.003906, b = -1.992188
a = -2.003906, b = -1.998047
a = -2.000977, b = -1.998047
a = -2.000977, b = -1.999512
a = -2.000244, b = -1.999512
a = -2.000244, b = -1.999878
a = -2.000061, b = -1.999878
a = -2.000061, b = -1.999969
a = -2.000015, b = -1.999969
a = -2.000015, b = -1.999992
a = -2.000004, b = -1.999992
a = -2.000004, b = -1.999998
a = -2.000001, b = -1.999998
a = -2.000001, b = -2.000000

root x = -2.000000
```

C 프로그래밍 연습 [II-2-2]

다음 함수에 대한 근을 구하시오.

$f(x) = e^{-x/2}(4-x) - 2$

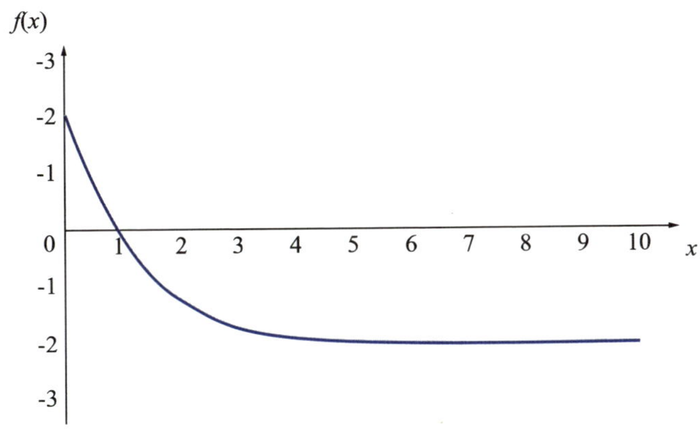

그림 II-2-3 함수 $f(x) = e^{-x/2}(4-x) - 2$의 개형

위 함수의 개형은 그림 II-2-3과 같다.

그림으로부터 함수의 근은 구간 $0.5 < x < 1$에 있음을 알 수 있다. 그리고 완전해는 x=0.885709임을 알 수 있다. 앞의 C 프로그래밍 연습 [II-2-1]의 C 프로그램에서 line 4의 함수정의를 #define func(x) (exp(-x/2)*(4-x)-2)와 같이 바꾸어 주고, line 18~19에서 구간값을 a=0.5, b=1과 같이 설정해주면 되겠다. 그리고 프로그램을 실행하면 roots finding bisection_II-2-2.dat와 같은 데이터 파일이 생성되며 19번의 반복 계산 후 다음과 같이 정확한 해를 구하게 된다.

```
a = 0.500000, b = 1.000000
a = 0.750000, b = 1.000000
a = 0.875000, b = 1.000000
a = 0.875000, b = 0.937500
a = 0.875000, b = 0.906250
a = 0.875000, b = 0.890625
a = 0.882813, b = 0.890625
a = 0.882813, b = 0.886719
a = 0.884766, b = 0.886719
a = 0.884766, b = 0.885742
a = 0.885254, b = 0.885742
a = 0.885498, b = 0.885742
a = 0.885620, b = 0.885742
a = 0.885681, b = 0.885742
a = 0.885681, b = 0.885712
a = 0.885696, b = 0.885712
a = 0.885704, b = 0.885712
a = 0.885708, b = 0.885712
a = 0.885708, b = 0.885710

root x = 0.885709
```

또 다른 함수의 근을 찾는 것은 독자에게 맡기니, 위 예제를 참고하여 풀어보기 바란다.

2.2 Netwon - Raphson법

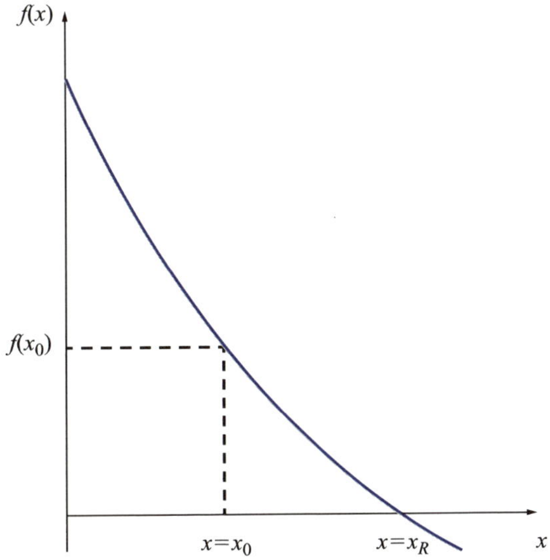

그림 II-2-4 $x = x_R$**에서 근을 갖는 함수**

그림 II-2-4에서 함수 $f(x)$의 근은 $x = x_R$로 나타나는데 현재 $x = x_0$에서의 함수값 $f(x_0)$를 안다고 하자. 또한 $|x_R - x_0| < \epsilon$ (ϵ : 작은 값)으로 되어 x_0에서 x_R까지의 거리는 작아 테일러급수 전개 수렴반경 안에 들어가는 경우라 한다면, x_R를 테일러급수전개로부터 구할 수 있겠다. $x = x_0$에서의 함수 $f(x_0)$를 알고 임의 $x = x$에서의 함수값을 테일러급수전개로부터

$$f(x) = f(x_0) + (x - x_0)f'(x_0) + \frac{(x - x_0)^2}{2!}f''(x_0) + \frac{(x - x_0)^3}{3!}f'''(x_0) + \cdots \tag{3}$$

(3)식과 같이 표현된다. 이때 x가 구하고자 하는 근인 x_R이라고 한다면 (1)식은 다시

$$f(x_R) = 0 = (x_0) + (x_R - x_0)f'(x_0) + \frac{(x_R - x_0)^2}{2!}f''(x_0) + \frac{(x_R - x_0)^3}{3!}f'''(x_0) + \cdots \tag{4}$$

(4)식과 같이 될 것이다.

그런데, (4)식에서 $x = x_0$에서의 함수값 및 모든 미분값, 즉 $f(x_0)$, $f'(x_0)$, $f''(x_0)$, $\cdots$ 를 안다고 해도 무한급수로 이루어진 고차 다항식이므로 x_R은 구하기는 매우 어렵다.

따라서 (4)식에서는 3번째 항 이후를 모두 무시한다면

$$0 = f(x_0) + (x_R{}' - x_0) f'(x_0) \tag{5}$$

(5)식을 얻게 된다. 이때 $x_R{}'$은 실제 함수 $f(x)$의 근인 x_R이 아닐 것이며 이를 그림으로 나타내면 다음과 같다.

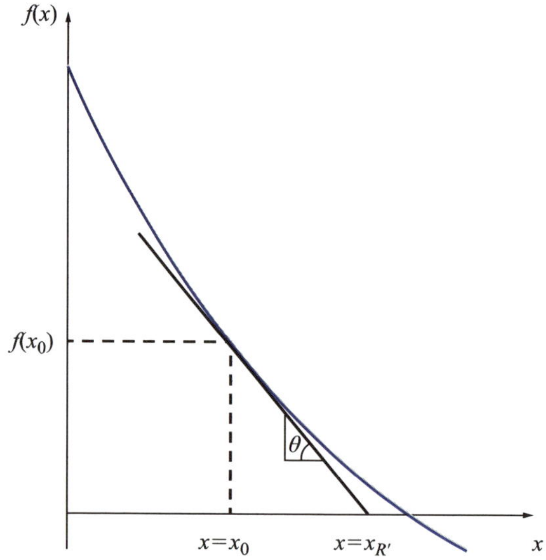

그림 II-2-5 $x = x_0$**에서의 접선과** x**축이** $x = x_{R'}$**에서 만남**

그림 II-2-5에서 $x = x_0$일 때 함수값 $f(x_0)$인 점에 접선을 나타내고 있는데 이 접선과 x축과의 만나는 점이 $x = x_R{}'$이 된다. 즉, (5)식에서

$$x_R{}' = -\frac{f(x_0)}{f'(x_0)} + x_0 \tag{6}$$

(6)식으로부터 새로 얻어진 $x = x_R{}'$에서의 함수값은 $f(x_R{}')$로 얻어지며, 그림 II-2-6과 같이 $x = x_R{}'$에서 새로 얻어진 함수값 $f(x_R{}')$과 테일러급수전개를 통하여 구하고자 하는 함수 $f(x)$의 근 x_R을 얻는 식은

$$f(x_R) = 0 = f(x_R{}') + (x_R - x_R{}') f'(x_R{}') + \frac{(x_R - x_R{}')^2}{2!} f''(x_R{}') + \cdots \tag{7}$$

(7)식과 같이 주어지며 (7)식으로부터 (5)식과 같이 x_R을 구하고자 하면 (8)식으로부터 $x_R{}''$이 구해진다. 즉,

$$0 = f(x_R{}') + (x_R{}'' - x_R{}')f'(x_R{}') \tag{8}$$

(8)식으로부터 얻어진 $x_R{}''$ 값은 그림 II-2-6에서 보여주고 있는 $x_R{}''$을 의미하고 $x_R{}'$보다는 더욱 실제 해인 x_R에 가까워지고 있는 것을 볼 수 있다.

이러한 방법으로 계속 반복하면서 x_R을 구하게 되는데 이를 Newton-Raphson법이라 한다.

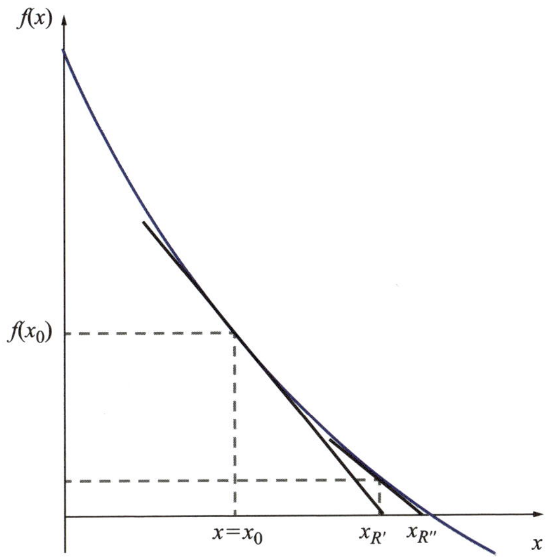

그림 II-2-6 $x = x_{R'}$ 에서의 접선과 x 축이 $x = x_{R''}$ 에서 만남

예제 II-2-2

다음 함수에 대한 근을 Newton-Raphson법으로 구하시오.
$f(x) = e^{-x/2}(4-x) - 2$

해설 앞서 이분법으로 근을 구하는 예제에서 살펴보았듯이, 근은 $x = 0.885709$이다. 그러나 정확한 값은 알지 못하기 때문에, 임의 값을 설정하고, 즉 $x_0 = 0.2$로 정하고 Newton-Raphson방법으로 $x_1, x_2, x_3, \cdots$ 을 순차적으로 구해보자.

(6)식을 보면, $x_1, x_2, x_3, \cdots$ 을 구하기 위해선 $f(x_1), f(x_2), f(x_3), \cdots, f'(x_1), f'(x_2), f'(x_3), \cdots$ 값을 알아야 한다.

위 함수로부터, 함수와 1차 도함수는

$f(x) = e^{-x/2}(4-x) - 2,\ f'(x) = -\frac{1}{2}e^{-x/2}(4-x) - e^{-x/2}$

이므로 각각을 이용하여 $x_1, x_2, x_3, \cdots$ 을 구한다.

(6)식으로부터 x_1을 구하면

$$x_1 = -\frac{f(x_0)}{f'(x_0)} + x_0 = -\frac{f(0.2)}{f'(0.2)} + 0.2 = -\frac{1.438382}{-2.624028} + 0.2 = 0.748158$$

같은 방법으로 다음 x_2를 구하면

$$x_2 = -\frac{f(x_1)}{f'(x_1)} + x_1 = -\frac{f(0.748158)}{f'(0.748158)} + 0.748158 = -\frac{0.237016}{-1.806443} + 0.748158 = 0.879365$$

같은 방법으로 $x_3,\ x_4,\ x_5,\ \cdots$ 를 순차적으로 구하면 $x = 0.885709$값으로 수렴해 간다.

C 프로그래밍 연습 [II-2-3]

(예제 II-2-2)에 대한 C 프로그램을 작성하고 실행하여 보시오.

```
#include <stdio.h>
#include <math.h>

#define func(x) (exp(-x/2.0)*(4.0-x)-2.0)
#define func_diff(x) (-0.5*exp(-0.5*x)*(4.0-x)-exp(-0.5*x))

/* solution: x=0.885709  */

main ()
{

FILE *out1;
out1=fopen("roots finding Newton-Raphson_II-2-3.dat","w");

int imax,iter;
double x,fx,fdx,del,epsil;

epsil = 0.000001;
imax=1000;

x=0.2;

fx=func(x);
fdx=func_diff(x);

 for(iter=1;iter<imax;++iter)
    {
```

```
]32
33    del=-fx/fdx;
34    x=x+del;
35
36     fprintf(out1,"x = %f, del = %f \n", x, del);
37
38    if(fabs(del)<epsil)
39    {
40          fprintf(out1,"root x = %f \n", x);
41     goto END;
42    }
43
44    fx=func(x);
45    fdx=func_diff(x);
46
47                fprintf(out1,"fx = %f, fdx = %f \n", fx, fdx);
48
49        }
50
51    END:;
52
53    fclose(out1);
54    }
```

위 프로그램에서 line 5~6은 근을 구하고자하는 함수와 이 함수의 1차 도함수를 나타내며, line 8은 프로그램을 실행했을 때 결과를 코멘트 문장으로 나타낸 것이다. line 11~54는 메인 프로그램을 '{'와 '}'로 묶은 것이다. line 13~14는 프로그램 실행 결과를 "roots finding Newwon-Raphson_II-2-3.dat" 파일에 넣으라는 출력문으로 이해하면 되겠다. line 19의 epsil은 근을 구할 때 정확도를 조절하는 것으로 구하고자 하는 근의 값에 따라 조절하면 되겠고 대략 10^{-5} 정도로 정하면 되겠다. line 22는 초기 설정값 $x_0 = 0.2$를 나타낸다. line 36은 반복계산 시 각 step에서 계산한 값을 나타내며, line 38~42는 근을 구하기 위한 제어문으로 앞서 언급한 epsil 조건을 만족할 때의 x 근 계산값을 출력한다. 프로그램을 실행하면 "roots finding Newwon-Raphson_II-2-3.dat" 파일이 생성되고 5번의 반복 계산 후 다음과 같은 결과를 출력한다.

```
x = 0.748158, del = 0.548158
x = 0.879365, del = 0.131207
x = 0.885695, del = 0.006330
x = 0.885709, del = 0.000014
x = 0.885709, del = 0.000000

root x = 0.885709
```

앞서 이분법을 사용하여 동일한 함수의 근을 구할 때는 19번의 반복계산이 필요했지만, Newton-Raphson 방법을 사용할 때는 5번의 반복 계산으로 해가 얻어지는 것을 확인할 수 있다. 그러나 이러한 경향이 모든 함수에 그대로 적용되는 것은 아니고 함수의 형태에 따라 다를 수 있으니, 독자는 확인해 보기 바란다.

2.3 Secant 법

앞서 언급한 Newton-Raphson 방법은 근을 구하기 위해 식 (6)에서 보듯이 임의 점 $x=x_0$에서 함수값 $f(x_0)$ 및 1차 미분값 $f'(x_0)$를 알아야 한다.

그런데 함수의 종류에 따라 임의 $x=x_0$ 점에서의 미분값을 구하는 것이 용이하지 않은 경우가 대부분이므로 (6)식을 통해 함수의 근을 구하는 것이 어려워진다. 따라서 임의의 점 $x=x_0$에서 함수의 1차 미분값 $f'(x_0)$을 도함수를 구하지 않고도 근을 구하는 수정된 Newton-Raphson 방법이 필요하게 된다.

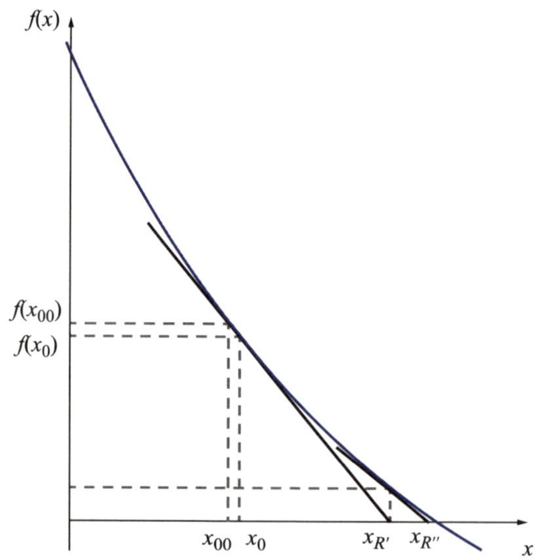

그림 II-2-7 Secant 방법 (9)식의 이해 도면

$x=x_0$에서의 $f'(x_0)$ 값을 구하기 위하여, 그림 II-2-7에서 보듯이 $x=x_0$ 좌측에 미소 떨어진 $x=x_{00}$ 점을 생각하면 $x=x_{00}$ 점에 대응하는 함수값 $f(x_{00})$을 통하여 $x=x_0$ 점에서의 1차 미분값 $f'(x_0)$을

$$f'(x_0) = \frac{f(x_0) - f(x_{00})}{x_0 - x_{00}} = \frac{f(x_0) - f(x_{00})}{\delta_0} \tag{9}$$

(9)식과 같이 근사시킬 수 있다(여기서, $\delta_0 = x_0 - x_{00}$).

그러면 (6)식과 (9)식으로부터 $x_R{}'$이 다음 (10)식과 같이 구해진다.

$$x_R{}' = -\frac{f(x_0)}{\dfrac{f(x_0) - f(x_{00})}{\delta_0}} + x_0 \tag{10}$$

이때 초기점 x_0보다 δ_0만큼 작은 x_{00}을 임의로 생각하고, 그에 대한 함수값 $f(x_{00})$을 미리 계산한다.

다음으로는 $x = x_R{}''$ 값을 구하기 위하여 그림 II-2-7에서 보듯이 $x = x_R{}'$에서의 1차 미분값 $f'(x_R{}')$을 구해야 하는데 같은 방법으로 $x = x_R{}'$에서의 미분값을 다음과 같이 구하게 된다.

$$f'(x_R{}') = \frac{f(x'_R) - f(x_0)}{x_R{}' - x_0} = \frac{f(x_R{}') - f(x_0)}{\delta_1} \tag{11}$$

$x = x_R{}'$에서의 미분값은 (11)식과 같이 구하게 되고, 그 다음 점인 $x = x_R{}''$은

$$x_R{}'' = x_R{}' - \frac{f(x_R{}')}{\dfrac{f(x_R{}') - f(x_0)}{\delta_1}} \tag{12}$$

(12)식과 같이 정해진다. 이때 반복계산을 통하여 근 x_R에 접근할수록 $|\delta_n| = \left|x_R^{(n)} - x_R^{(n-1)}\right|$이 줄어들게 되어 0에 접근하게 되고, $\delta_{(n)}$ 값이 0에 접근하게 되면 곧 해 x_R을 구하게 되는 셈이 된다.

예제 II-2-3

다음 함수에 대한 근을 Secant 방법으로 구하시오.

$f(x) = e^{-x/2}(4-x) - 2$

해설 앞서 Newton-Raphson 방법으로 근을 구하였다. 해는 $x = 0.885709$이고 초기값 $x_0 = 0.2$를 설정하고 근을 구하였다. 수정된 Newton-Raphson 방법인 Secant 방법으로 주어진 함수의 근을 구하기 위해 초기값을 $x_0 = 0.2$로 하고 이보다 약간 작은 값 $x_{00} = 0.19$로 설정하여 $x_1,\ x_2,\ x_3,\ \cdots$ 를 구해보자.

(10)식으로부터 x_1을 구하면

$$x_1 = -\frac{f(x_0)}{\dfrac{f(x_0)-f(x_{00})}{x_0 - x_{00}}} + x_0 = -\frac{f(0.2)}{\dfrac{f(0.2)-f(0.19)}{0.2-0.19}} + 0.2$$

$$= -\frac{1.438382}{\dfrac{1.438382-1.464711}{0.2-0.19}} + 0.2 = 0.746317$$

같은 방법으로 x_2를 구하면

$$x_2 = -\frac{f(x_1)}{\dfrac{f(x_1)-f(x_0)}{x_1 - x_0}} + x_1 = -\frac{f(0.746317)}{\dfrac{f(0.746317)-f(0.2)}{0.746317-0.2}} + 0.746317$$

$$= -\frac{0.240343}{\dfrac{0.240343-1.438382}{0.746317-0.2}} + 0.746317 = 0.855916$$

$$\vdots$$

같은 방법으로 반복계산을 수행하면 $x = 0.885709$값으로 수렴해 간다.

C 프로그래밍 연습 [II-2-4]

(예제 II-2-3)에 대한 C 프로그램을 작성하고 실행하여 보시오.

```
#include <stdio.h>
#include <math.h>

#define func(x) (exp(-x/2.0)*(4.0-x)-2.0)

main ()
{

FILE *out1;
out1=fopen("roots finding secant_II-2-4.dat","w");

int imax,iter;
double x,fx,xo,fxo,del,epsil;

epsil = 0.000001;
imax=1000;

xo=0.19;
x= 0.2;
del=x-xo;
```

```
21
22
23    fxo=func(xo);
24    fx=func(x);
25
26
27
28
29     for(iter=1;iter<imax;++iter)
30         {
31
32    del=-fx/((fx-fxo)/del);
33    x=x+del;
34
35    fprintf(out1,"x = %f, del = %f \n", x, del);
36
37    if(fabs(del)<epsil)
38    {
39          fprintf(out1,"root x = %f \n", x);
40     goto END;
41    }
42
43    fxo=fx;
44    fx=func(x);
45
46
47        }
48
49    END:;
50
51    fclose(out1);
52    }
```

앞서 Newton-Raphson 방법에 의한 근구하기 프로그램에서는 함수와 1차 도함수를 앞선 C 프로그램 line 5~6 #define에 나타냈으나, Secant 방법에서는 함수만 #define에 나타내고 있다. 위 프로그램에서는 line 4에서 "#define func(x) (exp(-x/2.0)*(4.0-x)-2.0)"과 같이 함수를 선언하고 있다. line 9~10은 계산결과를 "roots finding secant_II-2-4.dat" 파일에 저장하는 출력문을 나타내고 있다. line 18~19에서는 $x_{00}=0.19$와 $x_0=0.2$를 각각 나타내고 있으며, line 20에서는 $x_0=0.2$에서의 초기 1차 도함수값을 구하기 위한 $\delta_0=x_0-x_{00}$를 계산하고 있다. line 23~24 역시 $x_0=0.2$에서의 초기 1차 도함수값을 계산하기 위하여 $f(x_0)$, $f(x_{00})$를 각각 계산하고 있다. line 29~47은 초기값을 가지고 순차적으로 반복 계산을 하여 근을 구하는 것을 보여주고 있으며, line 32는 (10)식 우변의 좌항을 나타내고 있다. line 35를 통해 각 반복 계산에서의 x값 및 δ값을 출력 데이터 파일에 쓰고 있다. line 37~41은 앞서 line 32에서 계산한 δ값이 정해진 미소값 epsil보다 작으면 그 때 계산한 x값이 바로 근이라고 제어하는 제

어문이다. 이러한 반복계산을 실행하면

```
x = 0.746317, del = 0.546317
x = 0.855916, del = 0.109598
x = 0.884297, del = 0.028381
x = 0.885694, del = 0.001397
x = 0.885709, del = 0.000015
x = 0.885709, del = 0.000000
root x = 0.885709
```

위 결과를 살펴보면, 앞서 Newton-Raphson 방법에 의한 결과가 5번의 반복계산 후 근을 구한 것과 반해 6번의 반복계산 후 같은 결과를 보여주는 것을 확인할 수 있다. 그러므로, 1차 도함수를 프로그램에 지정하지 않고도 큰 차이 없이 정확한 계산결과를 제공하는 것을 알 수 있다.

2.4 보간법을 역 이용한 근 구하기

(Root Finding using the Interpolation Method)

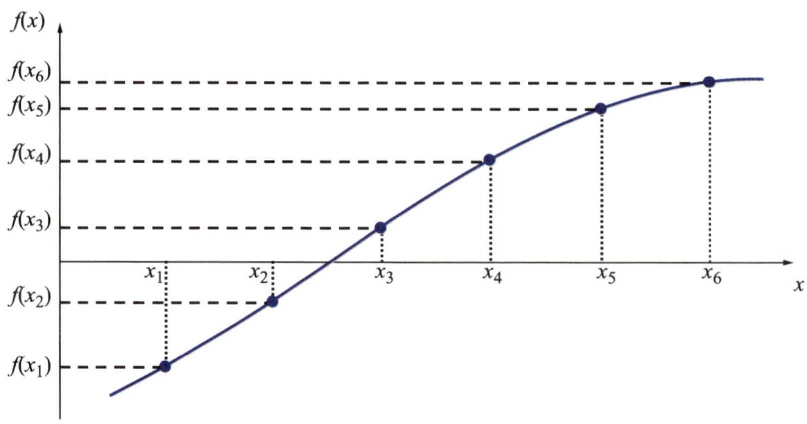

그림 II-2-8 $f(x_2)$와 $f(x_3)$사이 $f(x)=0$에 대응하는 $x_2 \le x \le x_3$ 사이 x_R 값 구하기

위 그림에서 x구간 $x_1 \le x \le x_6$에서 함수값이 $f(x_1)$, $f(x_2)$, $\cdots$, $f(x_6)$와 같이 있을 때 보간법이란 함수값이 없는 임의 $x=x$에서의 함수값 $f(x)$의 추정을 의미한다고 하였다. 그러면 그림에서 $x=x_R$에서의 함수값은 $f(x_R)=0$이 될 것이다.

그런데 본 절의 주제가 보간법을 '역' 이용한 근 구하기이므로 이에 대해서 생각해 보자.

먼저, 위 그림의 각 x점과 함수값들을 표로 나타내보면

표 II-2-1 주어진 x 좌표에 따른 함수값

x	x_1	x_2	x_3	x_4	x_5	x_6
$f(x)$	$f(x_1)$	$f(x_2)$	$f(x_3)$	$f(x_4)$	$f(x_5)$	$f(x_6)$

표 II-2-1과 같이 될 것이다. 그런데 그림 II-2-8로부터 근은 $x_2 \le x \le x_3$에 존재한다는 것을 알 수 있다.

이번에는 표 II-2-1을 뒤집어 다시 보면

표 II-2-2

X	$f(x_1)$	$f(x_2)$	$f(x_3)$	$f(x_4)$	$f(x_5)$	$f(x_6)$
$F(X)$	x_1	x_2	x_3	x_4	x_5	x_6

표 II-2-2와 같이 되는데 $f(x_1)$, $f(x_2)$, $\cdots$, $f(x_6)$를 변수 X로 하고 x_1, x_2, x_3, $\cdots$, x_6를 함수값 $F(X)$로 하는 표로 생각할 수 있고 변수 $f(x_2)$와 $f(x_3)$ 사이에서 0인 변수를 택하면 앞장에서 배운 보간법을 통하여 $x = x_R$에 대응하고 이때 계산된 어떤 x_R값은 변수 $f(x_2)$와 $f(x_3)$ 사이 $f(x)=0$에 대응되는 값으로 그림 II-2-8로 되돌아가면 곧 근이 되는 셈이다.

따라서 표 II-2-2에서 새로운 변수 $X=0$에 대응되는 $F(X=0)$ 함수값은 표 II-2-1에서의 본래 함수 $f(x)$의 근인 x_R이 된다.

예제 II-2-4

다음 함수에 대한 근을 보간법을 이용하여 구하시오.

$f(x) = e^{-x/2}(4-x) - 2$

해설 위 함수의 근은 앞서 예제들을 통하여 bisection, Newton-Raphson, Secant 방법 등으로 계산하여 $x = 0.885709$값을 얻었다. 이번 절에서는 앞서 파트2, 1장에서 공부한 보간법 중 Lagrange 다항식 보간법을 통하여 근을 구하여 보자.

앞서 언급한 보간법을 통하여 근을 구하기 위해 위 함수의 x범위 $0 \le x \le 1.8$에서의 함수값을 0.2 간격으로 구하여 표를 만들면

x	0	0.2	0.4	0.6	0.8	1.0	1.2	1.4	1.6	1.8
$f(x)$	2.0	1.438	0.947	0.518	0.1450	−0.180	−0.463	−0.708	−0.921	−1.105

표에서 보듯이 x가 0.8에서 1.0 사이에 함수값 $f(x)$가 0.145에서 −0.180으로 +에서 −로

바뀌고 있는 부분이 나타나 $0.8 \le x \le 1.0$에서 근이 존재함을 알 수 있다.

앞서 언급한 대로 위 표를 뒤집어 나타내면

X	2.0	1.438	0.947	0.518	0.1450	− 0.180	− 0.463	− 0.708	− 0.921	− 1.105
$F(X)$	0	0.2	0.4	0.6	0.8	1.0	1.2	1.4	1.6	1.8

이제는 이 표를 가지로 앞서 파트2, 1장에서 공부한 Lagrange 다항식 방법을 통하여 내삽(interpolation)을 수행하여 보자. 즉, $X=0$일 때 $F(X=0)$을 구하면 그 값이 근이 되는 셈이다. 파트2, 1장에서 배운 Lagrange 다항식을 얻어 계산을 수행하면 $X=0$일 때의 보간값을 얻게 되는데 계산을 해보면 $F(X=0)$값은 0.885709를 얻게 된다. 이러한 계산을 확인하기 위하여 다음 Lagrange 방법으로 interpolation 수행하는 C 프로그래밍 연습에서 살펴보도록 하자.

C 프로그래밍 연습 [II-2-5]

(예제 II-2-4)에 대한 C 프로그램을 작성하고 실행하여 보시오.

```
#include <stdio.h>
#include <math.h>

/* nd: number of data */
/* n = nd-1            */

#define nd 10
double xd[nd]={2.0,1.438382,0.947431,0.518782,0.145024,-0.180408,
                 -0.463327,-0.708878,-0.92161,-1.105547};
double fd[nd]={0.0,0.2,0.4,0.6,0.8,1.0,1.2,1.4,1.6,1.8};


main()
{
FILE *out1;
out1=fopen("root finding with lagrange interpolation_II-2-5.dat","w");

 int n,i,j;
 double p,sum,f_x;
  double x,y;

n = nd-1;
x = 0.0;        /* want to find f(x) */
sum=0.0;
f_x=0.0;
```

```
26
27     for(i=0;i<=n;i++)
28         {
29                     p=1;
30                     for(j=0;j<=n;j++)
31                     {
32                             if(i!=j)
33                             p=p*(x-xd[j])/(xd[i]-xd[j]);
34                      }
35                      sum=sum+p*fd[i];
36         }
37
38     f_x = sum;
39
40     fprintf(out1,"root for f(x) = 0 : x = %f", f_x);
41
42
43     fclose(out1);
44  }
```

Lagrange 다항식 보간을 위한 위 C 프로그램에서 line 7은 위 표의 데이터 개수가 10인 것을 말해주고 있으며, line 8~10에는 표의 10개 데이터를 그대로 넣어 준다. Lagrange 다항식 보간 C 프로그램에 대한 자세한 내용은 파트2, 1장 프로그램 해설을 보면 알 수 있다. 상기 프로그램을 실행하면

```
root for f(x) = 0 : x = 0.885709
```

위 결과를 보면 bisection, Newton-Raphson, Secant 방법에서와 같은 결과를 보여준다.

Chap 3. 행렬방정식을 이용한 선형연립방정식 해 구하기

(The Solution of Linear Algebraic equations with Using Matrix Manipulation)

선형연립방정식들을 통한 미지수 값을 찾는 문제는 자연과학 · 공학에서 자주 나타나는 문제 중 하나이다. 또한 이러한 선형연립방정식들은 행렬방정식으로 표현되고, 행렬방정식들을 풀이하는 수학적 이론들을 통하여 결국 선형연립방정식들을 통해 나타나는 물리적 미지수들을 해를 결정하게 된다.7)

예를 들면, n개의 미지수 $x_1, x_2, x_3, \cdots, x_n$을 찾는 문제가 선형연립방정식(Linear Algebraic Equations)으로 아래와 같이 나타나고 있다고 하자.

$$\left.\begin{array}{c} a_{11}x_1 + a_{12}x_2 + a_{13}x_3 + \ \cdots \ + x_{1n-1}x_{n-1} + a_{1n}x_n = b_1 \\ a_{21}x_1 + a_{22}x_2 + a_{23}x_3 + \ \cdots \ + x_{2n-1}x_{n-1} + a_{2n}x_n = b_2 \\ \vdots \qquad\qquad\qquad\qquad \vdots \\ a_{n1}x_1 + a_{n2}x_2 + a_{n3}x_3 + \ \cdots \ + x_{nn-1}x_{n-1} + a_{nn}x_n = b_n \end{array}\right\} \tag{1}$$

(1)식에서 선형방정식의 개수는 n이고 미지수 $x_1, x_2, x_3, \cdots, x_n$의 개수로 n개이며 방정식의 1행부터의 계수 $(a_{11}, a_{12}, \cdots, a_{1n})$, $(a_{21}, a_{22}, \cdots, a_{2n})$, $\cdots$, $(a_{n1}, a_{n2}, \cdots, a_{nn})$과 $b_1, b_2, \cdots, b_n$의 값을 알고 있다고 하고 독립적 해가 존재하는 경우라고 하자.

(1)식을 다시 행렬방정식 형태로 바꿀 수 있는데 다음과 같다.

$$\begin{bmatrix} a_{11} & a_{12} & a_{13} & \cdots & a_{1n} \\ a_{21} & a_{22} & a_{23} & \cdots & a_{2n} \\ a_{31} & a_{32} & a_{33} & \cdots & a_{3n} \\ \vdots & \vdots & \vdots & & \\ a_{n1} & a_{n2} & a_{n3} & \cdots & a_{nn} \end{bmatrix} \begin{bmatrix} x_1 \\ x_2 \\ x_3 \\ \vdots \\ x_n \end{bmatrix} = \begin{bmatrix} b_1 \\ b_2 \\ b_3 \\ \vdots \\ b_n \end{bmatrix} \tag{2}$$

더욱 간단한 표현으로

$$A\vec{X} = \vec{B} \tag{3}$$

7) 본 장에서 언급한 선형연립방정식의 행렬방정식을 통한 해를 얻는 수치적 방법은 주로 참고문헌 [1], [2], [10]를 참고했으며, 자세한 내용은 참고문헌 [6], [8]을 참고하기 바란다.

(3)식과 같은 벡터식으로 표현되기도 한다. 여기서 A는 $[n\times n]$ 행렬, $\vec{X}=[n\times 1]$ 행렬 $\vec{B}$는 $[n\times 1]$ 행렬을 나타낸다. 즉,

$$A=\begin{bmatrix} a_{11} & a_{12} & \cdots & a_{1n} \\ \vdots & \vdots & & \vdots \\ a_{n1} & a_{n2} & \cdots & a_{nn} \end{bmatrix}\Bigg\}\, n\ \ (n\times n) \tag{4}$$

$$\vec{X}=\begin{bmatrix} x_1 \\ x_2 \\ \vdots \\ x_n \end{bmatrix}\Bigg\}\, n\ \ (n\times 1) \tag{5}$$

$$\vec{B}=\begin{bmatrix} b_1 \\ b_2 \\ \vdots \\ b_n \end{bmatrix}\Bigg\}\, n\ \ (n\times 1) \tag{6}$$

(4)식에서 A 행렬은 원소의 개수가 n^2인 $(n\times n)$ 행렬이고, $\vec{X}$는 원소의 개수가 n개인 $(n\times 1)$ 행렬로 우리가 찾고자 하는 n개의 미지수이며, $\vec{B}$는 선형연립방정식 (1)식에서 주어진 계수 b_1, b_2, b_3, $\cdots$, b_n을 의미한다.

(2)식과 같은 행렬방정식을 앞서 언급한 대로 독립적 해가 존재할 경우, 간단한 방법으로 해를 구할 수 있는데 잘 알려진 Gauss-Elimination 방법, Gauss-Jordan-Elimination 방법 등으로 구해진다. 주목할 사항은 이러한 방법들이 사칙연산으로 구해진다는 사실이며, 컴퓨터 계산의 기본이 사칙연산이라는 것과 일치된다.

따라서 Gauss-Elimination, Gauss-Jordan-Elimination 방법과 같은 사칙연산에 의한 선형연립방정식의 해법은 컴퓨터를 사용하여 해결하기가 용이하다.

또한 (2)식과 같은 행렬방정식을 통하지 않고 (1)식과 같은 선형연립방정식을 그대로 이용하여 반복계산법을 통한 미지수 x_1, x_2, $\cdots$, x_n을 구하는 Gauss-Siedel 방법도 있으며, 이번 장에서는 이러한 Gauss-Elimination, Gauss-Jordan-Elimination, Gauss-Siedel 방법들을 통한 선형연립방정식의 해법을 살펴보고자 한다. 이러한 연립방정식의 해법은 이 책의 마지막 주제인 편미분방정식(Partial Differential Equations)의 해법과도 직접적으로 연관이 되며 일반적인 자연과학 및 공학문제의 해결을 위한 ANSYS, FLUENT, COMSOL, … 등 상용 프로그램들의 소스 코딩에 사용된 방법으로 이해 할 수 있으므로 중요한 내용이다.

3.1 행렬방정식 기본 개념

앞서 언급한 선형연립방정식의 행렬방정식 형태인 (2)식을 풀기 위해서 Gauss-Elimination, Gauss-Jordan-Elimination, Gauss-Siedel 등과 같은 방법이 필요하다고 하였다. 이러한 방법을 이해하기 위해서 몇 가지 행렬방정식에 대한 기초 지식이 필요한데 다음 절에서 살펴보자.

3.1.1 행렬 및 연산

3.1.1.1 다양한 행렬 형태에 대한 용어

행렬은 숫자들의 행과 열로 구성된 박스를 의미하며 다음과 같이 나타낸다.

$$A=\begin{bmatrix}1\,5\,7\,9\,8\\5\,6\,2\,4\,3\\1\,5\,0\,3\,2\end{bmatrix} \tag{7}$$

(7)에서는 행렬 A가 3개의 행과 5개의 열로 구성되어 있는 행렬을 보여주며 (3 × 5) 행렬로 나타내며 박스 안의 숫자들을 A 행렬의 원소라 부른다. 예를 들어, A행렬의 두 번째 행, 세 번째 열의 원소는 2이며 이를 a_{23}으로 표기하기도 한다.

어떤 행렬 B가 있을 때 행의 개수와 열의 개수가 같다면 정방행렬이라 부르며 다음과 같이 쓸 수 있다.

$$B=\begin{bmatrix}b_{11}\,b_{12}\,b_{13}\,b_{14}\\b_{21}\,b_{22}\,b_{23}\,b_{24}\\b_{31}\,b_{32}\,b_{33}\,b_{34}\\b_{41}\,b_{42}\,b_{43}\,b_{44}\end{bmatrix} \tag{8}$$

(8)에서 B행렬은 행의 개수가 4이고 열의 개수가 4인 (4 × 4) 행렬을 보여주며 행과 열의 개수가 같으므로 정방행렬이다. 또한 행렬 B에서 b_{11}, b_{22}, b_{33}, b_{44}를 대각(diagonal)이라 부르며 이러한 대각을 중심으로 B 행렬의 원소가 $b_{12}=b_{21}$, $b_{13}=b_{31}$, $b_{23}=b_{32}$, $\cdots$, 즉 좌우대칭 $b_{ij}=b_{ij}$ 이면 B 행렬을 대칭행렬이라 부른다.

한편 B 행렬에서 대각의 아랫단 혹은 윗 단의 원소들이 모두 0이라면 이를 삼각행렬(Triangular Matrix)라고 부르며, 만약 대각의 아랫단 원소들이 모두 0이라면 상단 삼각행렬(Upper Triangular Matrix)이라 부르며 다음과 같이 쓰인다.

$$B = \begin{bmatrix} b_{11} & b_{12} & b_{13} & b_{14} \\ 0 & b_{22} & b_{23} & b_{24} \\ 0 & 0 & b_{33} & b_{34} \\ 0 & 0 & 0 & b_{44} \end{bmatrix} \tag{9}$$

다음으로는 어떤 행렬 B 행렬의 원소가 대각을 제외한 나머지 원소가 모두 0이면 대각행렬(diagonal Matrix)라고 부르며 특히 이때 대각원소들 모두가 1인 경우를 단위행렬이라 한다.

일반적으로 단위행렬은 I로 쓰며 다음과 같이 나타낼 수 있다.

$$I = \begin{bmatrix} 1 & 0 & 0 & 0 \\ 0 & 1 & 0 & 0 \\ 0 & 0 & 1 & 0 \\ 0 & 0 & 0 & 1 \end{bmatrix} \tag{10}$$

(10)과 같이 표현되고 단위행렬로 행이 4개 열이 4개인 행렬을 (4×4) 단위행렬이라 한다.

다음 (11)의 행렬을 살펴보자. 대각 원소들과 위, 아래로 인접한 원소들을 제외한 모든 원소들이 0인 항들을 보여주는데 이러한 행렬을 밴드형 또는 삼대각행렬(Banded or Tri-diagonal matrix)이라 한다.

$$\varphi = \begin{bmatrix} c_{11} & c_{12} & 0 & 0 \\ c_{21} & c_{22} & c_{23} & 0 \\ 0 & c_{32} & c_{33} & c_{34} \\ 0 & 0 & c_{43} & c_{44} \end{bmatrix} \tag{11}$$

(11)로 표현되는 밴드형행렬은 자연과학 및 공학적으로 중요한 행렬 형태로 여러 가지 실재 물리적 현상을 다루는 문제에서 나타난다.

3.1.1.2 행렬연산

행렬연산으로는 어떤 두 개의 행렬 A와 B의 덧셈, 뺄셈, 곱셈이 정의되는데 이러한 각각의 연산에 대하여 살펴보자.

① 덧셈

A 행렬과 B 행렬의 덧셈 연산이 수행되려면 A 행렬과 B 행렬의 행의 개수와 열의 개수가 같아야 하며 다음과 같이 정의된다.

$$\left.\begin{aligned} D &= A + B \\ d_{ij} &= a_{ij} + b_{ij} \end{aligned}\right\} \tag{12}$$

(12)식에서 두 번째 식이 보여주는 바와 같이 A 행렬과 B 행렬의 덧셈으로부터 만들어지는 D 행렬의 d_{ij} 원소는 A 행렬의 a_{ij} 와 B 행렬의 b_{ij} 를 더하여 얻어진 것으로 각각 같은 행과 같은 열의 위치에 있는 A 행렬과 B 행렬의 원소들의 덧셈이 행렬의 덧셈임을 보여준다.

② 뺄셈

행렬 A와 B가 있다고 하자. 이때 A 행렬에서 B 행렬을 빼고 연산을 다음과 같이 쓸 수 있다.

$$A - B = A + (-B) \tag{13}$$

(13)식의 우변으로부터 $-B$ 행렬은 B 행렬의 각각의 원소들 값에 (-1)을 곱한 것과 같으므로 A 행렬 빼기 B 행렬은 A 행렬 더하기 $(-B)$ 행렬과 같다. (12)식의 좌변이 빼기 연산인데 우변에서 더하기 연산으로 바뀐 셈이므로 행렬의 빼기 연산은 더하기 연산의 한 부분으로 이해할 수 있다.

③ 행렬의 곱

행렬 A와 B가 다음과 같다고 하자.

$$A = \left.\begin{bmatrix} a_{11} & a_{12} & \cdots & a_{1m} \\ a_{21} & a_{22} & \cdots & a_{2m} \\ \vdots & \vdots & & \vdots \\ a_{n1} & a_{n2} & \cdots & a_{nm} \end{bmatrix}\right\} n \quad (n \times m)\text{행렬}$$

$$B = \left.\begin{bmatrix} b_{11} & b_{12} & \cdots & b_{1n} \\ b_{21} & b_{22} & \cdots & b_{2n} \\ \vdots & \vdots & & \vdots \\ b_{m1} & b_{m2} & \cdots & b_{mn} \end{bmatrix}\right\} m \quad (m \times n)\text{행렬} \tag{14}$$

여기서 행렬 A로 행이 n이고 열이 m인 $(n \times m)$ 행렬이고, 행렬 B는 행이 m이고 열이 n인 $(m \times n)$ 행렬이다.

행렬 A와 행렬 B의 곱은 일반적으로

$$P = A \times B \tag{15}$$

(15)식과 같이 쓰이며 여기서 P 행렬은 A 행렬과 B 행렬의 곱으로 생성된 새로운 행렬이다. 여기서 주의해야 할 사항은 행렬의 곱을 정의할 때 A 행렬의 열의 수 m과 B 행렬의

행의 수 m이 서로 같아야 한다는 점이다, A 행렬과 B 행렬의 곱으로 생성된 P 행렬의 원소 중 i번째 행과 j번째 열의 원소 P_{ij}가 A 행렬의 i번째 행의 원소들 a_{i1}, a_{i2}, $\cdots$, a_{im}과 B 행렬의 j번째 열의 원소들 b_{1j}, b_{2j}, $\cdots$, a_{mj}와의 일대일 순서대로의 곱으로 다음과 같이 생성되기 때문이다.

$$P_{ij} = \sum_{k=1}^{m} a_{ik}\, b_{kj} \tag{16}$$

다른 예를 살펴보자. A와 B가 각각 아래와 같다면

$$A = \begin{bmatrix} a_{11}\, a_{12}\, a_{13} \\ b_{21}\, b_{22}\, b_{23} \end{bmatrix} = \begin{bmatrix} 2 & 1 & 3 \\ -1 & 2 & 4 \end{bmatrix},\ B = \begin{bmatrix} b_{11}\, b_{12} \\ b_{21}\, b_{22} \\ b_{31}\, b_{32} \end{bmatrix} = \begin{bmatrix} 1 & 2 \\ 2 & -1 \\ 3 & 4 \end{bmatrix} \tag{17}$$

A와 B의 곱은

$$A \times B = \begin{bmatrix} a_{11}b_{11} + a_{12}b_{21} + a_{13}b_{31} & a_{11}b_{12} + a_{12}b_{22} + a_{13}b_{32} \\ a_{21}b_{11} + a_{22}b_{21} + a_{23}b_{31} & a_{21}b_{12} + a_{22}b_{22} + a_{23}b_{32} \end{bmatrix} = \begin{bmatrix} 13 & 15 \\ 15 & 12 \end{bmatrix} \tag{18}$$

④ 단위행렬(Unit Matrix)

어떤 행렬 A이 있을 때 단위행렬은 다음과 같이 정의된다.

$$A \times I = I \times A = A \tag{19}$$

단위행렬 I는 행과 열이 같은 정방행렬로 정의되며, (19)식에서와 같이 어떤 행렬 A의 앞과 뒤에서 앞서 정의된 행렬의 곱셈 연산을 수행하여도 그대로 A가 되는 행렬로 다음과 같다.

$$I = \left.\begin{bmatrix} 1 & 0 & 0 & \cdots & 0 \\ 0 & 1 & 0 & & \vdots \\ \vdots & \vdots & & & 0 \\ 0 & 0 & \cdots & 0 & 1 \end{bmatrix}\right\} n \quad (n \times n)\text{행 렬} \tag{20}$$

⑤ 역행렬(Inverse Matrix)

어떤 행렬 A의 역행렬은 A^{-1}로 표시하며 A 행렬과의 곱이 단위행렬 I가 되는 행렬로 정의되며 다음 식을 만족한다.

$$AA^{-1} = A^{-1}A = I \tag{21}$$

⑥ 전치행렬(Transverse Matrix)

어떤 행렬 A의 전치행렬은 A^T로 표시하며 A 행렬의 임의 원소 a_{ij}를 a_{ij}로 바뀐 행렬을 의미한다. 예를 들면 어떤 행렬 A가 다음과 같다고 하자.

$$A = \begin{bmatrix} 2 & 1 & 5 \\ 4 & 3 & 1 \end{bmatrix} \tag{22}$$

그러면 행렬 A의 전치행렬 A^T로 다음과 같다.

$$A^T = \begin{bmatrix} 2 & 4 \\ 1 & 3 \\ 5 & 1 \end{bmatrix} \tag{23}$$

⑦ Determinant

행렬 A의 Determinant는 일반적으로 $\det A$로 표시하며 A 행렬이 정방행렬 일 때만 정의된다. A 행렬이 (2 × 2) 행렬일 때의 Determinant 계산은 일반적인 $(n \times n)$ 크기의 행렬의 Determinant를 구하는 기초가 된다. A 행렬을 다음과 같은 (2 × 2) 행렬이라고 하면

$$A = \begin{bmatrix} a_{11} & a_{12} \\ a_{21} & a_{22} \end{bmatrix} \tag{24}$$

A 행렬의 Determinant는 다음과 같이 정의된다.

$$\det A = \begin{vmatrix} a_{11} & a_{12} \\ a_{21} & a_{22} \end{vmatrix} = a_{11}a_{22} - a_{12}a_{21} \tag{25}$$

만약 A 행렬이 다음과 같이 (3 × 3) 행렬이라면

$$A = \begin{bmatrix} a_{11} & a_{12} & a_{13} \\ a_{21} & a_{22} & a_{23} \\ a_{31} & a_{32} & a_{33} \end{bmatrix} \tag{26}$$

A의 Determinant는 다음과 같이 얻어진다.

$$\det A = a_{11}(-1)^{1+1}\begin{vmatrix} a_{22} & a_{23} \\ a_{32} & a_{33} \end{vmatrix} + a_{12}(-1)^{1+2}\begin{vmatrix} a_{21} & a_{23} \\ a_{31} & a_{33} \end{vmatrix} + a_{13}(-1)^{1+3}\begin{vmatrix} a_{21} & a_{22} \\ a_{31} & a_{32} \end{vmatrix} \tag{27}$$

(27)식에서 (2 × 2) 행렬의 Determinant 계산식은 (25)식을 대입하여 정리하면 (27)식은 다음과 쓰인다.

$$\det A = a_{11} \times (a_{22}a_{33} - a_{23}a_{32}) - a_{12} \times (a_{21}a_{33} - a_{23}a_{31}) + a_{13}(a_{21}a_{32} - a_{22}a_{31}) \quad (28)$$
$$= a_{11}a_{22}a_{33} + a_{12}a_{23}a_{31} + a_{13}a_{21}a_{32} - a_{11}a_{23}a_{32} - a_{12}a_{21}a_{33} - a_{13}a_{22}a_{31}$$

A 행렬의 차원이 (4×4), (5×5), ⋯ , $(n \times n)$일 때도 같은 방법으로 구하면 A 행렬의 Determinant를 구할 수 있다.
이와 같이 어떤 행렬의 Determinant를 구하는 것은 다음 절에서 언급할 선형연립방정식의 해를 직접적으로 구하는 Cramer's Rule과 연관된다.

3.2 선형연립방정식의 해의 존재와 일반적 해법

3.2.1 해의 존재

앞서 (1)식과 같은 선형연립방정식은 (2)식과 같은 행렬방정식으로 나타낼 수 있다고 하였다. 또한 n개의 미지수 x_1, x_2, x_3, ⋯ , x_n이 '독립적인 해가 존재한다면'이란 가정을 가지고 논의를 시작하였다. 여기서 '독립적인 해가 존재한다면'이란 무슨 뜻인지 살펴보자.

선형연립방정식에서 n개의 미지수가 있을 때 n개의 방정식이 존재한다면 해가 존재한다고 들어왔다. 당연한 이야기이겠지만, 만약 n개의 방정식 중 2개 이상이 서로 같거나 상수배이면 해는 존재하지 않게 된다. 더 나아가 (1)식에서 b_1, b_2, b_3, ⋯ , b_n을 제외하고 계수 a와 미지수 x만을 고려할 때 n개의 방정식 중 2개 이상의 방정식의 계수 a가 서로 일치할 경우나 상수배인 경우도 해는 존재하지 않게 된다. 즉, 식(2)의 A 행렬방정식의 행과 열 중 2개 이상이 일치할 경우 (1)식과 같은 선형연립방정식은 해가 존재하지 않는다. 따라서 (1)식과 같은 선형연립방정식의 해가 존재하려면 A 행렬의 행과 열 모두가 독립적으로 달라야 한다는 것을 알 수 있는데 이를 "선형연립방정식들이 서로 독립적이다."라고 말한다.

만약 (1)식과 같은 선형연립방정식들이 서로 독립적이라 한다면 이를 수학적으로

$$\det A \neq 0 \quad (29)$$

(29)식과 같이 나타낼 수 있으며 이때 $(n \times n)$ 크기를 갖는 A 행렬의 Rank는 n이라 한다.
만약 A 행렬의 행과 열 중 중복되는 것이 존재한다면 다음 식을 만족한다.

$$\det A = 0 \quad (30)$$

즉, (30)식과 같이 되며 수학적으로 A 행렬의 Rank는 n보다 작게 된다(Rank $A < n$).

여기서, det$A$는 앞서 언급한 대로 A 행렬의 Determinant를 의미하며 다음과 같다.

$$\det A = \begin{vmatrix} a_{11} & a_{12} & a_{13} & \cdots & a_{1n} \\ a_{21} & a_{22} & a_{23} & \cdots & a_{2n} \\ a_{31} & a_{32} & a_{33} & \cdots & a_{3n} \\ \vdots & \vdots & \vdots & & \\ a_{n1} & a_{n2} & a_{n3} & \cdots & a_{nn} \end{vmatrix} \tag{31}$$

3.2.2 선형연립방정식의 일반적 해법

3.2.2.1 Gramer 방법

(1)식으로 주어지는 선형연립방정식은 (2)식과 같이 행렬방정식으로 표현할 수 있으며 (3)식과 같이 표현된다. (1)식과 같은 선형연립방정식의 미지수 x_1, x_2, x_3, $\cdots$, x_n에서 임의 미지수 x_k는 Cramer 방법에 따라 다음과 같이 구해진다.

$$x_k = \frac{\det A_k}{\det A} \tag{32}$$

여기서 det$A$는 (2)식의 좌변 행렬, 즉 (4)식으로 표현되는 행렬 A에 대한 determinant를 나타내며, detA_k는 행렬 A의 k번째 열을 (2)식의 우변항, 즉 (6)식으로 표현되는 열벡터 $\vec{B}$로 대치한 새로운 행렬에 대한 determinant를 의미한다. 즉, 다음과 같은 식을 의미한다.

$$\det A_k = \begin{vmatrix} a_{11} & a_{12} & \cdots & a_{1k-1} & b_1 & a_{1k+1} & \cdots & a_{1n} \\ a_{21} & a_{22} & \cdots & a_{2k-1} & b_2 & a_{2k+1} & \cdots & a_{2n} \\ \vdots & & & & \vdots & & & \vdots \\ a_{n1} & a_{n2} & \cdots & a_{nk-1} & b_n & a_{nk+1} & \cdots & a_{nn} \end{vmatrix} \tag{33}$$

(31), (33)식을 (32)식에 대입 정리하면 x_k로 다음과 같이 정리된다.

$$\begin{aligned} x_k &= \det A_k / \det A \\ &= \begin{vmatrix} a_{11} & a_{12} & \cdots & a_{1k-1} & b_1 & a_{1k+1} & \cdots & a_{1n} \\ a_{21} & a_{22} & \cdots & a_{2k-1} & b_2 & a_{2k+1} & \cdots & a_{2n} \\ \vdots & & & & \vdots & & & \vdots \\ a_{n1} & a_{n2} & \cdots & a_{nk-1} & b_n & a_{nk+1} & \cdots & a_{nn} \end{vmatrix} \Bigg/ \begin{vmatrix} a_{11} & a_{12} & a_{13} & \cdots & a_{1n} \\ a_{21} & a_{22} & a_{23} & \cdots & a_{2n} \\ a_{31} & a_{32} & a_{33} & \cdots & a_{3n} \\ \vdots & \vdots & \vdots & & \\ a_{n1} & a_{n2} & a_{n3} & \cdots & a_{nn} \end{vmatrix} \end{aligned} \tag{34}$$

(34)식은 x의 임의 미지수 x_k값을 단지 determinant를 구해 (34)식을 통하여 x_1, x_2, x_3, $\cdots$, x_n 모두를 구할 수 있는 것을 보여주며 이러한 방법이 Cramer 방법이라 한다.

3.2.2.2 역행렬 이용법

(1)식으로 주어지는 미지수 x_1, x_2, x_3, $\cdots$, x_n을 갖는 선형연립방정식은 (3)식과 같은 벡터식으로 쓰인다고 했는데, 만약 행렬 A의 역행렬 A^{-1}이 존재한다면 (3)식의 좌, 우변에 A^{-1}를 곱하면 다음과 같은 식을 얻는다.

$$A^{-1}A(\overrightarrow{X}) = A^{-1}(\overrightarrow{B}) \tag{35}$$

(35)식에서 $A^{-1}A$가 단위행렬 I이므로 (34)식은 다음과 같이 쓰인다.

$$I(\overrightarrow{X}) = A^{-1}(\overrightarrow{B}) \tag{36}$$

(36)식에서 벡터 $\overrightarrow{IX}$는 (5)식으로 주어지는 x_1, x_2, x_3, $\cdots$, x_n 값들의 열벡터이므로 구하고자 하는 해이며 $A^{-1}\overrightarrow{B}$로 주어진다. 즉, (4)식으로 주어지는 행렬 A의 역행렬 A^{-1}을 구하면 해를 얻게되는 셈이 된다. 이러한 해법을 역행렬을 이용한 행렬방정식의 해법이라 한다.

3.3 선형연립방정식의 수치해법

수치해법을 통한 선형연립방정식의 해법은 대표적으로는 Gauss-Elimination 방법, Gauss-Jordan-Elimination 방법, Gauss-Siedel 방법들을 들 수 있으며, Gauss-Elimination 방법, Gauss-Jordan-Elimination 방법들은 행렬방정식 연산방법으로 이해되며, 그리고 Gauss-Siedel 방법은 반복계산법으로 이해된다.

이러한 방법들은 파트3, 1장과 2장에서 각각 다룰 상미분방정식과 편미분방정식의 해법에서 그대로 적용된다.

3.3.1 선형연립방정식과 행렬방정식 연산 기초

3.3.1.1 선형연립방정식 연산

다음과 같은 미지수 x_1, x_2, x_3를 찾는 3개의 연립방정식을 생각하자.

$$a_{11}x_1 + a_{12}x_2 + a_{12}x_3 = r_1 \tag{37}$$

$$a_{21}x_1 + a_{22}x_2 + a_{23}x_3 = r_2 \tag{38}$$

$$a_{31}x_1 + a_{32}x_2 + a_{33}x_3 = r_3 \tag{39}$$

여기서, 방정식의 계수 a_{11}, a_{12}, a_{13}, $\cdots$, a_{33}과 r_1, r_2, r_3은 주어진 값이라고 생각하자.

① 곱셈을 통한 연립방정식 해의 변화

(37)식의 양변을 a_{11}로 나누고 (38), (39)식은 그대로 두면 (37), (38), (39)식은 다음과 같다.

$$x_1 + \frac{a_{12}}{a_{11}}x_2 + \frac{a_{13}}{a_{11}}x_3 = \frac{r_1}{a_{11}} \tag{40}$$

$$a_{21}x_1 + a_{22}x_2 + a_{23}x_3 = r_2 \tag{41}$$

$$a_{31}x_1 + a_{32}x_2 + a_{33}x_3 = r_3 \tag{42}$$

이러한 곱하기 연산에 대하여 얻어지는 (40), (41), (42)식으로부터 얻어지는 해는 앞서 (37), (38), (39)식으로부터 얻어지는 해와 다르지 않다.

(1)식과 같이 주어지는 n개의 선형연립방정식에서 첫 번째 혹은 두 번째와 같이 특정한 방정식을 취하여 임의 상수 값을 양변에 곱하거나 나누어도 전체 선형연립방정식의 해로 바뀌지 않으며 또한 방정식의 순서를 바꾸어도 해로 바뀌지 않는다. 더 나아가 전체 n개의 방정식을 임의 번째 특정방정식에 상수 값을 양변에 곱하여 다른 특정 방정식에 더해도 해는 바뀌지 않는다. 이러한 성질은 (2)식과 같이 주어지는 행렬방정식의 덧셈, 빼셈, 곱셈, 나눗셈과 같은 기본 연산의 기초를 제공하며 연산 후에도 구하고자 하는 해 $\vec{X}$는 변하지 않는다는 것을 의미한다.

본 절에서는 선형연립방정식 군의 이러한 곱셈 연산과 같이 해는 변하지 않으면서 행렬방정식의 모양이 바뀌는 연산을 살펴보고자 한다.

② 덧셈과 빼셈을 통한 연립방정식의 해의 변화

이번에는 (40)식에 상수, 즉 $-a_{21}$을 곱하고 이를 (41)식에 더하는 것을 생각해 보자. 그러면 (40)식은 그대로 있고 (41)식은 $-a_{21}$ × {(40)식} + {(41)식}으로 바뀌고 (42)식은 그대로인 식들로 바뀌게 된다.

$$x_1 + \frac{a_{21}}{a_{11}}x_2 + \frac{a_{13}}{a_{11}}x_3 = \frac{r_1}{a_{11}} \tag{43}$$

$$(-a_{21} + a_{21})x_1 + \left(a_{22} - \left(\frac{a_{12}}{a_{11}}\right) \cdot a_{21}\right)x_2 + \left(a_{23} - \left(\frac{a_{13}}{a_{11}}\right)a_{21}\right)x_3 = -\frac{1}{a_{11}}a_{21}r_1 + r_2 \tag{44}$$

$$a_{31}x_1 + a_{32}x_2 + a_{33}x_3 = r_3 \tag{45}$$

이러한 더하기 연산을 통하여 얻어진 (43), (44), (45)식으로 부터도 앞서 (37), (38), (39)식으로부터 얻어지는 해와 동일한 해가 얻어진다.

③ 행 또는 열의 순서 바꾸기(Changing Column or Row)를 통한 연립방정식 해의 변화

(37)과 (38)식의 순서를 바꾸면 (37), (38), (39)식은 다음과 같이 되며 해는 바뀌지 않는다.

$$a_{21}x_1 + a_{22}x_2 + a_{23}x_3 = r_2 \tag{46}$$

$$a_{11}x_1 + a_{12}x_2 + a_{13}x_3 = r_1 \tag{47}$$

$$a_{31}x_1 + a_{32}x_2 + a_{33}x_3 = r_3 \tag{48}$$

또한 (37), (38), (39)식에서 좌변의 첫 번째 항들과 두 번째 항들의 순서를 다음과 같이 바꾸어보자.

$$a_{12}x_2 + a_{11}x_1 + a_{11}x_3 = r_1 \tag{49}$$

$$a_{22}x_2 + a_{21}x_1 + a_{23}x_3 = r_2 \tag{50}$$

$$a_{32}x_2 + a_{31}x_1 + a_{33}x_3 = r_3 \tag{51}$$

즉, 본래 방정식 (37), (38), (39)식이 (49), (50), (51)식과 같은 모양으로 바뀌어도 연립방정식의 해 x_1, x_2, x_3는 바뀌지 않는다.

3.3.1.2 행렬방정식 연산

앞 절에서 몇 가지 연산에 의하여 선형연립방정식의 모양과 형태로 바뀌었지만 해는 바뀌지 않는다는 것을 언급하였다. 즉, 이러한 내용은 곱하기, 더하기 혹은 빼기, 순서 바꾸기 등의 연산을 그대로 행렬방정식에 적용해도 해는 바뀌지 않는다는 이론적 근거를 제공해 준다.

먼저 (37), (38), (39)식으로 나타나는 선형연립방정식을 행렬방정식으로 나타내면 다음과 같다.

$$\begin{bmatrix} a_{11} & a_{12} & a_{13} \\ a_{21} & a_{22} & a_{23} \\ a_{31} & a_{32} & a_{33} \end{bmatrix} \begin{bmatrix} x_1 \\ x_2 \\ x_3 \end{bmatrix} = \begin{bmatrix} r_1 \\ r_2 \\ r_3 \end{bmatrix} \tag{52}$$

행렬방정식 (52)식의 첫 번째 행을 a_{11}으로 나누면 다음 식을 얻게 된다.

$$\begin{bmatrix} 1 & \dfrac{a_{12}}{a_{11}} & \dfrac{a_{13}}{a_{11}} \\ a_{21} & a_{22} & a_{23} \\ a_{31} & a_{32} & a_{33} \end{bmatrix} \begin{bmatrix} x_1 \\ x_2 \\ x_3 \end{bmatrix} = \begin{bmatrix} r_1/a_{11} \\ r_2 \\ r_3 \end{bmatrix} \tag{53}$$

(53)식은 (52)식의 첫 번째 항을 $\dfrac{1}{a_{11}}$로 나눈 것으로 모양은 다르지만 해는 바뀌지 않는다. 이번에는 (53)식의 첫 번째 행 전체에 $-a_{21}$을 곱하고 이를 두 번째 행 전체에 더하는 연산을 수행하면 다음과 같은 행렬방정식을 얻는다.

$$\begin{bmatrix} 1 & \dfrac{a_{12}}{a_{11}} & \dfrac{a_{13}}{a_{11}} \\ (a_{21}-a_{21}) & (a_{22}-\left(\dfrac{a_{12}}{a_{11}}\right)a_{21}) & (a_{23}-\left(\dfrac{a_{13}}{a_{11}}\right)a_{21}) \\ a_{31} & a_{32} & a_{33} \end{bmatrix} \begin{bmatrix} x_1 \\ x_2 \\ x_3 \end{bmatrix} = \begin{bmatrix} \dfrac{r_1}{a_{11}} \\ -\dfrac{a_{21}}{a_{11}}r_1 + r_2 \\ r_3 \end{bmatrix} \tag{54}$$

(54)식은 (52)식에 비하면 대단히 다른 모양이지만 역시 해는 바뀌지 않는다는 것을 알 수 있다. 또한 (52)식에서 첫 번째 행과 두 번째 행을 바꾸면 다음과 같은 행렬방정식을 얻는데 역시 해는 바뀌지 않는다는 것을 알 수 있다.

$$\begin{bmatrix} a_{21} & a_{22} & a_{23} \\ a_{11} & a_{12} & a_{13} \\ a_{31} & a_{32} & a_{33} \end{bmatrix} \begin{bmatrix} x_1 \\ x_2 \\ x_3 \end{bmatrix} = \begin{bmatrix} r_2 \\ r_1 \\ r_3 \end{bmatrix} \tag{55}$$

(52)식으로 주어지는 연립방정식의 행렬방정식으로부터 상수 곱하기, 더하기, 순서바꾸기와 같은 연산으로 만들어지는 (53), (54), (55)식과 같은 행렬방정식들 역시 동일한 해를 갖는다는 것을 알 수 있다. 이러한 결과로부터, 임의 행렬방정식에 대해 필요한 연산들을 수행함으로써 해를 구하기 쉬운 형태를 만들 수 있다는 이론적 근거를 얻은 셈이다. 이러한 근거는 앞으로 언급할 Gauss-Elimination, Gauss-Jordan-Elimination, Tri-Diagonal Matrix Method, Inverse Matrix Method 등과 같은 행렬방정식의 해를 구하는 방법의 이론적 기초가 된다.

3.3.2 Gauss - Elimination

다음 선형연립방정식을 생각해보자.

$$
\begin{aligned}
c_{11}x_1 + c_{12}x_2 + c_{13}x_3 &= r_1 \\
c_{21}x_1 + c_{22}x_2 + c_{23}x_3 &= r_2 \\
c_{31}x_1 + c_{32}x_2 + c_{33}x_3 &= r_3
\end{aligned}
\tag{56}
$$

여기서 연립방정식의 계수값 c_{11}, c_{12}, $\cdots$, c_{33}과 r_1, r_2, r_3값은 주어져 있다고 하자.
연립방정식을 행렬방정식으로 나타내면 다음과 같다.

$$
\begin{bmatrix} c_{11} & c_{12} & c_{13} \\ c_{21} & c_{22} & c_{23} \\ c_{31} & c_{32} & c_{33} \end{bmatrix}
\begin{bmatrix} x_1 \\ x_2 \\ x_3 \end{bmatrix} =
\begin{bmatrix} r_1 \\ r_2 \\ r_3 \end{bmatrix}
\tag{57}
$$

앞 절에서 (57)식과 같은 행렬방정식에서 다음과 같은 곱셈, 덧셈 혹은 뺄셈, 순서를 바꾸는 연산에 대해서 해가 바뀌지 않는다고 하였다. 즉, 아래 연산에 대해 해가 바뀌지 않는다.

㉠ 임의 행의 좌변과 우변을 어떤 상수로 곱하거나 나눈다.
㉡ 어떤 행의 좌, 우변에 또 다른 행의 좌, 우변에 임의 상수를 곱하거나 나누어 더한다.

(57)식으로 주어지는 행렬방정식의 첫 번째 행의 좌, 우변은 각각 c_{11}으로 나누면 다음과 같은 (58)식을 얻고 해는 바뀌지 않는다.

$$
\begin{bmatrix} 1 & \dfrac{c_{12}}{c_{11}} & \dfrac{c_{13}}{c_{11}} \\ c_{21} & c_{22} & c_{23} \\ c_{31} & c_{32} & c_{33} \end{bmatrix}
\begin{bmatrix} x_1 \\ x_2 \\ x_3 \end{bmatrix} =
\begin{bmatrix} r_1/c_{11} \\ r_2 \\ r_3 \end{bmatrix}
\tag{58}
$$

(58)식의 첫 번째 행의 좌, 우변에 $-c_{21}$을 곱해 그 값들을 두 번째 행의 좌, 우변에 각각 더해주어도 해는 바뀌지 않으면 다음 식과 같다.

$$
\begin{bmatrix} 1 & \dfrac{c_{12}}{c_{11}} & \dfrac{c_{13}}{c_{11}} \\ (c_{21}-c_{21}) & (c_{22}-\left(\dfrac{c_{12}}{c_{11}}\right)c_{21}) & (c_{23}-\left(\dfrac{c_{13}}{c_{11}}\right)c_{21}) \\ c_{31} & c_{32} & c_{33} \end{bmatrix}
\begin{bmatrix} x_1 \\ x_2 \\ x_3 \end{bmatrix} =
\begin{bmatrix} \dfrac{r_1}{c_{11}} \\ r_2+\left(\dfrac{r_1}{c_{11}}\right)(-c_{21}) \\ r_3 \end{bmatrix}
\tag{59}
$$

(59)식의 두 번째 행 좌변 첫 항을 보면 $c_{21}+(-c_{21})=0$임을 알 수 있으며, 같은 방법으로 (59)

식의 첫 번째 행 좌, 우변에 $-c_{31}$을 곱하고 그 값들을 세 번째 행의 좌, 우변에 각각 더해주어도 해는 바뀌지 않으며 (60)식과 같이 된다.

$$\begin{bmatrix} 1 & c_{12}/c_{11} & c_{13}/c_{11} \\ 0 & c_{22}+\left(\dfrac{c_{12}}{c_{11}}\right)(-c_{21}) & c_{23}+\left(\dfrac{c_{13}}{c_{11}}\right)(-c_{21}) \\ c_{31}+(-c_{31}) & c_{32}+\left(\dfrac{c_{12}}{c_{11}}\right)(-c_{31}) & c_{33}+\left(\dfrac{c_{13}}{c_{11}}\right)(-c_{31}) \end{bmatrix} \begin{bmatrix} x_1 \\ x_2 \\ x_3 \end{bmatrix} = \begin{bmatrix} \dfrac{r_1}{c_{11}} \\ r_2+\left(\dfrac{r_1}{c_{11}}\right)(-c_{21}) \\ r_3+\left(\dfrac{r_1}{c_{11}}\right)(-c_{31}) \end{bmatrix} \tag{60}$$

(60)식의 세 번째 행의 좌변 첫 항 역시 $c_{31}+(-c_{31})=0$인 것을 알 수 있다.

(60)식을 들여다보면 좌변 첫 번째 열이 1, 0, 0과 같이 되는 것을 알 수 있으며 두 번째, 세 번째 열의 원소들 값도 변화되고 우변의 각 원소들도 변화된 것을 알 수 있다.

이번에는 (60)식의 좌변 두 번째 행 두 번째 원소 $c_{22}+\left(\dfrac{c_{12}}{c_{11}}\right)(-c_{31})$을 가지고 두 번째 행 좌, 우변을 나누면 다음 식을 얻는다.

$$\begin{bmatrix} 1 & c_{12}/c_{11} & c_{13}/c_{11} \\ 0 & 1 & \dfrac{c_{23}+\left(\dfrac{c_{13}}{c_{11}}\right)(-c_{21})}{c_{22}+\left(\dfrac{c_{12}}{c_{11}}\right)(-c_{21})} \\ 0 & c_{32}+\left(\dfrac{c_{12}}{c_{11}}\right)(-c_{31}) & c_{33}+\left(\dfrac{c_{13}}{c_{11}}\right)(-c_{31}) \end{bmatrix} \begin{bmatrix} x_1 \\ x_2 \\ x_3 \end{bmatrix} = \begin{bmatrix} \dfrac{r_1}{c_{11}} \\ \dfrac{r_2+\left(\dfrac{r_1}{c_{11}}\right)(-c_{21})}{c_{22}+\left(\dfrac{c_{12}}{c_{11}}\right)(-c_{21})} \\ r_3+\left(\dfrac{r_1}{c_{11}}\right)(-c_{31}) \end{bmatrix} \tag{61}$$

앞서 언급한 방법대로 동일한 연산을 수행하면 다음과 같이 간략화 된다.

$$\begin{bmatrix} 1 & c_{12}' & c_{13}' \\ 0 & 1 & c_{23}' \\ 0 & 0 & 1 \end{bmatrix} \begin{bmatrix} x_1 \\ x_2 \\ x_3 \end{bmatrix} = \begin{bmatrix} r_1' \\ r_2' \\ r_3' \end{bmatrix} \tag{62}$$

여기서 $c_{12}'=\dfrac{c_{12}}{c_{11}}$, $c_{13}'=\dfrac{c_{13}}{c_{11}}$, $c_{23}'=\dfrac{c_{23}+\left(\dfrac{c_{13}}{c_{11}}\right)(-c_{21})}{c_{22}+\left(\dfrac{c_{12}}{c_{11}}\right)(-c_{21})}$, $\cdots$ 이다.

(62)식으로 주어지는 행렬방정식은 연립방정식 형태로 쓰면 다음과 같은 식이 된다.

$$x_1 + c_{12}'x_2 + c_{13}'x_2 = r_1' \quad (63)$$
$$x_2 + c_{23}'x_3 = r_2'$$
$$x_3 = r_3'$$

(63)식으로부터 x_1, x_2, x_3를 구하면 다음과 같이 구해진다.

$$x_3 = r_3' \quad (64)$$
$$x_2 = r_2' - c_{23}'x_3 = r_2' - c_{23}'(r_3')$$
$$x_1 = r_1' - c_{12}'x_2 - c_{13}'x_3 = r_1' - c_{12}'(r_2' - c_{23}'r_3') - c_{13}'(r_3')$$

결국, (58)식으로부터 (62)식까지 앞서 언급한 ㉠, ㉡ 연산을 통해 행렬방정식이 변화되면, (64)식과 같이 쉽게 해를 얻게 되는 셈이 된다.

이러한 방법을 Gauss-Elimination 방법이라 하고 (57)식으로 주어지는 정방 행렬은 (62)식에서 보듯이 역삼각 행렬로 만들어가는 연산이며 연산과정이 사칙연산이므로 컴퓨터로 프로그래밍하는데 용이하다.

예제 II-3-1

아래 행렬방정식을 Gauss Elimination 방법으로 풀어라.

$$\begin{bmatrix} 2 & 1 & -1 \\ 1 & 4 & 1 \\ 2 & 1 & 3 \end{bmatrix} \begin{bmatrix} x_1 \\ x_2 \\ x_3 \end{bmatrix} = \begin{bmatrix} 1 \\ 12 \\ 13 \end{bmatrix}$$

해설 위 행렬방정식의 해를 구하는 것은 3개의 미지수에 3개의 연립방정식의 해를 구하는 것과 같다. 먼저 첫 번째 행을 2로 나누어 첫 번째 항을 1로 만들고 2번째, 3번째 행의 첫 번째 항을 제거하는 것부터 수행하고, 그리고 두 번째 행의 2번째 항을 1로 만들고 연이어 3번째 행의 2번째 항을 제거하고 마지막으로 3번째 행의 3번째 항을 1로 만들면 Gauss Elimination 방법을 통한 해 구하기 과정이 모두 끝이 난다. 위 행렬방정식과 관련한 연립방정식은 3개의 미지수에 3개의 방정식을 푸는 것으로 쉽게 해가 얻어진다. 해를 구하면 $x_1 = 1$, $x_2 = 2$, $x_3 = 3$과 같다. 이러한 과정을 알고리즘으로 하여 프로그래밍 한 것을 아래 C 프로그래밍 연습에서 살펴보기로 하자.

C 프로그래밍 연습 [II-3-1]

(예제 II-3-1)에 대한 C 프로그램을 작성하고 실행하여 보시오.

(예제 II-3-1)의 행렬방정식을 Gauss Elimination 방법으로 풀이하는 C 프로그램은 아래와 같다.

```
#include<stdio.h>
#include<math.h>


double x[3];
double A[3][4]={{2.0,1.0,-1.0,1.0},{1.0,4.0,1.0,12.0},{2.0,1.0,3.0,13.0}};


main()
{
int i,j,k,n;
        double c,sum;
        n=2;    /* in array, total number of elements in row or column - 1 */



        FILE *out1;
        out1=fopen("Gauss Elimination_II-3-1.dat","w");


        for(j=0; j<=n; j++) /* loop for the generation of upper
                            triangular matrix*/
        {
     for(i=0; i<=n; i++)
     {
          if(i>j)
          {
               c=A[i][j]/A[j][j];
               for(k=0; k<=n+1; k++)
               {
                    A[i][k]=A[i][k]-c*A[j][k];
               }
          }
     }
        }
        x[n]=A[n][n+1]/A[n][n];
        /* this loop is for backward substitution*/
        for(i=n-1; i>=0; i--)
        {
```

```
40          sum=0;
41         for(j=i+1; j<=n; j++)
42          {
43              sum=sum+A[i][j]*x[j];
44          }
45          x[i]=(A[i][n+1]-sum)/A[i][i];
46             }
47
48             for(i=0; i<=n; i++)
49             {
50          fprintf(out1,"x%d = %f\t   \n",i,x[i]);
51             }
52
53             fclose(out1);
54     }
```

위 프로그램에서 line 5는 상기 행렬방정식에서 3개 미지수 x_0, x_1, x_2의 배열을 만들어 주고 있으며 line 6는 3개 연립방정식의 계수 등을 배열로 나타내 준 것이다. line 17～18은 계산한 결과를 출력하는 출력문으로 결과를 저장할 파일명을 기술하여 주면 되며 여기서는 "Gauss Elimination_II-3-1.dat" 파일로 출력하도록 되어있다. line 21～46까지는 본문에서 언급한 Gauss Elimination 알고리즘을 C 프로그래밍 한 것으로 미지수를 계산하는 것까지 기술되어있다. 마지막으로, line 48～51은 결과들을 출력하고 형식을 정하여 준다. 위 C 프로그램을 실행하면 다음과 같은 결과를 보여준다.

```
x0=1.000000
x1=2.000000
x2=3.000000
```

C 프로그래밍 연습 [II-3-2]

[II-3-2] 다음 행렬방정식에 대한 해를 Gauss Elimination 방법으로 구하는 C 프로그램을 작성하고 실행하여 보시오.

$$\begin{bmatrix} 4 & 3 & 3 & 3 \\ 5 & 6 & 5 & 5 \\ 6 & 7 & 7 & 6 \\ 7 & 6 & 7 & 8 \end{bmatrix} \begin{bmatrix} x_1 \\ x_2 \\ x_3 \\ x_4 \end{bmatrix} = \begin{bmatrix} 13 \\ 21 \\ 26 \\ 28 \end{bmatrix}$$

```
#include<stdio.h>
#include<math.h>


double x[4];
double A[4][5]={{4.0,3.0,3.0,3.0,13.0},{5.0,6.0,5.0,5.0,21.0}
                ,{6.0,7.0,7.0,6.0,26.0},{7.0,6.0,7.0,8.0,28.0}};
```

```
main()
{
int i,j,k,n;
double c,sum;
n=3;
FILE *out1;
out1=fopen("Gauss Elimination_II-3-2.dat","w");
for(j=0; j<=n; j++) /* loop for the generation of upper
 triangular matrix*/
{
     for(i=0; i<=n; i++)
     {
          if(i>j)
          {
               c=A[i][j]/A[j][j];
               for(k=0; k<=n+1; k++)
               {
                    A[i][k]=A[i][k]-c*A[j][k];
               }
          }
     }
}
x[n]=A[n][n+1]/A[n][n];
/* this loop is for backward substitution*/
for(i=n-1; i>=0; i--)
{
     sum=0;
     for(j=i+1; j<=n; j++)
     {
          sum=sum+A[i][j]*x[j];
     }
     x[i]=(A[i][n+1]-sum)/A[i][i];
}
for(i=0; i<=n; i++)
{
     fprintf(out1,"\nx%d=%f\t",i,x[i]);
}
```

```
53
54    return(0);
55
56    fclose(out1);
57  }
```

위 프로그램은 (4×4) 행렬방정식을 풀이하는 프로그램으로 4개의 미지수를 갖는 4개의 연립방정식의 해를 구하는 것과 같다. 참고로, 4개 연립방정식의 해는 $x_0=1$, $x_1=1$, $x_2=1$, $x_3=1$이다. line 5~7은 이러한 행렬방정식의 계수들을 포함하며, line 14에서 n=3으로 해주어야 하는데, 이는 앞의 (3×3) 행렬방정식을 풀이하는 프로그램에서 n=2로 해준 것과 비교된다. 즉, 행렬방정식의 행렬의 차원과 연관된다는 것을 알 수 있다. 앞의 프로그램과 동일하게 line 18~19에서는 계산된 결과를 저장하는 출력문으로 저장 파일명을 "Gauss Elimination_II-3-2.dat"로 하고 있다. line 22~47은 Gauss Elimination 알고리즘을 그대로 프로그래밍 한 것으로 앞의 예제 프로그램과 동일한 것을 알 수 있다. 상기 프로그램을 수행하면 다음과 같은 결과를 제공한다.

```
x0=1.000000
x1=1.000000
x2=1.000000
x3=1.000000
```

3.3.3 Gauss - Jordan Elimination

Gauss-Jordan Elimination 방법은 상기 Gaussan Elimination 연산에 추가적 연산을 더하여 (62)식에서 c_{12}', c_{13}', c_{23}'을 0으로 하여 행렬방정식 좌변을 대각을 뺀 나머지를 0으로 하는 대각행렬로 만들어 해를 구하는 방법을 말한다. 먼저 (62)식에서 행렬방정식 좌변 두 번째 열의 첫 번째 항 c_{12}'를 제거하기 위해 두 번째 행의 두 번째 원소인 1에 c_{12}'를 곱해서 이를 첫 번째 행에서 빼는 작업을 수행하면 되는데 다음 식과 같다.

$$\begin{bmatrix} 1 & (c_{12}'-c_{12}') & (c_{13}'-c_{23}'c_{12}') \\ 0 & 1 & c_{23}' \\ 0 & 0 & 1 \end{bmatrix} \begin{bmatrix} x_1 \\ x_2 \\ x_3 \end{bmatrix} = \begin{bmatrix} r_{1'}-r_2'c_{12}' \\ r_2' \\ r_3' \end{bmatrix} \tag{65}$$

같은 방법으로 (65)식의 좌변 3번째의 열의 첫 번째, 두 번째 항 값을 0으로 하면 다음과 같은 식을 얻게 된다.

$$\begin{bmatrix} 1 & 0 & 0 \\ 0 & 1 & 0 \\ 0 & 0 & 1 \end{bmatrix} \begin{bmatrix} x_1 \\ x_2 \\ x_3 \end{bmatrix} = \begin{bmatrix} r_1'' \\ r_2'' \\ r_3' \end{bmatrix} \tag{66}$$

여기서 $r_1''=r_1'-r_2'c_{12}'-r_3'(c_{13}'-c_{23}'c_{12}')$, $r_2''=r_2'-r_3'c_{23}'$이다.

(66)식으로부터 해 x_1, x_2, x_3은 각각 다음과 같이 쓸 수 있다.

$$x_1 = r_1'' = r_1' - r_2' c_{12}' - r_3'(c_{13}' - c_{23}' c_{12}') \tag{67}$$

$$x_2 = r_2'' = r_2' - r_3' c_{23}'$$

$$x_3 = r_3'$$

결과적으로 (57)식으로 주어지는 정방 행렬방정식이 ㉠, ㉡과 같은 연산에 의해 (66)식과 같이 단위 대각행렬방정식으로 바뀌고 (67)식과 같이 해가 구해지게 되는데 이러한 방법을 Gauss-Jordan Elimination 방법이라 한다.

C 프로그래밍 연습 [II-3-3]

아래 행렬방정식을 Gauss-Jordan Elimination 방법으로 풀어라.

$$\begin{bmatrix} 2 & 1 & -1 \\ 1 & 4 & 1 \\ 2 & 1 & 3 \end{bmatrix} \begin{bmatrix} x_1 \\ x_2 \\ x_3 \end{bmatrix} = \begin{bmatrix} 1 \\ 12 \\ 13 \end{bmatrix}$$

위 행렬방정식은 앞서 (예제 II-3-1)에서 Gauss Elimination 방법으로 $x_1 = 1$, $x_2 = 2$, $x_3 = 3$과 같이 해를 구하였다. Gauss-Jordan Elimination 방법은 Gauss Elimination 방법에 더하여 행렬방정식 좌변의 대각 윗부분까지 0으로 만들어 주어야 하므로 연산이 더 필요하나, 대각 위아래로 0을 만들므로 미지수 x_1, x_2, x_3을 계산해야 하는 추가적 과정은 필요하지 않다.

```
#include<stdio.h>
#include<math.h>

double x[3];
double A[3][4]={{2.0,1.0,-1.0,1.0},{1.0,4.0,1.0,12.0},
  {2.0,1.0,3.0,13.0}};

main()
{
int i,j,k,n;
double c,sum;
n=2;


FILE *out1;
out1=fopen("Gauss-Jordan Elimination_II-3-3.dat","w");


```

```
19
20  for(j=0; j<=n; j++) /* loop for the generation of upper
21          triangular matrix*/
22  {
23      for(i=0; i<=n; i++)
24      {
25          if(i!=j)
26          {
27              c=A[i][j]/A[j][j];
28              for(k=0; k<=n+1; k++)
29              {
30                  A[i][k]=A[i][k]-c*A[j][k];
31              }
32          }
33      }
34  }
35
36  for(i=0; i<=n; i++)
37  {
38      x[i]=A[i][n+1]/A[i][i];
39
40  }
41
42  for(i=0; i<=n; i++)
43  {
44      fprintf(out1,"\nx%d=%f\t",i,x[i]);
45  }
46
47  fclose(out1);
48
49  }
```

위 Gauss-Jordan Elimination 방법으로 (3×3) 행렬방정식을 풀이하는 C 프로그램은 Gauss Elimination 방법과 약간 다른데, 행렬방정식의 좌변 대각을 제외한 나머지 부분을 0으로 하는 것이 Gauss-Jordan Elimination 방법의 특징이라 하였다. line 20~40에서는 이러한 알고리즘을 나타낸다. 프로그램을 수행하면 다음과 같은 결과를 얻는다.

```
x0=1.000000
x1=2.000000
x2=3.000000
```

C 프로그래밍 연습 [II-3-4]

다음 행렬방정식에 대한 해를 Gauss-Jordan Elimination 방법으로 구하는 C 프로그램을 작성하고 실행하여 보시오.

$$\begin{bmatrix} 4\,3\,3\,3 \\ 5\,6\,5\,5 \\ 6\,7\,7\,6 \\ 7\,6\,7\,8 \end{bmatrix} \begin{bmatrix} x_1 \\ x_2 \\ x_3 \\ x_4 \end{bmatrix} = \begin{bmatrix} 13 \\ 21 \\ 26 \\ 28 \end{bmatrix}$$

위 행렬방정식의 해는 앞서 Gauss Elimination C 프로그래밍 연습[II-3-2]에서 언급한 대로 $x_1 = 1$, $x_2 = 1$, $x_3 = 1$, $x_4 = 1$이며, 이를 풀이하는 C 프로그램은 아래와 같다.

```
#include<stdio.h>
#include<math.h>

double x[4];
double A[4][5]={{4.0,3.0,3.0,3.0,13.0},{5.0,6.0,5.0,5.0,21.0}
                    ,{6.0,7.0,7.0,6.0,26.0},{7.0,6.0,7.0,8.0,28.0}};

main()
{
int i,j,k,n;
double c,sum;
n=3;


FILE *out1;
out1=fopen("Gauss-Jordan Elimination_II-3-4.dat","w");



for(j=0; j<=n; j++) /* loop for the generation of upper
                        triangular matrix*/
 {
    for(i=0; i<=n; i++)
    {
        if(i!=j)
        {
            c=A[i][j]/A[j][j];
            for(k=0; k<=n+1; k++)
            {
                A[i][k]=A[i][k]-c*A[j][k];
            }
        }
    }
```

```
34    }
35
36    for(i=0; i<=n; i++)
37    {
38        x[i]=A[i][n+1]/A[i][i];
39
40    }
41
42    for(i=0; i<=n; i++)
43    {
44        fprintf(out1,"\nx%d=%f\t",i,x[i]);
45    }
46
47    fclose(out1);
48
49  }
```

상기 프로그램에서 line 4~5는 위 (4×4) 행렬방정식의 계수값들을 나타내고 있으며, 주의할 사항은 미지수가 4개이므로 line 12에서 n=3으로 쓰는데, 이는 (3×3) 행렬방정식에서 미지수 3개일 때 n=2라고 쓴 것과 비교된다. 사용자는 다만 풀고자 하는 행렬방정식의 차원을 고려하여 바꾸어 주기만 하면 된다. line 15~16 출력문에서는 프로그램 수행 결과를 "Gauss-Jordan Elimination_II-3-4.dat" 파일에 출력하도록 하고 있다. 프로그램 수행 결과는 다음과 같다.

```
x0=1.000000
x1=1.000000
x2=1.000000
x3=1.000000
```

3.3.4 Banded Matrix 또는 Tri-Diagonal Matrix Solving

미지수가 $x_1, \cdots, x_n$과 같이 n개 있고 다음과 같이 n개의 선형연립방정식이 있다고 하자.

$$\begin{aligned}
&b_1x_1+c_1x_2=r_1\\
&a_2x_1+b_2x_2+c_2x_3=r_2\\
&a_3x_2+b_3x_3+c_3x_4=r_3\\
&\quad\vdots\\
&a_{i-1}x_{i-2}+b_{i-1}x_{i-1}+c_{i-1}x_i=r_{i-1}\\
&a_ix_{i-1}+b_ix_i+c_ix_{i+1}=r_i\\
&\quad\vdots\\
&a_{n-1}x_{n-2}+b_{n-1}x_{n-1}+c_{n-1}x_n=r_{n-1}\\
&a_nx_{n-1}+b_nx_n=r_n
\end{aligned}\tag{68}$$

(68)식은 n개의 미지수 $x_1, \cdots, x_n$에 n개의 방정식을 보여주며 모든 방정식들이 선형독립이라

하면 해가 존재한다.

(68)식은 행렬방정식으로 다음과 같이 나타난다.

$$\begin{bmatrix} b_1 & c_1 & & & & & & \\ a_2 & b_2 & c_2 & & & & & \\ & a_3 & b_3 & c_3 & & & & \\ & & \vdots & & & & & \\ & & a_{i-1} & b_{i-1} & c_{i-1} & & & \\ & & & a_i & b_i & c_{+1} & & \\ & & & & \vdots & & & \\ & & & & a_{n-1} & b_{n-1} & c_{n-1} & \\ & & & & & & a_n & b_n \end{bmatrix} \begin{bmatrix} x_1 \\ x_2 \\ x_3 \\ \vdots \\ x_{i-1} \\ x_i \\ \vdots \\ x_{n-1} \\ x_n \end{bmatrix} = \begin{bmatrix} r_1 \\ r_2 \\ r_3 \\ \vdots \\ r_{i-1} \\ r_i \\ \vdots \\ r_{n-1} \\ r_n \end{bmatrix} \tag{69}$$

(69)식에서 보여주는 바와 같이 대각을 중심으로 위아래에만 어떤 값이 있고 나머지는 0인 3개의 대각원소로 구성된 행렬을 삼대각행렬(Tri-Diagonal Matrix)이라 하며 자연과학·공학 문제에서 자주 나타나는 선형연립방정식의 행렬형태이다.

(69)식으로 나타나는 행렬방정식으로부터 미지수 x_1, x_2, x_3, $\cdots$, x_n을 구하기 위해 앞 절에서 다룬 Gauss-Elimination을 그대로 적용하면 다음과 같이 된다.

$$\begin{bmatrix} b_1 & c_1 & & & & \\ & b_2' & c_2 & & & \\ & & \vdots & & & \\ & & b_i' & c_i & & \\ & & & \vdots & & \\ & & & b_{n-1}' & c_{n-1} & \\ & & & & & b_n' \end{bmatrix} \begin{bmatrix} x_1 \\ x_2 \\ \vdots \\ x_i \\ \vdots \\ x_{n-1} \\ x_n \end{bmatrix} = \begin{bmatrix} r_1 \\ r_2' \\ \vdots \\ r_i' \\ \vdots \\ r_{n-1}' \\ r_n' \end{bmatrix} \tag{70}$$

여기서 Gauss-Elimination에 의해 a_i 원소들이 0이 되는 것을 알 수 있고 b_i'와 r_i'는 연산에 의해 변화된 값들이며 c_i 원소들은 변화되지 않는 것을 알 수 있다. 즉, i-번째 일반항 a_i, b_i', c_i, r_i'는 각각 다음과 같이 쓸 수 있다.

$$a_i = a_i - \left(\frac{a_i}{b_{i-1}}\right) \times b_{i-1} = 0 \tag{71}$$

$$b_i' = b_i - \left(\frac{a_i}{b_{i-1}}\right) \times c_{i-1}$$

$$c_i = c_i - \left(\frac{a_i}{b_{i-1}}\right) \times 0 = c_i$$

$$r_i' = r_i - \left(\frac{a_i}{b_{i-1}}\right) \times r_{i-1}$$

여기서 $i = 2, 3, \cdots, n$이다.

결국 (70)식의 계수 $b_2', b_3', \cdots, b_n'$와 $r_2', r_3', \cdots, r_n'$ 값들이 (71)식에 의해 결정되는데, (70)식은 다시 다음과 같은 연립방정식이 된다.

$$\begin{aligned} & b_1 x_1 + c_1 x_2 = r_1 \\ & b_2' x_2 + c_2 x_3 = r_2' \\ & \qquad \vdots \\ & b_i' x_i + c_i x_{i+1} = r_i' \\ & \qquad \vdots \\ & b_{n-1}' x_{n-1} + c_{n-1} x_n = r_{n-1}' \\ & b_n' x_n = r_n' \end{aligned} \tag{72}$$

(72)식으로부터 먼저 $x_n = \dfrac{r_n'}{b_n'}$으로 결정되고 그 다음으로 $x_{n-1}, x_{n-2}, \cdots, x_1$까지 역으로 결정된다. (72)식의 i번째 방정식을 살펴보면 x_i가 다음과 같으며

$$x_i = \frac{r_i' - c_i x_{i+1}}{b_i'} \tag{73}$$

(72)식에서 미지수는 x_n부터 역으로 하나씩 계산되어 x_1까지 계산되며 (73)식에서는 x_i가 x_{i+1}로부터 계산되는 연속적 계산식을 보여준다. 이렇게 (69)식과 같이 삼대각행렬방정식으로 주어지는 선형연립방정식의 미지수 x를 구하는 방법을 TDMA (Tri-Diagonal Matrix Algorithm)이라 한다.

예제 II-3-2

다음 행렬방정식의 해를 Tri-Diagonal Matrix Method로 구해보자.

$$\begin{bmatrix} -3 & 1 & & & & & & & & \\ 1 & -3 & 1 & & & & & & & \\ & 1 & -3 & 1 & & & & & & \\ & & 1 & -3 & 1 & & & & & \\ & & & 1 & -3 & 1 & & & & \\ & & & & 1 & -3 & 1 & & & \\ & & & & & 1 & -3 & 1 & & \\ & & & & & & 1 & -3 & 1 & \\ & & & & & & & 1 & -3 & 1 \\ & & & & & & & & 1 & -3 \end{bmatrix} \begin{bmatrix} x_0 \\ x_1 \\ x_2 \\ x_3 \\ x_4 \\ x_5 \\ x_6 \\ x_7 \\ x_8 \\ x_9 \end{bmatrix} = \begin{bmatrix} -2.5 \\ -5.5 \\ -5.5 \\ -5.5 \\ -5.5 \\ -5.5 \\ -5.5 \\ -5.5 \\ -5.5 \\ 2.5 \end{bmatrix}$$

해설 Tri-Diagonal Matrix 형태의 행렬방정식을 풀이하는 과정으로 행렬방정식의 좌변 2행의 첫 항을 1에서 0으로 바꾸는 것으로부터 시작된다고 하였다. 이러한 과정은 Gauss Elimination에서 이미 언급된 내용이므로 다시 한 번 대각 값을 통하여 아래 요소를 0으로 만드는 과정을 참고하기 바란다. 특히, (71)식을 통하여 대각 아래 1개의 요소만 있는 경우에 대해 0으로 만드는 알고리즘을 나타내었고, 이렇게 대각 아래 요소들을 0으로 만들면 (72), (73)식과 같이 전체 미지수 값을 결정하게 된다. Tri-Diagonal Matrix Method로 해를 구하면 x0 = 2.252527, x1 = 4.257580, x2 = 5.020213, x3 = 5.303060, x4 = 5.388967, x5 = 5.363842, x6 = 5.202558, x7 = 4.743832, x8 = 3.528937, x9 = 0.342979와 같은 해를 얻는다.

C 프로그래밍 연습 [II-3-5]

(예제 II-3-2)와 같은 행렬방정식을 Tri-Diagonal Matrix Method을 이용한 C 프로그램을 작성하여 해를 구하시오.

```
#include<stdio.h>
#include<math.h>

double x[10];
double a[10] = {1.0,1.0,1.0,1.0,1.0,1.0,1.0,1.0,1.0,1.0};
double b[10] = {-3.0,-3.0,-3.0,-3.0,-3.0,-3.0,-3.0,-3.0,-3.0,-3.0};
double c[10] = {1.0,1.0,1.0,1.0,1.0,1.0,1.0,1.0,1.0,1.0};
double r[10] = {-2.5,-5.5,-5.5,-5.5,-5.5,-5.5,-5.5,-5.5,-5.5,2.5};

main()
{
int i,j,k,n;
double factor,sum;
n=9;  /* in array, total number of elements in row or column - 1 */

FILE *out1;
out1=fopen("thomas algorithm (tridiagonal matrix)_II-3-5.dat","w");

   /* delet of lower diagonal terms in the tridiagonal matrix*/

      for(i=1; i<=n; i++)
```

```
27          {
28               factor=a[i]/b[i-1];
29               b[i]=b[i]-factor*c[i-1];
30               r[i]=r[i]-factor*r[i-1];
31          }
32
33      x[n]=d[n]/b[n];
34
35       /* this loop is for backward substitution*/
36
37      for(i=n-1; i>=0; i--)
38      {
39          x[i]=(r[i]-c[i]*x[i+1])/b[i];
40      }
41
42      for(i=0; i<=n; i++)
43      {
44           fprintf(out1,"x%d = %f\t   \n",i,x[i]);
45      }
46
47      fclose(out1);
48      }
```

위 프로그램의 line 5는 미지수 x의 개수가 10개라는 것을 배열로 선언해 주고 있으며, line 6~9는 삼대각행렬을 보여주는 (69)식에서 대각은 b로 대각 아래는 a, 대각위는 c로 각각 나타내고, 그리고 행렬방정식의 우변 계수값은 r로 나타내고 있다. 그리고 모두 배열이므로 행렬방정식에 들어 있는 원소들의 값을 넣어준다. 프로그램 사용 시 주의할 사항은 행렬방정식의 미지수가 10개로 line 17에서 n=9로 하였고, 만약 미지수가 20개이라면 n=19로 해야 한다(이는 C 프로그램에서 index가 0부터 시작되기 때문). 이는 사용자가 활용측면에서 그대로 사용해주기 바란다. line 26~31은 (71)식으로 나타낸 Tri-Diagonal Matrix Method 알고리즘을 그대로 C 프로그램에 반영한 것이며, line 33~40은 (72), (73)식을 반영한 것이다. 이제 프로그램을 실행하면 다음과 같은 결과, 즉 (예제 II-3-2)에서 언급한 결과를 출력해 준다.

```
x0 = 2.252527
x1 = 4.257580
x2 = 5.020213
x3 = 5.303060
x4 = 5.388967
x5 = 5.363842
x6 = 5.202558
x7 = 4.743832
x8 = 3.528937
x9 = 0.342979
```

C 프로그래밍 연습 [II-3-6]

(예제 II-3-2)에 언급된 삼대각행렬방정식의 해를 Gauss Elimination 방법으로 구하시오.

삼대각행렬방정식은 대각과 바로 위아래 요소 외에는 모두 0이므로 Gauss Elimination 방법으로 해를 구하게 되면 TDMA 방법으로 해를 구하는 것과 비교해 해는 구해지지만 필요 없는 계산을 더하게 된다.

```
#include<stdio.h>
#include<math.h>


double x[10];
double A[10][11]={{-3.0,1.0,0.0,0.0,0.0,0.0,0.0,0.0,0.0,0.0,-2.5},
     {1.0,-3.0,1.0,0.0,0.0,0.0,0.0,0.0,0.0,0.0,-5.5},
     {0.0,1.0,-3.0,1.0,0.0,0.0,0.0,0.0,0.0,0.0,-5.5},
     {0.0,0.0,1.0,-3.0,1.0,0.0,0.0,0.0,0.0,0.0,-5.5},
     {0.0,0.0,0.0,1.0,-3.0,1.0,0.0,0.0,0.0,0.0,-5.5},
     {0.0,0.0,0.0,0.0,1.0,-3.0,1.0,0.0,0.0,0.0,-5.5},
     {0.0,0.0,0.0,0.0,0.0,1.0,-3.0,1.0,0.0,0.0,-5.5},
     {0.0,0.0,0.0,0.0,0.0,0.0,1.0,-3.0,1.0,0.0,-5.5},
     {0.0,0.0,0.0,0.0,0.0,0.0,0.0,1.0,-3.0,1.0,-5.5},
     {0.0,0.0,0.0,0.0,0.0,0.0,0.0,0.0,1.0,-3.0,2.5},};


main()
{
int i,j,k,n;
double c,sum;
n=9;



FILE *out1;
out1=fopen("Gauss Elimination_tridiagonal_II-3-6.dat","w");


for(j=0; j<=n; j++) /* loop for the generation of upper
 triangular matrix*/
{
     for(i=0; i<=n; i++)
     {
          if(i>j)
          {
               c=A[i][j]/A[j][j];
```

```
38                 for(k=0; k<=n+1; k++)
39                 {
40                     A[i][k]=A[i][k]-c*A[j][k];
41                 }
42             }
43         }
44     }
45     x[n]=A[n][n+1]/A[n][n];
46     /* this loop is for backward substitution*/
47     for(i=n-1; i>=0; i--)
48     {
49         sum=0;
50         for(j=i+1; j<=n; j++)
51         {
52             sum=sum+A[i][j]*x[j];
53         }
54         x[i]=(A[i][n+1]-sum)/A[i][i];
55     }
56
57     for(i=0; i<=n; i++)
58     {
59         fprintf(out1,"x%d = %f\t\n",i,x[i]);
60     }
61
62
63     fclose(out1);
64     }
```

Gauss Elimination 프로그래밍에서 주의해야 할 사항은 행렬방정식에 있는 모든 계수값을 프로그램 작성 시 써주어야 한다. line 6~15는 대각 및 대각 위아래 요소값 외에도 나머지 0값을 모두 넣어주고 있는 것을 알 수 있다. line 22에서는 미지수의 개수가 10이므로 n=9로 해주고 있다. 나머지는 앞서 Gauss Elimination 방법에 관한 프로그램 해설 내용과 같다. 상기 프로그램을 수행하면 삼대각행렬방정식 프로그램 수행 시와 동일한 결과를 다음과 같이 출력한다.

```
x0 = 2.252527
x1 = 4.257580
x2 = 5.020213
x3 = 5.303060
x4 = 5.388967
x5 = 5.363842
x6 = 5.202558
x7 = 4.743832
x8 = 3.528937
x9 = 0.342979
```

3.3.5 역행렬 방법(Inverse Matrix Method)

앞 절 행렬의 기초를 통해 (57)식과 같은 행렬방정식을 수학적으로 간단하게 다음과 같이 나타낼 수 있다.

$$C\overrightarrow{X} = \overrightarrow{R} \tag{74}$$

여기서, C 행렬은 (3×3) 행렬이며 $\overrightarrow{X}$ 벡터는 x_1, x_2, x_3를 원소로 갖는 벡터이고 $\overrightarrow{R}$ 벡터는 r_1, r_2, r_3를 원소로 갖는 벡터이다. 만약 C 행렬의 역행렬 C^{-1}을 구할 수 있다면 구해진 C^{-1}을 (74)식의 좌우변에 곱할 수 있으며 다음과 같다.

$$C^{-1}C\overrightarrow{X} = C^{-1}\overrightarrow{R} \tag{75}$$

(75)식에서 좌변 $C^{-1}C$는 앞 절 행렬의 기초에서 단위행렬 I로 나타난다고 하였으므로 (75)식은 다시 다음과 같이 된다.

$$I\overrightarrow{X} = C^{-1}\overrightarrow{R} \tag{76}$$

(76)식을 행렬방정식으로 나타내면

$$\begin{bmatrix} 1\,0\,0 \\ 0\,1\,0 \\ 0\,0\,1 \end{bmatrix}\begin{bmatrix} x_1 \\ x_2 \\ x_3 \end{bmatrix} = \begin{bmatrix} c_{11}\,c_{12}\,c_{13} \\ c_{21}\,c_{22}\,c_{23} \\ c_{31}\,c_{32}\,c_{33} \end{bmatrix}^{-1}\begin{bmatrix} r_1 \\ r_2 \\ r_3 \end{bmatrix} = \begin{bmatrix} c_{11}{}'\,c_{12}{}'\,c_{13}{}' \\ c_{21}{}'\,c_{22}{}'\,c_{23}{}' \\ c_{31}{}'\,c_{32}{}'\,c_{33}{}' \end{bmatrix}\begin{bmatrix} r_1 \\ r_2 \\ r_3 \end{bmatrix} \tag{77}$$

(77)식에서 C^{-1}의 각 원소들은 각각 $c_{11}{}'$, $c_{12}{}'$, $c_{13}{}'$, $\cdots$, $c_{32}{}'$, $c_{33}{}'$와 같이 나타냈다. (77)식으로부터 x_1, x_2, x_3 해가 다음과 같이 바로 구해진다.

$$x_1 = c_{11}{}'r_1 + c_{12}{}'r_2 + c_{13}{}'r_3 \tag{78}$$

$$x_2 = c_{21}{}'r_1 + c_{33}{}'r_2 + c_{23}{}'r_3$$

$$x_3 = c_{31}{}'r_1 + c_{32}{}'r_2 + c_{33}{}'r_3$$

따라서, (57)식과 같은 행렬방정식의 C 행렬의 역행렬 C^{-1}을 구할 수 있으면 이로부터 바로 해를 구할 수 있게 된다. 이렇게 선형연립방정식으로부터 주어지는 행렬의 역행렬을 구하여 해를 구하는 방법을 역행렬방법이라 한다.

이번에는 (57)식으로 주어지는 (3×3) C 행렬의 역행렬 C^{-1}을 구하는 방법을 살펴보기로 한다. 다음 C 행렬의 확장행렬(Augmented Matrix) $\widetilde{A}$(3×6)을 살펴보자.

$$\widetilde{A} = \begin{bmatrix} c_{11}\, c_{12}\, c_{13} & \vdots & 1\,0\,0 \\ c_{21}\, c_{22}\, c_{23} & \vdots & 0\,1\,0 \\ c_{31}\, c_{32}\, c_{33} & \vdots & 0\,0\,1 \end{bmatrix} \tag{79}$$

(79)식을 수학적으로 간단히 나타내면 다음과 같이 쓸 수 있다.

$$\widetilde{A} = [C \,\vdots\, I] \tag{80}$$

만약 C 행렬의 역행렬 C^{-1}을 안다면 이를 (80)식에 곱하면

$$C^{-1}[C \,\vdots\, I] \rightarrow [I \,\vdots\, C^{-1}I] \tag{81}$$

(81)식과 같이 될 것이다.

한편 (79)식의 좌변 (3×3) C 행렬을 Gauss-Jordan Elimination에 의하여 (3×3) 단위행렬 I로 만든다면 (79)식 우변의 (3×3) 단위행렬 I는 어떤 (3×3) D 행렬이 될 것이며 이러한 연산을 통하여 (79)식은 다음과 같이 쓰이게 될 것이다.

$$\begin{bmatrix} 1\,0\,0 & \vdots & d_{11}\, d_{12}\, d_{13} \\ 0\,1\,0 & \vdots & d_{21}\, d_{22}\, d_{23} \\ 0\,0\,1 & \vdots & d_{31}\, d_{32}\, d_{33} \end{bmatrix} \tag{82}$$

결국 (79)식으로 주어지는 확장행렬(Augmented Matrix) C 행렬이 Gauss-Jordan Elimination에 의하여

$$[C \,\vdots\, I] \rightarrow [I \,\vdots\, \mathrm{D}] \tag{83}$$

(83)식과 같이 되며 여기서 구해진 (3×3) D 행렬은 (76)식의 우변 C^{-1}이 된다.

따라서 (3×3) C 행렬의 역행렬 C^{-1}을 구하기 위해 (79)식으로 주어지는 C 행렬의 확장행렬(Augmented Matrix) $[C \,\vdots\, I]$ 를 Gauss-Jordan Elimination 연산을 수행함으로써 얻어지는 (3×3) D 행렬로부터 원하는 C 행렬의 역행렬 C^{-1}을 얻게 된다.

예제 II-3-3

아래 행렬 A의 역행렬 A^{-1}을 Gauss-Jordan Elimination 방법으로 구하시오.

$$A = \begin{bmatrix} 2 & 1 & -1 \\ 1 & 4 & 1 \\ 2 & 1 & 3 \end{bmatrix}$$

해설 위의 행렬 A의 augmented 행렬 $\widetilde{A}$는 (79)식을 참조하면 다음과 같다.

$$\begin{bmatrix} 2 & 1 & -1 & \vdots & 1 & 0 & 0 \\ 1 & 4 & 1 & \vdots & 0 & 1 & 0 \\ 2 & 1 & 3 & \vdots & 0 & 0 & 1 \end{bmatrix}$$

이러한 (3 × 6) augmented 행렬의 커튼 좌변, 즉 A 행렬을 Gauss-Jordan Elimination 방법으로 단위행렬로 만들면 커튼 우변의 단위행렬은 어떠한 행렬을 나타낼 것인가에 대하여 설명하였으며, 이러한 행렬이 A의 역행렬 A^{-1}가 된다고 하였다. Gauss-Jordan Elimination 방법을 통해 (3 × 6) augmented 행렬이 커튼 좌변을 단위행렬로 만들면 다음과 같이 우변도 함께 변화되는 것을 알 수 있다.

$$\begin{bmatrix} 1 & 0 & 0 & \vdots & 0.392857 & -0.142857 & 0.178571 \\ 0 & 1 & 0 & \vdots & -0.035714 & 0.285714 & -0.107143 \\ 0 & 0 & 1 & \vdots & -0.2500 & 0 & 0.2500 \end{bmatrix}$$

이렇게 해서 위 행렬의 커튼 우변은 우리가 원하는 A^{-1}행렬이라고 하였다. 이제는 앞서 A행렬과 A^{-1}행렬의 곱을 구해 단위행렬이 되는지를 확인해 보자.

$$AA^{-1} = \begin{bmatrix} 2 & 1 & -1 \\ 1 & 4 & 1 \\ 2 & 1 & 3 \end{bmatrix} \begin{bmatrix} 0.392857 & -0.142857 & 0.178571 \\ -0.035714 & 0.285714 & -0.107143 \\ -0.25 & 0 & 0.25 \end{bmatrix} = \begin{bmatrix} 1 & 0 & 0 \\ 0 & 1 & 0 \\ 0 & 0 & 1 \end{bmatrix} = I$$

위 예제를 통하여, 어떤 행렬의 역행렬을 Gauss-Jordan Elimination 방법으로 구하는 것을 살펴보았다. 이번에는 다음 예제를 통하여 연립방정식의 해를 구해 보도록 하자.

예제 II-3-4

아래 행렬방정식의 해를 Inverse Matrix Method으로 구하시오.

$$\begin{bmatrix} 2 & 1 & -1 \\ 1 & 4 & 1 \\ 2 & 1 & 3 \end{bmatrix} \begin{bmatrix} x_1 \\ x_2 \\ x_3 \end{bmatrix} = \begin{bmatrix} 1 \\ 12 \\ 13 \end{bmatrix}$$

해설 위 행렬방정식은 (74)식을 보면 $A\vec{X} = \vec{R}$와 같이 벡터식으로 나타낼 수 있다. 이러한 벡터식으로 나타내게 될 때, 해는 (76)식에서와 같이 $I\vec{X} = A^{-1}\vec{R}$로 나타난다는 것을 알 수 있다. 즉, 위 행렬방정식의 해는 다음과 같이 기술된다.

$$\begin{bmatrix} 1 & 0 & 0 \\ 0 & 1 & 0 \\ 0 & 0 & 1 \end{bmatrix} \begin{bmatrix} x_1 \\ x_2 \\ x_3 \end{bmatrix} = \begin{bmatrix} 0.392857 & -0.142857 & 0.178571 \\ -0.035714 & 0.285714 & -0.107143 \\ -0.25 & 0 & 0.25 \end{bmatrix} \begin{bmatrix} 1 \\ 12 \\ 13 \end{bmatrix} = \begin{bmatrix} 1 \\ 2 \\ 3 \end{bmatrix}$$

즉, 해는 다음과 같다.

$$\begin{bmatrix} x_1 \\ x_2 \\ x_3 \end{bmatrix} = \begin{bmatrix} 1 \\ 2 \\ 3 \end{bmatrix}$$

이러한 해는 (예제 II-3-1)에서 Gauss Elimination 방법으로 구한 해와 같음을 알 수 있다.

C 프로그래밍 연습 [II-3-7]

(예제 II-3-3)과 같은 A 행렬의 역행렬 A^{-1}을 Gauss-Jordan Elimination 방법으로 구하는 C 프로그램을 작성하여 수행하시오.

```
#include<stdio.h>
#include<math.h>

double A[3][6]={{2.0,1.0,-1.0,1.0,0.0,0.0},{1.0,4.0,1.0,0.0,1.0,0.0}
                        ,{2.0,1.0,3.0,0.0,0.0,1.0}};

main()
{
int i,j,k,n;
double c,sum;
n=2;


FILE *out1;
out1=fopen("inverse matrix with Gauss-Jordan Elimination_II-3-7.dat","w");



for(j=0; j<=n; j++) /* loop for the generation of diagonal matrix  */
 {
    for(i=0; i<=n; i++)
    {
        if(i!=j)
        {
            c=A[i][j]/A[j][j];
            for(k=0; k<=n+3; k++)
            {
                A[i][k]=A[i][k]-c*A[j][k];

            }
        }
    }
 }

for(i=0;i<=n;i++)
 {
      for(k=n+1;k<=n+3;k++)
      {
      A[i][k]=A[i][k]/A[i][i];
```

```
40          }
41          A[i][i]=A[i][i]/A[i][i];
42      }
43
44
45      for(i=0; i<=n; i++)
46      {
47          for(k=0;k<=n+3;k++)
48          {
49              fprintf(out1,"A[%d][%d]=%f  \t",i,k,A[i][k]);
50      }
51          fprintf(out1,"\n");
52      }
53
54      fclose(out1);
55
56  }
```

line 4~5에서는 $A(3\times3)$ 행렬의 augmented 행렬인 $\widetilde{A}(3\times6)$ 행렬의 요소값들을 배열로 나타내고 있다. augmented 행렬 $\widetilde{A}$의 행의 수가 3이므로 line 11에서는 n=2로 하였다. line 19~42는 앞서 Gauss-Jordan Elimination 알고리즘을 C 프로그래밍 한 내용을 그대로 나타내고 있다. 마지막으로, line 45~52는 Gauss-Jordan Elimination을 수행하여 (82)식과 같이 얻어진 역행렬 값을 나타낸다. "inverse matrix with Gauss-Jordan Elimination_II-3-7.dat"파일에 저장된 결과는 다음과 같다.

```
A[0][0]=1.000000        A[0][1]=0.000000        A[0][2]=0.000000
A[0][3]=0.392857        A[0][4]= -0.142857      A[0][5]=0.178571
A[1][0]=0.000000        A[1][1]=1.000000        A[1][2]=0.000000
A[1][3]= -0.035714      A[1][4]=0.285714        A[1][5]=-0.107143
A[2][0]=0.000000        A[2][1]=0.000000        A[2][2]=1.000000
A[2][3]= -0.250000      A[2][4]=0.000000        A[2][5]=0.250000
```

위 결과는 (82)식과 같이 커튼을 포함한 다음 행렬과 같다.

$$\begin{bmatrix} 1\,0\,0 & \vdots & 0.392857 & -0.142857 & 0.178571 \\ 0\,1\,0 & \vdots & -0.035714 & 0.285714 & -0.107143 \\ 0\,0\,1 & \vdots & -0.25 & 0 & 0.25 \end{bmatrix}$$

커튼 우측의 요소들이 우리가 찾고자 하는 A^{-1} 행렬이 되는데, 다음과 같다.

$$A^{-1}=\begin{bmatrix} 0.392857 & -0.142857 & 0.178571 \\ -0.035714 & 0.285714 & -0.107143 \\ -0.25 & 0 & 0.25 \end{bmatrix}$$

C 프로그래밍 연습 [II-3-8]

아래 행렬방정식의 해를 Inverse Matrix Method으로 구하는 C 프로그램을 작성하고 실행하시오.

$$\begin{bmatrix} 2 & 1 & -1 \\ 1 & 4 & 1 \\ 2 & 1 & 3 \end{bmatrix} \begin{bmatrix} x_1 \\ x_2 \\ x_3 \end{bmatrix} = \begin{bmatrix} 1 \\ 12 \\ 13 \end{bmatrix}$$

위 행렬방정식은 (예제 II-3-4)에서 다룬 문제에 대한 것이며 앞서 $x_1 = 1$, $x_2 = 2$, $x_3 = 3$과 같이 해를 얻었다. 이 문제에 대한 C 프로그램을 다루어 보자.

```
#include<stdio.h>
#include<math.h>

double A[3][6]={{2.0,1.0,-1.0,1.0,0.0,0.0},{1.0,4.0,1.0,0.0,1.0,0.0}
    ,{2.0,1.0,3.0,0.0,0.0,1.0}};
double R[3]={1.0,12.0,13.0};
double x[3]={0.0,0.0,0.0};

main()
{
int i,j,k,n;
double c,sum;
n=2;

FILE *out1;
out1=fopen("inverse matrix method_II-3-8.dat","w");

for(j=0; j<=n; j++) /* loop for the generation of diagonal matrix  */
{
     for(i=0; i<=n; i++)
     {
          if(i!=j)
          {
               c=A[i][j]/A[j][j];
               for(k=0; k<=n+3; k++)
               {
                    A[i][k]=A[i][k]-c*A[j][k];

               }
          }
     }
  }
```

```
 for(i=0;i<=n;i++)
   {
          for(k=n+1;k<=n+3;k++)
   {
          A[i][k]=A[i][k]/A[i][i];

       A[i][i]=A[i][i]/A[i][i];
     }



 for(i=0; i<=n; i++)
   {
     for(k=0;k<=n+3;k++)
   {
        fprintf(out1,"A[%d][%d]=%f \t",i,k,A[i][k]);
 }
     fprintf(out1,"\n");
 }

 /* --------------- solutions ------------- */

 for(i=0;i<=n;i++)
 {
          sum=0.0;
          for(k=0;k<=n;k++)
          {
          sum=sum+A[i][k+3]*R[k];
          }
          x[i]=sum;

          fprintf(out1,"\n");
 fprintf(out1,"x[%d]=%f \t",i,x[i]);

 }

 /* ------------------------------------------ */

  fclose(out1);

 }
```

line 4∼5는 $A(3\times3)$ 행렬의 augmented matrix인 $\widetilde{A}(3\times6)$의 요소 값을 나타낸다. line 6은 위 행렬방정식의 우변항 요소를 나타내며, line 7은 구하고자 하는 행렬방정식 해의 초기 배열의 값을 선언해 준다. 여기서는 모두 0값을 넣어주고 있다. line 13은 augmented matrix가 3개의 행을 가지므로 n=2로 나타내고 있고, 만약 augmented matrix가 (4×8) 행렬이라면 n=3으로 하면 되겠다. 앞의 프로그램 예제에서와 같이 line 21∼46은 역행렬을 구하는 알고리즘을 나타내며, line 50∼57은 구한 역행렬 값을 출력하는 형식을 나타낸다. 마지막으로 line 61∼73은 구해진 역행렬 값을 가지고 (78)식과 같이 행렬방정식의 해를 구하는 것을 보여준다. 프로그램을 실행하면 다음과 같은 결과를 출력한다.

```
A[0][0]=1.000000        A[0][1]=0.000000        A[0][2]=0.000000
A[0][3]=0.392857        A[0][4]= -0.142857      A[0][5]=0.178571
A[1][0]=0.000000        A[1][1]=1.000000        A[1][2]=0.000000
A[1][3]= -0.035714      A[1][4]=0.285714        A[1][5]= -0.107143
A[2][0]=0.000000        A[2][1]=0.000000        A[2][2]=1.000000
A[2][3]= -0.250000      A[2][4]=0.000000        A[2][5]=0.250000

x[0]=1.000000
x[1]=2.000000
x[2]=3.000000
```

C 프로그래밍 연습 [II-3-9]

아래 행렬방정식의 해를 Inverse Matrix Method으로 구하는 C 프로그램을 작성하고 실행하시오.

$$\begin{bmatrix}4&3&3&3\\5&6&5&5\\6&7&7&6\\7&6&7&8\end{bmatrix}\begin{bmatrix}x_1\\x_2\\x_3\\x_4\end{bmatrix}=\begin{bmatrix}13\\21\\26\\28\end{bmatrix}$$

```
#include<stdio.h>
#include<math.h>

double A[4][8]={{4.0,3.0,3.0,3.0,1.0,0.0,0.0,0.0}
                ,{5.0,6.0,5.0,5.0,0.0,1.0,0.0,0.0}
                ,{6.0,7.0,7.0,6.0,0.0,0.0,1.0,0.0}
                ,{7.0,6.0,7.0,8.0,0.0,0.0,0.0,1.07}};
double R[4]={13.0,21.0,26.0,28.0};
double x[4]={0.0,0.0,0.0,0.0};

main()
{
int i,j,k,n;
double c,sum;
n=3;

```

```

FILE *out1;
out1=fopen("inverse matrix method_II-3-9.dat","w");



for(j=0; j<=n; j++) /* loop for the generation of diagonal matrix  */
{
      for(i=0; i<=n; i++)
      {
           if(i!=j)
           {
                c=A[i][j]/A[j][j];
                for(k=0; k<=n+4; k++)
                {
                     A[i][k]=A[i][k]-c*A[j][k];

                }
           }
       }
   }



for(i=0;i<=n;i++)
   {
        for(k=n+1;k<=n+4;k++)
        {
        A[i][k]=A[i][k]/A[i][i];
   }
      A[i][i]=A[i][i]/A[i][i];
   }



for(i=0; i<=n; i++)
   {
   for(k=0;k<=n+4;k++)
   {
       fprintf(out1,"A[%d][%d]=%f \t",i,k,A[i][k]);
}
    fprintf(out1,"\n");
}

/* -------------- solutions ------------ */
```

```
62
63     for(i=0;i<=n;i++)
64        {
65              sum=0.0;
66              for(k=0;k<=n;k++)
67              {
68              sum=sum+A[i][k+4]*R[k];
69              }
70              x[i]=sum;
71
72              fprintf(out1,"\n");
73     fprintf(out1,"x[%d]=%f  \t",i,x[i]);
74
75     }
76
77     /* ---------------------------------------- */
78
79       fclose(out1);
80
81     }
```

line 4~7은 행렬방정식에서 $A(4\times4)$ 행렬에 대한 augmented 행렬 $\widetilde{A}(4\times8)$에 대한 원소를 나타낸 것으로 (79)식을 참조하면 되겠다. line 8은 위 행렬방정식에서 우변 계수값을 넣어준 것이며, line 9는 행렬방정식의 4개의 미지수 초기 설정이다. 프로그램 수행 시 주의할 사항은 행렬방정식의 미지수의 개수, 즉 행의 개수가 4이므로, line 15에서 n=4로 하였다. 나머지는 이전 프로그래밍 예제와 유사하게 line 23~59는 (79)식에서 (83)식에 이르는 augmented matrix에 대한 변환작업으로 이해하면 되겠다. 마지막으로 line 63~75는 구해진 역행렬을 통하여 행렬방정식의 미지수를 구하는 작업이다. 이렇게 작성된 C 프로그램을 수행하면 다음의 결과를 얻는다.

```
A[0][0]=1.000000        A[0][1]=0.000000        A[0][2]=0.000000
A[0][3]=0.000000        A[0][4]=0.863636        A[0][5]= -0.136364
A[0][6]= -0.136364      A[0][7]= -0.136364
A[1][0]=0.000000        A[1][1]=1.000000        A[1][2]=0.000000
A[1][3]=0.000000        A[1][4]= -0.227273      A[1][5]=0.772727
A[1][6]= -0.227273      A[1][7]= -0.227273
A[2][0]=0.000000        A[2][1]=0.000000        A[2][2]=1.000000
A[2][3]=0.000000        A[2][4]= -0.045455      A[2][5]= -1.045455
A[2][6]=0.954545        A[2][7]= -0.045455
A[3][0]=0.000000        A[3][1]=0.000000        A[3][2]=0.000000
A[3][3]=1.000000        A[3][4]= -0.545455      A[3][5]=0.454545
A[3][6]= -0.545455      A[3][7]=0.454545

x[0]=1.000000
x[1]=1.000000
x[2]=1.000000
```

```
x[3]=1.000000
```

위 결과를 보면 (4×8) 행렬로 4열부터 8열까지 값이 나타나고 있다. (83)식에서 화살표 오른쪽 단위행렬 및 우변을 의미하며, 우변이 위 행렬방정식에서의 A 행렬의 역행렬 A^{-1}이 되겠다. 그리고 결과의 아랫부분이 위 행렬방정식의 미지수 x의 해인 것이다.

3.3.6 Gauss - Siedel 방법

앞 절에서는 (56)식과 같이 주어지는 선형연립방정식의 해를 구하고자 먼저 선형연립방정식을 (57)식과 같이 행렬방정식 형태로 바꾸고 이로부터 Gauss-Elimination, Gauss-Jordan Elimination, TDMA 그리고 역행렬 등의 방법들을 통하여 해를 구하는 방법을 살펴보았다.

이와 같이 선형연립방정식의 해를 구하는데 크게는 행렬의 연산을 통하여 해를 얻는 방법이 있으며 또 하나의 방법이 이번 절에서 다룰 Gauss-Siedel 방법으로 (56)식으로 주어지는 선형연립방정식으로부터 반복계산을 통하여 직접적으로 해를 구하는 방법이다.

(56)식으로 주어지는 선형연립방정식으로부터 미지수 x_1, x_2, x_3에 관한 다음과 같은 식을 얻는다.

$$
\begin{aligned}
x_1 &= \frac{r_1 - c_{12}x_2 - c_{13}x_3}{c_{11}} \\
x_2 &= \frac{r_2 - c_{21}x_1 - c_{23}x_3}{c_{22}} \\
x_3 &= \frac{r_3 - c_{31}x_1 - c_{32}x_2}{c_{33}}
\end{aligned}
\tag{84}
$$

여기서 c_{11}, c_{12}, c_{13}, $\cdots$, c_{32}, c_{33}과 r_1, r_2, r_3는 선형연립방정식에서 이미 주어진 값들이다.

(84)식을 통하여 해를 구할 때 먼저 미지수 x_1, x_2, x_3의 초기값을 임의로 정한다. 예를 들면 $x_1^{(0)} = 1.0$, $x_2^{(0)} = 1.0$, $x_3^{(0)} = 1.0$과 같이 정한다. 편의상 임의로 정한 초기값들을 0번째 반복 계산값이라고 하자.

이렇게 임의로 정한 초기값은 (84)식 속에 대입하여 다음 식을 얻는다.

$$
\begin{aligned}
x_1^{(1)} &= \frac{r_1 - c_{12}x_2^{(0)} - c_{13}x_3^{(0)}}{c_{11}} \\
x_2^{(1)} &= \frac{r_2 - c_{21}x_1^{(1)} - c_{23}x_3^{(0)}}{c_{22}} \\
x_3^{(1)} &= \frac{r_3 - c_{31}x_1^{(1)} - c_{32}x_2^{(1)}}{c_{33}}
\end{aligned}
\tag{85}
$$

여기서 (0)는 0번째 반복 계산값, (1)은 1번째 반복 계산값을 의미한다.

(84)식으로부터 미지수 x_1, x_2, x_3에 임의 초기값을 넣고 (85)식과 같이 첫 번째 반복 계산값이 구해지며, 여기서 구해진 $x_1^{(1)}$, $x_2^{(1)}$, $x_3^{(1)}$는 초기 설정값 $x_1^{(0)}$, $x_2^{(0)}$, $x_3^{(0)}$와는 다른 값을 가지게 될 것이다. 이렇게 반복적으로 계속 계산을 해나가면서 x_1, x_2, x_3의 변화를 관찰해보면, 처음에는 큰 폭으로 값이 변화하다가 반복할수록 증가하면서 변화의 폭이 줄어들게 되며 어느 시점부터는 변화가 거의 없게 되는데 이때의 $x_1^{(n)}$, $x_2^{(n)}$, $x_3^{(n)}$ 값은 실제 해와 매우 근접한 것을 알 수 있다. 이를 수학적으로 수렴했다고 말한다.

이렇게 (n)번째의 반복계산을 통하여 얻은 해를 다음과 같이 쓸 수 있다.

$$
\begin{aligned}
x_1^{(n)} &= \frac{r_1 - c_{12}x_2^{(n-1)} - c_{13}x_3^{(n-1)}}{c_{11}} \\
x_2^{(n)} &= \frac{r_2 - c_{21}x_1^{(n)} - c_{23}x_3^{(n-1)}}{c_{22}} \\
x_3^{(n)} &= \frac{r_3 - c_{31}x_1^{(n)} - c_{32}x_2^{(n)}}{c_{33}}
\end{aligned} \tag{86}
$$

일반적으로 무한히 반복계산 할 수 없으므로 앞서 언급한 대로 반복계산 변화폭을 $|x_i^{(n)} - X_i^{(n-1)}|$으로 표시하고 ϵ값을 임의로 정하여 변화폭이 ϵ값보다 작으면 그때의 x_1, x_2, x_3값을 수렴된 값으로 취한다. 이러한 수렴조건은 다음 식과 같이 나타낼 수 있다.

$$
|x_i^{(n)} - x_i^{(n-1)}| < \epsilon \quad (\epsilon = 0.00001 \ ; \ i = 1,\ 2,\ 3) \tag{87}
$$

(85), (86)식과 같이 스텝별로 반복계산을 수행할 때 일반적으로 이전 스텝의 계산값을 그대로 넣지 않고 다음 식과 같이 크기를 수정하여 다음 스텝 계산에 사용하게 된다.

$$
x_i^{(n)} = x_i^{(n-1)} + \lambda(x_i^{(n)*} - x_i^{(n-1)}) \tag{88}
$$

여기서 $x^{(n)*}$는 (86)식으로부터 계산된 x_1, x_2, x_3값을 나타내며 $x_i^{(n)}$은 다음 계산에 실제 넣어주는 값을 의미하는데 (88)식에서 보듯이 λ (Relaxation Factor)값에 따라 수정된 값이 조종되어 다음 스텝 값이 계산됨을 알 수 있다.

한편 (88)식에서 $\lambda = 1.0$이면 $x_i^{(n)} = x_i^{(n)*}$가 되어 스텝별 크기 조정을 하지 않고 계산한 값을 그대로 다음 스텝에 그대로 사용하는 것을 알 수 있다.

이러한 λ값은 0~2 사이 값을 가지며 다음과 같은 계산의 특징을 갖는다.

$0 < \lambda < 1$: under relaxation (계산은 다소 느리나 안정적 계산)
$1 < \lambda < 2$: over relaxation (계산을 빠르게 하나 불안정인 계산)
$\lambda > 2$: diverge (항상 불안정한 계산)

예제 II-3-5

아래 행렬방정식을 Gauss Siedel 방법으로 풀어라.

$$\begin{bmatrix} 2 & 1 & -1 \\ 1 & 4 & 1 \\ 2 & 1 & 3 \end{bmatrix} \begin{bmatrix} x_1 \\ x_2 \\ x_3 \end{bmatrix} = \begin{bmatrix} 1 \\ 12 \\ 13 \end{bmatrix}$$

해설 위 행렬방정식을 Gauss Siedel 방법으로 풀이하는 과정으로, 먼저 미지수 x_1, x_2, x_3에 초기값을 설정해 준다. 그리고 행렬방정식을 연립방정식의 형태로 바꾸고 (84)식과 같이 각각의 미지수 x_1, x_2, x_3으로 식을 만든다. (84)식에 앞서 설정한 미지수 초기값을 대입 하면서 (85)~(86)식과 같은 반복계산을 수행하여 각각의 미지수 x_1, x_2, x_3값이 임의의 값(ϵ)으로 수렴해 갈 때 그 임의의 값을 취하면 해를 얻게 되는데, 정해진 ϵ값에 의해 (87)식과 같이 될 때 각각의 x_1, x_2, x_3값을 취하면 해가 된다. 즉, 다음과 같은 $x_1 = 1$, $x_2 = 2$, $x_3 = 3$ 해를 얻는다.

C 프로그래밍 연습 [II-3-10]

아래 행렬방정식을 Gauss Siedel 방법으로 풀어라.

$$\begin{bmatrix} 2 & 1 & -1 \\ 1 & 4 & 1 \\ 2 & 1 & 3 \end{bmatrix} \begin{bmatrix} x_1 \\ x_2 \\ x_3 \end{bmatrix} = \begin{bmatrix} 1 \\ 12 \\ 13 \end{bmatrix}$$

위 (예제 II-3-5) 풀이해설에서 설명한 것과 같이 (84)식으로부터 (87)식에 이르는 모든 과정을 수행하는 것이 Gauss Siedel 반복 계산법이라고 하였다. 아래 C 프로그램은 이러한 일련의 계산과정을 보여준다.

```
#include<stdio.h>
#include<math.h>

double x[3];
double x_o[3]={0.5,0.5,0.5};
double A[3][4]={{2.0,1.0,-1.0,1.0},{1.0,4.0,1.0,12.0},{2.0,1.0,3.0,13.0}};

main()
{
int i,j,k,n,m;
```

```
double sum,res,sum_old,sum_new,epsil;
n=2;
m=1000;
epsil=0.000001;

FILE *out1;
out1=fopen("Gauss-Siedel Iteration_II-3-10.dat","w");



for(j=0; j<=m; j++) /* iteration of Gauss-Siedel Iteration Method  */
{

/* sum_new=0.0;
sum_old=0.0;  */
for(i=0; i<=n; i++)
    {

        sum_new=0.0;
         sum_old=0.0;
    sum=0.0;

            for(k=0; k<=n; k++)
            {
                if(i!=k) {
                sum=sum-A[i][k]*x_o[k];

                }
    }

x[i]=(sum+A[i][n+1])/A[i][i];

sum_new=sum_new+x[i];
sum_old=sum_old+x_o[i];

x_o[i]=x[i];
    }

        res=fabs(sum_new-sum_old);
        fprintf(out1,"iter#=%d\t\n",j+1);
fprintf(out1,"sum_old=%f\t\n",sum_old);
fprintf(out1,"sum_new=%f\t\n",sum_new);
fprintf(out1,"res=%f\t\n",res);

if(res<epsil) {
```

```
56 goto END;
57                 }
58
59      }
60
61      END:;
62
63      for(i=0; i<=n; i++)
64      {
65        fprintf(out1,"\nx%d=%f\t",i,x[i]);
66      }
67
68      fclose(out1);
69
70      }
```

line 4는 위 행렬방정식의 미지수가 3개인 x[3] 배열로 선언하고 있으며, line 5는 Gauss Siedel 방법에서 미지수의 초기값을 설정해 주는 것과 관련하여 $x_0^{(0)}=0.5$, $x_1^{(0)}=0.5$, $x_2^{(0)}=0.5$로 각각의 미지수에 초기값을 지정해주고 있다. line 6에서는 위 행렬방정식의 좌우변 계수 값들을 행이 3개 열이 4개인 A[3][4] 배열로 지정해주고 있고 문제의 행렬방정식 계수값들을 순서대로 넣어주고 있다. 위 행렬방정식은 3개의 미지수를 구하는 행렬방정식이므로, line 12에서는 n = 2로 정해주고 있으므로, 이 프로그램을 이용하여 다른 문제를 풀이할 때 미지수의 개수가 4개인 경우 n = 3으로 지정해주면 된다. line 14, 55~57은 반복계산 시 이전 스텝과 현재 스텝간의 미지수 합을 계산하고 계산값의 차가 epsil보다 작으면 작업을 종료하라는 의미이다. line 13은 m = 1000으로 지정해 주고 있는데, 이는 최대 반복계산 횟수를 의미하며 epsil의 값이 작으면 수렴조건이 까다로운 것이므로 더 큰 m값, 즉 최대 반복계산을 지정해 주어야 한다. line 21~47은 Gauss Siedel 방법을 C 프로그램에 반영한 것으로 (86), (87)식을 그대로 나타내고 있다. line 49는 앞서 언급한 미지수들의 계산합의 이전 스텝과 현재 스텝과의 차를 의미하며, line 50~53은 각 계산스텝마다 미지수 계산값들의 합과 그 차이를 출력하도록 하고 있다. 이제 프로그램을 수행하면 다음과 같은 결과를 얻는다.

```
iter#=1
sum_old=0.500000
sum_new=3.083333
res=2.583333
iter#=2
sum_old=3.083333
sum_new=3.201389
res=0.118056
iter#=3
sum_old=3.201389
sum_new=2.976273
res=0.225116
iter#=4
```

```
sum_old=2.976273
sum_new=2.985195
res=0.008922
iter#=5
sum_old=2.985195
sum_new=3.003211
res=0.018016
iter#=6
sum_old=3.003211
sum_new=3.000966
res=0.002245
iter#=7
sum_old=3.000966
sum_new=2.999652
res=0.001314
iter#=8
sum_old=2.999652
sum_new=2.999948
res=0.000297
iter#=9
sum_old=2.999948
sum_new=3.000033
res=0.000085
iter#=10
sum_old=3.000033
sum_new=3.000002
res=0.000032
iter#=11
sum_old=3.000002
sum_new=2.999997
res=0.000004
iter#=12
sum_old=2.999997
sum_new=3.000000
res=0.000003
iter#=13
sum_old=3.000000
sum_new=3.000000
res=0.000000

x0=1.000000
x1=2.000000
x2=3.000000
```

위 계산결과를 보면 전체적으로 13번 정도의 반복계산을 통하여 해가 수렴하는 것을 보여주며, 정확히

$x_0 = 1$, $x_1 = 2$, $x_2 = 3$의 해를 주고 있다. 만약 위 C 프로그램에서 line 14에서의 epsil 값을 0.000001보다 작게 하거나 크게 하면 해를 얻기 위한 반복계산의 수는 변화하게 될 것이다. line 14의 epsil의 값을 바꾸어 보자. 즉, epsil = 0.0001로 바꾸어 위 프로그램을 수행하면 다음과 같은 해를 얻는다.

```
iter#=1
sum_old=0.500000
sum_new=3.083333
res=2.583333
iter#=2
sum_old=3.083333
sum_new=3.201389
res=0.118056
iter#=3
sum_old=3.201389
sum_new=2.976273
res=0.225116
iter#=4
sum_old=2.976273
sum_new=2.985195
res=0.008922
iter#=5
sum_old=2.985195
sum_new=3.003211
res=0.018016
iter#=6
sum_old=3.003211
sum_new=3.000966
res=0.002245
iter#=7
sum_old=3.000966
sum_new=2.999652
res=0.001314
iter#=8
sum_old=2.999652
sum_new=2.999948
res=0.000297
iter#=9
sum_old=2.999948
sum_new=3.000033
res=0.000085

x0=0.999936
x1=2.000029
x2=3.000033
```

위 결과를 보면, epsil이 커지면서 반복계산의 수는 9회로 줄어드는 것이 보이나, 해는 $x_0 = 0.999936$, $x_1 = 2.000029$, $x_2 = 3.000033$으로 다소 부정확하게 되는 것을 보여준다. 다음으로는 epsil = 0.000001보다 작게 해보자. epsil = 0.00000001로 해서 위 프로그램을 수행하면 다음과 같은 결과를 준다.

```
iter#=1
sum_old=0.500000
sum_new=3.083333
res=2.583333
iter#=2
sum_old=3.083333
sum_new=3.201389
res=0.118056
iter#=3
sum_old=3.201389
sum_new=2.976273
res=0.225116
iter#=4
sum_old=2.976273
sum_new=2.985195
res=0.008922
iter#=5
sum_old=2.985195
sum_new=3.003211
res=0.018016
iter#=6
sum_old=3.003211
sum_new=3.000966
res=0.002245
iter#=7
sum_old=3.000966
sum_new=2.999652
res=0.001314
iter#=8
sum_old=2.999652
sum_new=2.999948
res=0.000297
iter#=9
sum_old=2.999948
sum_new=3.000033
res=0.000085
iter#=10
sum_old=3.000033
sum_new=3.000002
res=0.000032
iter#=11
```

```
sum_old=3.000002
sum_new=2.999997
res=0.000004
iter#=12
sum_old=2.999997
sum_new=3.000000
res=0.000003
iter#=13
sum_old=3.000000
sum_new=3.000000
res=0.000000
iter#=14
sum_old=3.000000
sum_new=3.000000
res=0.000000
iter#=15
sum_old=3.000000
sum_new=3.000000
res=0.000000
iter#=16
sum_old=3.000000
sum_new=3.000000
res=0.000000
iter#=17
sum_old=3.000000
sum_new=3.000000
res=0.000000

x0=1.000000
x1=2.000000
x2=3.000000
```

위 결과를 보면 epsil = 0.00000001로 작아지면서, 즉 해의 수렴조건이 더욱 까다롭게 되면서 반복계산의 횟수가 17회로 더욱 많아지는 것이 보이며 해는 정확하게 $x_0 = 1$, $x_1 = 2$, $x_2 = 3$과 같이 계산되고 있는 것을 보여준다.

다음 예로는 Gauss Siedel 방법을 통해 행렬방정식의 해를 구할 때 중요한 내용 중 하나인 행렬의 대각 요소 값의 변화(Diagonal Dominance)가 해를 구하는데 미치는 영향을 살펴보고자 한다. 즉, 행렬방정식에서 임의 행 값을 생각해 볼 때, 대각 값이 다른 열에서의 요소 값들에 비하여 상대적으로 작으면 Gauss Siedel 방법으로 반복계산을 수행할 때 제대로 된 계산이 되지 않고 발산할 수 있다는 사실이다.

C 프로그래밍 연습 [II-3-11]

다음 행렬방정식을 Gauss Siedel 방법으로 풀어라.

$$\begin{bmatrix} 3 & -7 & 48 & 19 \\ 10 & 17 & 16 & 21 \\ 60 & 21 & 10 & -20 \\ 18 & 63 & -12 & 5 \end{bmatrix} \begin{bmatrix} x_1 \\ x_2 \\ x_3 \\ x_4 \end{bmatrix} = \begin{bmatrix} 20 \\ 31 \\ 36 \\ 78 \end{bmatrix}$$

```
#include<stdio.h>
#include<math.h>

double x[4];
double x_o[4]={0.5,0.5,0.5,0.5};
double A[4][5]={{3.0,-7.0,48.0,19.0,20.0},{10.0,17.0,16.0,21.0,31.0}
                 ,{60.0,21.0,10.0,-20.0,36.0},{18.0,63.0,-12.0,5.0,78.0}};

main()
{
int i,j,k,n,m;
double sum,res,sum_old,sum_new,epsil;
n=3;
m=10;
epsil=0.000001;

FILE *out1;
out1=fopen("Gauss-Siedel_diagonal dominance fail_II-3-11.dat","w");

for(j=0; j<=m; j++) /* Gauss-Siedel Iteration Method  */
{

sum_new=0.0;
sum_old=0.0;
for(i=0; i<=n; i++)
     {

   sum=0.0;

          for(k=0; k<=n; k++)
          {
             if(i!=k) {
             sum=sum-A[i][k]*x_o[k];
```

```
37                          }
38          }
39
40      x[i]=(sum+A[i][n+1])/A[i][i];
41
42      sum_new=sum_new+x[i];
43      sum_old=sum_old+x_o[i];
44
45          x_o[i]=x[i];
46          }
47
48      res=fabs(sum_new-sum_old);
49      fprintf(out1,"iter#=%d\t\n",j);
50      fprintf(out1,"sum_old=%f\t\n",sum_old);
51      fprintf(out1,"sum_new=%f\t\n",sum_new);
52      fprintf(out1,"res=%f\t\n",res);
53
54      if(res<epsil) {
55                      goto END;
56                      }
57
58      }
59
60      END:;
61
62      for(i=0; i<=n; i++)
63      {
64          fprintf(out1,"\nx%d=%f\t",i,x[i]);
65      }
66
67      fclose(out1);
68
69      }
```

위 프로그램은 4개의 미지수를 구하는 연립방정식, 즉 (4×4) 행렬방정식을 풀이하는 것이며, 참고로 해는 $x_0=-0.050677$, $x_1=1.394092$, $x_2=0.681516$, $x_3=0.147478$이다. line 4~6은 미지수의 개수, 각 미지수의 초기값 설정, 그리고 행렬방정식의 각 계수 값을 배열로 각각 설정하고 있다. 또한, line 13에서는 행렬방정식의 미지수의 개수가 4이므로 n=3으로 하였으며 line 15, 48, 54~57에서는 반복계산 시 각 미지수의 합의 이전 스텝과 현 스텝에서의 차를 epsil=0.000001보다 작으면 해로 취하라는 제어문을 만들고 있다. line 22~46은 행렬방정식의 해를 구하는 Gauss Siedel 알고리즘을 나타내고 있다. line 49~52는 출력 파일에 계산결과를 넣는 형식, 즉 반복계산 수, 이전 스텝 및 현재 스텝에서의 미지수 계산값들의 합, 그리고 이러한 계산값들의 합의 차를 나타내라고 지정하고 있다. line 17~18을 통해 작성된 출력문을 통하여 "Gauss-Siedel_diagonal dominance fail_II-3-11.dat"에 계산결과가 다음과 같이 출력된다.

```
iter#=0
sum_old=2.000000
sum_new=57.382157
res=55.382157
iter#=1
sum_old=57.382157
sum_new=7936.322940
res=7878.940783
iter#=2
sum_old=7936.322940
sum_new=1150183.527677
res=1142247.204737
iter#=3
sum_old=1150183.527677
sum_new=166834088.291565
res=165683904.763888
iter#=4
sum_old=166834088.291565
sum_new=24200003927.758904
res=24033169839.467339
iter#=5
sum_old=24200003927.758904
sum_new=3510319514266.834000
res=3486119510339.075200
iter#=6
sum_old=3510319514266.834000
sum_new=509187678700811.000000
res=505677359186544.190000
iter#=7
sum_old=509187678700811.000000
sum_new=73859969667045824.000000
res=73350781988345008.000000
iter#=8
sum_old=73859969667045824.000000
sum_new=10713721773108888000.000000
res=10639861803441842000.000000
iter#=9
sum_old=10713721773108888000.000000
sum_new=1554073671430906100000.000000
res=1543359949657797000000.000000
iter#=10
sum_old=1554073671430906100000.000000
sum_new=225425396270538270000000.000000
res=223871322599107370000000.000000
⋮
```

```
x0=-1535641865633140200000.000000
x1=720449096597397050000.000000
x2=791384714615807980000.000000
x3=1544388524993149100000000.000000
```

위 결과는 편의 상 10번 반복계산만 나타내고 있는데(line 14에서 $m=10$), 미지수 계산값들의 합이 계속 증가하여 이전 스텝에서의 값과 현재 스텝에서의 값의 차인 res(residual)값과 해의 합이 발산하고 있는 것을 보여준다. 즉, 연립방정식의 해를 못 구하고 있는 것을 볼 수 있다. 위 행렬방정식의 해가 $x_0=-0.050677$, $x_1=1.394092$, $x_2=0.681516$, $x_3=0.147478$과 같다고 했는데, 왜 이와 같은 일이 발생했을까? Gauss Siedel 방법은 (86)식에서 보듯이 행렬방정식의 대각 항이 분모가 되어 미지수 값들을 계속적으로 반복하여 계산을 하게 되는데 대각 항이 다른 항들에 비하여 상대적으로 작으면 컴퓨터를 이용한 수치계산 시 오차를 크게 하기 때문이다. 그러면 어떻게 해야 할까? 주어진 행렬방정식에서 행의 순서를 바꿔도 해는 변화가 없다는 것을 파트2, 3장 서두에서 언급하였다. 그리고 위 행렬방정식을 보면, 첫 번째 행의 대각 항 3은 나머지 항 -7, 48, 19에 비하여 작고, 두 번째 행의 대각 항 17은 10과 16보다는 큰데 21보다는 작고, 세 번째 행에서는 대각 항이 10으로 나머지 60, 21, -20보다 작으며, 마지막 네 번째 행의 대각 항은 5로 나머지 항들 18, 63, -12보다는 작은 것을 알 수 있다. 그러므로 위 행렬방정식의 행의 순서를 바꿈으로써 대각 항의 크기를 다른 항들에 비하여 상대적으로 크게 하여 보자. 즉, 위의 행렬방정식을 아래와 같이 1, 3행 그리고 2, 4행 위치를 서로 바꾸어 보자.

C 프로그래밍 연습 [II-3-11-m]

$$\begin{bmatrix} 60 & 21 & 10 & -20 \\ 18 & 63 & -12 & 5 \\ 3 & -7 & 48 & 19 \\ 10 & 17 & 16 & 21 \end{bmatrix} \begin{bmatrix} x_1 \\ x_2 \\ x_3 \\ x_4 \end{bmatrix} = \begin{bmatrix} 36 \\ 78 \\ 20 \\ 31 \end{bmatrix}$$

그러면 위 행렬방정식과 같이 된다. 앞서 제시된 행렬방정식과는 1, 3행의 위치, 2, 4행의 위치가 좌우변 변화된 것을 확인할 수 있다. 위 행렬방정식의 좌변 대각 값들은 첫째 행부터 넷째 행까지 모두 60, 63, 48, 21로 다른 항들에 비해서 상대적으로 크다. 이제 Gauss Siedel 방법을 통해 해를 구해보자. 행렬방정식의 행의 값들이 바뀌었으니, 앞선 C 프로그램의 배열 값만 아래와 같이 바꿔주면 되겠다.

```
#include<stdio.h>
#include<math.h>

double x[4];
double x_o[4]={0.5,0.5,0.5,0.5};
double A[4][5]={{60.0,21.0,10.0,-20.0,36.0},{18.0,63.0,-12.0,5.0,78.0}
   ,{3.0,-7.0,48.0,19.0,20.0},{10.0,17.0,16.0,21.0,31.0}};

main()
{
```

```
int i,j,k,n,m;
double sum,res,sum_old,sum_new,epsil;
n=3;
m=10000;
epsil=0.0000001;

FILE *out1;
out1=fopen("Gauss-Siedel_diagonal dominance_II-3-11m.dat","w");



for(j=0; j<=m; j++) /* iteration of Gauss-Siedel Iteration Method  */
{

sum_new=0.0;
sum_old=0.0;
for(i=0; i<=n; i++)
  {

    sum=0.0;

             for(k=0; k<=n; k++)
             {
                 if(i!=k) {
                 sum=sum-A[i][k]*x_o[k];

                 }
    }

x[i]=(sum+A[i][n+1])/A[i][i];

sum_new=sum_new+x[i];
sum_old=sum_old+x_o[i];

    x_o[i]=x[i];
     }

                 res=fabs(sum_new-sum_old);
                 fprintf(out1,"iter#=%d\t\n",j);
fprintf(out1,"sum_old=%f\t\n",sum_old);
fprintf(out1,"sum_new=%f\t\n",sum_new);
fprintf(out1,"res=%f\t\n",res);

if(res<epsil) {
                goto END;
```

```
56                  }
57
58      }
59
60      END:;
61
62      for(i=0; i<=n; i++)
63      {
64        fprintf(out1,"\nx%d=%f\t",i,x[i]);
64      }
65
66      fclose(out1);
67
68  }
```

위 C 프로그램은 앞의 것에 비해 line 6~7의 행렬방정식 좌우변의 배열 값들이 바뀌었고, line 18의 출력파일 이름을 "Gauss-Siedel_diagonal dominance_II-3-11m.dat"로 바꾸었다. 이렇게 하여 수정된 프로그램을 수행하면 다음과 같이 수렴결과 해를 보여주고 있다.

```
iter#=3
sum_old=1.904909
sum_new=1.888812
res=0.016097
iter#=4
sum_old=1.888812
sum_new=1.882396
res=0.006416
iter#=5
sum_old=1.882396
sum_new=1.879552
res=0.002844
iter#=6
sum_old=1.879552
sum_new=1.878349
res=0.001203
iter#=7
sum_old=1.878349
sum_new=1.877834
res=0.000515
iter#=8
sum_old=1.877834
sum_new=1.877615
res=0.000219
iter#=9
sum_old=1.877615
```

```
sum_new=1.877521
res=0.000093
iter#=10
sum_old=1.877521
sum_new=1.877482
res=0.000040
iter#=11
sum_old=1.877482
sum_new=1.877465
res=0.000017
iter#=12
sum_old=1.877465
sum_new=1.877457
res=0.000007
iter#=13
sum_old=1.877457
sum_new=1.877454
res=0.000003
iter#=14
sum_old=1.877454
sum_new=1.877453
res=0.000001
iter#=15
sum_old=1.877453
sum_new=1.877453
res=0.000001
iter#=16
sum_old=1.877453
sum_new=1.877452
res=0.000000
iter#=17
sum_old=1.877452
sum_new=1.877452
res=0.000000
iter#=18
sum_old=1.877452
sum_new=1.877452
res=0.000000
iter#=19
sum_old=1.877452
sum_new=1.877452
res=0.000000
iter#=20
sum_old=1.877452
sum_new=1.877452
```

```
res=0.000000

x0=-0.050677
x1=1.394092
x2=0.681516
x3=-0.147478
```

위 결과는 앞서 발산하던 행렬방정식의 행의 위치만 변경해서 다만 20번의 반복계산으로 해를 제공하는 것을 보여주고 있다.

C 프로그래밍 연습 [II-3-12]

다음 행렬방정식을 반복계산 전후 스텝에서의 미지수 계산값 차이 크기를 조정 λ (relaxation factor)를 고려하여 풀이하시오.

$$\begin{bmatrix} 6 & 5 & 4 & 3 \\ 5 & 6 & 4 & 5 \\ 6 & 7 & 7 & 6 \\ 7 & 8 & 7 & 8 \end{bmatrix} \begin{bmatrix} x_0 \\ x_1 \\ x_2 \\ x_3 \end{bmatrix} = \begin{bmatrix} 18 \\ 20 \\ 26 \\ 30 \end{bmatrix}$$

위 행렬방정식의 해를 Gauss Siedel 방법으로 구할 때 relaxation factor를 고려하는 것과 관련하여 먼저 $\lambda=1$로 해를 구하고 λ값을 달리하여 relaxation factor 고려 효과를 살펴보자. Gauss Siedel 방법으로 해를 구할 때 반복계산 시 각 스텝에서의 계산결과에 relaxation factor λ를 (88)식, 즉 아래 식과 같이 고려한다고 하였다.

$$x_i^{(n)} = x_i^{(n-1)} + \lambda(x_i^{(n)*} - x_i^{(n-1)})$$

위 식에서 (n) 스텝에서의 계산은 $\lambda=1$일 때 $x_i^{(n)} = x_i^{(n)*}$이 되어 (n－1) 스텝에서의 계산값 $x_i^{(n-1)}$이 포함되지 않게 된다. 반면에 $\lambda \neq 1$일 때는 (n－1) 스텝에서의 계산값 $x_i^{(n-1)}$이 (n) 스텝에서의 계산값에 포함되게 된다.

위 행렬방정식의 해는 $x_0=1$, $x_1=1$, $x_2=1$, $x_3=1$와 같으며, λ 값에 따라 해가 얻어지기까지 반복계산 횟수의 수가 차이가 나는데, $0<\lambda<1$일 때는 $\lambda=1$일 때에 비하여 반복계산이 많고, $1<\lambda<2$일 때는 반복계산이 적다. 다음 C 프로그래밍을 통하여 이를 확인하여 보자. 먼저 $\lambda=1$일 때 C 프로그래밍을 수행해 보자.

```
#include<stdio.h>
#include<math.h>

double x[4];
double x_o[4]={0.5,0.5,0.5,0.5};
double A[4][5]={{6.0,5.0,4.0,3.0,18.0},{5.0,6.0,4.0,5.0,20.0}
   ,{6.0,7.0,7.0,6.0,26.0},{7.0,8.0,7.0,8.0,30.0}};

main()
```

```
{
int i,j,k,n,m;
double sum,res,sum_old,sum_new,epsil,relax;
n=3;
m=10000;
epsil=0.00000001;
relax=1.0;

FILE *out1;
out1=fopen("Gauss-Siedel iteration_relax_II-3-12.dat","w");



for(j=0; j<=m; j++) /* Gauss-Siedel Iteration Method  */
{

sum_new=0.0;
sum_old=0.0;
for(i=0; i<=n; i++)
     {

     sum=0.0;

               for(k=0; k<=n; k++)
                {
                    if(i!=k) {
                    sum=sum-A[i][k]*x_o[k];

                    }
     }

x[i]=(sum+A[i][n+1])/A[i][i];

x[i]=x_o[i]+relax*(x[i]-x_o[i]);

sum_new=sum_new+x[i];
sum_old=sum_old+x_o[i];

     x_o[i]=x[i];
}

   res=fabs(sum_new-sum_old);
   fprintf(out1,"iter#=%d  \t\n",j);
fprintf(out1,"sum_old=%f\t\n",sum_old);
fprintf(out1,"sum_new=%f\t\n",sum_new);
```

```
55    fprintf(out1,"res=%f\t\n",res);
56
57    if(res<epsil) {
58                        goto END;
59                      }
60
61    }
62
63    END:;
64
65    for(i=0; i<=n; i++)
66    {
67         fprintf(out1,"\nx%d=%f\t",i,x[i]);
68    }
69
70    fclose(out1);
71
72    }
```

line 4에서는 위 (4×4) 행렬방정식의 4개의 미지수를 배열로 선언하고 있으며, line 5는 위 (88)식에서 (n) 스텝에서의 미지수 계산값이 이전 스텝인 (n-1) 스텝에서의 값과 현재 (n) 스텝에서의 값으로 표현되므로 이전 스텝의 함수값을 배열 x_o[4]로 선언해 준 것이다. line 6~7은 위 행렬방정식의 좌우변 계수값을 A[4][5] 배열로 선언하고 입력해 주고 있다. line 13은 사용자가 구하고자 하는 미지수의 수를 고려하여 정해주는 것으로 미지수가 4개이면 n=4−1=3으로 해준다. line 16에서는 고려하는 relaxation factor를 적당한 값으로 설정해 준다. 여기서는 $\lambda=1$로 하여주고 있다. 그 뒤 프로그램 내용은 그대로 유지하고 사용자는 여기까지 고려해 주면 되겠다. 위 프로그램을 수행하면 다음과 같은 결과를 준다.

```
iter#=0
sum_old=2.000000
sum_new=4.081845
res=2.081845
iter#=1
sum_old=4.081845
sum_new=4.039116
res=0.042729
iter#=2
sum_old=4.039116
sum_new=4.010107
res=0.029009
iter#=3
sum_old=4.010107
sum_new=3.991234
res=0.018873
iter#=4
```

```
sum_old=3.991234
sum_new=3.979718
res=0.011516
iter#=5
sum_old=3.979718
sum_new=3.973433
res=0.006286
iter#=6
sum_old=3.973433
sum_new=3.970769
res=0.002664
iter#=7
sum_old=3.970769
sum_new=3.970528
res=0.000240
  ⋮
  ⋮
iter#=31
sum_old=3.999825
sum_new=3.999885
res=0.000060
iter#=32
sum_old=3.999885
sum_new=3.999928
res=0.000043
iter#=33
sum_old=3.999928
sum_new=3.999959
res=0.000031
iter#=34
sum_old=3.999959
sum_new=3.999981
res=0.000021
iter#=35
sum_old=3.999981
sum_new=3.999995
res=0.000014
iter#=36
sum_old=3.999995
sum_new=4.000005
res=0.000009
iter#=37
sum_old=4.000005
sum_new=4.000010
res=0.000006
```

```
iter#=38
sum_old=4.000010
sum_new=4.000013
res=0.000003
iter#=39
sum_old=4.000013
sum_new=4.000015
res=0.000001
iter#=40
sum_old=4.000015
sum_new=4.000015
res=0.000000

x0=1.000124
x1=0.999803
x2=0.999993
x3=1.000094
```

위 결과를 보면 마지막 부분에 정확하게 행렬방정식의 해를 $x_0 = 1.000124$, $x_1 = 0.999803$, $x_2 = 0.999993$, $x_3 = 1.000094$와 같이 보여주고 있으며, 이러한 해를 구하기 위해 40번의 반복계산을 수행하고 있는 것을 알 수 있다. 다음으로는 under relaxation $(0 < \lambda < 1)$과 over relaxation $(1 < \lambda < 2)$의 경우 행렬방정식의 해를 구하는데 반복계산의 수가 얼마나 필요한 지를 살펴보도록 하자. 먼저 under relaxation 경우로 $(\lambda = 0.7)$인 경우를 살펴보자. 위 C 프로그램을 그대로 사용하되 line 16에서 $\lambda = 0.7$로 바꾸고, 출력파일을 "Gauss-Siedel Iteration_relax_II-3-12(m).dat"로 바꾸어 출력하면 다음과 같다.

```
iter#=0
sum_old=2.000000
sum_new=3.994932
res=1.994932
iter#=1
sum_old=3.994932
sum_new=4.009636
res=0.014704
iter#=2
sum_old=4.009636
sum_new=3.999782
res=0.009854
iter#=3
sum_old=3.999782
sum_new=3.992234
res=0.007548
iter#=4
sum_old=3.992234
sum_new=3.986811
res=0.005423
```

```
iter#=5
sum_old=3.986811
sum_new=3.983060
res=0.003752
iter#=6
sum_old=3.983060
sum_new=3.980610
res=0.002449
iter#=7
sum_old=3.980610
sum_new=3.979167
res=0.001444
 .
 .
 .
iter#=81
sum_old=3.999984
sum_new=3.999985
res=0.000002
iter#=82
sum_old=3.999985
sum_new=3.999987
res=0.000002
iter#=83
sum_old=3.999987
sum_new=3.999988
res=0.000001
iter#=84
sum_old=3.999988
sum_new=3.999990
res=0.000001
iter#=85
sum_old=3.999990
sum_new=3.999991
res=0.000001
iter#=86
sum_old=3.999991
sum_new=3.999992
res=0.000001

x0=0.999950
x1=1.000069
x2=0.999991
x3=0.999982
```

위 결과를 보면 마지막 부분에 정확하게 행렬방정식의 해를 $x_0 = 0.99995$, $x_1 = 1.000069$, $x_2 =$

0.999991, $x_3=0.999982$와 같이 보여주고 있는데, 이러한 해를 구하기 위해 147번의 반복계산을 수행하고 있는 것을 알 수 있다. 즉, under relaxation $(0<\lambda<1)$의 경우 행렬방정식의 해를 얻는데 더 많은 반복계산이 필요한 것을 알 수 있다. 그러면 왜 under relaxation factor를 고려하여 행렬방정식의 해를 구하는 것일까? 이는 앞으로 공부할 미분방정식의 해법에서 미분방정식의 해를 Gauss Siedel 방법을 통하여 구하게 되는데 반복계산 시 계산을 세밀하게 해야 할 경우 under relaxation을 기법을 사용하고, 그렇지 않은 경우는 over relaxation 기법을 사용한다. 다음으로는 over relaxation 경우를 살펴보자. 즉, line 16에서 $\lambda=1.2$로 놓고 출력파일을 "Gauss-Siedel Iteration_11-3-12(m1).dat"로 바꾸고 출력하면 다음과 같은 결과를 얻는다.

```
iter#=0
sum_old=2.000000
sum_new=4.113143
res=2.113143
iter#=1
sum_old=4.113143
sum_new=4.043000
res=0.070143
iter#=2
sum_old=4.043000
sum_new=3.999931
res=0.043068
iter#=3
sum_old=3.999931
sum_new=3.978092
res=0.021839
iter#=4
sum_old=3.978092
sum_new=3.968305
res=0.009787
iter#=5
sum_old=3.968305
sum_new=3.965461
res=0.002844
iter#=6
sum_old=3.965461
sum_new=3.966584
res=0.001122
iter#=7
sum_old=3.966584
sum_new=3.969857
res=0.003274
  ⋮
  ⋮
iter#=31
```

```
sum_old=4.000149
sum_new=4.000093
res=0.000057
iter#=32
sum_old=4.000093
sum_new=4.000050
res=0.000043
iter#=33
sum_old=4.000050
sum_new=4.000019
res=0.000031
iter#=34
sum_old=4.000019
sum_new=3.999997
res=0.000021
iter#=35
sum_old=3.999997
sum_new=3.999984
res=0.000014
iter#=36
sum_old=3.999984
sum_new=3.999976
res=0.000008
iter#=37
sum_old=3.999976
sum_new=3.999972
res=0.000003
iter#=38
sum_old=3.999972
sum_new=3.999972
res=0.000000

x0=0.999752
x1=1.000494
x2=0.999972
x3=0.999754
```

위 결과를 보면 마지막 부분에 정확하게 행렬방정식의 해를 $x_0 = 0.999752$, $x_1 = 1.000494$, $x_2 = 0.999972$, $x_3 = 0.999754$와 같이 보여주고 있는데, 이러한 해를 구하기 위해 38번의 반복계산을 수행하고 있어 $\lambda = 0.7$, 1인 경우 보다 반복계산의 수가 적은 것을 알 수 있다.

Chap 4. Curve Fit

자연과학·공학적 실험을 통하여 계측되는 데이터는 시간 혹은 공간좌표에 대한 물리양(압력, 온도, 농도 등)의 변화를 의미하는데, 시간 또는 공간좌표에 따른 물리량의 어떤 분포를 나타내며 이러한 물리현상의 분포를 특정함수로 근사시켜 함수형태로 나타내는 것이 하나의 과학적 방법으로 자리 잡아 왔다.

그림 II-4-1과 같이 시간 t에 따른 어떤 물리량의 변화를 $t=0$에서 $t=t_n$까지 Δt간격으로 측정한 점들로 나타내고 이를 특정 선으로 근사시킨 것을 볼 수 있는데, 이러한 실험 결과에 대한 근사는 적당히 보기 좋게 그리는 것이 아니라 과학적 논리적 근거를 가지고 수행되어야 하는데, 본 장에서는 이러한 과학적 방법인 최소자승근사법(Least Squares Curve Fitting Method)을 다룬다.[8)]

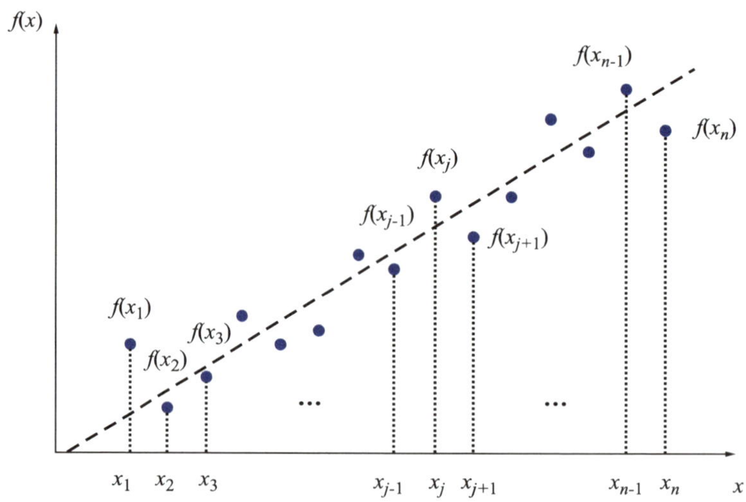

그림 II-4-1 n개의 데이터를 만족하는 근사함수

8) 수치해석에서 다루는 데이터 근사 방법으로 가장 널리 사용되는 방법이라 말할 수 있으며, 본 장에서 다루는 내용은 주로 참고문헌 [1], [2]를 참고하였다.

4.1 최소자승근사법(Least-Squares Curve Fitting Method)

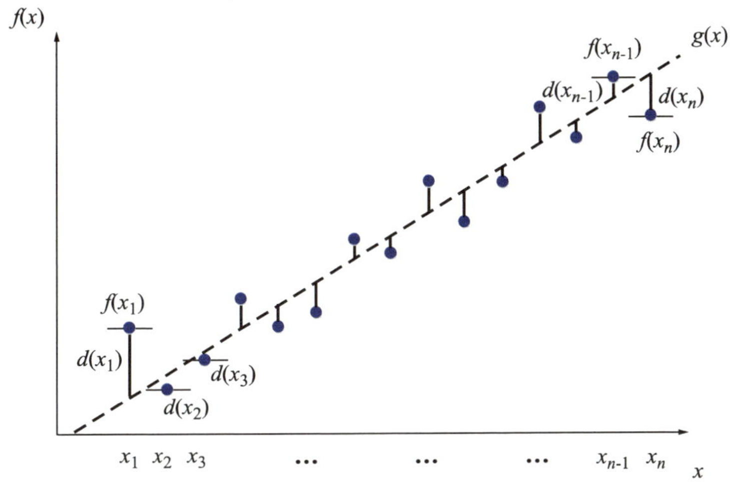

그림 II-4-2 (1)식으로 표현되는 데이터 근사함수와 데이터 값의 차

그림 II-4-2에서는 n개의 변수 x_1, x_2, $\cdots$, x_n에 대한 함수값 $f(x_1)$, $f(x_2)$, $\cdots$, $f(x_n)$을 나타내고 있는데, 점선은 이러한 함수값을 $g(x)$라 하고 함수로 근사시킨 것을 보여준다. 근사함수 $g(x_i)$와 실험결과 $f(x_i)$와는 각각의 x_i변수에서 어느 정도 차이를 갖고 있는지를 살펴보기 위하여, $d(x_i)$을 다음 식과 같이 정의하자.

$$d(x_i) = | f(x_i) - g(x_i) | \tag{1}$$

(1)식과 같이 정의된 $d(x_i)$ 값은 각각의 변수 x_i에서 실험 결과인 $f(x_i)$와 근사 함수값 $g(x_i)$ 사이의 차이에 대한 절대값으로 $g(x)$로 근사할 경우 각각의 변수 x_i에서의 오차 값으로 이해할 수 있겠다.

이렇게 정의된 $d(x_i)$의 합 $\sum_{i=1}^{n} d(x_i)$가 최소가 되는 $g(x)$를 구한다면 앞서 언급한 주어진 $g(x)$는 주어진 함수값 대한 근사로써 의미가 있을 것이다.

같은 방법으로 (1)식의 $d(x_i)$ 대신 $d^2(x_i)$를 오차로 정의하고 $\sum_{i=1}^{n} d^2(x_i)$를 최소가 되게하는 근사 함수 $g(x)$를 찾을 수도 있다.

앞서 언급한 $\sum_{i=1}^{n} d(x_i)$와 $\sum_{i=1}^{n} d^2(x_i)$를 각각 E_L과 E_S라고 하자. 그러면 각각 다음 식을 얻는다.

$$E_L = \sum_{i=1}^{n} d(x_i) = \sum_{i=1}^{n} | f(x_i) - g(x_i) | \tag{2}$$

$$E_S = \sum_{i=1}^{n} d^2(x_i) = \sum_{i=1}^{n} | f(x_i) - g(x_i) |^2 \tag{3}$$

(2), (3)식에서 E_L이 최소가 되는 $g(x)$와 E_S가 최소가 되는 $g(x)$를 각각 $g_L(x)$, $g_S(x)$라고 하면 일반적으로 $g_L(x)$와 $g_S(x)$는 서로 다르며, 주어진 함수값 $f(x_1)$, $f(x_2)$, $\cdots$, $f(x_n)$를 근사하는 정도가 다르다. 실제로 E_S가 최소가 되는 $g_S(x)$가 E_L를 최소로 하는 $g_L(x)$보다 함수값을 보다 정확하게 근사하므로 일반적으로 (3)식과 같이 E_S를 최소화시키는 $g_S(x)$를 실제로 주어진 함수값에 대한 근사함수식으로 사용하게 되는데, 이러한 방법을 최소자승근사법(Least Squares Curve Fitting Method)이라고 한다.

예제 II-4-1

아래 그림 II-4-3과 같은 함수값들로부터 E_L과 E_S를 고려하면 각각은 $E_L = \sum_{i=1}^{n} d(x_i) = \sum_{i=1}^{n} | f(x_i) - g(x_i) |$와 $E_S = \sum_{i=1}^{n} d^2(x_i) = \sum_{i=1}^{n} | f(x_i) - g(x_i) |^2$과 같이 쓸 수 있다. 이 때 E_L보다 E_S가 최소화하는 $g(x)$를 찾는 것이 보다 합리적인 이유를 확인하여 보자.

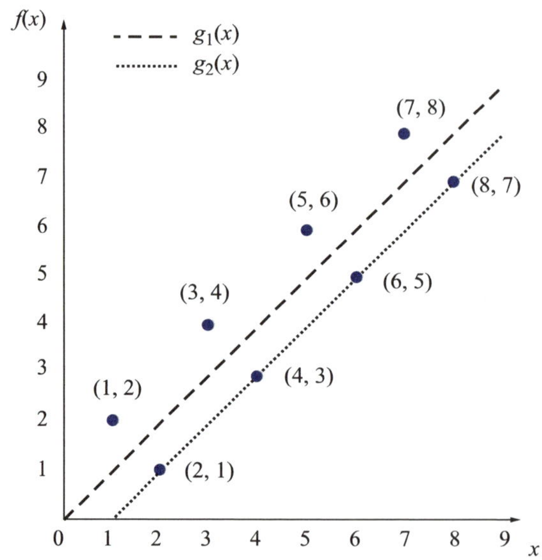

그림 II-4-3 두 개의 데이터 근사함수 $g_1(x)$, $g_2(x)$

해설 주어진 8개의 함수값을 근사시키는 함수를 각각 $g_1(x)$, $g_2(x)$라고 하면 한눈에 보기에도 $g_1(x)$가 $g_2(x)$보다 잘 된 근사라는 것을 알 수 있다.

(1) 함수값과 근사함수의 오차를 $E_L = \sum_{i=1}^{n} |f(x_i) - g(x_i)|$로 했을 때 $g_1(x)$와 $g_2(x)$는 각각 어느 쪽이 실제 함수값과 오차가 더 작은지 확인해 보자.

① $g_1(x)$로 근사했을 때

$$E_{L1} = \sum_{i=1}^{8} | f(x_i) - g(x_i) | = 8 \qquad ①$$

② $g_2(x)$로 근사했을 때

$$E_{L2} = \sum_{i=1}^{8} | f(x_i) - g(x_i) | = 8 \qquad ②$$

①, ②와 같이 주어진 데이터를 $g_1(x)$, $g_2(x)$로 각각 근사시켰을 경우 오차의 크기가 같게 나와 오차를 $E_L = \sum_{i=1}^{n} | f(x_i) - g(x_i) |$로 할 경우 변별력이 없다는 것을 알 수 있다.

(2) 함수값과 근사함수의 오차를 $E_S = \sum_{i=1}^{n} | f(x_i) - g(x_i) |^2$로 했을 때 $g_1(x)$, $g_2(x)$은 각각 어느 쪽이 오차가 작은지 확인해 보자.

① $g_1(x)$로 근사했을 때

$$E_{S1} = \sum_{i=1}^{8} | f(x_i) - g(x_i) |^2 = 1^2 + 1^2 + 1^2 + 1^2 + 1^2 + 1^2 + 1^2 + 1^2 = 8 \qquad ③$$

② $g_2(x)$로 근사했을 때

$$E_{S2} = \sum_{i=1}^{8} | f(x_i) - g(x_i) |^2 = 2^2 + 0^2 + 2^2 + 0^2 + 2^2 + 0^2 + 2^2 + 0^2 = 16 \qquad ④$$

③과 ④를 각각 살펴보면, 오차를 E_S로 했을 때 $g_1(x)$ 근사가 $g_2(x)$ 근사보다 오차가 작게 나타나게 된다는 것을 알 수 있다. 따라서, 주어진 함수값을 근사함수 $g_1(x)$로 근사시키는 것이 $g_2(x)$로 근사시키는 것보다 오차를 작게 하여 함수값에 보다 가까운 근사임을 알 수 있다.

다시 그림 II-4-2로 돌아가 n개의 데이터 값 $f(x_1)$, $f(x_2)$, $\cdots$, $f(x_n)$에 대하여 최소자승근사법을 이용한 Curve fit을 살펴보도록 하자.

먼저 주어진 n개의 데이터를 근사시키는 함수 $g(x)$를

$$g(x) = a_0 + a_1 x + a_2 x^2 + \cdots + a_m x^m \qquad (4)$$

(4)식, 즉 m차 다항식으로 나타내면, 함수값과 근사함수 사이의 오차는 다음과 같은 식으로 나

타난다.

$$E = \sum_{i=1}^{n} | f(x_i) - g(x_i) |^2 = \sum_{i-1}^{n} | g(x_i) - f(x_i) |^2 \tag{5}$$
$$= \sum_{i=1}^{n} | a_0 + a_1 x_i + a_2 x_i^2 + \cdots + a_m x_i^m - f(x_i) |^2$$

(5)식에서 E를 최소로 하고 $g(x)$를 찾기 위한 조건으로는 다항식으로 표현되는 근사함수 $g(x)$의 계수들의 편미분이 0이 되는 것을 생각할 수 있으며 다음과 같은 식으로 쓸 수 있다.

$$\frac{\partial E}{\partial a_0} = 0, \ \frac{\partial E}{\partial a_1} = 0, \ \cdots, \ \frac{\partial E}{\partial a_m} = 0 \tag{6}$$

(6)식과 같은 조건이 필요하다. (6)식의 각각의 조건을 (5)식에 적용하면 $m+1$개의 조건이 만들어지고 이들 각각의 미지수 a_0, a_1, a_2, $\cdots$, a_m에 대한 $m+1$개의 선형연립방정식이 된다.

먼저 $\frac{\partial E}{\partial a} = 0$은

$$\frac{\partial E}{\partial a_0} = \frac{\partial}{\partial a_0} \sum_{i=1}^{n} [a_0 + a_1 x_i + a_2 x_i^2 + \cdots + a_m x_i^m - f(x_i)]^2$$
$$= \sum_{i=1}^{n} 2[a_0 + a_1 x_i + a_2 x_i^2 + \cdots + a_m x_i^m - f(x_i)] \frac{\partial}{\partial a_0}[a_0 + a_1 x_i + a_2 x_i^2 + \cdots + a_m x_i^m - f(x_i)]$$
$$= \sum_{i=1}^{n} 2[a_0 + a_1 x_i + a_2 x_i^2 + \cdots + a_m x_i^m - f(x_i)] \cdot (1)$$
$$= 2\left[\sum_{i=1}^{n} a_0 + \sum_{i=1}^{n} a_1 x_i + \sum_{i=1}^{n} a_2 x_i^2 + \cdots + \sum_{i=1}^{n} a_m x_i^m - \sum_{i=1}^{n} f(x_i)\right] \tag{7}$$
$$= 0$$

(7)식은 다시

$$a_0(n) + a_i\left(\sum_{i=1}^{n} x_i\right) + \cdots + a_m\left(\sum_{i=1}^{n} x_i^m\right) = \sum_{i=1}^{n} f(x_i) \tag{8}$$

둘째로 $\frac{\partial E}{\partial a_1} = 0$은

$$
\begin{aligned}
\frac{\partial E}{\partial a_1} &= \frac{\partial}{\partial a_1}\sum_{i=1}^{n}[a_0+a_1x_i+a_2x_i^2+\cdots+a_mx_i^m-f(x_i)]^2 \\
&= \sum_{i=1}^{n}2[a_0+a_1x_i+a_2x_i^2+\cdots+a_mx_i^m-f(x_i)] \\
&\qquad \frac{\partial}{\partial a_1}[a_0+a_1x_i+a_2x_i^2+\cdots+a_mx_i^m-f(x_i)] \\
&= \sum_{i=1}^{n}2[a_0+a_1x_i+a_2x_i^2+\cdots+a_mx_i^m-f(x_i)]\cdot(x_i) \\
&= 2\left[\sum_{i=1}^{n}a_0x_i+\sum_{i=1}^{n}a_1x_i^2+\sum_{i=1}^{n}a_2x_i^3+\cdots+\sum_{i=1}^{n}a_mx_i^{m+1}-\sum_{i=1}^{n}f(x_i)x_i\right] \qquad (9) \\
&= 0
\end{aligned}
$$

(9)식은 다시

$$
a_0\sum_{i=1}^{n}x_i+a_1\sum_{i=1}^{n}x_i^2+\cdots+a_m\sum_{i=1}^{n}x_i^{m+1}=\sum_{i=1}^{n}f(x_i)\cdot x_i \qquad (10)
$$

$$\vdots$$

같은 방법으로 $\frac{\partial E}{\partial a_m}=0$을 구하면

$$
a_0\sum_{i=1}^{n}x_i^m+a_1\sum_{i=1}^{n}x_i^{m+1}+\cdots+a_m\sum_{i=1}^{n}x_i^{2m}=\sum_{i=1}^{n}f(x_i)\cdot x_i^m \qquad (11)
$$

(8), (10), (11)식으로부터 계수 a_0, a_1, $\cdots$, a_m 에 대한 선형연립방정식은 다시

$$
\begin{aligned}
&a_0\sum_{i=1}^{n}1+a_1\sum_{i=1}^{n}x_i+\cdots+a_m\sum_{i=1}^{n}x_i^m=\sum_{i=1}^{n}f(x_i) \\
&a_0\sum_{i=1}^{n}x_i+a_1\sum_{i=1}^{n}x_i^2+\cdots+a_m\sum_{i=1}^{n}x_i^{m+1}=\sum_{i=1}^{n}f(x_i)\cdot x_i \qquad (12) \\
&\qquad\vdots \\
&a_0\sum_{i=1}^{n}x_i^m+a_1\sum_{i=1}^{n}x_i^{m+1}+\cdots+a_m\sum_{i=1}^{n}x_i^{2m}=\sum_{i=1}^{n}f(x_i)\cdot x_i^m
\end{aligned}
$$

(12)식과 같은 계수 a_0, a_1, a_2, $\cdots$, a_m에 대한 $m+1$개의 선형연립방정식이 된다.

(12)식과 같은 선형연립방정식은 다시 행렬방정식 형태로 바꿀 수 있는데 다음과 같은 행렬방정식 형태로 쓸 수 있다.

$$\begin{bmatrix} \sum_{i=1}^{n} 1 & \sum_{i=1}^{n} x_i & \cdots & \sum_{i=1}^{n^m} x_i^m \\ \sum_{i=1}^{n} x_i & \sum_{i=1}^{n} x_i^2 & \cdots & \sum_{i=1}^{n} x_i^{m+1} \\ \vdots & & \vdots & \\ \sum_{i=1}^{n} x_i^m & \sum_{i=1}^{n} x_i^{m+1} & \cdots & \sum_{i=1}^{n} x_i^{2m} \end{bmatrix} \begin{bmatrix} a_0 \\ a_1 \\ \vdots \\ a_m \end{bmatrix} = \begin{bmatrix} \sum_{i=1}^{n} f(x_i) \\ \sum_{i=1}^{n} f(x_i) \cdot x_i \\ \vdots \\ \sum_{i=1}^{n} f(x_i) \cdot x_i^m \end{bmatrix} \tag{13}$$

(13)식은 수학적으로 간단하게 다음 식과 같이 표현된다.

$$C\vec{A} = \vec{R} \tag{14}$$

앞 장에서 언급한 바와 같이 (14)식이 해를 갖기 위해서는 행렬 C의 determinant가 0이 아니어야 한다. 즉,

$$\det\ C \neq 0 \tag{15}$$

결과적으로, (15)식을 만족하면 계수 a_0, a_1, a_2, $\cdots$, a_m을 구할 수 있으며, 앞 장에서 언급한 대로 Gauss Elimination 방법, Gauss-Jordan Elimination 방법, 역행렬 방법(Inverse Matrix Method) 등을 통하여 쉽게 계수 값들을 구할 수 있다. 즉, 실험이나 기타 여러 가지 방법을 통하여 주어진 데이터 값에 대한 다항식을 통한 근사가 이루어는 셈이다.

예제 II-4-2

다음 표와 같은 실험결과가 있다. 최소자승근사법을 사용하여 Curve Fit을 수행하시오.

x	2.21	5.80	6.95	11.12	14.21
$f(x)$	2.71	4.25	6.02	5.82	8.21

해설 위 표의 데이터를 그래프로 나타내면 다음 그림과 같다.

그림의 그래프로 보면 주어진 데이터는 선형적으로 근사시키면 좋을 것 같으므로, $g(x) = a_0 + a_1 x$와 같은 1차 다항식으로 근사시키도록 하자. 그러면, 위 근사식으로부터 a_0와 a_1을 결정하면 되겠다. 즉, 근사 다항식이 주어진 데이터에 근접하도록 최소자승근사법을 적용하여 1차 다항식의 계수를 결정하도록 하자. (13)식을 적용하여 a_0와 a_1을 결정하려면 다음과 같은 행렬방정식을 풀면 될 것이다.

$$\begin{bmatrix} \sum_{i=1}^{n} 1 & \sum_{i=1}^{n} x_i \\ \sum_{i=1}^{n} x_i & \sum_{i=1}^{n} x_i^2 \end{bmatrix} \begin{bmatrix} a_0 \\ a_1 \end{bmatrix} = \begin{bmatrix} \sum_{i=1}^{n} f(x_i) \\ \sum_{i=1}^{n} f(x_i) \cdot x_i \end{bmatrix}$$

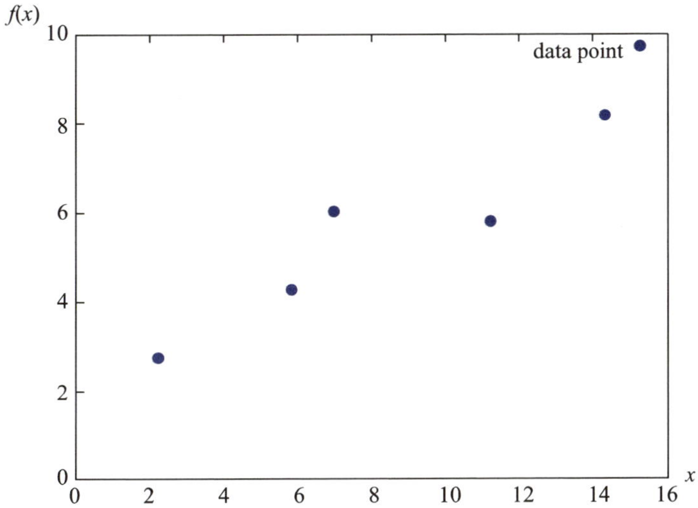

그림 II-4-4 데이터 그래프

위 데이터 표를 적용하여 앞의 (2×2)행렬방정식을 다시 쓰면 아래와 같이 된다.

$$\begin{bmatrix} 5 & 40.29 \\ 40.29 & 412.4051 \end{bmatrix} \begin{bmatrix} a_0 \\ a_1 \end{bmatrix} = \begin{bmatrix} 27.01 \\ 253.8606 \end{bmatrix}$$

이제 위 (2×2)행렬방정식을 앞서 파트2, 3장에서 공부한 Gauss Elimiation, Gauss-Jordan Elimination, Inverse Matrix Method 등으로 풀면 a_0와 a_1값을 제공한다. 즉, $a_0=2.076435$, $a_1=0.412703$을 얻게 되어 $g(x)=2.076435+0.412703x$가 된다. 이렇게 실험 데이터를 최소자승근사법을 이용하여 1차 다항식으로 근사시키면 다음 그림과 같이 주어진 데이터를 근사시키는 함수 $g(x)$를 얻게 된다.

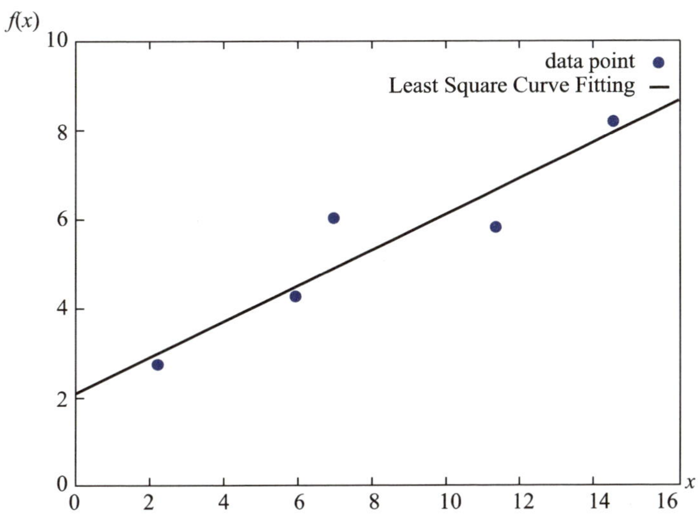

그림 II-4-5 데이터와 최소자승법으로 구한 데이터 근사함수 $g(x)$

예제 II-4-3

다음 표와 같은 실험결과가 있다. 최소자승근사법을 사용하여 Curve Fit을 수행하시오.

x	0	1.0	1.4	2.4	2.6	4.0	5.2	6.1	6.4	7.0	8.2	9.0
$f(x)$	0.1	0.9	2.4	2.6	3.7	4.2	3.2	5.2	3.3	2.3	1.4	1.9

x	9.4	11.0	11.4	12.2	13.2	14.0	15.4	16.0	17.6	17.9	19.0	20.0
$f(x)$	−0.4	−1.4	−2.9	−4.1	−4.8	−3.9	−5.1	−2.9	−3.7	−1.7	−1.3	−0.2

해설 위의 데이터를 그림으로 나타내면 다음과 같고, x의 범위 $0 \le x \le 20$에서 24개 $f(x)$를 나타내고 있다.

그래프를 보면 데이터의 분포가 3차 곡선 형태를 보여주고 있으므로 최소자승근사법으로 근사시킬 때 3차 다항식 $g(x) = a_0 + a_1 x + a_2 x^2 + a_3 x^3$으로 근사시키면 되겠다. (예제 II-4-2)의 경우와 마찬가지로 먼저 (13)식과 같은 행렬방정식을 사용하여 3차 다항식으로 근사시켜야 하는데, 3차 다항식의 경우 계수가 4개, 즉 a_0, a_1, a_2, a_3를 결정해야 한다. 3차 다항식의 계수를 결정할 행렬방정식을 (13)식과 같이 기술하면 다음과 같다. 즉, 행렬방정식의 미지수가 3차 다항식의 계수 a_0, a_1, a_2, a_3이 되겠다.

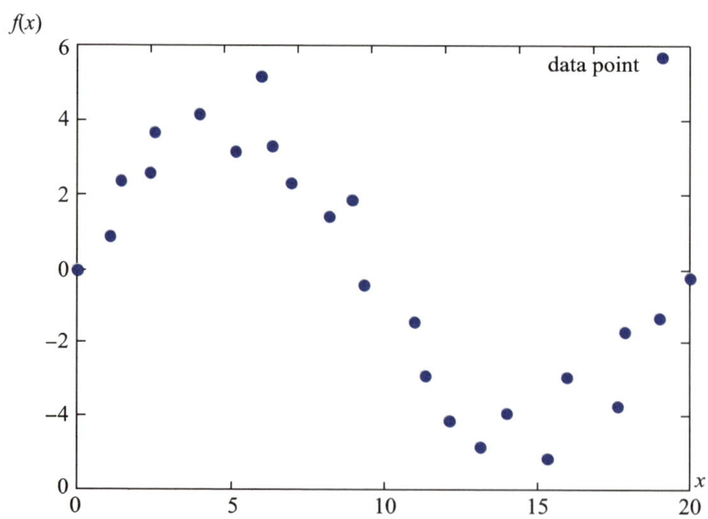

그림 II-4-6 데이터 그래프

$$\begin{bmatrix} \sum_{i=1}^{n} 1 & \sum_{i=1}^{n} x_i & \cdot & \sum_{i=1}^{n} x_i^3 \\ \sum_{i=1}^{n} x_i & \sum_{i=1}^{n} x_i^2 & \cdot & \sum_{i=1}^{n} x_i^4 \\ \cdot & \cdot & \cdot & \cdot \\ \sum_{i=1}^{n} x_i^3 & \sum_{i=1}^{n} x_i^4 & \cdots & \sum_{i=1}^{n} x_i^6 \end{bmatrix} \begin{bmatrix} a_0 \\ a_1 \\ a_2 \\ a_3 \end{bmatrix} = \begin{bmatrix} \sum_{i=1}^{n} f(x_i) \\ \sum_{i=1}^{n} f(x_i) \cdot x_i \\ \sum_{i=1}^{n} f(x_i) \cdot x_i^2 \\ \sum_{i=1}^{n} f(x_i) \cdot x_i^3 \end{bmatrix}$$

위 (4×4)행렬방정식에서 좌변과 우변의 각 항들의 값을 계산하여 행렬방정식을 다시 쓰면 다음과 같다.

$$\begin{bmatrix} 24 & 230.4 & 3076.6 & 46649.6 \\ 230.4 & 3076.6 & 46649.6 & 758599.1 \\ 3076.6 & 46649.6 & 758599.1 & 12890216.4 \\ 46649.6 & 758599.1 & 12890216.4 & 225648912.2 \end{bmatrix} \begin{bmatrix} a_0 \\ a_1 \\ a_2 \\ a_3 \end{bmatrix} = \begin{bmatrix} -1.2 \\ -318.3 \\ -6095.9 \\ -100803.3 \end{bmatrix}$$

이제 위 (4×4)행렬방정식을 앞서 파트2, 3장에서 공부한 Gauss Elimiation, Gauss-Jordan Elimination, Inverse Matrix Method 등으로 풀면 a_0, a_1, a_2, a_3 값을 제공한다. 즉, $a_0 = -0.353744$, $a_1 = 2.315209$, $a_2 = -0.353605$, $a_3 = 0.012043$을 얻게 된다. 이렇게 실험 데이터를 최소자승근사법을 이용하여 3차 다항식으로 근사시키면 다음 그림과 같이 주어진 데이터를 근사시키는 함수 $g(x) = -0.353744 + 2.315209x - 0.353605x^2 + 0.012043x^3$을 얻게 된다. 즉, 아래 그림과 같이 주어진 데이터를 최소자승근사법에 의한 3차 다항식 $g(x)$로 근사시키게 된다.

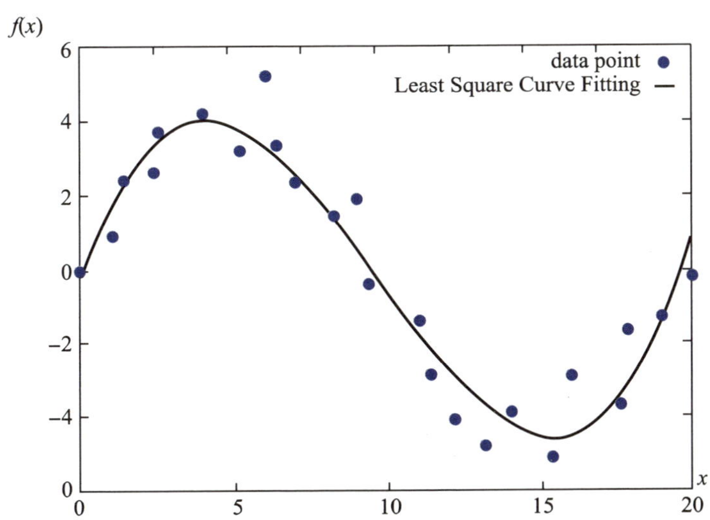

그림 II-4-7 데이터와 최소자승법으로 구한 데이터 근사함수 $g(x)$

C 프로그래밍 연습 [II-4-1]

(예제 II-4-2) 표에 나타난 함수값 $f(x)$를 최소자승근사법으로 근사시키시는 C 프로그램을 작성하고 수행하여 근사 다항식 $g(x)$를 구하시오.

x	2.21	5.80	6.95	11.12	14.21
$f(x)$	2.71	4.25	6.02	5.82	8.21

위 표에 있는 데이터를 가지고 (13)식과 같은 행렬방정식을 만들고 파트2, 3장에서 다룬 Gauss Elimination, Gauss-Jordan Elimination, Inverse Matrix Method 등으로 행렬방정식의 해를 구하면 앞서 언급한 주어진 데이터를 근사시키는 다항식 $g(x)$를 얻는다고 하였다. 표의 데이터를 보고 그래프의 개형이 어떻게 나타나는지를 확인하고 그래프의 개형이 선형이면 1차 다항식으로, 그래프의 개형이 포물형이면 2차 다항식으로 근사해 주면 되겠다. 앞서 (예제 II-4-2)에서 데이터의 그래프 개형이 선형이었으므로 근사식은 1차 다항식 $g(x)=a_0+a_1x$로 가정하면 되겠고, 여기서 다항식의 계수 a_0, a_1을 결정하면 되겠다. 아래 C 프로그램은 위 주어진 데이터를 통하여 최소자승근사법을 통한 근사 다항식 $g(x)=a_0+a_1x$의 계수를 계산하는 프로그램이다.

```
#include<stdio.h>
#include<math.h>

double V[5]={2.21,5.80,6.95,11.12,14.21};
double F[5]={2.71,4.25,6.02,5.82,8.21};
double sum_m[3]={0.0,0.0,0.0};        /* 3=2*n+1  */
double sum_r[2]={0.0,0.0};            /* 2=n+1    */
double x[2];                          /* number of coefficients  */
double A[2][3];
double E[5];

main()
{
int i,j,k,l,n,m;
double c,sum,sum_err;
n=1;                                  /* n=number of rows-1  */
m=4;                                  /* m=number of data-1  */


FILE *out1;
out1=fopen("curve fit(least square method)_II-4-1.dat","w");

for(l=0;l<=2*n;l++)
{
for(k=0;k<=m;k++)
{
```

```
   sum_m[l]=sum_m[l]+pow(V[k],l);
  }
  }
  for(l=0;l<=n;l++)
  {
  for(k=0;k<=m;k++)
  {
   sum_r[l]=sum_r[l]+pow(V[k],l)*F[k];
  }
  }
  for(j=0;j<=n;j++)
  {
  for(i=0;i<=n;i++)
  {
    A[i][j]=sum_m[i+j];
    fprintf(out1,"A[%d][%d]=%f\t\n",i,j,A[i][j]);
  }
  }
  for(j=n+1;j<=n+1;j++)
  {
  for(i=0;i<=n;i++)
  {
    A[i][j]=sum_r[i];
    fprintf(out1,"A[%d][%d]=%f\t\n",i,j,A[i][j]);
  }
  }
  for(j=0; j<=n; j++) /* generating upper triangular matrix*/
  {
       for(i=0; i<=n; i++)
       {
            if(i!=j)
            {
                 c=A[i][j]/A[j][j];
                 for(k=0; k<=n+1; k++)
                 {
                      A[i][k]=A[i][k]-c*A[j][k];
                 }
            }
       }
  }
  for(i=0; i<=n; i++)
  {
```

```
72        x[i]=A[i][n+1]/A[i][i];
73
74     }
75
76    for(i=0; i<=n; i++)
77    {
78         fprintf(out1,"\nx%d=%f\t",i,x[i]);
79    }
80
81        fprintf(out1,"\n \t");
82        fprintf(out1,"\ng(x)=(%f)+(%f)*x\t",x[0],x[1]);
83
84    fclose(out1);
85
86    }
```

line 4~10은 주어진 데이터를 입력하는 것으로 정확도를 높이기 위해 double로 배열을 선언하고 있다. line 4에서는 V[5]배열로 데이터의 5개 좌표 값 x를 나타내고 있으며, line 5에서는 함수값 $f(x)$를 F[5] 배열로 나타내고 있다. line 6~7은 행렬방정식을 풀이하는 연산에서 사용하는 배열변수로 데이터의 개수에 따라 배열변수의 수를 조종해 주는 것은 우변 코멘트란에서 (/* 3=2*n+1 */와 /* 2=n+1 */) 언급한 대로 n의 수에 따라 결정해주면 되는데, 이 문제에서는 line 16에서 n=1로 되어 있으므로 sum_m[3]= {0.0,0.0,0.0}과 sum_r[2]={0.0,0.0}과 같이 설정해 준다. line 8에서는 구하고자 하는 다항식의 계수를 계산하는 배열을 나타내고 있으며, line 9에서는 내부 행렬방정식 계산에 필요한 2차원 배열을 선언하고 있다. 이 문제에는 주어진 데이터를 1차 다항식으로 근사시키려 하기 때문에 주어진 행렬방정식을 line 8~9에서 X[2], A[2][3]으로 각각 나타내고 있다. line 16에서는 풀이하려는 행렬방정식의 행의 개수가 2이므로 n=2−1=1로 나타내고 있고, line 17에서는 전체 데이터의 개수가 5이므로 m=5−1=4로 나타내고 있다. 다소 복잡하지만 여기까지 사용자가 주의하여 입력해주면 최소자승근사법을 사용하여 주어진 데이터를 근사하는 다항식을 구할 수 있다. line 21은 출력 문으로 계산결과를 출력하는 내용을 “curve fit(least square method)_ex1.dat"와 파일에 저장한다. 마지막으로 line 82는 주어진 데이터를 근사하는 함수 $g(x)$ 나타내준다. 이렇게 작성된 C 프로그램을 수행하여 생성된 출력파일 “curve fit(least square method)_II-4-1.dat"을 열면 아래와 같다.

```
A[0][0]=5.000000
A[1][0]=40.290000
A[0][1]=40.290000
A[1][1]=412.405100
A[0][2]=27.010000
A[1][2]=253.860600

x0=2.076435
x1=0.412703

g(x)=(2.076435)+(0.412703)*x
```

위 결과에서 처음 4줄은 아래 행렬방정식의 좌변 행렬의 각 요소값을 의미하며 다음 2줄은 아래 행렬방정식의 우변 요소값을 나타낸다.

$$\begin{bmatrix} \sum_{i=1}^{n} 1 & \sum_{i=1}^{n} x_i \\ \sum_{i=1}^{n} x_i & \sum_{i=1}^{n} x_i^2 \end{bmatrix} \begin{bmatrix} a_0 \\ a_1 \end{bmatrix} = \begin{bmatrix} \sum_{i=1}^{n} f(x_i) \\ \sum_{i=1}^{n} f(x_i) \cdot x_i \end{bmatrix}$$

즉, 위 결과를 행렬방정식으로 나타내면 다음과 같다.

$$\begin{bmatrix} 5 & 40.29 \\ 40.29 & 412.4051 \end{bmatrix} \begin{bmatrix} a_0 \\ a_1 \end{bmatrix} = \begin{bmatrix} 27.01 \\ 253.8606 \end{bmatrix}$$

이러한 행렬방정식의 해를 구하면 a_0, a_1값이 계산되는데, 이것을 프로그램 결과에서는 x0=2.076435, x1=0.412703과 같이 나타내고 있고, 마지막으로 이 계수값을 이용해 우리가 원하는 데이터 근사함수를 g(x)=(2.076435)+(0.412703)*x와 같이 1차 다항식으로 나타내고 있다.

C 프로그래밍 연습 [II-4-2]

(예제 II-4-3) 표에 나타난 함수값 $f(x)$를 최소자승근사법으로 근사시키시는 C 프로그램을 작성하고 수행하여 근사 다항식 $g(x)$를 구하시오.

x	0	1.0	1.4	2.4	2.6	4.0	5.2	6.1	6.4	7.0	8.2	9.0
$f(x)$	0.1	0.9	2.4	2.6	3.7	4.2	3.2	5.2	3.3	2.3	1.4	1.9

x	9.4	11.0	11.4	12.2	13.2	14.0	15.4	16.0	17.6	17.9	19.0	20.0
$f(x)$	−0.4	−1.4	−2.9	−4.1	−4.8	−3.9	−5.1	−2.9	−3.7	−1.7	−1.3	−0.2

위 표에 있는 데이터를 가지고 (13)식과 같은 행렬방정식을 만들고 파트2, 3장에서 다룬 Gauss Elimination, Gauss-Jordan Elimination, Inverse Matrix Method 등으로 행렬방정식의 해를 구하면 앞서 언급한 주어진 데이터를 근사시키는 다항식 $g(x)$를 얻는다. (예제 II-4-3)에서 보여주듯이 그래프의 개형이 3차 다항식 형태를 보여주므로 근사 다항식은 $g(x)=a_0+a_1x+a_2x^2+a_3x^3$로 가정하고, 다항식의 계수 a_0, a_1, a_2, a_3를 결정하면 되겠다. 아래 C 프로그램은 위 주어진 데이터를 통하여 최소자승근사법을 통한 근사 다항식 $g(x)=a_0+a_1x+a_2x^2+a_3x^3$의 계수를 계산하는 프로그램을 작성해보자.

```
#include<stdio.h>
#include<math.h>

double V[24]={0.0,1.0,1.4,2.4,2.6,4.0,5.2,6.1,6.4,7.0,8.2,9.0
              ,9.4,11.0,11.4,12.2,13.2,14.0,15.4,16.0,17.6,17.9,19.0,20.0};
double F[24]={0.1,0.9,2.4,2.6,3.7,4.2,3.2,5.2,3.3,2.3,1.4,1.9
```

```
                    ,-0.4,-1.4,-2.9,-4.1,-4.8,-3.9,-5.1,-2.9,-3.7,-1.7,-1.3,-0.2};
double sum_m[7]={0.0,0.0,0.0,0.0,0.0,0.0,0.0};   /* 7=2*n+1   */
double sum_r[4]={0.0,0.0,0.0,0.0};               /* 4=n+1     */
double x[4];                                    /* number coefficients */
double A[4][5];


main()
{
int i,j,k,l,n,m;
double c;
n=3;                                            /* n=number of rows-1  */
m=23;                                           /* m=number of data-1  */


FILE *out1;
out1=fopen("curve fit(least square method)_II-4-2.dat","w");

for(l=0;l<=2*n;l++)
{
for(k=0;k<=m;k++)
{
  sum_m[l]=sum_m[l]+pow(V[k],l);
}
}
for(l=0;l<=n;l++)
{
for(k=0;k<=m;k++)
{
 sum_r[l]=sum_r[l]+pow(V[k],l)*F[k];
}
}
for(j=0;j<=n;j++)
{
for(i=0;i<=n;i++)
{
  A[i][j]=sum_m[i+j];
  fprintf(out1,"A[%d][%d]=%f\t\n",i,j,A[i][j]);
}
}
for(j=n+1;j<=n+1;j++)
{
for(i=0;i<=n;i++)
{
  A[i][j]=sum_r[i];
```

```
52      fprintf(out1,"A[%d][%d]=%f\t\n",i,j,A[i][j]);
53   }
54   }
55
56
57   for(j=0; j<=n; j++) /* generating upper triangular matrix*/
58   {
59       for(i=0; i<=n; i++)
60       {
61           if(i!=j)
62           {
63               c=A[i][j]/A[j][j];
64               for(k=0; k<=n+1; k++)
65               {
66                   A[i][k]=A[i][k]-c*A[j][k];
67               }
68           }
69       }
70   }
71
72   for(i=0; i<=n; i++)
73   {
74       x[i]=A[i][n+1]/A[i][i];
75
76   }
77
78   for(i=0; i<=n; i++)
79   {
80       fprintf(out1,"\nx%d=%f\t",i,x[i]);
81   }
82
83       fprintf(out1,"\n \t");
84     fprintf(out1,"\ng(x)=(%f)+(%f)*x+(%f)*x^2+(%f)*x^3\t",x[0],x[1],x[2],x[3]);
85
86   fclose(out1);
87
88   }
```

line 4～11은 주어진 데이터를 입력하는 것으로 정확도를 높이기 위해 double로 배열을 선언하고 있다. line 4～5에서는 V[24]배열로 데이터의 24개 좌표 값 x를 나타내고 있으며, line 6～7에서는 24개 함수 값 $f(x)$를 F[24]배열로 나타내고 있다. line 8～9는 행렬방정식을 풀이하는 연산에서 사용하는 배열변수로 데이터의 개수에 따라 배열변수의 수를 조종해 주는 것은 우변 코멘트란에서 (/* 7=2*n+1 */와 /* 4=n+1 */) 언급한 대로 n의 수에 따라 결정해주면 되는데, 이 문제에서는 line 18에서 n=3로 되어 있으므로 sum_m[7]={0.0,0.0,0.0,0.0,0.0,0.0,0.0}와 sum_r[4]={0.0,0.0,0.0,0.0}과 같이 설정해 준다.

line 10에서는 구하고자 하는 다항식의 계수를 계산하는 배열을 나타내고 있으며, line 11에서는 내부 행렬방정식 계산에 필요한 2차원 배열을 선언하고 있다. 이 문제에는 주어진 데이터를 3차 다항식으로 근사시키려 하기 때문에 두 개의 미지수 line 10∼11에서 X[4], A[4][5]로 각각 나타내고 있다. line 18에서는 풀이하려는 행렬방정식의 행의 개수가 4이므로 n=4−1=3로 나타내고 있고, line 19에서는 전체 데이터의 개수가 24이므로 m=24−1=23로 타나내고 있다. 다소 복잡하지만 여기까지 사용자가 주의하여 입력해주면 최소자승근사법을 사용하여 주어진 데이터를 근사하는 다항식을 구할 수 있다. line 23은 출력 문으로 계산결과를 출력하는 내용을 "curve fit(least square method)_II-4-2.dat"와 파일에 저장한다. 마지막으로 line 84는 주어진 데이터를 근사하는 함수 $g(x)$ 나타내준다. 이 문제에서는 3차 다항식 $g(x)=a_0+a_1x+a_2x^2+a_3x^3$에서 a_0, a_1, a_2, a_3 4개의 계수를 구하는 것이므로 결과에서는 x[0], x[1], x[2], x[3]을 나타내주면 되겠다. 이렇게 작성된 C 프로그램을 수행하여 생성된 출력파일 "curve fit(least square method)_II-4-2.dat"을 열면 아래와 같다.

```
A[0][0]=24.000000
A[1][0]=230.400000
A[2][0]=3076.660000
A[3][0]=46649.568000
A[0][1]=230.400000
A[1][1]=3076.660000
A[2][1]=46649.568000
A[3][1]=758599.107400
A[0][2]=3076.660000
A[1][2]=46649.568000
A[2][2]=758599.107400
A[3][2]=12890216.358240
A[0][3]=46649.568000
A[1][3]=758599.107400
A[2][3]=12890216.358240
A[3][3]=225648912.170386
A[0][4]=-1.200000
A[1][4]=-318.310000
A[2][4]=-6095.933000
A[3][4]=-100803.331900

x0=-0.353744
x1=2.315209
x2=-0.353605
x3=0.012043

g(x)=(-0.353744)+(2.315209)*x+(-0.353605)*x^2+(0.012043)*x^3
```

위 결과에서 처음 16줄은 다음 행렬방정식의 좌변 행렬의 각 요소 값을 의미하며, 다음 4줄은 행렬방정식의 우변 요소 값을 나타낸다.

$$\begin{bmatrix} \sum_{i=1}^{n} 1 & \sum_{i=1}^{n} x_i & \cdot & \sum_{i=1}^{n} x_i^3 \\ \sum_{i=1}^{n} x_i & \sum_{i=1}^{n} x_i^2 & \cdot & \sum_{i=1}^{n} x_i^4 \\ \cdot & \cdot & \cdot & \cdot \\ \sum_{i=1}^{n} x_i^3 & \sum_{i=1}^{n} x_i^4 & \cdots & \sum_{i=1}^{n} x_i^6 \end{bmatrix} \begin{bmatrix} a_0 \\ a_1 \\ a_2 \\ a_3 \end{bmatrix} = \begin{bmatrix} \sum_{i=1}^{n} f(x_i) \\ \sum_{i=1}^{n} f(x_i) \cdot x_i \\ \sum_{i=1}^{n} f(x_i) \cdot x_i^2 \\ \sum_{i=1}^{n} f(x_i) \cdot x_i^3 \end{bmatrix}$$

즉, 위 결과를 행렬방정식으로 나타내면 다음과 같다.

$$\begin{bmatrix} 24 & 230.4 & 3076.6 & 46649.6 \\ 230.4 & 3076.6 & 46649.6 & 758599.1 \\ 3076.6 & 46649.6 & 758599.1 & 12890216.4 \\ 46649.6 & 758599.1 & 12890216.4 & 225648912.2 \end{bmatrix} \begin{bmatrix} a_0 \\ a_1 \\ a_2 \\ a_3 \end{bmatrix} = \begin{bmatrix} -1.2 \\ -318.3 \\ -6095.9 \\ -100803.3 \end{bmatrix}$$

이러한 행렬방정식을 구하면 a_0, a_1, a_2, a_3값이 계산되는데, 이것을 프로그램 결과에서는 x0 = -0.353744, x1 = 2.315209, x2 = -0.353605, x3 = 0.012043과 같이 나타내고 있고, 마지막으로 이 계수 값을 이용해 우리가 원하는 데이터 근사함수를 g(x) = (2.076435) + (0.412703)*x와 같이 3차 다항식으로 나타내고 있다.

Chap 5. 수치적분(Numerical Integration)

자연과학・공학 문제에 있어 임의 함수의 특정 구간에 대한 적분이 필요할 경우 함수가 해석적(analytic)으로 쉽게 적분이 되는 경우는 매우 드물며 대부분의 경우 복잡한 함수형태를 갖는다. 따라서 해석적 방법으로의 적분 외에 다른 방법을 찾아야 하는데, 본 장에서는 함수의 형태에 상관없이 특정구간에 대한 적분값을 컴퓨터를 이용하여 쉽게 구해내는 방법을 다루고자 한다.[9)]

이러한 방법은 적분구간을 잘게 자르고 잘라진 구간의 면적을 사각형 또는 사다리꼴로 쉽게 계산하여 이를 더하여 특정구간 적분값을 근사적으로 구하는 것이다. 따라서 적분구간을 많은 부분구간으로 나누어 계산을 수행하면 좀 더 정확한 값을 얻을 수 있게 된다.

이렇듯 부분구간이 많아져 계산량이 많아지면 사람이 수작업으로 계산하기 어려워지므로 반복계산을 쉽게 할 수 있는 컴퓨터를 이용할 경우 복잡한 함수의 적분을 상당한 정확도로 계산해 낼 수 있다.

5.1 사다리꼴 적분방법(Trapezoidal Integration Method)

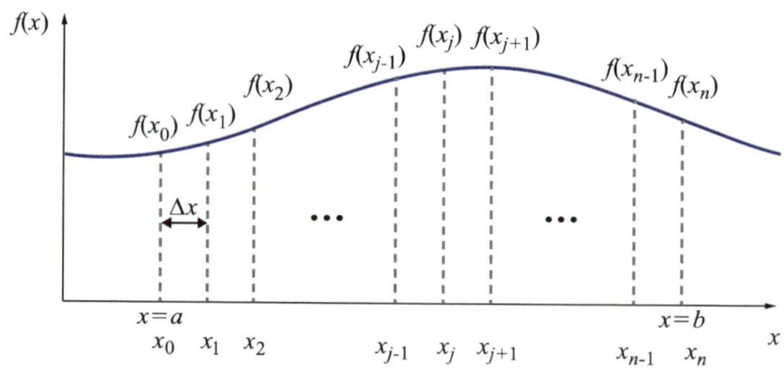

그림 II-5-1 등 간격으로 주어진 함수 데이터

9) 본 장의 수치적분은 주로 참고문헌 [1], [3]을 참고하였으며, 물리적 수치적분의 예는 참고문헌 [9]를 참고하기 바란다.

그림 II-5-1에서 함수 $f(x)$에 대한 적분구간 $x=a$에서 $x=b$까지 적분값을 구해보자. 그림에서 적분구간 $a \le x \le b$를 n개의 등 간격 패널(Panel)로 나누고 있고 두께는

$$\Delta x = \frac{b-a}{n} \tag{1}$$

(1)식과 같다. 그림 II-5-1에서 함수 $f(x)$의 적분구간 $a \le x \le b$에서의 적분값은

$$\int_a^b f(x)dx \tag{2}$$

(2)식으로 나타나며, 이것은 그림 II-5-1에서 n개의 패널 면적을 더한 값으로 근사된다. 즉, 다음과 같은 식으로 표현된다.

$$\int_a^b f(x)dx = \int_{x_0}^{x_1} f(x)dx + \int_{x_1}^{x_2} f(x)dx + \cdots + \int_{x_{n-1}}^{x_n} f(x)dx \tag{3}$$

그림 II-5-1에서 전체구간 중 임의 $x_{i-1} \le x \le x_{i+1}$ 구간의 2개의 패널을 살펴보면

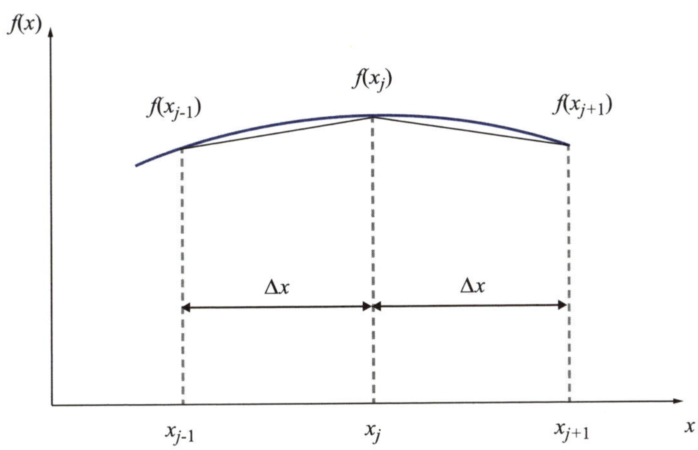

그림 II-5-2 구간 $x_{i-1} \le x \le x_{i+1}$에서의 적분값은 2개의 사다리꼴 면적으로 근사

그림 II-5-2와 같이 나타낼 수 있고, 구간 $x_{i-1} \le x \le x_{i+1}$에서의 2개 패널의 면적은

$$\begin{aligned}\int_{x_{i-1}}^{x_{i+1}} f(x)dx &= \int_{x_{i-1}}^{x_i} f(x)dx + \int_{x_i}^{x_{i+1}} f(x)dx \\ &\approx \frac{f(x_{i-1})+f(x_i)}{2}\Delta x + \frac{f(x_i)+f(x_{i+1})}{2}\Delta x \\ &= \frac{\Delta x}{2}[f(x_{i-1})+2f(x_i)+f(x_{i+1})]\end{aligned} \tag{4}$$

(4)식과 같이 2개의 사다리꼴 면적으로 근사시킬 수 있다.

그림 II-5-2에서 보이듯이 (4)식과 같은 사다리꼴 면적으로 근사된 적분값은 곡면과 직선사이의 면적들만큼 오차가 있음을 알 수 있다. 이러한 오차는 패널의 두께 Δx가 작아질수록 작아질 것이라는 것을 직관적으로 알 수 있다.

또한 (4)식과 같은 결과를 (3)식을 이용하여 $a \le x \le b$ 전체 구간에 확대 적용하면

$$\begin{aligned}\int_a^b f(x)dx \quad & \int_{x_0}^{x_1} f(x)dx + \int_{x_1}^{x_2} f(x)dx + \cdots + \int_{x_{n-2}}^{x_{n-1}} f(x)dx + \int_{x_{n-1}}^{x_n} f(x)dx \\ &\approx \frac{\Delta x}{2}[f(x_o)+2f(x_1)+2f(x_2)+\cdots+2f(x_{n-2})+2f(x_{n-1})+f(x_n)] \\ &= \frac{\Delta x}{2}\left[f(x_o)+f(x_n)+2\sum_{n=1}^{n-1}+f(x_i)\right]\end{aligned} \tag{5}$$

(5)식과 같이 될 것이다. 이러한 방법을 사다리꼴적분법(Trapezoidal Integration Method)이라고 한다.

5.2 사다리꼴 적분방법의 오차해석

(Error Analysis of Trapezoidal Integration Method)

앞서 5.1절에서 특정구간에서의 함수 $f(x)$의 적분을 위하여 구간을 여러 패널로 나누고 이들 패널의 면적을 사다리꼴로 근사하여 더하는 사다리꼴적분법(Trapezoidal Integration Method)에 대한 식을 유도하였다. 앞서 언급대로 각 패널의 면적을 사다리꼴로 근사함에 따라 실제 면적과 오차를 갖게 되는데 본 절에서는 이러한 오차가 얼마나 되는지를 살펴보도록 하자.

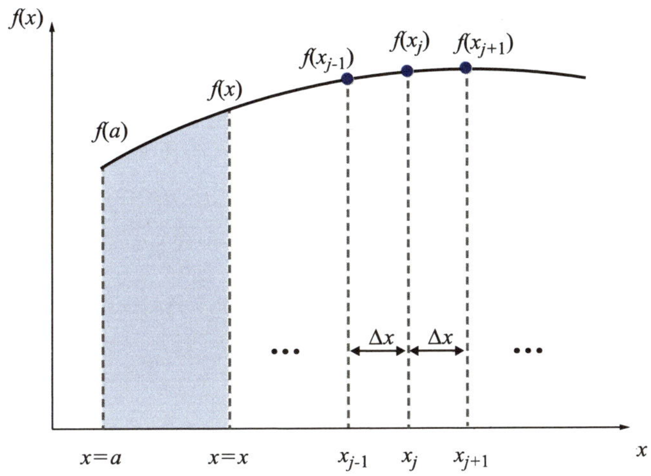

그림 II-5-3 음영된 부분의 면적, $I(x)=\int_a^x f(x)dx$

그림 II-5-3에서 음영된 부분의 면적을

$$I(x)=\int_a^x f(x)dx \tag{6}$$

(6)식으로 정의하면 $x=a$에서 특정 $x=x_{j+1}$까지의 면적은

$$I(x_{j+1})=\int_a^{x_{j+1}} f(x)dx \tag{7}$$

(7)식과 같이 되고 (7)식은 다시 다음과 같은 식으로 쓰인다.

$$I(x_{j+1})=I(x_j+\Delta x) \tag{8}$$

(8)식은 다시 테일러급수전개를 이용하여

$$\begin{aligned} I(x_{j+1}) &= I(x_j+\Delta x) \\ &= I(x_j)+(\Delta x)I'(x_j)+\frac{(\Delta x)^2}{2!}I''(x_j)+\frac{(\Delta x)^3}{3!}I'''(x_j)+\sigma(\Delta x)^4 \end{aligned} \tag{9}$$

(9)식과 같이 급수형태로 나타낼 수 있고 (9)식에서 $\sigma(\Delta x)^4$는 4번째 항 이후 항들의 합을 의미한다. 그런데 (6)식으로부터 양변을 미분하면 다음과 같은 식을 얻는다.

$$I'(x)=f(x) \tag{10}$$

(10)식과 같이 쓸 수 있으므로 (10)식으로부터 특정 $x = x_j$에서

$$\begin{aligned} I'(x_j) &= f(x_j) \\ I''(x_j) &= f'(x_j) \\ I'''(x_j) &= f''(x_j) \\ &\vdots \end{aligned} \tag{11}$$

(11)식과 같이 쓸 수 있다. (11)식을 (9)식에 대입정리하면 (9)식은 다시

$$I(x_{j+1}) = I(x_j) + (\Delta x) f(x_j) + \frac{(\Delta x)^2}{2!} f'(x_j) + \frac{(\Delta x)^3}{3!} f''(x_j) + \sigma(\Delta x)^4 \tag{12}$$

(12)식과 같이 정리된다. 파트1, 2장에서 언급한 전방차분법으로부터 $f'(x_j)$이

$$f'(x_j) = \frac{f(x_j + \Delta x) - f(x_j)}{\Delta x} - \frac{\Delta x}{2} f''(x_j) + \sigma(\Delta x)^2 \tag{13}$$

(13)식으로 나타나므로 (13)식을 (12)식에 대입정리하면

$$\begin{aligned} I(x_{j+1}) &= I(x_j) + (\Delta x) f(x_j) + \frac{(\Delta x)^2}{2!} \left[\frac{f(x_i + \Delta x) - f(x_i)}{\Delta x} - \frac{\Delta x}{2} f''(x_j) + \sigma(\Delta x)^2 \right] \\ &\quad \frac{(\Delta x)^3}{3!} f''(x_j) + \sigma(\Delta x)^4 \end{aligned} \tag{14}$$

(14)식을 얻는다. 한편 (7)식을 이용하여 $I(x_{j+1}) - I(x_j)$를 구하면

$$I(x_{j+1}) - I(x_j) = \int_a^{x_{j+1}} f(x)dx - \int_a^{x_j} f(x)dx = \int_{x_j}^{x_{j+1}} f(x)dx \tag{15}$$

(15)식과 같이 된다. 이것은 그림 II-5-4에서 음영된 부분 면적을 의미하게 되며 이 면적을 A_{j+1}이라고 하면 (14), (15)식으로부터

$$\begin{aligned} A_{j+1} &= I(x_{j+1}) - I(x_j) \\ &= (\Delta x) f(x_j) + \frac{(\Delta x)}{2} [f(x_{j+1}) - f(x_j)] - \frac{(\Delta x)^3}{4} f''(x_j) + \frac{(\Delta x)^3}{6} f''(x_j) \\ &\quad + \frac{(\Delta x)^2}{2} \sigma(\Delta x)^2 + \sigma(\Delta x)^4 \end{aligned} \tag{16}$$

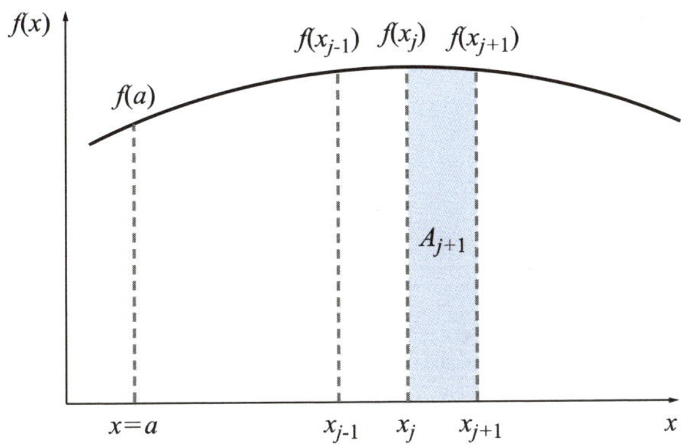

그림 II-5-4 음영된 부분의 면적 A_{j+1}

(16)식과 같이 표현되고 (16)식에서 다음 식과 같은 근사가 가능하므로

$$\frac{(\Delta x)^2}{2}\sigma(\Delta x)^2 + \sigma(\Delta x)^4 \sim \sigma(\Delta x)^4 \tag{17}$$

(17)식을 통하여 (16)식은 다음과 같은 식으로 쓰인다.

$$\begin{aligned} A_{j+1} &= I(x_{j+1}) - I(x_j) \\ &= \frac{(\Delta x)}{2}\left[f(x_{j+1}) + f(x_j)\right] - \frac{(\Delta x)^3}{12}f''(x_j) + \sigma(\Delta x)^4 \end{aligned} \tag{18}$$

이러한 결과를 전체적분구간 $a \le x \le b$에 대하여 확대하고 전체 구간의 적분을 I라고 하면

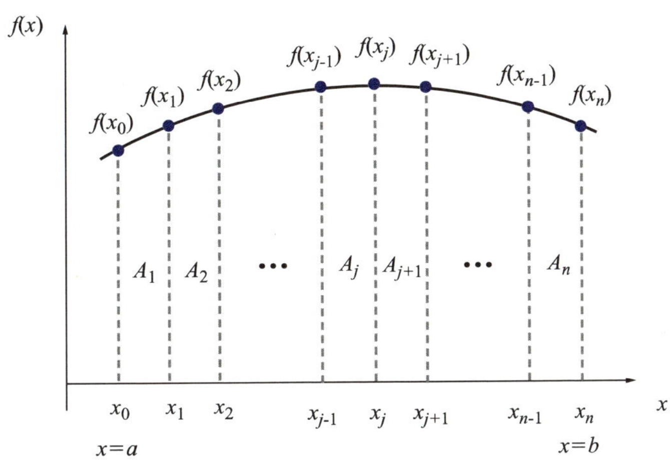

그림 II-5-5 $a \le x \le b$ 구간에서의 $n+1$개의 함수값

I는 그림 II-5-5를 참조하여 다음과 같이 나타낼 수 있으며

$$I = A_1 + A_2 + \cdots A_j + A_{j+1} + \cdots + A_n = \sum_{j=1}^{n} A_j \tag{19}$$

(19)식을 얻게 된다. (18)식을 (19)식에 적용하면 전체구간 적분값 I는

$$I = \frac{(\Delta x)}{2}\left[f(x_0) + f(x_n) + 2\sum_{j=1}^{n} f(x_j)\right] - \frac{(\Delta x)^3}{12}\sum_{j=0}^{n-1} f''(x_j) + \sigma(\Delta x)^4 \tag{20}$$

① ② ③

(20)식과 같이 되며 (20)식에서 ①, ②, ③ 항들을 모두 더한 값이 그림 II-5-5에서의 전체 구간 적분값이 될 것이다. (20)식에서 주목할 것은 첫 번째 ①항이 앞 절에서 언급한 사다리꼴적분식 (5)식과 같으므로, (5)식과 같은 사다리꼴적분식으로 적분구간 $a \le x \le b$에서의 함수 $f(x)$에 대한 적분값을 구하면 ② + ③ 만큼의 오차를 갖게 될 것이다. 즉, 사다리꼴적분식 (5)식으로 적분값을 구하면 오차가

$$E = -\frac{(\Delta x)^3}{12}\sum_{j=0}^{n-1} f''(x_j) + \sigma(\Delta x)^4 \tag{21}$$

(21)식과 같이 나타난다. (21)식에서 첫째항을 중간값 정리를 이용해 나타내면

$$-\frac{(\Delta x)^3}{12}\sum_{j=0}^{n-1} f''(x_j) = -\frac{(\Delta x)^3}{12} n \cdot f''(\bar{x}) \tag{22}$$

(22)식과 같이 표현된다(여기서 $\bar{x}$는 $x_0 \le \bar{x} \le x_n$ 구간의 임의 어떤 값).

(22)식에서 n은 다음 식과 같으므로

$$n = \frac{x_n - x_0}{\Delta x} \tag{23}$$

(23)식을 (22)식에 대입하면 (21)식 첫째항은

$$\begin{aligned}-\frac{(\Delta x)^3}{12}\sum_{j=0}^{n-1} f''(x_j) &= -\frac{(\Delta x)^3}{12} \cdot \frac{(x_n - x_0)}{\Delta x} f''(\bar{x}) \\ &= -\frac{(\Delta x)^2}{12}(x_n - x_0) f''(\bar{x}) \\ &= -\frac{(\Delta x)^2}{12}(b-a) f''(\bar{x}) \\ &\approx \sigma(\Delta x)^2\end{aligned} \tag{24}$$

(24)식과 같이 되어 결과적으로 사다리꼴적분식 (5)식은 전체 오차가

$$E = -\frac{(\Delta x)^2}{12}\sum_{j=0}^{n-1} f''(x_j) + \sigma(\Delta x)^4 \approx \sigma(\Delta x)^2 + \sigma(\Delta x)^4 \approx \sigma(\Delta x)^2 \qquad (25)$$

(25)식과 같이 나타나므로 사다리꼴적분식을 통해서 적분을 계산하는 경우 $\sigma(\Delta x)^2$ 크기만큼의 오차한도를 발생시킨다.[10)]

예제 II-5-1

다음 적분을 사다리꼴적분법으로 계산하시오.

$$I = \int_{-\pi/2}^{\pi/2} \cos x \; dx$$

해설 위의 함수 $f(x) = \cos x$를 x구간 $-\pi/2 \le x \le \pi/2$에서 적분을 수행하기 위해 그래프 개형을 살펴보면 아래 그림과 같고 적분을 수행하면 $I = 2$가 된다. 즉, 아래 그림의 색깔 있는 부분의 면적이 2가 된다.

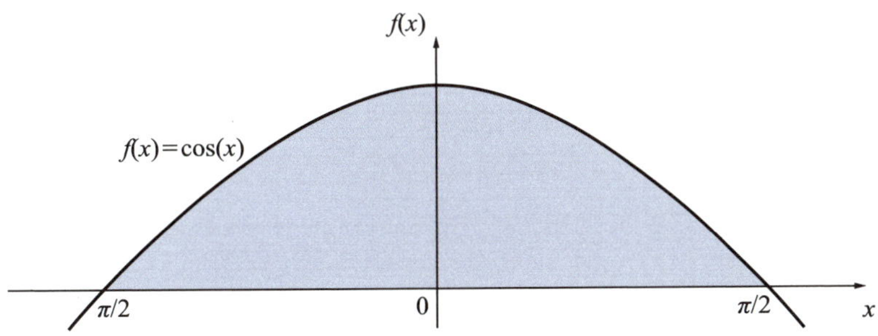

그림 II-5-6 $-\pi/2 \le x \le \pi/2$ 구간에서 함수 $f(x) = \cos x$ 의 개형

먼저, 그림에서의 색깔 있는 부분의 면적을 계산하기 위하여 x구간 $-\pi/2 \le x \le \pi/2$를 2개의 패널로 나누고 사다리꼴적분법으로 적분을 수행해 보자. 그러면, x구간 $-\pi/2 \le x \le \pi/2$를 2등분하여 2개의 패널을 만들고 각각의 패널의 넓이를 사다리꼴로 계산하여 더하게 되면 사다리꼴방법을 통한 적분이 되고, 수식은 (5)식 $I = \frac{\Delta x}{2}\left(f(x_o) + 2f(x_n) + 2\sum_{n=1}^{n-1} + f(x_i)\right)$과 같이 기술되고 위 그래프를 2개의 패널로 나누고 적용하면 아래와 같이 된다.

$$I = \frac{\Delta x}{2}\left(f(-\pi/2) + f(\pi/2) + 2[f(0)]\right)$$

10) 자세한 내용은 R. W. Hornbeck의 Numerical Methods[1]을 참고하기 바란다.

여기서, $\Delta x = \pi/2$가 되고 $f(x) = \cos x$를 대입 정리하면

$$I = \frac{\pi}{4}(\cos(-\pi/2) + \cos(\pi/2) + 2[\cos(0)]) = 1.570796$$

다음으로는 x구간 $-\pi/2 \le x \le \pi/2$를 4개의 패널로 나누고 사다리꼴적분법 방법으로 적분을 수행해 보자. 그러면, x구간 $-\pi/2 \le x \le \pi/2$를 4 등분하여 4개의 패널을 만들고 각각의 패널의 넓이를 사다리꼴로 계산하여 더하게 되면 사다리꼴방법을 통한 적분이 되고, 수식은 (5)식 $I = \frac{\Delta x}{2}\left(f(x_o) + 2f(x_n) + 2\sum_{n=1}^{n-1} + f(x_i)\right)$과 같이 기술되고 위 그래프를 4개의 패널로 나누고 적용하면 아래와 같이 된다.

$$I = \frac{\Delta x}{2}(f(-\pi/2) + f(\pi/2) + 2[f(-\pi/4) + f(0) + f(\pi/4)])$$

여기서, $\Delta x = \pi/4$가 되고 $f(x) = \cos x$를 대입 정리하면

$$\begin{aligned} I &= \frac{\pi}{8}(\cos(-\pi/2) + \cos(\pi/2) + 2[\cos(-\pi/4) + \cos(0) + \cos(\pi/4)]) \\ &= 1.896119 \approx 2 \end{aligned}$$

와 같이 되어 정확한 값 2에 접근하는 것을 볼 수 있다. 위에서 x구간 $-\pi/2 \le x \le \pi/2$를 2개의 격자로 나누어 사다리꼴적분법을 수행할 때 $I = 1.570796$이고 x구간을 4개의 격자로 나누었을 때는 $I = 1.896119$로 주어진 적분구간을 더 잘게 나눌수록 정확한 적분값 $I = 2$에 접근하는 것을 확인할 수 있다.

예제 II-5-2

다음 적분을 사다리꼴적분법으로 계산하시오.

$$I = \int_1^2 x \ln x \, dx$$

해설 위의 함수 $f(x) = x\ln x$를 x구간 $1 \le x \le 2$에서 적분을 수행하기 위해 그래프 개형을 살펴보면 다음 그림과 같고 적분을 수행하면 $I = 0.636294$가 된다. 즉, 그림의 색깔 있는 부분의 면적이 0.636294가 된다.

그림에서 색깔 있는 부분의 면적을 계산하기 위하여 x구간 $1 \le x \le 2$를 2개의 패널로 나누고 사다리꼴적분법 방법으로 적분을 수행해 보자. 그러면, x구간 $1 \le x \le 2$를 2등분하여 2개의 패널을 만들고 각각의 패널의 넓이를 사다리꼴로 계산하여 더하게 되면 사다리꼴적분법을 통한 적분이 되고, 수식은 (5)식 $I = \frac{\Delta x}{2}\left(f(x_o) + 2f(x_n) + 2\sum_{n=1}^{n-1} + f(x_i)\right)$과 같이 기술되고 위 그래프를 2개의 패널로 나누고 적용하면 아래와 같이 된다.

$$I = \frac{\Delta x}{2}(f(1) + f(2) + 2[f(1.5)])$$

여기서, $\Delta x = 0.5$이 되고 $f(x) = x\ln x$를 대입 정리하면

$$I = \frac{0.5}{2}(1\ln 1 + 2\ln 2 + 2[1.5\ln 1.5]) = 0.650672$$

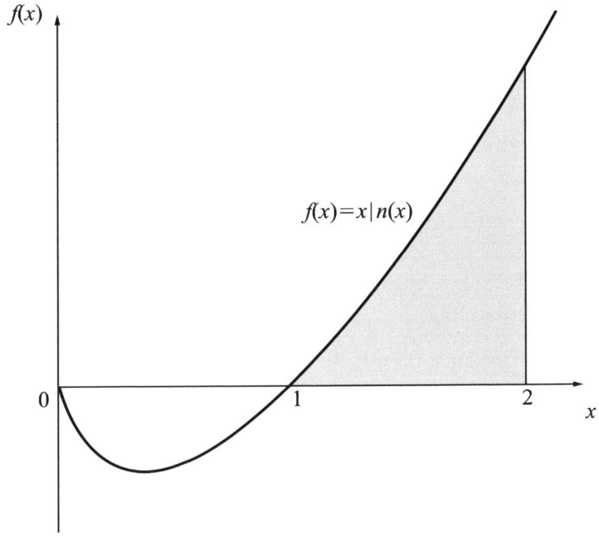

그림 II-5-7 $1 \le x \le 2$ 구간에서 함수 $f(x)=x\ln x$ 의 개형

다음으로는 x구간 $1 \le x \le 2$를 4개의 패널로 나누고 사다리꼴적분법 방법으로 적분을 수행해 보자. 그러면, x구간 $1 \le x \le 2$를 4등분하여 4개의 패널을 만들고 각각의 패널의 넓이를 사다리꼴로 계산하여 더하게 되면 사다리꼴방법을 통한 적분이 되고, 수식은 (5)식 $I=\frac{\Delta x}{2}\left(f(x_o)+2f(x_n)+2\sum_{n=1}^{n-1}+f(x_i)\right)$과 같이 기술되고 위 그래프를 4개의 패널로 나누고 적용하면 아래와 같이 된다.

$$I=\frac{0.25}{2}(f(1)+f(2)+2[f(1.25)+f(1.5)+f(1.75)])$$

여기서, $\Delta x=0.25$가 되고 $f(x)=x\ln x$를 대입 정리하면

$$I=\frac{0.25}{2}(1\ln 1+2\ln 2+2[1.25\ln 1.25+1.5\ln 1.5+1.75\ln 1.75])=0.639900 \approx 0.636294$$

와 같이 되어 정확한 값 0.636294에 접근하는 것을 볼 수 있다. 위에서 x구간 $1 \le x \le 2$를 2개의 격자로 나누어 사다리꼴적분법을 수행할 때 $I=0.650672$이고 x구간을 4개의 격자로 나누었을 때는 $I=0.639900$로 주어진 적분구간을 더 잘게 나눌수록 정확한 적분값 $I=0.636294$에 접근하는 것을 확인할 수 있다. C 프로그램을 통하여 계산할 경우 쉽게 격자의 수를 늘려 계산할 수 있으므로 프로그래밍 시 격자수 증가에 따라 어떻게 사다리꼴적분법이 정확한 해에 접근해 가는지 확인해보도록 하자.

C 프로그래밍 연습 [II-5-1]

(예제 II-5-1)에서 다룬 다음 적분을 사다리꼴적분법으로 계산하는 C 프로그램을 작성하고 사다리꼴적분법 수행 시 적분구간을 나눈 패널의 수에 따른 해의 정확성을 검토하시오.

$$I = \int_{-\pi/2}^{\pi/2} \cos x \; dx$$

다음 C 프로그램은 (5)식으로 주어지는 사다리꼴적분법 알고리즘을 통해 구성되었으며 하나하나 그 의미를 살펴보고 위 적분을 수행해 보자. (예제 II-5-1)에서 보여준 것처럼 주어진 적분구간을 2개의 구간으로 나눈 것부터 4개로 나눈 것에 대하여 살펴보도록 하겠다.

```
#include <stdio.h>
#include <math.h>
#define func(x) (cos(x))
double fx[101];
main ()
{
FILE *out1;
out1=fopen("integration(trapezoidal method)_II-5-1.dat","w");
int i,n;
double x,x0,xn,delx,area_pre,area_integ;
n=2;               /* number of span   */
x0=-3.141592/2.0;
xn=3.141592/2.0;
delx=(xn-x0)/float(n);
for(i=0;i<=n;i++)
{
x=x0+delx*float(i);
fx[i]=func(x);
}
area_pre=0.0;
```

```
34   for(i=1;i<=n-1;i++)
35   {
36   area_pre=area_pre+2.0*fx[i];
37   }
38
39   area_integ=(delx/2.0)*(fx[0]+fx[n]+area_pre);
40
41
42   for(i=0;i<=n;i++)
43   {
44   fprintf(out1,"fx[%f] = %f \n",x0+i*delx, fx[i]);
45   }
46
47      fprintf(out1,"\n\n");
48      fprintf(out1,"integration using trapezoidal method = %f \n", area_integ);
49
50
51   fclose(out1);
52   }
```

위 C 프로그램에서 line 5는 적분하고자 하는 함수를 정의해 준다. line 7에서는 사다리꼴적분법이 적분구간을 임의 개수 패널로 나누었을 때 그 사이사이 함수값들을 사용하므로 fx[]라는 배열로 이것을 나타내 주고 있다. line 18에서는 첫 번째로 패널의 수를 2개로 하고 있으며, line 20~21은 적분구간의 시작점 값과 끝점 값을 나타내 주고 있다. line 22에서는 적분구간을 임의 개수로 나눈 패널의 두께 Δx를 나타내주고 있다. line 24~29는 적분구간을 임의 개수의 패널로 나눌 경우 그 사이 x_i에서의 함수값 $f(x_i)$을 지정해 주고 있고, line 32~39는 사다리꼴적분법 (5)식을 그대로 나타내주고 있다. 마지막으로 line 42~48에서는 사다리꼴적분계산값을 "integration(trapezoidal method)_II-5-1.dat" 파일에 출력해 주고 있다. 위 프로그램 수행 시 생성되는 파일을 열어 보면 다음과 같은 결과를 보여준다.

```
fx[-1.570796] = 0.000000
fx[0.000000] = 1.000000
fx[1.570796] = 0.000000

integration_trapezoidal method = 1.570797
```

위 결과를 보면 x구간 $-\pi/2 \le x \le \pi/2$를 2개의 패널로 나누고 사다리꼴적분법 방법으로 적분을 수행한 것으로 $I = 1.570797$로 계산되어 정확한 계산값 2에 상당히 못 미치고 있다. 다음으로는 위 C 프로그램에서 line 18의 n을 4로 바꾸어서 프로그램을 수행해 보자. 그 결과를 보면

```
fx[-1.570796] = 0.000000
fx[-0.785398] = 0.707107
fx[0.000000] = 1.000000
fx[0.785398] = 0.707107
fx[1.570796] = 0.000000
```

```
integration_trapezoidal method = 1.896119
```

와 같이 계산되어 $I = 1.896119$인 것을 알 수 있다. 이번에는 위 프로그램 line 18에서 n = 10으로 바꾸고 계산을 수행해 보면 다음 결과를 얻는다.

```
fx[-1.570796] = 0.000000
fx[-1.256637] = 0.309017
fx[-0.942478] = 0.587785
fx[-0.628318] = 0.809017
fx[-0.314159] = 0.951057
fx[0.000000] = 1.000000
fx[0.314159] = 0.951057
fx[0.628318] = 0.809017
fx[0.942478] = 0.587785
fx[1.256637] = 0.309017
fx[1.570796] = 0.000000

integration_trapezoidal method = 1.983524
```

적분구간을 10개의 패널로 할 경우, 즉 n = 10일 때 적분값은 $I = 1.983524$가 되어 적분값 2에 근접하는 것을 확인할 수 있다. 즉, 적분구간을 더 많은 패널로 나눌 경우 사다리꼴적분법은 더 정확한 적분계산을 가능하게 해준다는 것을 알 수 있다.

C 프로그래밍 연습 [II-5-2]

(예제 II-5-2)에서 다룬 다음 적분을 사다리꼴적분법으로 계산하는 C 프로그램을 작성하고 사다리꼴적분법 수행 시 적분구간을 나눈 패널의 수에 따른 해의 정확성을 검토하시오.

$$I = \int_1^2 x \ln x \, dx$$

다음 C 프로그램은 (5)식으로 주어지는 사다리꼴적분법 알고리즘을 통해 구성되었으며 그 의미를 살펴보고 위 적분을 수행해 보자. (예제 II-5-2)에서 보여준 것처럼 주어진 적분구간을 2개의 구간으로 나눈 것으로부터 4개로 나눈 것에 대하여 각각 살펴보도록 하겠다.

```
#include <stdio.h>
#include <math.h>


#define func(x) (x*log(x))

double fx[1000];

main ()
{
```

```
11
12     FILE *out1;
13     out1=fopen("integration(trapezoidal method)_II-5-2.dat","w");
14
15     int i,n;
16     double x,x0,xn,delx,area_pre,area_integ;
17
18     n=2;              /* number of span  */
19
20     x0=1.0;
21     xn=3.0;
22     delx=(xn-x0)/float(n);
23
24     for(i=0;i<=n;i++)
25     {
26     x=x0+delx*float(i);
27     fx[i]=func(x);
28
29     }
30
31
32     area_pre=0.0;
33
34     for(i=1;i<=n-1;i++)
35     {
36     area_pre=area_pre+2.0*fx[i];
37     }
38
39     area_integ=(delx/2.0)*(fx[0]+fx[n]+area_pre);
40
41     for(i=0;i<=n;i++)
42     {
43     fprintf(out1,"fx[%f] = %f \n", x0+i*delx, fx[i]);
44     }
45
46        fprintf(out1,"\n");
47     fprintf(out1,"integration_trapezoidal method = %f \n", area_integ);
48
49
50     fclose(out1);
51     }
```

위 C 프로그램에서 line 5는 적분하고자 하는 함수를 정의해 주며, 특히 함수 $x\ln x$를 $x\log x$로 쓰고 있다. 이는 우리가 사용하고 있는 C 컴파일러 DEV-C++에서 자연로그 $\ln[]$을 $\log[]$로 쓰고 있기 때문이다. line 7에서는 사다리꼴적분법이 적분구간을 임의 개수 패널로 나누었을 때 그 사이사이 함수값들을 사용하므로 fx[]라는 배열로 이것을 나타내 주고 있다. line 18에서는 첫 번째로 패널의 수를 2개로 하고 있으며, line 20~21은 적분구간의 시작점 값과 끝점 값을 나타내 주고 있다. line 22에서는 적분구간을 임의 개수로 나눈 패널의 두께 Δx를 나타내주고 있다. line 24~29는 적분구간을 임의 개수의 패널로 나눌 경우 그 사이 x_i에서의 함수값 $f(x_i)$을 지정해 주고 있고, line 32~39는 사다리꼴적분법 (5)식을 그대로 나타내주고 있다. 마지막으로 line 42~48에서는 사다리꼴적분계산값을 "integration(trapezoidal method)_II-5-2.dat" 파일에 출력해주고 있다. 위 프로그램 수행 시 생성되는 파일을 열어 보면 다음과 같은 결과를 보여준다.

```
fx[1.000000] = 0.000000
fx[1.500000] = 0.608198
fx[2.000000] = 1.386294

integration_trapezoidal method = 0.650672
```

위 결과를 보면 x구간 $1 \le x \le 2$를 2개의 패널로 나누고 사다리꼴적분법 방법으로 적분을 수행한 것으로 $I = 0.650672$로 계산되어 정확한 계산값 $I = 0.636294$보다 큰 값을 보여주고 있다. 다음으로는 위 C 프로그램에서 line 18의 n을 4로 바꾸어서 프로그램을 수행해 보자. 그 결과를 보면

```
fx[1.000000] = 0.000000
fx[1.250000] = 0.278929
fx[1.500000] = 0.608198
fx[1.750000] = 0.979328
fx[2.000000] = 1.386294

integration_trapezoidal method = 0.639900
```

와 같이 계산되어 $I = 0.639900$인 것을 알 수 있다. 이번에는 위 프로그램 line 18에서 n=10으로 바꾸고 계산을 수행해 보면 다음 결과를 얻는다.

```
fx[1.000000] = 0.000000
fx[1.100000] = 0.104841
fx[1.200000] = 0.218786
fx[1.300000] = 0.341074
fx[1.400000] = 0.471061
fx[1.500000] = 0.608198
fx[1.600000] = 0.752006
fx[1.700000] = 0.902068
fx[1.800000] = 1.058016
fx[1.900000] = 1.219522
fx[2.000000] = 1.386294

integration_trapezoidal method = 0.636872
```

적분구간을 10개의 패널로 할 경우, 즉 n=10일 때 적분값은 $I = 0.636872$가 되어 적분값 정확한 값 $I = 0.636294$에 근접하는 것을 확인할 수 있다.

5.3 Simpson적분방법

앞 절에서 사다리꼴적분법을 통해 수치적분을 수행할 때 오차발생이 불가피하며 발생되는 오차는 $\sigma(\Delta x)^2$ 만큼의 오차한도를 갖는다고 하였다.

본 절에서는 이러한 사다리꼴적분법보다 오차한도를 더 작게 하는 방법을 다루고자 하는데 대표적으로 Simpon 적분법을 들 수 있으며 오차한도는 $\sigma(\Delta x)^4$만큼으로 사다리꼴적분법에 비하여 정확한 적분계산을 할 수 있다.

사다리꼴적분계산에서와 같이 그림 II-5-8의 적분구간 $a \leq x \leq b$에서 주어진 함수 $f(x)$에 대한 적분은 Simpson적분법을 통하여 계산할 때

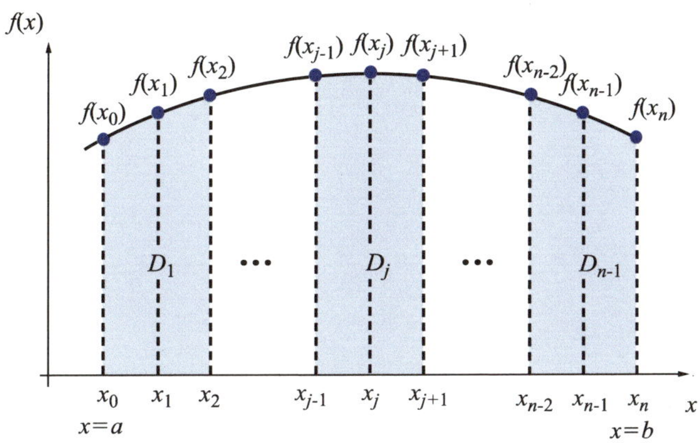

그림 II-5-8 짝수개의 패널을 갖는 $a \leq x \leq b$ 구간에서의 $n+1$개의 함수값

그림 II-5-8과 같이 전체 구간 $a \leq x \leq b$을 n개 패널로 나누고(여기서 n은 짝수) 여기서 패널을 2개씩 쌍으로 묶어 D_1, D_3, D_5, $\cdots$, D_{n-1}로 구분하여 적분식을 유도한다. 여기서 주의해야 할 사항은 앞선 사다리꼴적분법을 통한 적분 시에는 주어진 적분구간을 분할할 때 패널의 수가 짝수이든 홀수이든 관계없이 적분수행을 할 수 있지만, Simpson적분법을 통한 적분 수행 시는 적분구간 내의 패널의 수가 짝수이어야 만 한다. 이는 뒤에서 상세히 다루겠지만 Simpson적분법 알고리즘은 적분구간 내 인접한 2개의 패널 면적을 하나의 단위 면적으로 생각하기 때문이다.

그림 II-5-8에서 $x=a$로부터 임의 $x=x$까지의 함수 $f(x)$의 적분을 $I(x)$라고 하면 $I(x)$로 다음과 같다.

$$I(x) = \int_a^x f(x)dx \tag{26}$$

그러면 $I(x_j+\Delta x)$는 $I(x_j)$를 기준으로 테일러급수 정리를 통하여 다음 식으로 표현된다.

$$I(x_j+\Delta x)=I(x_j)+(\Delta x)I'(x_j)+\frac{(\Delta x)^2}{2!}I''(x_j)+\frac{(\Delta x)^3}{3!}I'''(x_j)+\cdots \tag{27}$$

그런데 (26)식에서 양변을 미분하면 다음과 같은 식을 얻게 되므로

$$\begin{aligned} I'(x) &= f(x) \\ I''(x) &= f'(x) \\ &\vdots \\ I^n(x) &= f^{(n-1)}(x) \end{aligned} \tag{28}$$

(28)식으로부터 (27)식을 다시 정리하면 다음과 같이 정리된다.

$$I(x_j+\Delta x)=I(x_j)+(\Delta x)f(x_j)+\frac{(\Delta x)^2}{2!}f'(x_j)+\frac{(\Delta x)^3}{3!}f''(x_j)+\cdots \tag{29}$$

같은 방법으로 $I(x_j-\Delta x)$를 구하면 다음 식을 얻는다.

$$I(x_j-\Delta x)=I(x_j)-(\Delta x)f(x_j)+\frac{(\Delta x)^2}{2!}f'(x_j)-\frac{(\Delta x)^3}{3!}f''(x_j)+\cdots \tag{30}$$

(29)식에서 (30)식을 빼면

$$\begin{aligned} &I(x_j+\Delta x)-I(x_j-\Delta x) \\ &\quad=2\left[(\Delta x)f(x_j)+\frac{(\Delta x)^3}{3!}f''(x_j)+\frac{(\Delta x)^5}{5!}f^{(iv)}(x_j)+\sigma(\Delta x)^7\right] \\ &\quad=2(\Delta x)f(x_i)+\frac{(\Delta x)^3}{3}f''(x_j)+\frac{(\Delta x)^5}{60}f^{(iv)}(x_j)+\sigma(\Delta x)^7 \\ &\quad=D_j \end{aligned} \tag{31}$$

(31)식에서 좌변 $I(x_j+\Delta x)-I(x_j-\Delta x)$는 그림 II-5-8에서 D_j로 나타난 음영된 영역의 면적을 의미하며 (31)식의 우변과 같이 $f(x_j)$, $f''(x_j)$, $f^{(iv)}$, $\cdots$ 등의 산술식으로 나타난다.

한편 (31)식의 미분항 $f''(x_j)$는 파트1, 2장에서 언급한 유한차분식으로 다음과 같이 쓸 수 있으므로

$$f''(x_j)=\frac{f(x_{j+1})-2f(x_j)+f(x_{j-1})}{(\Delta x)^2}-\frac{(\Delta x)^2}{12}f^{(iv)}(x_j)+\sigma(\Delta x)^4 \tag{32}$$

(32)식을 (31)식에 대입정리하면, $I(x_j+\Delta x)-I(x_j-\Delta x)$는 다음과 같이 정리된다.

$$
\begin{aligned}
&I(x_j+\Delta x)-I(x_j-\Delta x) \qquad (33)\\
&=2(\Delta x)f(x_j)\\
&\quad+\frac{(\Delta x)^3}{3}\left[\frac{f(x_{j+1})-2f(x_j)+f(x_{j-1})}{(\Delta x)^2}-\frac{(\Delta x)^2}{12}f^{(iv)}(x_j)+\sigma(\Delta x)^4\right]\\
&\quad+\frac{(\Delta x)^5}{60}f^{(iv)}(x_j)+\sigma(\Delta x)^7\\
&=\frac{(\Delta x)}{3}\left[f(x_{j-1})+4f(x_j)+f(x_{+1})\right]-\frac{(\Delta x)^5}{90}f^{(iv)}(x_j)+\sigma(\Delta x)^7\\
&=D_j
\end{aligned}
$$

그림 II-5-8에서 $x=a$에서 $x=b$까지의 전체구간 적분값은 다음과 같이 쓰인다.

$$\int_a^b f(x)dx=I(b)=\sum_{j=1}^{n-1}D_j=D_1+D_3+D_5+\cdots+D_{n-1} \qquad (34)$$

(33)식으로부터 (34)식의 D_1, D_3, D_5, $\cdots$, D_n을 다음과 같이 쓸 수 있다.

$$
\begin{aligned}
D_1&=\frac{\Delta x}{3}[f(x_0)+4f(x_1)+f(x_2)]-\frac{(\Delta x)^5}{90}f^{(iv)}(x_1)+\sigma(\Delta x)^7 \qquad (35)\\
D_3&=\frac{\Delta x}{3}[f(x_2)+4f(x_3)+f(x_4)]-\frac{(\Delta x)^5}{90}f^{(iv)}(x_3)+\sigma(\Delta x)^7\\
&\vdots\\
D_{n-1}&=\frac{\Delta x}{3}[f(x_{n-2})+4f(x_{n-1})+f(x_n)]-\frac{(\Delta x)^5}{90}f^{(iv)}(x_{n-1})+\sigma(\Delta x)^7
\end{aligned}
$$

(35)식의 좌변과 우변을 각각 더하면 다음과 같은 식을 얻는다.

$$
\begin{aligned}
&D_1+D_3+\cdots\ D_{n-1} \qquad (36)\\
&=\frac{\Delta x}{3}\left[f(x_0)+4\sum_{\substack{j=1\\odd}}^{n-1}(x_j)+2\sum_{\substack{j=2\\even}}^{n-2}(x_j)+f(x_n)\right]-\frac{(\Delta x)^5}{90}\sum_{\substack{j=1\\odd}}^{n-1}f^{(iv)}(x_j)+\sigma(\Delta x)^7
\end{aligned}
$$

(36)식에서 우변 2번째 항의 $\sum_{\substack{j=1\\odd}}^{n-1}f^{(iv)}(x_j)$를 중간값 정리를 통하여 다음과 같은 식으로 쓰인다.

$$\sum_{\substack{j=1\\odd}}^{n-1} f^{(iv)}(x_j) = f^{(iv)}(x_1) + f^{(iv)}(x_3) + \cdots + f^{(iv)}(x_{n-1}) = \frac{n}{2} f^{(iv)}(\bar{x}) \tag{37}$$

(37)로부터 (36)식은 다음과 같이 간략화 된다.

$$-\frac{(\Delta x)^5}{90}\sum_{j=1}^{n-1} f^{(iv)}(x_j) = -\frac{(\Delta x)^5}{90}\cdot\frac{n}{2}\cdot f^{(iv)}(\bar{x}) \tag{38}$$

$$= -\frac{(\Delta x)^5}{90}\cdot\frac{1}{2}\frac{b-a}{\Delta x}\cdot f^{(iv)}(\bar{x})$$

$$= -\frac{(\Delta x)^4}{180}(b-a) f^{(iv)}(\bar{x}) \sim \sigma(\Delta x)^4$$

한편 (36)식의 좌변 $D_1 + D_3 + \cdots + D_{n-1}$는 (34)식에서와 같이 $I(b)$이고, 즉 그림 II-5-8에서 $x=a$에서 $x=b$까지의 전체 적분값이고 (36)식의 우변은 (38)식으로 간략화되므로 (36)식은 다음과 같은 식으로 정리된다.

$$I(b) = \frac{\Delta x}{3}\left[f(x_0) + f(x_n) + 4\sum_{\substack{j=1\\odd}}^{n-1} f(x_j) + 2\sum_{\substack{j=2\\even}}^{n-2} f(x_j)\right] + \sigma(\Delta x)^4 \tag{39}$$

(39)식으로부터 그림 II-5-8의 $x=a$에서 $x=b$까지 전체구간 적분값 $I(b)$은 (39)식의 우변과 같이 쓸 수 있고 $\sigma(\Delta x)^4$와 같은 오차한도를 갖는다는 것을 알 수 있으며 앞서 언급한 사다리꼴적분법의 오차한도가 $\sigma(\Delta x)^2$인 것과 비교되며 이는 적분값을 표현하는 수식이 좀 더 복잡해졌다는 사실로부터 그 의미를 살펴볼 수 있다.

예제 II-5-3

다음 적분을 Simpson적분법으로 계산하시오.

$$I = \int_{-\pi/2}^{\pi/2} \cos x \, dx$$

해설 그림 II-5-6에서의 음영 부분의 면적을 계산하기 위하여 x구간 $-\pi/2 \le x \le \pi/2$를 4개의 패널로 나누고 Simpson적분법을 통해 적분을 수행해 보자. 그러면, x구간 $-\pi/2 \le x \le \pi/2$를 4 등분하여 4개의 패널을 만들고 각각의 패널의 넓이를 Simpson적분법에 의해 계산하여 더하게 되면 (39)식 $I = \frac{\Delta x}{3}\left[f(x_0) + f(x_n) + 4\sum_{\substack{j=1\\odd}}^{n-1} f(x_j) + 2\sum_{\substack{j=2\\even}}^{n-2} f(x_j)\right]$을 적용하여 기술되고 위

그래프를 4개의 패널로 나누고 적용하면 아래와 같이 된다.

$$I=\frac{\Delta x}{3}(f(-\pi/2)+f(\pi/2)+4[f(-\pi/4)+f(\pi/4)]+2[f(0)])$$

여기서, $\Delta x=\pi/4$가 되고 $f(x)=\cos x$를 대입 정리하면

$$I=\frac{\pi}{12}(\cos(-\pi/2)+\cos(\pi/2)+4[\cos(-\pi/4)+\cos(\pi/4)]+2[\cos(0)])$$
$$=2.004559$$

와 같이 되어 정확한 적분값 $I=2$에 거의 근접한 결과를 준다. 이러한 결과는 사다리꼴적분법에서는 적분구간을 4개의 패널로 나누어 적분을 수행한 값이 $I=1.896119$인 것과는 대조적이다. 사다리꼴적분법에서는 x구간을 10개 패널로 나누어 적분을 실행했을 때에도 적분값이 $I=1.983524$로 정확한 적분값 $I=2$에 못 미치는 것을 확인한 바 있다. 이는 사다리꼴적분법의 경우 적분구간을 나누어서 적분할 때 결과의 오차가 $\sim(\Delta x)^2$인데 반하여 Simpson적분법의 경우는 오차가 $\sim(\Delta x)^4$인 결과에 기인한다.

예제 II-5-4

다음 적분을 Simpson적분법으로 계산하시오.

$$I=\int_1^2 x\ln x\,dx$$

해설 위의 함수 $f(x)=x\ln x$를 x구간 $1\le x\le 2$에서 적분을 수행하기 위해 그래프 개형을 살펴보면 아래 그림과 같고 정확한 적분값은 $I=0.636294$가 된다. 즉, 아래 그림의 색깔 있는 부분의 면적이 0.636294가 된다.

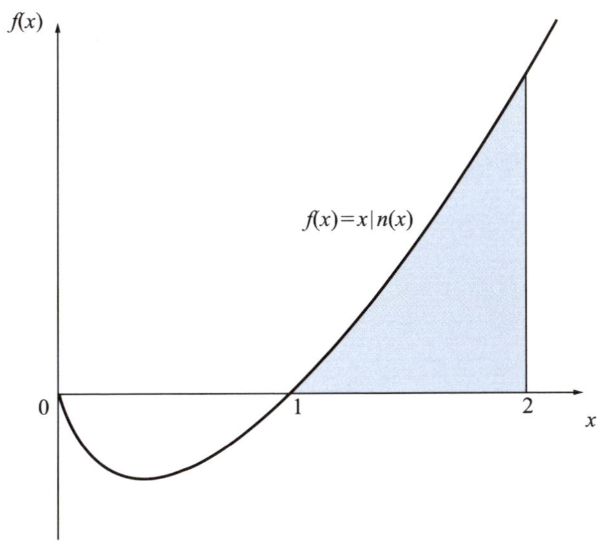

그림 II-5-7 $1\le x\le 2$ 구간에서 함수 $f(x)=x\ln x$의 개형

4개의 패널을 만들고 각각의 패널의 넓이를 Simpson적분법에 의해 계산하여 더하게 되면 위 그림에서 색깔 있는 부분의 면적을 계산하기 위하여 x구간 $1 \le x \le 2$를 4개의 패널로 나누고 Simpson적분법 방법으로 적분을 수행해 보자. 그러면, x구간 $1 \le x \le 2$를 4 등분하여 (39)식 $I = \frac{\Delta x}{3}\left[f(x_0) + f(x_n) + 4\sum_{\substack{j=1 \\ odd}}^{n-1} f(x_j) + 2\sum_{\substack{j=2 \\ even}}^{n-2} f(x_j)\right]$을 적용하여 기술되고 위 그림을 4개의 패널로 나누고 적용하면 아래와 같이 된다.

$$I = \frac{\Delta x}{3}(f(1) + f(2) + 4[f(1.25) + f(1.75)] + 2[f(1.5)])$$

여기서, $\Delta x = 0.25$가 되고 $f(x) = x\ln x$를 대입 정리하면

$$\begin{aligned} I &= \frac{0.25}{3}(1\ln 1 + 2\ln 2 + 4[1.25\ln 1.25 + 1.75\ln 1.75] + 2[1.5\ln 1.5]) \\ &= 0.636310 \approx 0.636294 \end{aligned}$$

이는 정확한 적분값 $I = 0.636294$에 거의 근접한 결과를 준다. 이러한 결과는 사다리꼴적분법에서는 적분구간을 4개의 패널로 나누어 적분을 수행한 값이 $I = 0.639900$인 것과는 대조적이다.

C 프로그래밍 연습 [II-5-3]

(예제 II-5-3)에서 다룬 다음 적분을 Simpson적분법으로 계산하는 C 프로그램을 작성하고 적분구간을 나눈 패널의 수에 따른 해의 정확성을 검토하시오.

$$I = \int_{-\pi/2}^{\pi/2} \cos x \, dx$$

다음 C 프로그램은 (39)식으로 주어지는 Simpson적분법 알고리즘을 통해 구성되었다. 앞서 본문에서도 언급한 대로 Simpson적분법으로 적분을 수행할 경우, 적분구간을 짝수개의 패널로 나누어야 한다는 주의 사항을 언급하였다. 따라서, 적분구간을 4개의 패널, 즉 4개의 구간으로 나눈 것부터 시작하여 그 수를 늘려가며 해의 정확성 변화를 살펴보도록 하겠다.

```
#include <stdio.h>
#include <math.h>


#define func(x) (cos(x))

double fx[1001];

main ()
{

FILE *out1;
```

```
out1=fopen("integration(simpson method)_II-5-3.dat","w");

int i,j,n;
double x,x0,xn,delx,area_pre_even,area_pre_odd,area_integ;

n=4;            /* number of span  */

x0=-3.141592/2.0;
xn=3.141592/2.0;
delx=(xn-x0)/float(n);

for(i=0;i<=n;i++)
{
x=x0+delx*float(i);
fx[i]=func(x);

}


area_pre_odd=0.0;
area_pre_even=0.0;

for(i=1;i<=n/2;i++)
{
j=i*2-1;
area_pre_odd=area_pre_odd+4.0*fx[j];
}

for(i=1;i<=n/2-1;i++)
{
j=i*2;
area_pre_even=area_pre_even+2.0*fx[j];
}

area_integ=(delx/3.0)*(fx[0]+fx[n]+area_pre_odd+area_pre_even);


for(i=0;i<=n;i++)
{
fprintf(out1,"fx[%f] = %f \n", x0+i*delx, fx[i]);
}

fprintf(out1,"\n");
fprintf(out1,"integration using simpson method = %f \n", area_integ);

```

```
58
59    fclose(out1);
60    }
```

위 C 프로그램에서 line 5는 적분하고자 하는 함수를 정의해 준다. line 7에서는 Simpson적분법이 적분구간을 임의 개수 패널로 나누었을 때 그 사이사이 함수값들을 사용하므로 fx[]라는 배열로 함수값들을 입력해 주고 있다. line 18에서는 패널의 수를 4개로 하고 있으며, line 20~21은 적분구간의 시작점 값과 끝점 값을 나타내 주고 있다. line 22에서는 적분구간을 임의 개수로 나눈 패널의 두께 $\Delta x = \pi/4$를 나타내주고 있다. line 24~29는 적분구간을 임의 개수의 패널로 나눌 경우 그 사이 x_i에서의 함수값 $f(x_i)$을 지정해 주고 있고, line 32~47은 Simpson적분법 (39)식을 그대로 나타내주고 있다. 마지막으로 line 50~56에서는 Simpson적분법 적분계산값을 "integration(simpson method)_II-5-3.dat" 파일에 출력해주고 있다. 위 프로그램 수행 시 생성되는 파일을 열어 보면 다음과 같은 결과를 보여준다.

```
fx[-1.570796] = 0.000000
fx[-0.785398] = 0.707107
fx[0.000000] = 1.000000
fx[0.785398] = 0.707107
fx[1.570796] = 0.000000

integration using simpson method = 2.004560
```

위 결과를 보면 x구간 $-\pi/2 \le x \le \pi/2$를 4개의 패널로 나누고 각각의 패널 교차점에서의 함수값 $f(x)$를 나타내주고 있으며, 마지막으로 Simpson적분법 방법으로 적분을 수행한 값을 나타내고 있다. 적분값은 $I = 2.004560$으로 계산되어 정확한 값 $I = 2$에 상당히 근접한 것을 알 수 있다. 위 적분구간을 4개의 패널로 나누고 사다리꼴적분법을 통한 적분값은 $I = 1.896119$로 Simpson적분법에 비하여 정확도가 떨어지는 것을 볼 수 있다.

다음으로는 위 C 프로그램에서 line 18의 n을 10로 바꾸어서 프로그램을 수행해 보자. 그 결과를 보면

```
fx[-1.570796] = 0.000000
fx[-1.256637] = 0.309017
fx[-0.942478] = 0.587785
fx[-0.628318] = 0.809017
fx[-0.314159] = 0.951057
fx[0.000000] = 1.000000
fx[0.314159] = 0.951057
fx[0.628318] = 0.809017
fx[0.942478] = 0.587785
fx[1.256637] = 0.309017
fx[1.570796] = 0.000000

integration using simpson method = 2.000110
```

와 같이 계산되어 $I = 2.000110$인 것을 알 수 있다. 이는 앞서 사다리꼴적분법에서 n=10으로 할 때 적분계산값이 $I = 1.983524$로 계산된 것과 비교할 때 더욱 정확한 값을 보여주고 있다.

C 프로그래밍 연습 [II-5-4]

(예제 II-5-4)에서 다룬 다음 적분을 Simpson적분법으로 계산하는 C 프로그램을 작성하고 적분구간을 나눈 패널의 수에 따른 해의 정확성을 검토하시오.

$$I=\int_{1}^{2} x\ln x\,dx$$

다음 C 프로그램은 (39)식으로 주어지는 Simpson적분법 알고리즘을 통해 구성되었다. 앞서 언급했듯이 Simpson적분법 수행 시 주의사항은 적분구간의 분할 시 짝수개의 패널로 나누어야 하는 것을 주의해야 한다.

```
#include <stdio.h>
#include <math.h>

#define func(x) (x*log(x))

double fx[1000];

main ()
{

FILE *out1;
out1=fopen("integration(simpson method)_II-5-4.dat","w");

int i,j,n;
double x,x0,xn,delx,area_pre_even,area_pre_odd,area_integ;

n=4;            /* number of span  */

x0=1.0;
xn=2.0;
delx=(xn-x0)/float(n);

for(i=0;i<=n;i++)
{
x=x0+delx*float(i);
fx[i]=func(x);

}


area_pre_odd=0.0;
area_pre_even=0.0;
```

```
34
35    for(i=1;i<=n/2;i++)
36    {
37    j=i*2-1;
38    area_pre_odd=area_pre_odd+4.0*fx[j];
39    }
40
41    for(i=1;i<=n/2-1;i++)
42    {
43    j=i*2;
44    area_pre_even=area_pre_even+2.0*fx[j];
45    }
46
47    area_integ=(delx/3.0)*(fx[0]+fx[n]+area_pre_odd+area_pre_even);
48
49
50    for(i=0;i<=n;i++)
51    {
52    fprintf(out1,"fx[%f] = %f \n", x0+i*delx, fx[i]);
53    }
54
55       fprintf(out1,"\n");
56    fprintf(out1,"integration using simpson method = %f \n", area_integ);
57
58
59    fclose(out1);
60    }
```

line 7에서는 사다리꼴적분법이 적분구간을 임의 개수 패널로 나누었을 때 그 사이사이 함수값들을 사용하므로 fx[]라는 배열로 함수값을 입력해 주고 있다. line 18에서는 패널의 수를 4개로 하여 Simpson적분법에서는 적분구간 분할 패널의 수를 짝수개로 하여야 한다는 것을 만족하고 있으며, line 20~21은 적분구간의 시작점 값과 끝점 값을 나타내 주고 있다. line 22에서는 적분구간을 임의 개수로 나눈 패널의 두께 Δx를 나타내주고 있다. line 24~29는 적분구간을 임의 개수의 패널로 나눌 경우 x_i에서의 함수값 $f(x_i)$을 지정해 주고 있다. line 32~47은 Simpson적분법 알고리즘 (39)식을 그대로 보여주고 있다. 마지막으로 line 50~56에서는 사다리꼴적분계산값을 "integration(simpson method)_II-5-4.dat" 파일에 출력해주고 있다. 위 프로그램 수행 시 생성되는 파일을 열어 보면 다음과 같은 결과를 보여준다.

```
fx[1.000000] = 0.000000
fx[1.250000] = 0.278929
fx[1.500000] = 0.608198
fx[1.750000] = 0.979328
fx[2.000000] = 1.386294

integration using simpson method = 0.636310
```

위 결과를 보면 x구간 $1 \le x \le 2$를 4개의 패널로 나누고 Simpson적분법으로 적분을 수행한 것으로 $I = 0.636310$으로 계산되어 정확한 값 $I = 0.636294$에 상당히 근접한 값을 보여주고 있다. 다음으로는 위 C 프로그램에서 line 18의 n을 10으로 바꾸어서 프로그램을 수행해 보자. 그 결과를 보면

```
fx[1.000000] = 0.000000
fx[1.100000] = 0.104841
fx[1.200000] = 0.218786
fx[1.300000] = 0.341074
fx[1.400000] = 0.471061
fx[1.500000] = 0.608198
fx[1.600000] = 0.752006
fx[1.700000] = 0.902068
fx[1.800000] = 1.058016
fx[1.900000] = 1.219522
fx[2.000000] = 1.386294

integration using simpson method = 0.636295
```

와 같이 계산되어 $I = 0.636295$로 정확한 적분값인 $I = 0.636294$와 비교할 때 소수점 6번째 자리에서만 차이가 나고 정확한 일치를 보여준다. 이러한 결과는 앞서 패널을 n = 10으로 하고 사다리꼴적분법으로 계산한 $I = 0.636872$인 결과와 비교할 때도 매우 정확한 결과를 보여준다.

Chap 6. 고유치 문제(Eigenvalue Problem)의 수치해석

공학이나 자연과학에 있어서 고유치(Eigenvalue) 문제는 매우 중요한 주제이다. 물체의 진동문제, 구조물의 응력해석, 시스템 고유치 계산을 통한 최적의 시스템 설계응용 등 공학전반에 걸쳐 고유치 문제가 있으며, 자연과학에는 대표적으로 양자역학의 파동방정식의 해석과 관련한 고유치 관련한 문제가 있다. 이와 관련한 수치적 해석적 방법으로는 누승법(Power Method), 고유치이동법(Eigenvalue Shifting Method), 역행렬 누승법(Inverse Matrix Power Method) 등 다양한 기법이 있으며, 서로 보완적 관계가 있으므로 주어진 고유치 문제를 해결하기 위해 필요한 주요한 기법을 소개하고자 한다.[11)]

6.1 고유치 문제 일반

일반적으로 어떤 물리 시스템은 행렬로 표현이 되고, 그 시스템에서 물리량의 변화는 벡터로 표현되는데, 다음 식과 같이 표현되는 행렬방정식을 고유치 문제라고 한다.

$$A\vec{X} = \lambda\vec{X} \tag{1}$$

위 식과 같이 표현되는 고유치 문제는 식에서 보는 바와 같이 어떤 행렬에 벡터를 곱한 것이 바로 그 벡터의 상수(λ)배 만큼이 된다는 것이며, 그것을 만족하는 상수(λ)와 벡터를 구하는 문제가 곧 행렬의 고유치 문제라고 생각할 수 있겠다. 일반적으로 $(n \times n)$ 행렬인 경우, 위 행렬방정식으로부터 n개의 서로 다른 고유값(Eigenvalue) λ와 고유벡터(Eigenvector) $\vec{X}$가 구해진다.

(1)식에서 우변을 좌변으로 옮기면 다음과 같은 식이 된다.

$$(A - \lambda I)\vec{X} = 0 \tag{2}$$

위 식에서 $\vec{X} \neq 0$인 해, 즉 단순하지 않은 해(Non Trivial Solution)를 가지려면 다음과 같은 조건을 만족해야 한다.

11) 본 장에서 소개하는 고유값, 고유벡터와 관련한 내용은 수치해석의 중요한 주제이며, 주로 참고문헌 [1], [2], [4], [5], [8]을 참고하였다.

$$\det(A-\lambda I)=0 \tag{3}$$

즉, (3)식을 만족하면 행렬로 표현되는 어떤 물리시스템의 고유값 (λ)를 알게 되고, 그로부터 (1)식을 만족하는 고유벡터 $\vec{X}$가 얻어진다.

일반적으로 공학이나 자연과학에서 나타나는 행렬은 대칭인 행렬이 대부분이고 이러한 행렬로부터 얻어지는 고유벡터는 서로 직교(Orthogonal)하는 특성을 지닌다. 다음 대칭 행렬로 구성된 행렬방정식이 있다고 하자.

$$A\vec{R}=\vec{S} \tag{4}$$

여기서 A는 $(n\times n)$ 행렬, $\vec{R}$와 $\vec{S}$는 $(n\times 1)$ 벡터이다. 그러면 다음과 같은 식이 만족한다.

$$\vec{R}^TA=\vec{S}^T \tag{5}$$

그리고 어떤 $(n\times 1)$ 벡터 $\vec{Z}$가 있다고 하자. 그러면 다음과 같은 식이 만족한다.

$$\vec{Z}^T\vec{S}=\vec{S}^T\vec{Z} \tag{6}$$

위 (6)식에 (4), (5)식을 대입하면 (6)식은 다음과 같이 된다.

$$\vec{Z}^TA\vec{R}=\vec{R}^TA\vec{Z} \tag{7}$$

위 식에서 $\vec{R}=\vec{X}_1$, $\vec{Z}=\vec{X}_2$라고 하면 (7)식은 다시

$$\overrightarrow{X_2^T}\,A\,\vec{X}_1=\overrightarrow{X_1^T}\,A\,\overrightarrow{X_2} \tag{8}$$

와 같이 된다. (1)식에서 $A\vec{X}=\lambda\vec{X}$와 같으므로, (8)식에서 $A\overrightarrow{X_1}=\lambda_1\overrightarrow{X_1}$, $A\overrightarrow{X_2}=\lambda_2\overrightarrow{X_2}$와 같이 된다. 그러므로 (8)식은 다시 다음과 같이 된다.

$$\overrightarrow{X_2^T}\,\lambda_1\,\vec{X}_1=\overrightarrow{X_1^T}\,\lambda_2\,\overrightarrow{X_2} \tag{9}$$

(9)식을 정리하면

$$\lambda_1\,\overrightarrow{X_2^T}\,\vec{X}_1=\lambda_2\,\overrightarrow{X_1^T}\,\overrightarrow{X_2} \tag{10}$$

와 같이 된다.

(10)식을 자세히 들여다보면 $\overrightarrow{X_2^T}\,\vec{X}_1=\overrightarrow{X_1^T}\,\overrightarrow{X_2}$이므로, 양변이 같으려면 $\lambda_1=\lambda_2$이어야 한다.

그러나, 위에서 설명한 바와 같이 A 행렬이 $(n \times n)$ 행렬인 경우 (1)식과 같은 행렬방정식에서 n개의 서로 다른 고유값 λ와 고유벡터 $\overrightarrow{X}$가 구해진다고 하였으므로, $\lambda_1 \neq \lambda_2$이어야 한다. 따라서, $\overrightarrow{X_2^T}\,\overrightarrow{X}_1 = \overrightarrow{X_1^T}\,\overrightarrow{X_2} = 0$이어야 하고, 이는 $\overrightarrow{X}_1$벡터와 $\overrightarrow{X}_2$벡터는 서로 직교(Orthogonal)함을 의미한다. 즉, 앞의 $A\overrightarrow{X} = \lambda\overrightarrow{X}$에서 얻어지는 고유벡터 $\overrightarrow{X_1}$, $\overrightarrow{X_2}$, $\overrightarrow{X_3}$, $\cdots$, $\overrightarrow{X_n}$는 서로 직교한다.

6.2 누승법(Power Method)

이제는 (1)식으로 주어지는 행렬방정식을 만족하는 고유치와 고유벡터를 구해보자. 먼저 가장 널리 이용되는 방법 중에 하나인 누승법(Power Method)에 대해서 살펴보도록 하자.

앞서 언급한 행렬방정식 (1)에서 $(n \times n)$ 행렬 A는 n개의 고유치와 고유벡터를 가지고 있다고 하자. 그러면 n개의 고유벡터는 임의의 어떤 벡터 $\overrightarrow{Y}$를 다음과 같이 A 행렬의 고유벡터의 조합으로 나타낼 수 있다.

$$\overrightarrow{Y} = c_1\overrightarrow{X_1} + c_2\overrightarrow{X_2} + c_1\overrightarrow{X_3} + \cdots + c_n\overrightarrow{X_n} \tag{11}$$

여기서, $\overrightarrow{X_1}$, $\overrightarrow{X_2}$, $\overrightarrow{X_3}$, $\cdots$, $\overrightarrow{X_n}$는 행렬 A의 고유벡터을 c_1, c_2, $\cdots$, c_n는 상수를 나타낸다. 다음에는 행렬 A에 벡터 $\overrightarrow{Y}$를 곱하여 보자.

$$A\overrightarrow{Y} = c_1A\overrightarrow{X_1} + c_2A\overrightarrow{X_2} + c_1A\overrightarrow{X_3} + \cdots + c_nA\overrightarrow{X_n} \tag{12}$$

여기서, (1)식으로부터 $A\overrightarrow{X_1} = \lambda_1\overrightarrow{X_1}$, $A\overrightarrow{X_2} = \lambda_2\overrightarrow{X_2}$, $\cdots$, $A\overrightarrow{X_n} = \lambda_n\overrightarrow{X_n}$ 이므로 (12)식은 다시 다음과 같이 쓰인다.

$$A\overrightarrow{Y} = c_1\lambda_1\overrightarrow{X_1} + c_2\lambda_2\overrightarrow{X_2} + c_3\lambda_3\overrightarrow{X_3} + \cdots + c_n\lambda_n\overrightarrow{X_n} \tag{13}$$

일반적으로, 행렬 A의 고유값은 크기가 서로 다르므로 계산된 고유값이 다음과 같다고 하자.

$$|\lambda_1| > |\lambda_2| > |\lambda_3| > \cdots > |\lambda_n| \tag{14}$$

그런데 (12)식에서 양변에 행렬 A를 한 번 더 곱하고 (13)식을 대입하여 정리하면

$$A(A\overrightarrow{Y}) = A(c_1A\overrightarrow{X_1} + c_2A\overrightarrow{X_2} + c_3A\overrightarrow{X_3} + \cdots + c_nA\overrightarrow{X_n}) \tag{15}$$
$$= A(c_1\lambda_1\overrightarrow{X_1} + c_2\lambda_2\overrightarrow{X_2} + c_3\lambda_3\overrightarrow{X_3} + \cdots + c_n\lambda_n\overrightarrow{X_n})$$
$$= c_1\lambda_1A\overrightarrow{X_1} + c_2\lambda_2A\overrightarrow{X_2} + c_3\lambda_3A\overrightarrow{X_3} + \cdots + c_n\lambda_nA\overrightarrow{X_n}$$
$$= c_1\lambda_1^2\overrightarrow{X_1} + c_2\lambda_2^2\overrightarrow{X_2} + c_3\lambda_3^2\overrightarrow{X_3} + \cdots + c_n\lambda_n^2\overrightarrow{X_n}$$

(15)식과 같이 되며, 행렬 A를 반복해서 곱할 때 마다 고유값이 곱해지게 되어 m번 A 행렬을 곱하게 되면 (15)식은 다음과 같이 쓰인다.

$$A^m\overrightarrow{Y} = c_1\lambda_1^m\overrightarrow{X_1} + c_2\lambda_2^m\overrightarrow{X_2} + c_3\lambda_3^m\overrightarrow{X_3} + \ldots + c_n\lambda_n^m\overrightarrow{X_n} \tag{16}$$
$$= \lambda_1^m\left[c_1\overrightarrow{X_1} + c_2\left(\frac{\lambda_2}{\lambda_1}\right)^m\overrightarrow{X_2} + c_3\left(\frac{\lambda_3}{\lambda_1}\right)^m\overrightarrow{X_3} + \ldots + c_n\left(\frac{\lambda_n}{\lambda_1}\right)^m\overrightarrow{X_n}\right]$$

그런데 $\frac{|\lambda_i|}{|\lambda_1|} < 1$이므로 (16)식에서 m이 커질수록 $\left(\frac{|\lambda_i|}{|\lambda_1|}\right)^m \ll 1$ 되어 (16)식은 다음과 같이 된다.

$$A^m\overrightarrow{Y} = \lambda_1^m\left[c_1\overrightarrow{X_1} + c_2\left(\frac{\lambda_2}{\lambda_1}\right)^m\overrightarrow{X_2} + c_3\left(\frac{\lambda_3}{\lambda_1}\right)^m\overrightarrow{X_3} + \ldots + c_n\left(\frac{\lambda_n}{\lambda_1}\right)^m\overrightarrow{X_n}\right] \tag{17}$$
$$\approx \lambda_1^m c_1\overrightarrow{X_1}$$

이와 같은 방법을 바탕으로 $(n\times n)$ 행렬 A의 고유값 중 가장 큰 고유치를 구해내는 방법이 누승법(Power Method)이 되겠다.

이제는 실질적으로 누승법을 이용하여 임의 행렬의 최대 고유값을 구하는 방법을 살펴보자. 임의 $(n\times n)$ 행렬 A가 있다고 하고, 앞서 언급한 바와 같이 n개의 고유값이 있고 첫 번째 고유값 λ_1이 가장 크다고 가정하자. 그리고 여기에 임의 $(n\times 1)$ 벡터 $\overrightarrow{Y_0}$를 곱하면 $(n\times 1)$ 벡터 $\overrightarrow{Y_1}$를 얻는다. $\overrightarrow{Y_1}$ 벡터 중 가장 큰 요소를 1로 만들고 나머지 항을 정규화 시키면 $\overrightarrow{Y_1}$ 벡터는 $\overrightarrow{Y_1} = p_1\overrightarrow{Y_1}'$와 같이 된다. 또한 A 행렬에 $\overrightarrow{Y_1}$ 벡터를 곱하면 $\overrightarrow{Y_2}$ 벡터를 얻고 $\overrightarrow{Y_2}$ 벡터를 정규화 시키면 $\overrightarrow{Y_2} = p_2\overrightarrow{Y_2}'$를 얻는다. 이렇게 계속해서 반복계산을 하면 다음과 같은 식으로 요약된다.

$$A\overrightarrow{Y_0} = \overrightarrow{Y_1} = p_1\overrightarrow{Y_1}'$$
$$A\overrightarrow{Y_1} = p_1A\overrightarrow{Y_1}' = \overrightarrow{Y_2} = p_1p_2\overrightarrow{Y_2}'$$
$$A\overrightarrow{Y_2} = p_1p_2A\overrightarrow{Y_2}' = \overrightarrow{Y_3} = p_1p_2p_3\overrightarrow{Y_3}'$$
$$\vdots \tag{18}$$

$$A\overrightarrow{Y}_{n-2} = (p_1p_2 \cdots p_{n-2})A\overrightarrow{Y}_{n-2}' = \overrightarrow{Y}_{n-1} = (p_1p_2 \cdots p_{n-1})\overrightarrow{Y}_{n-1}' \approx c_1\lambda_1^{n-1}\overrightarrow{X_1}$$
$$A\overrightarrow{Y}_{n-1} = (p_1p_2 \cdots p_{n-1})A\overrightarrow{Y}_{n-1}' = \overrightarrow{Y_n} = (p_1p_2 \cdots p_n)\overrightarrow{Y_n}' \approx c_1\lambda_1^{n}\overrightarrow{X_1}$$

(18)식에서 처음 가정된 벡터 $\overrightarrow{Y_0}$로부터 계속해서 행렬 A와의 곱을 통해서 새로운 벡터들 $\overrightarrow{Y_1}$, $\overrightarrow{Y_2}$, $\overrightarrow{Y_3}$, $\cdots$, $\overrightarrow{Y_n}$이 계산되는데 n, $n-1$번째 식을 고려하면 최대 고유값(Eigenvalue)이 계산되는데 다음 식과 같다.

$$\lambda_1 = \frac{(p_1p_2 \cdots p_n)\overrightarrow{Y_n}'}{(p_1p_2 \cdots p_{n-1})\overrightarrow{Y}_{n-1}'} = p_n\frac{\overrightarrow{Y_n}'}{\overrightarrow{Y}_{n-1}'} \approx p_n \tag{19}$$

(19)식에서 반복계산을 수행해가면서 일정한 값으로 수렴해 가는데 n 스텝과 $n-1$ 스텝에서의 정규화된 벡터가 같아지게 되고 이 때 계산된 p_n값이 행렬 A의 최대 고유값이 된다.

예제 II-6-1

다음 행렬 방정식의 고유치와 고유벡터를 구하고, 여기서 가장 큰 고유치(Eigenvalue)와 이에 대한 고유벡터(Eigenvector)를 누승법(Power Method)을 적용하여 구하시오.

$$\begin{bmatrix} 3 & 5 & 3 \\ 0 & -1 & 6 \\ 0 & 0 & 4 \end{bmatrix}\begin{bmatrix} x_1 \\ x_2 \\ x_3 \end{bmatrix} = \lambda\begin{bmatrix} x_1 \\ x_2 \\ x_3 \end{bmatrix} \quad ①$$

해설 위 식은 다시 다음과 같이 쓸 수 있다.

$$\begin{bmatrix} 3 & 5 & 3 \\ 0 & -1 & 6 \\ 0 & 0 & 4 \end{bmatrix}\begin{bmatrix} x_1 \\ x_2 \\ x_3 \end{bmatrix} = \lambda\begin{bmatrix} x_1 \\ x_2 \\ x_3 \end{bmatrix}\begin{bmatrix} 1 & 0 & 0 \\ 0 & 1 & 0 \\ 0 & 0 & 1 \end{bmatrix} = \lambda\begin{bmatrix} 1 & 0 & 0 \\ 0 & 1 & 0 \\ 0 & 0 & 1 \end{bmatrix}\begin{bmatrix} x_1 \\ x_2 \\ x_3 \end{bmatrix} \quad ②$$

②식은 다시

$$\begin{bmatrix} 3-\lambda & 5 & 3 \\ 0 & -1-\lambda & 6 \\ 0 & 0 & 4-\lambda \end{bmatrix}\begin{bmatrix} x_1 \\ x_2 \\ x_3 \end{bmatrix} = 0 \quad ③$$

③식이 $(x_1 = 0,\ x_2 = 0,\ x_3 = 0)$인 단순해가 아닌 해를 가지려면, ③식의 행렬의 determinant가 0이어야 한다. 즉, 다음과 같아야 한다.

$$\det\begin{bmatrix} 3-\lambda & 5 & 3 \\ 0 & -1-\lambda & 6 \\ 0 & 0 & 4-\lambda \end{bmatrix} = \begin{vmatrix} 3-\lambda & 5 & 3 \\ 0 & -1-\lambda & 6 \\ 0 & 0 & 4-\lambda \end{vmatrix} = 0 \quad ④$$

④식을 풀어 계산하면 λ의 3차 방정식이 된다. 즉, $(\lambda-3)(\lambda+1)(\lambda-4)=0$과 같다.
따라서, ④식을 풀면 $\lambda=3$, $\lambda=-1$, $\lambda=4$와 같은 해를 얻는데, 이것이 위 행렬의 고유치가 되겠다. 각각의 고유값에 대하여 고유벡터를 구해보자.

$$\begin{bmatrix}3&5&3\\0&-1&6\\0&0&4\end{bmatrix}\begin{bmatrix}x_1\\x_2\\x_3\end{bmatrix}=4\begin{bmatrix}x_1\\x_2\\x_3\end{bmatrix},\ \begin{bmatrix}3&5&3\\0&-1&6\\0&0&4\end{bmatrix}\begin{bmatrix}x_1\\x_2\\x_3\end{bmatrix}=3\begin{bmatrix}x_1\\x_2\\x_3\end{bmatrix},\ \begin{bmatrix}3&5&3\\0&-1&6\\0&0&4\end{bmatrix}\begin{bmatrix}x_1\\x_2\\x_3\end{bmatrix}=-1\begin{bmatrix}x_1\\x_2\\x_3\end{bmatrix} \qquad ⑤$$

⑤식에서 고유값 $\lambda=4$, $\lambda=3$, $\lambda=-1$을 각각 만족하는 고유벡터를 각각 구하면

$$\lambda=4:\begin{bmatrix}1\\0.133333\\0.111111\end{bmatrix},\ \lambda=3:\begin{bmatrix}1\\0\\0\end{bmatrix},\ \lambda=-1:\begin{bmatrix}1\\-0.8\\0\end{bmatrix} \qquad ⑥$$

와 같다. 이제는 누승법(Power Method)을 이용하여 위에서 가장 큰 고유값과 이에 대한 고유벡터를 구해보자. 누승법은 본문에서 언급한 대로 누승법의 특성상 고유치의 최대값과 이에 대한 고유벡터를 구하게 되므로, 위에서 찾은 $\lambda=4$, $\overrightarrow{X}=[1, 0.133333, 0.111111]^T$를 구하게 될 것이다.

먼저 초기 $\overrightarrow{X}$벡터를 $\overrightarrow{X}=[1, 1, 1]^T$로 놓고, (18)식을 그대로 주어진 행렬에 적용하면 다음과 같다.

(#1 iteration)

$$\begin{bmatrix}3&5&3\\0&-1&6\\0&0&4\end{bmatrix}\begin{bmatrix}x_1\\x_2\\x_3\end{bmatrix}=\begin{bmatrix}3&5&3\\0&-1&6\\0&0&4\end{bmatrix}\begin{bmatrix}1\\1\\1\end{bmatrix}=\begin{bmatrix}11\\5\\4\end{bmatrix}=11\begin{bmatrix}1\\0.454545\\0.363636\end{bmatrix}$$

(#2 iteration)

$$\begin{bmatrix}3&5&3\\0&-1&6\\0&0&4\end{bmatrix}\begin{bmatrix}11\\5\\4\end{bmatrix}=11\begin{bmatrix}3&5&3\\0&-1&6\\0&0&4\end{bmatrix}\begin{bmatrix}1\\0.454545\\0.363636\end{bmatrix}=11\begin{bmatrix}6.363636\\1.727272\\1.454545\end{bmatrix}=11\times6.363636\begin{bmatrix}1\\0.271429\\0.228571\end{bmatrix}$$

(#3 iteration)

$$11\times6.363636\begin{bmatrix}3&5&3\\0&-1&6\\0&0&4\end{bmatrix}\begin{bmatrix}1\\0.271429\\0.228571\end{bmatrix}=11\times6.363636\begin{bmatrix}5.042858\\1.099997\\0.914284\end{bmatrix}=11\times6.363636\times5.042857\begin{bmatrix}1\\0.218130\\0.181303\end{bmatrix}$$

$$\vdots$$

(#50 iteration)

$$11\times6.3636..\times5.042857\times4.634561\ ...\ 4.000001\times4.000001\begin{bmatrix}1\\0.133333\\0.111111\end{bmatrix}$$

(#51 iteration)

$$11\times6.3636..\times5.042857\times4.634561\ ...\ 4.000001\times4.000001\times4.000000\begin{bmatrix}1\\0.133333\\0.111111\end{bmatrix}$$

(18)식을 보면 계속 반복계산을 일정한 벡터로 수렴해 가는데 이때 계산된 마지막 p_n값이 고유값이 되고 그때 벡터를 고유벡터라 하였다. 위 계산에서도 (#50 iteration)결과와 (#51 iteration)결과를 비교해 보면 벡터가 $[1, 0.133333, 0.111111]^T$로 일정하게 수렴하게 되는데 (#51 iteration)결과에서 마지막 p_n값이 4.000000이므로 최대 고유값은 $\lambda=4$이고 이때 고유벡터는 $[1, 0.133333, 0.111111]^T$이 된다.

C 프로그래밍 연습 [II-6-1]

(예제 II-6-1)에서 다룬 다음 행렬 방정식의 최대 고유값과 그때 고유벡터를 누승법(Power Method)을 적용하여 구하는 C 프로그램을 작성, 수행하고 결과를 도출하시오.

$$\begin{bmatrix} 3 & 5 & 3 \\ 0 & -1 & 6 \\ 0 & 0 & 4 \end{bmatrix}\begin{bmatrix} x_1 \\ x_2 \\ x_3 \end{bmatrix} = \lambda \begin{bmatrix} x_1 \\ x_2 \\ x_3 \end{bmatrix}$$

다음 C 프로그램은 본문 (18)식으로 주어지는 최대 고유치와 그에 따른 고유벡터를 누승법(Power Method) 알고리즘을 적용해 구성되었다.

```
#include<stdio.h>
#include<math.h>


double a[3][3] = {{3.0,5.0,3.0},{0.0,-1.0,6.0},{0.0,0.0,4.0}};
double x[3];
double v[3];



main()
{
        int i,j,k,m,n;
        double v_max,v_max1,sum_v,sum_x;
        double epsil;
        n=2;            /* number of elements in row or column - 1 */
        m=1000;
        epsil=0.00000001;

        FILE *out1;
out1=fopen("eigenvalues_power method_II-6-1.dat","w");

                        /* initical values of x-vector elements   */
        for(i=0;i<=n;i++)
        {
        x[i]=1.0;
}
                        /* --------------------------------------- */

        for(k=0;k<=m;k++)
        {

for(i=0;i<=n;i++)
```

```
          {
        v[i]=0.0;
for(j=0;j<=n;j++)
{
      v[i]=v[i]+a[i][j]*x[j];
}
          }

          v_max=v[0];
v_max1=fabs(v[0]);

for(i=1;i<=n;i++)
{
if(fabs(v[i])>v_max1) {
v_max=v[i];
                                   }
 }
          sum_x=0.0;
sum_v=0.0;
for(i=0;i<=n;i++)
          {
          v[i]=v[i]/v_max;
          sum_v=sum_v+fabs(v[i]);
          sum_x=sum_x+fabs(x[i]);
          }

          if(fabs(sum_v-sum_x)<epsil)
          {
          goto END;
}

          for(i=0;i<=n;i++)
          {
            x[i]=v[i];
}

fprintf(out1,"iter#=%d,v_max=%f,[x1=%f,x2=%f,x3=%f]\n",k,v_max,x[0],x[1],x[2]);

}

END:;

fprintf(out1," \n \n");
fprintf(out1,"maximum eigenvalue = %f  \n",v_max);
fprintf(out1,"Its eigenvector  \n");
```

```
79    for(i=0; i<=n; i++)
80    {
81        fprintf(out1,"      %f   \t\n",v[i]);
82    }
83
84    fclose(out1);
85    }
```

line 5에서는 문제에서 주어진 행렬이 (3×3) 행렬이므로 A[3][3] 배열을 정의하여 각 요소값들을 입력하고 있다. line 6~7에서는 고유치 문제에서의 (3×1) 고유벡터를 x[3] 배열로 정의하여 나타내고, 중간 계산을 위해 v[3] 배열을 정의하고 있다. line 16에서는 옆에 코멘트 문에서도 언급한 바와 같이 행렬의 행의 개수보다 1작은 n=2로 나타내고 있는데, 이는 풀이할 행렬의 크기에 따라 조종이 필요하다. 즉, (4×4) 행렬에서는 n=3으로 해주면 된다. 이는 C 프로그래밍 시 for 문 등에서 인덱스가 일반적으로 0부터 시작하기 때문이다. line 18, 60~63은 누승법(Power Method)을 통하여 행렬의 고유치와 고유벡터를 구할 때 충분히 수렴했다는 판단을 위한 것으로 반복계산 시 (18)식에서와 같이 고유벡터가 변하지 않는 것이므로 현 계산스텝에서의 벡터요소 절대값의 합과 이전 스텝에서의 벡터요소 절대값의 합과의 차이가 충분히 작은 지($\epsilon=0.00000001$)를 판별하여 충분히 작으면 반복계산을 중단하고 결과를 출력한다. line 30~72에서는 본문 (18)식으로 주어지는 누승법의 기본 알고리즘이 그대로 C 프로그래밍되어 있다. line 70에서는 매 반복계산 시 계산된 p_n값 및 벡터를 출력하고, line 77~82에서는 주어진 행렬의 최대 고유치와 고유벡터를 출력한다. 다음 출력결과를 살펴보자.

```
iter#=0, v_max=11.000000, [x1=1.000000, x2=0.454545, x3=0.363636]
iter#=1, v_max=6.363636, [x1=1.000000, x2=0.271429, x3=0.228571]
iter#=2, v_max=5.042857, [x1=1.000000, x2=0.218130, x3=0.181303]
iter#=3, v_max=4.634561, [x1=1.000000, x2=0.187653, x3=0.156479]
iter#=4, v_max=4.407702, [x1=1.000000, x2=0.170434, x3=0.142005]
iter#=5, v_max=4.278186, [x1=1.000000, x2=0.159319, x3=0.132771]
iter#=6, v_max=4.194911, [x1=1.000000, x2=0.151924, x3=0.126602]
iter#=7, v_max=4.139430, [x1=1.000000, x2=0.146805, x3=0.122338]
iter#=8, v_max=4.101041, [x1=1.000000, x2=0.143189, x3=0.119324]
iter#=9, v_max=4.073916, [x1=1.000000, x2=0.140591, x3=0.117159]
iter#=10, v_max=4.054430, [x1=1.000000, x2=0.138703, x3=0.115586]
iter#=11, v_max=4.040275, [x1=1.000000, x2=0.137321, x3=0.114434]
iter#=12, v_max=4.029905, [x1=1.000000, x2=0.136302, x3=0.113585]
iter#=13, v_max=4.022262, [x1=1.000000, x2=0.135547, x3=0.112956]
iter#=14, v_max=4.016604, [x1=1.000000, x2=0.134987, x3=0.112489]
iter#=15, v_max=4.012402, [x1=1.000000, x2=0.134570, x3=0.112141]
iter#=16, v_max=4.009273, [x1=1.000000, x2=0.134258, x3=0.111882]
iter#=17, v_max=4.006938, [x1=1.000000, x2=0.134026, x3=0.111688]
iter#=18, v_max=4.005195, [x1=1.000000, x2=0.133852, x3=0.111543]
iter#=19, v_max=4.003891, [x1=1.000000, x2=0.133722, x3=0.111435]
iter#=20, v_max=4.002915, [x1=1.000000, x2=0.133625, x3=0.111354]
iter#=21, v_max=4.002185, [x1=1.000000, x2=0.133552, x3=0.111293]
```

```
iter#=22, v_max=4.001638, [x1=1.000000, x2=0.133497, x3=0.111248]
iter#=23, v_max=4.001228, [x1=1.000000, x2=0.133456, x3=0.111213]
iter#=24, v_max=4.000921, [x1=1.000000, x2=0.133425, x3=0.111188]
iter#=25, v_max=4.000690, [x1=1.000000, x2=0.133402, x3=0.111169]
iter#=26, v_max=4.000518, [x1=1.000000, x2=0.133385, x3=0.111154]
iter#=27, v_max=4.000388, [x1=1.000000, x2=0.133372, x3=0.111143]
iter#=28, v_max=4.000291, [x1=1.000000, x2=0.133362, x3=0.111135]
iter#=29, v_max=4.000218, [x1=1.000000, x2=0.133355, x3=0.111129]
iter#=30, v_max=4.000164, [x1=1.000000, x2=0.133350, x3=0.111125]
iter#=31, v_max=4.000123, [x1=1.000000, x2=0.133346, x3=0.111121]
iter#=32, v_max=4.000092, [x1=1.000000, x2=0.133343, x3=0.111119]
iter#=33, v_max=4.000069, [x1=1.000000, x2=0.133340, x3=0.111117]
iter#=34, v_max=4.000052, [x1=1.000000, x2=0.133339, x3=0.111115]
iter#=35, v_max=4.000039, [x1=1.000000, x2=0.133337, x3=0.111114]
iter#=36, v_max=4.000029, [x1=1.000000, x2=0.133336, x3=0.111114]
iter#=37, v_max=4.000022, [x1=1.000000, x2=0.133336, x3=0.111113]
iter#=38, v_max=4.000016, [x1=1.000000, x2=0.133335, x3=0.111112]
iter#=39, v_max=4.000012, [x1=1.000000, x2=0.133335, x3=0.111112]
iter#=40, v_max=4.000009, [x1=1.000000, x2=0.133334, x3=0.111112]
iter#=41, v_max=4.000007, [x1=1.000000, x2=0.133334, x3=0.111112]
iter#=42, v_max=4.000005, [x1=1.000000, x2=0.133334, x3=0.111112]
iter#=43, v_max=4.000004, [x1=1.000000, x2=0.133334, x3=0.111111]
iter#=44, v_max=4.000003, [x1=1.000000, x2=0.133334, x3=0.111111]
iter#=45, v_max=4.000002, [x1=1.000000, x2=0.133334, x3=0.111111]
iter#=46, v_max=4.000002, [x1=1.000000, x2=0.133333, x3=0.111111]
iter#=47, v_max=4.000001, [x1=1.000000, x2=0.133333, x3=0.111111]
iter#=48, v_max=4.000001, [x1=1.000000, x2=0.133333, x3=0.111111]
iter#=49, v_max=4.000001, [x1=1.000000, x2=0.133333, x3=0.111111]
iter#=50, v_max=4.000001, [x1=1.000000, x2=0.133333, x3=0.111111]
iter#=51, v_max=4.000000, [x1=1.000000, x2=0.133333, x3=0.111111]
iter#=52, v_max=4.000000, [x1=1.000000, x2=0.133333, x3=0.111111]
iter#=53, v_max=4.000000, [x1=1.000000, x2=0.133333, x3=0.111111]
iter#=54, v_max=4.000000, [x1=1.000000, x2=0.133333, x3=0.111111]

maximum eigenvalue = 4.000000
Its eigenvector
    1.000000
    0.133333
    0.111111
```

위 결과를 보면 v_max값이 계속 작아져 반복계산 51번째부터는 4.000000로 변화하지 않고 우변의 벡터도 [x1=1.000000, x2=0.133333, x3=0.111111]로 변화하지 않는 것이 관찰된다. 따라서 최종 고유치는 4.000000로 고유벡터는 [1.000000, 0.133333, 0.111111]로 계산된다.

6.3 고유치 이동법(Eigenvalue Shifting Method)

앞서 개념적으로 $(n\times n)$ 행렬 A의 고유값 및 고유벡터에 대해서 살펴보았다. 즉, 아래 (1)식과 같은 행렬방정식은 n개의 고유값, 고유벡터를 갖는다고 하였다. 6.2절에서는 누승법(Power Method)을 이용하여 어떤 행렬의 최대 고유값, 고유벡터를 계산하는 것을 살펴보았다. 이번 절에서는 아래 행렬방정식에서 임의 s 만큼 이동했을 때 어떤 행렬의 고유값들이 함께 s 만큼 이동한다는 원리로부터 주어진 행렬에서 최소 고유값과 그에 상응하는 고유벡터를 계산하는 방법을 살펴보도록 하겠다.

$$A\overrightarrow{X} = \lambda\overrightarrow{X} \tag{1}$$

위 행렬방정식에서 s 만큼 이동한 행렬방정식을 다음 식과 같이 쓸 수 있다.

$$(A - sI)\overrightarrow{X} = (\lambda - s)\overrightarrow{X} \tag{20}$$

s 만큼 이동하는 것을 통하여 (20)식에서 좌변은 A $(n\times n)$ 행렬에서 $A-sI$ $(n\times n)$ 행렬로 대각 항이 변화하고 있고 우변은 고유값이 λ에서 $\lambda-s$로 바뀌고 있다. 이러한 식의 자세한 유도 과정은 생략하고 결과만을 이용하면, (1)식과 같은 행렬방정식의 고유값을 λ_1, λ_2, $\cdots$, λ_n로 n개 고유값이 있다면 s 만큼 이동한 (20)식과 같은 행렬방정식 통하여 λ_1-s, λ_2-s, $\cdots$, λ_n-s와 같은 고유값을 얻게 된다. 이러한 행렬방정식 이동법으로 어떻게 고유값을 찾아내는지를 살펴보자.

앞서 누승법에 의해 A $(n\times n)$ 행렬의 최대 고유값을 찾는 방법을 살펴보았는데, n개의 고유값을 λ_1, λ_2, $\cdots$, λ_n라고 하고 최대 고유값을 λ_1이라 하고 최소 고유값을 λ_n이라 하자. 이때 최대 고유값 λ_1은 누승법에 의해 계산되며, $\lambda_1 = s$로 하여 (20)식과 같이 행렬방정식 이동법을 적용하면 새로운 행렬방정식 $(A-sI)\overrightarrow{X} = (\lambda-s)\overrightarrow{X}$의 고유값은 λ_1-s, λ_2-s, $\cdots$, λ_n-s이 되고, 즉 $(\lambda_1-\lambda_1=0)$, $\lambda_2-\lambda_1$, $\cdots$, $\lambda_n-\lambda_1$이 된다. 여기서, 새로운 행렬방정식을 누승법으로 고유치를 구하면 절대치가 가장 큰 값이 $|\lambda_n-\lambda_1|$이 된다. 즉, 본래 행렬방정식 $A\overrightarrow{X} = \lambda\overrightarrow{X}$에서 최소 고유값 λ_n이 계산된 셈이다. 따라서, 행렬방정식 이동법은 최대 고유값을 구하는 누승법을 보완하여 최소 고유값을 구하는 역할을 한다. 이밖에도 이러한 고유치 이동법을 통하여 고유치 중간값을 구하는 방법을 다음절에서 살펴보도록 하자.

예제 II-6-2

다음 행렬 방정식의 최대 고유치와 고유벡터는 누승법을 이용하여 구하였다. 본 절에서 다룬 이동법을 이용해 최소 고유치와 고유벡터를 구하시오.

$$\begin{bmatrix} 3 & 5 & 3 \\ 0 & -1 & 6 \\ 0 & 0 & 4 \end{bmatrix} \begin{bmatrix} x_1 \\ x_2 \\ x_3 \end{bmatrix} = \lambda \begin{bmatrix} x_1 \\ x_2 \\ x_3 \end{bmatrix} \qquad ①$$

해설 앞 절에서는 위 행렬방정식의 최대 고유값 및 고유벡터를 누승법을 통해 $\lambda=4$, $[1, 0.133333,\ 0.111111]^T$와 같이 구하였다. 본 절에서 다룬 이동법을 통해 $\lambda=4=s$로 놓으면 (20)식은 다음과 같이 된다.

$$(A-4I)\vec{X} = (\lambda-4)\vec{X} \qquad ②$$

②식에 ①식을 대입하여 정리하면

$$\begin{bmatrix} -1 & 5 & 3 \\ 0 & -5 & 6 \\ 0 & 0 & 0 \end{bmatrix} \begin{bmatrix} x_1 \\ x_2 \\ x_3 \end{bmatrix} = (\lambda-4) \begin{bmatrix} x_1 \\ x_2 \\ x_3 \end{bmatrix} \qquad ③$$

③과 같은 행렬방정식을 누승법에 의해서 고유값을 구하면 기준이 되는 $\lambda=4$에서 가장 멀리 있는 고유값이 계산되는 셈이므로 ①과 같은 행렬방정식에서 최소 고유값과 그에 대한 고유벡터를 구하게 되는 것이다. 이제 ③식과 같은 행렬방정식의 최대 고유값과 고유벡터를 누승법을 이용하여 구하여 보자. 앞 절 (예제 II-6-1)에서 얻은 결과와 같이 최소 고유값 및 그에 대한 고유벡터는 $\lambda=-1$, $\vec{X}=[1, -0.8, 0]^T$와 같았으므로 ③식을 풀어 이러한 결과를 얻어야 한다.

먼저 초기 $\vec{X}$벡터를 $\vec{X}=[1, 1, 1]^T$로 놓고, 앞 절의 (18)식을 그대로 주어진 행렬에 적용하면 다음과 같다.

(#1 iteration)

$$\begin{bmatrix} -1 & 5 & 3 \\ 0 & -5 & 6 \\ 0 & 0 & 0 \end{bmatrix} \begin{bmatrix} x_1 \\ x_2 \\ x_3 \end{bmatrix} = \begin{bmatrix} -1 & 5 & 3 \\ 0 & -5 & 6 \\ 0 & 0 & 0 \end{bmatrix} \begin{bmatrix} 1 \\ 1 \\ 1 \end{bmatrix} = \begin{bmatrix} 7 \\ 1 \\ 0 \end{bmatrix} = 7 \begin{bmatrix} 1 \\ 0.142857 \\ 0 \end{bmatrix}$$

(#2 iteration)

$$\begin{bmatrix} -1 & 5 & 3 \\ 0 & -5 & 6 \\ 0 & 0 & 0 \end{bmatrix} \begin{bmatrix} 7 \\ 1 \\ 0 \end{bmatrix} = 7 \begin{bmatrix} -1 & 5 & 3 \\ 0 & -5 & 6 \\ 0 & 0 & 0 \end{bmatrix} \begin{bmatrix} 1 \\ 0.142857 \\ 0 \end{bmatrix} = 7 \begin{bmatrix} -0.285715 \\ -0.714285 \\ 0 \end{bmatrix} = 7 \times (-0.714285) \begin{bmatrix} 0.4 \\ 1 \\ 0 \end{bmatrix}$$

(#3 iteration)

$$7 \times (-0.714285) \begin{bmatrix} -1 & 5 & 3 \\ 0 & -5 & 6 \\ 0 & 0 & 0 \end{bmatrix} \begin{bmatrix} 0.4 \\ 1 \\ 0 \end{bmatrix} = 7 \times (-0.714285) \begin{bmatrix} 4.6 \\ -5 \\ 0 \end{bmatrix} = 7 \times (-0.714285) \times (-5) \begin{bmatrix} -0.92 \\ 1 \\ 0 \end{bmatrix}$$

$\vdots$

(#12 iteration)

$$7 \times (-0.714285) \times (-5) \times 5.92 \cdots -5.000003 \times -5.000001 \begin{bmatrix} 1 \\ -0.8 \\ 0 \end{bmatrix}$$

(#13 iteration)

$$7 \times (-0.714285) \times (-5) \times 5.92 \cdots -5.000003 \times -5.000001 \times -5.000000 \begin{bmatrix} 1 \\ -0.8 \\ 0 \end{bmatrix}$$

앞 절의 (18)식을 보면 계속 반복계산을 통해 일정한 벡터로 수렴해 가는데 이때 계산된 마지막 p_n값이 고유값이 되고 그 때 벡터를 고유벡터라 하였다. 위 계산에서도 (#12 iteration)결과와 (#13 iteration)결과를 비교해 보면 벡터가 $[1,-0.8,0]^T$로 일정하게 수렴하게 되므로 (#13 iteration)결과에서 마지막 p_n값이 -5.000000이므로 최대 고유값은 $\lambda-4=-5$이고 이때 고유벡터는 $[1,-0.8,0]^T$이 된다. 즉, $\lambda-4=-5$에서 $\lambda=-1$이 되고 이것은 ①과 같은 행렬방정식의 최소 고유값이 되고 이에 대한 고유벡터는 $[1,-0.8,0]^T$인 것이다. 따라서, 고유치 이동법을 통하여 ① 행렬방정식의 최소 고유값과 고유벡터를 계산한 것이 된다.

C 프로그래밍 연습 [II-6-2]

(예제 II-6-1)에서 다룬 다음 행렬방정식의 최소 고유값과 그때 고유벡터를 고유값 이동법(Eigenvalue Shifting Method)을 적용하여 구하는 C 프로그램을 작성, 수행하고 결과를 구하시오.

$$\begin{bmatrix} 3 & 5 & 3 \\ 0 & -1 & 6 \\ 0 & 0 & 4 \end{bmatrix} \begin{bmatrix} x_1 \\ x_2 \\ x_3 \end{bmatrix} = \lambda \begin{bmatrix} x_1 \\ x_2 \\ x_3 \end{bmatrix}$$

위 행렬방정식의 최대 고유값은 앞 절의 누승법에 의해 $\lambda=4$와 같이 구하였으므로, 다음 C 프로그램은 본문 (20)식으로 주어지는 행렬방정식의 최대 고유치와 그에 따른 고유벡터를 누승법(Power Method) 알고리즘을 적용해 구하는 것으로 구성되었다.

```
#include<stdio.h>
#include<math.h>

double a[3][3] = {{-1.0,5.0,3.0},{0.0,-5.0,6.0},{0.0,0.0,0.0}};
double x[3];
double v[3];

main()
{
        int i,j,k,m,n;
        double v_max,v_max1,sum_v,sum_x;
        double epsil;
        n=2;                    /* number of elements in row or column - 1 */
        m=1000;
        epsil=0.000000001;

        FILE *out1;
```

```
out1=fopen("eigenvalues_power method_shift_eigen4_II-6-2.dat","w");

                                  /* initical values of x-vector elements  */
        for(i=0;i<=n;i++)
        {
        x[i]=1.0;
}
                                /* ------------------------------------------ */

        for(k=0;k<=m;k++)
        {

for(i=0;i<=n;i++)
        {
      v[i]=0.0;
for(j=0;j<=n;j++)
{
     v[i]=v[i]+a[i][j]*x[j];
}
        }

        v_max=v[0];
v_max1=fabs(v[0]);

for(i=1;i<=n;i++)
{
if(fabs(v[i])>v_max1) {
v_max=v[i];
                               }
 }
        sum_x=0.0;
sum_v=0.0;
for(i=0;i<=n;i++)
        {
        v[i]=v[i]/v_max;
        sum_v=sum_v+fabs(v[i]);
        sum_x=sum_x+fabs(x[i]);
        }

        if(fabs(sum_v-sum_x)<epsil)
        {
        goto END;
}

        for(i=0;i<=n;i++)
```

```
66            {
67            x[i]=v[i];
68    }
69
70    fprintf(out1,"iter#=%d,v_max=%f,[x1=%f,x2=%f,x3=%f]\n",k,v_max,x[0],x[1],x[2]);
71    }
72
73    END:;
74
75    fprintf(out1," \n \n");
76    fprintf(out1,"maximum eigenvalue = %f   \n",v_max);
77    fprintf(out1,"Its eigenvector   \n");
78    for(i=0; i<=n; i++)
79    {
80        fprintf(out1,"      %f   \t\n",v[i]);
81    }
82
83    fclose(out1);
84    }
```

위 프로그램은 앞 절에서 주어진 행렬의 최대 고유값과 그에 대한 고유벡터를 구하기 위해 작성되었고 내용에 대하여 해설되었으므로, 여기서는 주어진 행렬에서 $s=4$ 만큼 이동된 행렬의 각 요소값을 a[3][3] 배열에 입력하고 앞 절에서와 동일하게 누승법을 통하여 최대 고유값 및 고유벡터를 구하면 된다. 이렇게 최대 고유값을 구하게 되면 (20)식에서 나타낸 것과 같이 $(A-sI)\overrightarrow{X}=(\lambda-s)\overrightarrow{X}$에서 $(\lambda-s)=\lambda_{\max}$ 와 같이 되며, 여기서 우리가 원하는 행렬 A의 최소 고유값은 $\lambda_{\min}=s+\lambda_{\max}$ 이 된다. 참고로, $(A-sI)$ 행렬은 다음과 같으며, 프로그램 중 a[3][3] 배열에 line 5와 같이 입력하고 있다.

$$A-sI=\begin{bmatrix}3 & 5 & 3\\0 & -1 & 6\\0 & 0 & 4\end{bmatrix}-4\begin{bmatrix}1 & 0 & 0\\0 & 1 & 0\\0 & 0 & 1\end{bmatrix}=\begin{bmatrix}-1 & 5 & 3\\0 & -5 & 6\\0 & 0 & 0\end{bmatrix}$$

이렇게 프로그램을 수정하고 누승법으로 최대 고유값 및 이에 대한 고유벡터를 구하면 다음과 같다.

```
iter#0, v_max=7.000000, [x1=1.000000, x2=0.142857, x3=0.000000]
iter#1, v_max=-0.714286, [x1=0.400000, x2=1.000000, x3=-0.000000]
iter#2, v_max=-5.000000, [x1=-0.920000, x2=1.000000, x3=-0.000000]
iter#3, v_max=5.920000, [x1=1.000000, x2=-0.844595, x3=0.000000]
iter#4, v_max=-5.222973, [x1=1.000000, x2=-0.808538, x3=-0.000000]
iter#5, v_max=-5.042691, [x1=1.000000, x2=-0.801693, x3=-0.000000]
iter#6, v_max=-5.008466, [x1=1.000000, x2=-0.800338, x3=-0.000000]
iter#7, v_max=-5.001690, [x1=1.000000, x2=-0.800068, x3=-0.000000]
iter#8, v_max=-5.000338, [x1=1.000000, x2=-0.800014, x3=-0.000000]
iter#9, v_max=-5.000068, [x1=1.000000, x2=-0.800003, x3=-0.000000]
iter#10, v_max=-5.000014, [x1=1.000000, x2=-0.800001, x3=-0.000000]
iter#11, v_max=-5.000003, [x1=1.000000, x2=-0.800000, x3=-0.000000]
```

```
iter#12, v_max=-5.000001, [x1=1.000000, x2=-0.800000, x3=-0.000000]
iter#13, v_max=-5.000000, [x1=1.000000, x2=-0.800000, x3=-0.000000]
iter#14, v_max=-5.000000, [x1=1.000000, x2=-0.800000, x3=-0.000000]

maximum eigenvalue = -5.000000
its eigenvector
    1.000000
    -0.800000
    -0.000000
```

위의 결과를 보면 고유값을 계산하는 v_max가 계속 변화하다가 iteration 13부터 동일한 값 -5.000000이 수렴되며, 고유벡터는 $[1,\ -0.8,\ 0]^T$로 수렴하는 것을 알 수 있다. 따라서 이동법에 의한 최대 고유값은 $(\lambda-4)=\lambda_{\max}=-5$이며 우리가 원하는 이동법 적용 전 본래 행렬의 최소 고유값은 $\lambda_{\min}=4+\lambda_{\max}=4-5=-1$인 것을 알 수 있다.

6.4 역행렬 누승법(Power Method of Inverse Matrix)

어떤 행렬 A $(n\times n)$가 있을 때 일반적으로 n개 고유값, 고유벡터가 있다고 하였다. 앞 절들에서는 최대 고유값을 구하는데 있어 누승법(Power Method)을, 최소 고유값을 구하는데 행렬방정식 이동법을 소개하였다. 이번 절에서는 주어진 행렬 A의 역행렬에 대한 누승법 적용을 통하여 행렬 A의 최소 고유값을 계산하는 방법을 살펴보도록 하겠다. 먼저 어떤 행렬 A $(n\times n)$로 구성된 (1)식과 같은 행렬방정식을 생각하자.

$$A\overrightarrow{X}=\lambda\overrightarrow{X} \tag{1}$$

이러한 행렬방정식은 앞서 언급한 대로 n개의 고유값이 $\lambda_1,\ \lambda_2,\ \cdots\ ,\ \lambda_n$와 같이 존재하며 최대값은 λ_1, 최소값은 λ_n이라고 하자. 주어진 행렬 A의 역행렬이 A^{-1}과 같이 존재한다면 (1)식의 양변에 역행렬 A^{-1}을 곱하여 정리하면 다음 식과 같이 쓸 수 있다.

$$A^{-1}A\overrightarrow{X}=A^{-1}(\lambda\overrightarrow{X})=\lambda A^{-1}\overrightarrow{X} \tag{21}$$

(21)식은 다시

$$\overrightarrow{IX}=\overrightarrow{X}=\lambda A^{-1}\overrightarrow{X} \tag{22}$$

와 같이 정리되고, (22)식은 다음과 같이 정리된다.

$$A^{-1}\vec{X} = \frac{1}{\lambda}\vec{X} \tag{23}$$

위 식 역시 고유치를 구하는 행렬방정식 $A\vec{X} = \lambda\vec{X}$와 같은 형태이므로, 누승법(Power Method)을 통하여 고유값을 구하면 $1/\lambda_1$, $1/\lambda_2$, $\cdots$, $1/\lambda_n$와 같이 구해지고 $1/\lambda_n$이 가장 크다고 하면 λ_n가 가장 작은 값이므로 본래 행렬방정식 $A\vec{X} = \lambda\vec{X}$에서의 최소 고유값을 계산한 것이 된다. 한편, 앞 절에서 언급한 고유값 이동법(Eigenvalue Shifting Method)에도 동일한 역행렬 누승법(Power Method of Inverse Matrix)을 적용하면 다음과 같다.

$$(A-sI)^{-1}\vec{X} = \frac{1}{(\lambda-s)}\vec{X} \tag{24}$$

위 식은 $A\vec{X} = \lambda\vec{X}$에서 s만큼 고유치 이동을 하여 $(A-sI)\vec{X} = (\lambda-s)\vec{X}$와 같은 행렬방정식을 얻고, 새로운 행렬 $(A-sI)$에 대한 역행렬을 구하여 얻은 행렬방정식이므로, $(A-sI)^{-1}\vec{X} = \frac{1}{(\lambda-s)}\vec{X}$에 누승법을 적용하여 $1/(\lambda_1-s)$, $1/(\lambda_2-s)$, $\cdots$, $1/(\lambda_n-s)$와 같은 고유값들을 얻게 된다. 이 때, 만약 $1/(\lambda_2-s)$에서 최대값이 나타난다면 누승법 계산 시 이와 같은 값이 계산되고, 결국 본래의 행렬방정식 $A\vec{X} = \lambda\vec{X}$에서 λ_2가 계산된 셈이 된다. 결과적으로 s를 변화시킴으로써 행렬방정식 $A\vec{X} = \lambda\vec{X}$의 모든 고유값을 계산할 수 있게 된다.

예제 II-6-3

다음 행렬 방정식의 최소 고유치와 고유벡터를 역행렬 누승법을 적용하여 구하시오.

$$\begin{bmatrix} 3 & 5 & 3 \\ 0 & -1 & 6 \\ 0 & 0 & 4 \end{bmatrix}\begin{bmatrix} x_1 \\ x_2 \\ x_3 \end{bmatrix} = \lambda\begin{bmatrix} x_1 \\ x_2 \\ x_3 \end{bmatrix} \tag{①}$$

해설 주어진 행렬의 역행렬을 구하여 (23)식과 같이 나타내면 다음과 같다.

$$\begin{bmatrix} 3 & 5 & 3 \\ 0 & -1 & 6 \\ 0 & 0 & 4 \end{bmatrix}^{-1}\begin{bmatrix} x_1 \\ x_2 \\ x_3 \end{bmatrix} = \begin{bmatrix} 0.333333 & 1.666667 & -2.75 \\ 0 & -1 & 1.5 \\ 0 & 0 & 0.25 \end{bmatrix}\begin{bmatrix} x_1 \\ x_2 \\ x_3 \end{bmatrix} = \frac{1}{\lambda}\begin{bmatrix} x_1 \\ x_2 \\ x_3 \end{bmatrix} \tag{②}$$

②식과 같은 행렬방정식에서 앞 절의 누승법을 이용하여 최대 고유값을 구하면 λ의 최소값을 구하는 것이 된다. 먼저 초기 $\vec{X}$벡터를 $\vec{X} = [1, 1, 1]^T$로 놓고, 누승법을 주어진 행렬에 적용하면 다음과 같다.

(#1 iteration)

$$\begin{bmatrix} 0.333333 & 1.666667 & -2.75 \\ 0 & -1 & 1.5 \\ 0 & 0 & 0.25 \end{bmatrix}\begin{bmatrix} x_1 \\ x_2 \\ x_3 \end{bmatrix} = \begin{bmatrix} 0.333333 & 1.666667 & -2.75 \\ 0 & -1 & 1.5 \\ 0 & 0 & 0.25 \end{bmatrix}\begin{bmatrix} 1 \\ 1 \\ 1 \end{bmatrix}$$

$$= \begin{bmatrix} -0.75 \\ 0.5 \\ 0.25 \end{bmatrix} = -0.75\begin{bmatrix} 1 \\ -0.666667 \\ -0.333333 \end{bmatrix}$$

(#2 iteration)

$$\begin{bmatrix} 0.333333 & 1.666667 & -2.75 \\ 0 & -1 & 1.5 \\ 0 & 0 & 0.25 \end{bmatrix}\begin{bmatrix} -0.75 \\ 0.5 \\ 0.25 \end{bmatrix} = -0.75\begin{bmatrix} 0.333333 & 1.666667 & -2.75 \\ 0 & -1 & 1.5 \\ 0 & 0 & 0.25 \end{bmatrix}\begin{bmatrix} 1 \\ -0.666667 \\ -0.333333 \end{bmatrix}$$

$$= -0.75\begin{bmatrix} 0.138887 \\ 0.166667 \\ -0.083333 \end{bmatrix}$$

$$= -0.75 \times 0.166667\begin{bmatrix} 0.83333 \\ 1 \\ -0.5 \end{bmatrix}$$

(#3 iteration)

$$-0.75 \times 0.166667\begin{bmatrix} 0.333333 & 1.666667 & -2.75 \\ 0 & -1 & 1.5 \\ 0 & 0 & 0.25 \end{bmatrix}\begin{bmatrix} 0.83333 \\ 1 \\ -0.5 \end{bmatrix}$$

$$= -0.75 \times 0.166667\begin{bmatrix} 3.319443 \\ -1.75 \\ -0.125 \end{bmatrix}$$

$$= -0.75 \times 0.166667 \times 3.319443\begin{bmatrix} 1 \\ -0.527197 \\ -0.037657 \end{bmatrix}$$

$$\vdots$$

$$\vdots$$

(#17 iteration)

$$-0.75 \times 0.166667 \times 3.319443 \ldots -0.999997 \times -1.000001\begin{bmatrix} 1 \\ -0.799999 \\ 0 \end{bmatrix}$$

(#18 iteration)

$$-0.75 \times 0.166667 \times 3.319443 \ldots -0.999997 \times -1.000001 \times -1.000000\begin{bmatrix} 1 \\ -0.8 \\ 0 \end{bmatrix}$$

6.2절 (18)식을 보면 계속 반복계산을 일정한 벡터로 수렴해 가는데 이때 계산된 마지막 p_n값이 고유값이 되고 그때 벡터를 고유벡터라 하였다. 위 계산에서도 (#17 iteration)결과와 (#18 iteration)결과를 비교해 보면 벡터가 $[1, -0.8, 0]^T$로 일정하게 수렴하게 되므로 (#18 iteration) 결과에서 마지막 p_n값이 -1.000000이므로 최대 고유값은 $\lambda_{\max} = -1$이고 이때 고유벡터는

$[1, -0.8, 0]^T$이 된다. ②식에서 $\dfrac{1}{\lambda_{\min}} = \lambda_{\max} = -1$이므로 $\lambda_{\min} = -1$이 된다. 즉, ① 행렬 방정식에서

$$\begin{bmatrix} 3 & 5 & 3 \\ 0 & -1 & 6 \\ 0 & 0 & 4 \end{bmatrix} \begin{bmatrix} x_1 \\ x_2 \\ x_3 \end{bmatrix} = \lambda \begin{bmatrix} x_1 \\ x_2 \\ x_3 \end{bmatrix} \qquad ①$$

최소 고유값은 $\lambda_{\min} = -1$이 되고, 이에 대한 고유벡터는 $[1,\ -0.8,\ 0]^T$이 된다. 이로써 역행렬 누승법을 통하여 주어진 행렬의 최소 고유값 및 이에 대한 고유벡터를 구하였다.

6.3절에서 이동법을 통하여 s값을 정하고 기준위치를 바꾸고 누승법을 수행하면, 기준위치로부터 가장 멀리 떨어진 고유값을 찾아내었다. 같은 방법으로 역행렬을 구하고 이에 대하여 이동법을 통하여 s값을 정하고 기준위치를 바꾸고 누승법을 수행하면, 기준위치로부터 가장 가까운 고유값을 찾아내고 그에 대한 고유벡터를 계산하게 된다. 이러한 원리로, ①과 같이 주어지는 행렬방정식의 중간 고유값과 그에 대한 고유벡터를 찾아보자.

예제 II-6-4

다음 행렬 방정식의 중간 고유치와 고유벡터를 역행렬에 이동법을 적용하고 누승법을 이용하여 구하시오.

$$\begin{bmatrix} 3 & 5 & 3 \\ 0 & -1 & 6 \\ 0 & 0 & 4 \end{bmatrix} \begin{bmatrix} x_1 \\ x_2 \\ x_3 \end{bmatrix} = \lambda \begin{bmatrix} x_1 \\ x_2 \\ x_3 \end{bmatrix} \qquad ①$$

해설 6.2절 (예제 II-6-1)에서 ①식과 같은 행렬방정식의 고유값 및 고유벡터를 다음과 같이 구하였다.

$$\lambda = 4 : \begin{bmatrix} 1 \\ 0.133333 \\ 0.111111 \end{bmatrix},\ \lambda = 3 : \begin{bmatrix} 1 \\ 0 \\ 0 \end{bmatrix},\ \lambda = -1 : \begin{bmatrix} 1 \\ -0.8 \\ 0 \end{bmatrix} \qquad ②$$

②에서 최대 최소 고유값 및 고유벡터는 이미 구하였고, 나머지 중간크기의 고유값 $\lambda = 3$ 및 고유벡터 $\vec{X} = [1, 0, 0]^T$을 구하면 되겠다. 역행렬누승법은 기준이 되는 위치에서 가장 가까운 고유벡터를 구하게 되므로, 최대 및 최소 고유값의 중간 크기인 $s = 1.5$로 놓으면 ①식은 다음과 같이 된다.

$$\left(\begin{bmatrix} 3 & 5 & 3 \\ 0 & -1 & 6 \\ 0 & 0 & 4 \end{bmatrix} - 1.5 \begin{bmatrix} 1 & 0 & 0 \\ 0 & 1 & 0 \\ 0 & 0 & 1 \end{bmatrix} \right)^{-1} \begin{bmatrix} x_1 \\ x_2 \\ x_3 \end{bmatrix} = \left(\begin{bmatrix} 1.5 & 5 & 3 \\ 0 & -2.5 & 6 \\ 0 & 0 & 2.5 \end{bmatrix} \right)^{-1} \begin{bmatrix} x_1 \\ x_2 \\ x_3 \end{bmatrix} = \frac{1}{(\lambda - 1.5)} \begin{bmatrix} x_1 \\ x_2 \\ x_3 \end{bmatrix} \qquad ③$$

③식은 다음과 같이 정리된다.

$$\begin{bmatrix} 1.5 & 5 & 3 \\ 0 & -2.5 & 6 \\ 0 & 0 & 2.5 \end{bmatrix}^{-1} \begin{bmatrix} x_1 \\ x_2 \\ x_3 \end{bmatrix} = \begin{bmatrix} 0.666667 & 1.333333 & -4.0 \\ 0 & -0.4 & 0.96 \\ 0 & 0 & 0.4 \end{bmatrix} \begin{bmatrix} x_1 \\ x_2 \\ x_3 \end{bmatrix} = \frac{1}{(\lambda - 1.5)} \begin{bmatrix} x_1 \\ x_2 \\ x_3 \end{bmatrix} \qquad ④$$

이제 ④에 $\vec{X} = [1,\ 1,\ 1]^T$로 놓고 누승법을 적용하면

(#1 iteration)

$$\begin{bmatrix} 0.66667 & 1.333333 & -4.0 \\ 0 & -0.4 & 0.96 \\ 0 & 0 & 0.4 \end{bmatrix}\begin{bmatrix} x_1 \\ x_2 \\ x_3 \end{bmatrix} = \begin{bmatrix} 0.666667 & 1.333333 & -4.0 \\ 0 & -0.4 & 0.96 \\ 0 & 0 & 0.4 \end{bmatrix}\begin{bmatrix} 1 \\ 1 \\ 1 \end{bmatrix} = \begin{bmatrix} -2 \\ 0.56 \\ 0.4 \end{bmatrix} = -2\begin{bmatrix} 1 \\ -0.28 \\ -0.2 \end{bmatrix}$$

(#2 iteration)

$$\begin{bmatrix} 0.66667 & 1.333333 & -4.0 \\ 0 & -0.4 & 0.96 \\ 0 & 0 & 0.4 \end{bmatrix}\begin{bmatrix} -2 \\ 0.56 \\ 0.4 \end{bmatrix} = -2\begin{bmatrix} 0.66667 & 1.333333 & -4.0 \\ 0 & -0.4 & 0.96 \\ 0 & 0 & 0.4 \end{bmatrix}\begin{bmatrix} 1 \\ -0.28 \\ -0.2 \end{bmatrix} = -2\begin{bmatrix} 1.093334 \\ -0.08 \\ -0.08 \end{bmatrix}$$
$$= -2\times 1.093334\begin{bmatrix} 1 \\ -0.073171 \\ -0.073171 \end{bmatrix}$$

(#3 iteration)

$$-2\times 1.093334\begin{bmatrix} 0.66667 & 1.333333 & -4.0 \\ 0 & -0.4 & 0.96 \\ 0 & 0 & 0.4 \end{bmatrix}\begin{bmatrix} 1 \\ -0.073171 \\ -0.073171 \end{bmatrix} = -2\times 1.093334\begin{bmatrix} 0.861790 \\ -0.040976 \\ -0.029268 \end{bmatrix}$$
$$= -2\times 1.093334\times 0.861790\begin{bmatrix} 1 \\ -0.047547 \\ -0.047547 \end{bmatrix}$$

⋮

⋮

(#27 iteration)

$$-2\times 1.093334\times 0.861790 \ldots 0.666668\times 0.666668\begin{bmatrix} 1 \\ 0 \\ 0 \end{bmatrix}$$

(#28 iteration)

$$-2\times 1.093334\times 0.861790 \ldots 0.666668\times 0.666668\times 0.666667\begin{bmatrix} 1 \\ 0 \\ 0 \end{bmatrix}$$

6.2절 (18)식을 보면 계속 반복계산을 일정한 벡터로 수렴해 가는데 이때 계산된 마지막 p_n값이 고유값이 되고 그때 벡터를 고유벡터라 하였다. 위 계산에서도 (#27 iteration)결과와 (#28 iteration)결과를 비교해 보면 벡터가 $[1,0,0]^T$로 일정하게 수렴하게 되므로 (#28 iteration)결과에서 마지막 p_n값이 0.666667이므로 최대 고유값은 $\lambda_{\max} = 0.666667$이고 이때 고유벡터는 $[1,0,0]^T$이 된다. ④식에서 $\dfrac{1}{\lambda - 1.5} = \lambda_{\max} = 0.666667$이므로 $\lambda = 3$이 된다. 즉, ① 행렬 방정식에서

$$\begin{bmatrix} 3 & 5 & 3 \\ 0 & -1 & 6 \\ 0 & 0 & 4 \end{bmatrix}\begin{bmatrix} x_1 \\ x_2 \\ x_3 \end{bmatrix} = \lambda\begin{bmatrix} x_1 \\ x_2 \\ x_3 \end{bmatrix} \quad ①$$

중간 고유값은 $\lambda = 3$이 되고, 이에 대한 고유벡터는 $[1,0,0]^T$이 된다. 이로써 이동법을 적용한 역행렬 누승법을 통하여 주어진 행렬의 중간 고유값 및 이에 대한 고유벡터를 구하게 되어 ①식으로 주어진 모든 고유치 및 고유벡터를 구하게 된다.

C 프로그래밍 연습 [II-6-3]

(예제 II-6-1)에서 다룬 다음 행렬 방정식의 최소 고유값과 그때 고유벡터를 역행렬누승법을 적용하여 구하는 C 프로그램을 작성, 수행하고 결과를 구하시오.

$$\begin{bmatrix} 3 & 5 & 3 \\ 0 & -1 & 6 \\ 0 & 0 & 4 \end{bmatrix} \begin{bmatrix} x_1 \\ x_2 \\ x_3 \end{bmatrix} = \lambda \begin{bmatrix} x_1 \\ x_2 \\ x_3 \end{bmatrix} \quad ①$$

역행렬을 이용하여 주어진 행렬방정식의 최소 고유값 및 고유벡터를 구하기 위해서 (23)식과 같이 위 행렬방정식을 수정하면 다음과 같다.

$$\begin{bmatrix} 3 & 5 & 3 \\ 0 & -1 & 6 \\ 0 & 0 & 4 \end{bmatrix}^{-1} \begin{bmatrix} x_1 \\ x_2 \\ x_3 \end{bmatrix} = \begin{bmatrix} 0.333333 & 1.666667 & -2.75 \\ 0 & -1 & 1.5 \\ 0 & 0 & 0.25 \end{bmatrix} \begin{bmatrix} x_1 \\ x_2 \\ x_3 \end{bmatrix} = \frac{1}{\lambda} \begin{bmatrix} x_1 \\ x_2 \\ x_3 \end{bmatrix} \quad ②$$

다음 C 프로그램은 ②식으로 주어지는 행렬방정식의 최대 고유치 $\frac{1}{\lambda} = \lambda_{\max}$ 와 그에 따른 고유벡터를 누승법(Power Method) 알고리즘을 적용해 구하는 것으로 구성되었다. 즉, $\lambda_{\max}$ 를 구하면 λ가 최소 이어야 하므로, λ는 ① 행렬방정식의 최소 고유값이 된다. 이제 ②식으로 주어지는 행렬방정식의 최대 고유치와 그에 대한 고유벡터를 누승법으로 구하는 C 프로그램을 작성하여 보자.

```
#include<stdio.h>
#include<math.h>


double a[3][3] = {{0.333333,1.666667,-2.75},{0.0,-1.0,1.5},{0.0,0.0,0.25}};
double x[3];
double v[3];



main()
{
        int i,j,k,m,n;
        double v_max,v_max1,sum_v,sum_x;
        double epsil;
        n=2;                    /* number of elements in row or column - 1 */
        m=1000;
        epsil=0.00000001;

        FILE *out1;
        out1=fopen("eigenvalues_power method_inverse_II-6-3.dat","w");

                                /* initical values of x-vector elements   */
        for(i=0;i<=n;i++)
```

```
        {
        x[i]=1.0;
}
                        /* ---------------------------------------- */
        for(k=1;k<=m;k++)
        {
for(i=0;i<=n;i++)
        {
      v[i]=0.0;
for(j=0;j<=n;j++)
{
     v[i]=v[i]+a[i][j]*x[j];
}
        }
        v_max=v[0];
v_max1=fabs(v[0]);
for(i=1;i<=n;i++)
{
if(fabs(v[i])>v_max1) {
v_max=v[i];
                        }
 }
        sum_x=0.0;
sum_v=0.0;
for(i=0;i<=n;i++)
        {
        v[i]=v[i]/v_max;
        sum_v=sum_v+fabs(v[i]);
        sum_x=sum_x+fabs(x[i]);
        }
        if(fabs(sum_v-sum_x)<epsil)
        {
        goto END;
}
        for(i=0;i<=n;i++)
        {
        x[i]=v[i];
}
```

```
70      printf(out1,"iter#=%d,v_max=%f,[x1=%f,x2=%f,x3=%f]\n",k,v_max,x[0],x[1],x[2]);
71
72    }
73
74      END:;
75
76      fprintf(out1," \n \n");
77      fprintf(out1,"maximum eigenvalue = %f   \n",v_max);
78      fprintf(out1,"Its eigenvector   \n");
79
80    for(i=0; i<=n; i++)
81      {
82      fprintf(out1,"      %f   \t\n",v[i]);
83      }
84
85      fclose(out1);
86    }
```

위 프로그램은 이미 언급한 주어진 행렬의 최대 고유값과 그에 대한 고유벡터를 구하기 위한 누승법에 의한 프로그램 설명에서 이미 설명되었으므로 앞 절들을 참고하기 바란다. 주어진 역행렬 방정식에 대한 누승법 적용 시 line 5에서 역행렬의 각 요소값을 그대로 넣어주고 있다. 프로그램을 수행하면 다음과 같은 결과를 준다.

```
iter#1, v_max=-0.750000, [x1=1.000000, x2=-0.666667, x3=-0.333333]
iter#2, v_max=0.166667, [x1=0.833330, x2=1.000000, x3=-0.500000]
iter#3, v_max=3.319443, [x1=1.000000, x2=-0.527197, x3=-0.037657]
iter#4, v_max=0.470711, [x1=-0.938520, x2=1.000000, x3=-0.020000]
iter#5, v_max=1.408827, [x1=1.000000, x2=-0.731104, x3=-0.003549]
iter#6, v_max=-0.875415, [x1=1.000000, x2=-0.829071, x3=0.001014]
iter#7, v_max=-1.051239, [x1=1.000000, x2=-0.790107, x3=-0.000241]
iter#8, v_max=-0.982849, [x1=1.000000, x2=-0.803527, x3=0.000061]
iter#9, v_max=-1.006047, [x1=1.000000, x2=-0.798788, x3=-0.000015]
iter#10, v_max=-0.997939, [x1=1.000000, x2=-0.800415, x3=0.000004]
iter#11, v_max=-1.000703, [x1=1.000000, x2=-0.799859, x3=-0.000001]
iter#12, v_max=-0.999762, [x1=1.000000, x2=-0.800047, x3=0.000000]
iter#13, v_max=-1.000080, [x1=1.000000, x2=-0.799984, x3=-0.000000]
iter#14, v_max=-0.999973, [x1=1.000000, x2=-0.800005, x3=0.000000]
iter#15, v_max=-1.000009, [x1=1.000000, x2=-0.799998, x3=-0.000000]
iter#16, v_max=-0.999997, [x1=1.000000, x2=-0.800000, x3=0.000000]
iter#17, v_max=-1.000001, [x1=1.000000, x2=-0.799999, x3=-0.000000]
iter#18, v_max=-1.000000, [x1=1.000000, x2=-0.800000, x3=0.000000]
iter#19, v_max=-1.000000, [x1=1.000000, x2=-0.800000, x3=-0.000000]
iter#20, v_max=-1.000000, [x1=1.000000, x2=-0.800000, x3=0.000000]
iter#21, v_max=-1.000000, [x1=1.000000, x2=-0.800000, x3=-0.000000]
```

```
maximum eigenvalue = -1.000000
Its eigenvector
     1.000000
     -0.800000
     0.000000
```

위 결과를 보면 iteration 18부터 v_max = −1.000000으로 일정하고 우변의 $\vec{X}$ 벡터는 일정한 $\vec{X}=[1,-0.8,\,0]^T$로 수렴한다. 그런데 주어진 행렬의 역행렬에 대한 최대 고유값이 $\frac{1}{\lambda}=\lambda_{\max}=-1$이므로 주어진 행렬의 최소 고유값은 $\lambda_{\min}=-1$이 되고 이때 고유벡터는 $\vec{X}=[1,-0.8,\,0]^T$이 된다. 이러한 결과는 앞서 6.4절에서 이동법을 통하여 주어진 행렬의 최소 고유값 및 이에 대한 고유벡터를 구한 결과와 일치된 결과를 준다.

C 프로그래밍 연습 [II-6-4]

(예제 II-6-2)에서 다룬 다음 행렬 방정식에 이동법 및 역행렬누승법을 적용하여 아래 행렬 방정식에 대한 중간 고유값 및 그에 대한 고유벡터를 구하는 C 프로그램을 작성 수행하고 결과를 구하시오.

$$\begin{bmatrix}3 & 5 & 3\\ 0 & -1 & 6\\ 0 & 0 & 4\end{bmatrix}\begin{bmatrix}x_1\\ x_2\\ x_3\end{bmatrix}=\lambda\begin{bmatrix}x_1\\ x_2\\ x_3\end{bmatrix} \qquad ①$$

주어진 행렬방정식의 중간 고유치 및 고유벡터를 구하기 위해 이동법 및 역행렬누승법을 적용하면 ①식은 다음과 같이 된다. 참고로 위의 ① 행렬에서 최대 고유값$(\lambda=4)$과 최소 고유값$(\lambda=-1)$의 평균값인 $s=\left(\frac{4-(-1)}{2}\right)=1.5$ 만큼 이동시키면 다음과 같다.

$$\left(\begin{bmatrix}3 & 5 & 3\\ 0 & -1 & 6\\ 0 & 0 & 4\end{bmatrix}-1.5\begin{bmatrix}1&0&0\\0&1&0\\0&0&1\end{bmatrix}\right)^{-1}\begin{bmatrix}x_1\\ x_2\\ x_3\end{bmatrix}=\left(\begin{bmatrix}1.5 & 5 & 3\\ 0 & -2.5 & 6\\ 0 & 0 & 2.5\end{bmatrix}\right)^{-1}\begin{bmatrix}x_1\\ x_2\\ x_3\end{bmatrix}=\frac{1}{(\lambda-1.5)}\begin{bmatrix}x_1\\ x_2\\ x_3\end{bmatrix} \qquad ②$$

②식에서 나타난 역행렬은 파트2, 3장에서 다룬 Gauss-Jordan Elimination 방법으로 구하면, 다음과 같은 행렬방정식을 얻는다.

$$\begin{bmatrix}0.666667 & 1.333333 & -4.0\\ 0 & -0.4 & 0.96\\ 0 & 0 & 0.4\end{bmatrix}\begin{bmatrix}x_1\\ x_2\\ x_3\end{bmatrix}=\frac{1}{(\lambda-1.5)}\begin{bmatrix}x_1\\ x_2\\ x_3\end{bmatrix} \qquad ③$$

③식을 6.2절에서 다룬 누승법(Power Method) 알고리즘으로 풀어내는 C 프로그램은 이미 작성되었으므로 그대로 가져다 쓰면 되겠다. 또한 ③식을 누승법에 의해 풀면 고유값이 1.5를 기준으로 가장 가까운 고유값이 계산된다. 즉, ①식에서 중간 고유값이 얻어진다.

```
#include<stdio.h>
#include<math.h>

```

```
double a[3][3] = {{0.666667,1.333333,-4.0},{0.0,-0.4,0.96},{0.0,0.0,0.4}};
double x[3];
double v[3];



main()
{
        int i,j,k,m,n;
        double v_max,v_max1,sum_v,sum_x;
        double epsil;
        n=2;                    /* number of elements in row or column - 1 */
        m=1000;
        epsil=0.00000001;

        *out1;
out1=fopen("eigenvalues_power method_inverse_shift1.5_II-6-4.dat","w");

                                /* initical values of x-vector elements  */
        for(i=0;i<=n;i++)
        {
        x[i]=1.0;
}
                               /* ------------------------------------ */

        for(k=1;k<=m;k++)
        {

for(i=0;i<=n;i++)
        {
     v[i]=0.0;
for(j=0;j<=n;j++)
{
     v[i]=v[i]+a[i][j]*x[j];
}
        }

        v_max=v[0];
v_max1=fabs(v[0]);

for(i=1;i<=n;i++)
{
if(fabs(v[i])>v_max1) {
v_max=v[i];
```

```
49                                  }
50     }
51             sum_x=0.0;
52     sum_v=0.0;
53     for(i=0;i<=n;i++)
54             {
55             v[i]=v[i]/v_max;
56             sum_v=sum_v+fabs(v[i]);
57             sum_x=sum_x+fabs(x[i]);
58             }
59
60             if(fabs(sum_v-sum_x)<epsil)
61             {
62             goto END;
63     }
64
65             for(i=0;i<=n;i++)
66             {
67             x[i]=v[i];
68     }
69
70     fprintf(out1,"iter#=%d,v_max=%f,[x1=%f,x2=%f,x3=%f] \n",k,v_max,x[0],x[1],x[2]);
71             }
72
73     END:;
74
75             fprintf(out1," \n \n");
76             fprintf(out1,"maximum eigenvalue = %f   \n",v_max);
77             fprintf(out1,"Its eigenvector   \n");
78
79     for(i=0; i<=n; i++)
80             {
81         fprintf(out1,"     %f    \t \n",v[i]);
82             }
83
84             fclose(out1);
85     }
```

위 프로그램은 이미 언급한 행렬의 최대 고유값과 그에 대한 고유벡터를 구하기 위한 누승법 알고리즘에 의한 프로그램으로 이미 설명되었으므로 앞 절들을 참고하기 바란다. 주어진 이동법이 적용된 역행렬 방정식에 대한 누승법 적용 시 line 5에서 이동법 적용 역행렬의 각 요소값을 그대로 넣어주고 있다. 프로그램을 수행하면 다음과 같은 결과를 준다.

```
iter#=1, v_max=-2.000000, [x1=1.000000, x2=-0.280000, x3=-0.200000]
iter#=2, v_max=1.093334, [x1=1.000000, x2=-0.073171, x3=-0.073171]
```

```
iter#=3, v_max=0.861789, [x1=1.000000, x2=-0.047547, x3=-0.033962]
iter#=4, v_max=0.739120, [x1=1.000000, x2=-0.018380, x3=-0.018380]
iter#=5, v_max=0.715680, [x1=1.000000, x2=-0.014382, x3=-0.010273]
iter#=6, v_max=0.688582, [x1=1.000000, x2=-0.005967, x3=-0.005967]
iter#=7, v_max=0.682580, [x1=1.000000, x2=-0.004896, x3=-0.003497]
iter#=8, v_max=0.674127, [x1=1.000000, x2=-0.002075, x3=-0.002075]
iter#=9, v_max=0.672200, [x1=1.000000, x2=-0.001729, x3=-0.001235]
iter#=10, v_max=0.669301, [x1=1.000000, x2=-0.000738, x3=-0.000738]
iter#=11, v_max=0.668635, [x1=1.000000, x2=-0.000618, x3=-0.000441]
iter#=12, v_max=0.667609, [x1=1.000000, x2=-0.000264, x3=-0.000264]
iter#=13, v_max=0.667372, [x1=1.000000, x2=-0.000222, x3=-0.000159]
iter#=14, v_max=0.667005, [x1=1.000000, x2=-0.000095, x3=-0.000095]
iter#=15, v_max=0.666921, [x1=1.000000, x2=-0.000080, x3=-0.000057]
iter#=16, v_max=0.666789, [x1=1.000000, x2=-0.000034, x3=-0.000034]
iter#=17, v_max=0.666758, [x1=1.000000, x2=-0.000029, x3=-0.000021]
iter#=18, v_max=0.666711, [x1=1.000000, x2=-0.000012, x3=-0.000012]
iter#=19, v_max=0.666700, [x1=1.000000, x2=-0.000010, x3=-0.000007]
iter#=20, v_max=0.666683, [x1=1.000000, x2=-0.000004, x3=-0.000004]
iter#=21, v_max=0.666679, [x1=1.000000, x2=-0.000004, x3=-0.000003]
iter#=22, v_max=0.666673, [x1=1.000000, x2=-0.000002, x3=-0.000002]
iter#=23, v_max=0.666671, [x1=1.000000, x2=-0.000001, x3=-0.000001]
iter#=24, v_max=0.666669, [x1=1.000000, x2=-0.000001, x3=-0.000001]
iter#=25, v_max=0.666669, [x1=1.000000, x2=-0.000000, x3=-0.000000]
iter#=26, v_max=0.666668, [x1=1.000000, x2=-0.000000, x3=-0.000000]
iter#=27, v_max=0.666668, [x1=1.000000, x2=-0.000000, x3=-0.000000]
iter#=28, v_max=0.666667, [x1=1.000000, x2=-0.000000, x3=-0.000000]
iter#=29, v_max=0.666667, [x1=1.000000, x2=-0.000000, x3=-0.000000]
iter#=30, v_max=0.666667, [x1=1.000000, x2=-0.000000, x3=-0.000000]
iter#=31, v_max=0.666667, [x1=1.000000, x2=-0.000000, x3=-0.000000]
iter#=32, v_max=0.666667, [x1=1.000000, x2=-0.000000, x3=-0.000000]

maximum eigenvalue = 0.666667
Its eigenvector
    1.000000
    -0.000000
    -0.000000
```

위 결과를 보면 iteration 28부터 v_max=0.666667로 일정하고 우변의 $\vec{X}$ 벡터는 일정한 $\vec{X}=[1, 0, 0]^T$로 수렴한다. 그런데 주어진 행렬의 역행렬에 대한 최대 고유값이 $\frac{1}{\lambda-1.5}=\lambda_{\max}=0.666667$이므로 이동법을 통하여 $\lambda=1.5$가 기준이 될 때 고유값은 $\lambda-1.5=\frac{1}{\lambda_{\max}}=\frac{1}{0.666667}=1.5$가 되고 따라서, ①식과 같은 행렬에서 중간 고유값은 $\lambda=3$이 된다. 또한 이러한 고유값에 대한 고유벡터는 $\vec{X}=[1, 0, 0]^T$이 된다.

Chap 7. 최적화 문제(Optimization Problem)의 수치해석

최적화 문제는 자연과학, 공학뿐만이 아니라 경제학 등 사회과학에서도 중요한 문제이기도 하다. 최근 대두되는 인공지능 문제도 역시 최적화 문제라고 할 수 있겠다. 최적화 문제는 단일변수의 최적화 문제로부터 다변수 최적화 문제로 확장되며, 이 책에서는 기초적으로 황금분할탐색법(Golden-Section Search Method), 뉴튼법(Newton's Method), 할선법(Secant Method) 등 단일변수 최적화 문제(Optimization of Single Variable)를 살펴보고, 마지막으로 구배법(Gradient Method)을 통한 2차원 다변수 최적화 문제(Optimization of Multi-Variable)를 살펴보겠다.[12)]

7.1 최적화 문제(Optimization Problem) 일반

어떤 함수 $f(x)$가 아래 그림처럼 있을 때 어떤 변수 x에서 함수의 최대값 혹은 최소값이 어느 정도의 크기로 나타나는지를 살펴보자. 앞으로 주어진 범위에서 가장 큰 값을 최대값, 가장 작은 값을 최소값, 그리고 변곡을 갖는 값들을 국부적 극대값 또는 극소값이라고 하자. 그러면, 그림에서 최대값은 C점에서 나타나고, 최소값은 B점에서 나타난다. 또한, 국부적 극대값은 A와 E점에서 나타나며, 국부적 극소값은 D점에서 나타난다. 이러한 값을 찾는 가장 단순한 방법으로 몇 개의 함수

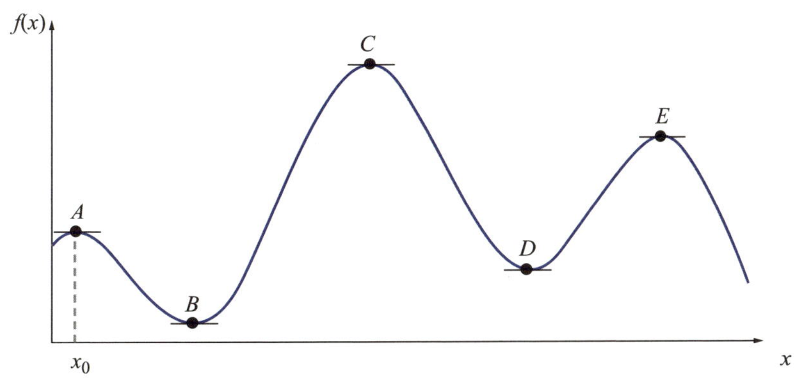

그림 II-7-1 최대값 및 최소값 또는 국부적 극대값 및 극소값을 갖는 함수개형

12) 본 장에서 다루는 최적화 문제에 대한 수치해석 방법은 참고문헌 [3], [6], [9]를 참고하였다.

값을 비교하여 최대값 또는 최소값을 찾아가도록 하는 방법을 생각해 볼 수 있는데, 대표적으로 황금분할탐색법을 들 수 있다. 또한, 그림에서 볼 수 있듯이, 함수값이 최대 또는 최소가 나타날 때 함수의 1차 미분값 $f'(x)$가 특정위치에서 $f'(x_0)=0$인 것을 알 수 있다. 즉, 함수의 최대값, 최소값이 있는 곳에서 변곡이 일어나 그 점에서 미분값이 0이 된다는 것을 알 수 있다. 이러한 원리를 이용하여 최대값 또는 최대값을 구하는 것이 뉴튼법, 할선법이다.

7.2 황금분할탐색법(Golden-Section Search Method)

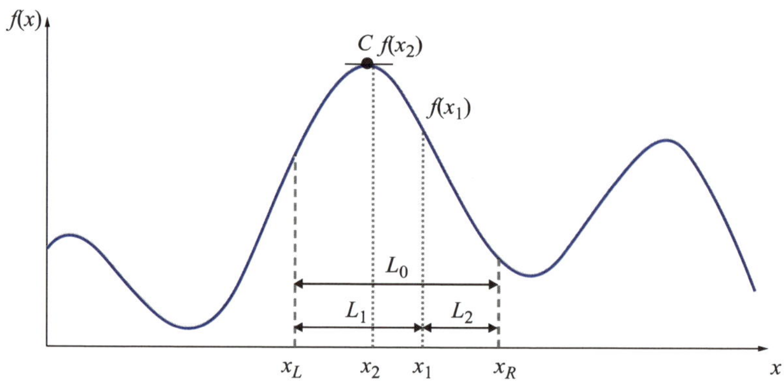

그림 II-7-2 황금분할탐색법으로 구간 $x_L \le x \le x_R$에서의 최대값 탐색

파트2, 2장에서 어떤 함수 $f(x)$의 근을 구할 때 임의 구간 안에 근이 존재한다는 것을 알게 되면 우리는 이분법을 통해서 구간의 중간 점에서의 함수값을 찾고 중간값으로 인해 생성된 두 개의 구간 양 끝단에서의 함수값을 통해 근이 존재하는 구간을 취하는 방식으로 계속해서 근이 존재하는 구간을 좁혀가며 근을 찾았다. 비슷한 맥락으로 어떤 함수 $f(x)$의 최대값 또는 최소값을 구할 때 임의 구간 안에 최대값 혹은 최소값이 있을 때 구간내부 임의 두 개의 점을 정하고 위 그림에서와 같이 2개의 구간을 정한 후 이미 정한 두 개의 점에서의 함수값을 비교하여 큰 값이 있는 구간은 남기고 작은 값이 있는 구간은 삭제한다. 같은 방법으로 계속해서 두 개의 점을 취하고 함수값을 비교하여 작은 값이 있는 구간을 삭제하면서 반복계산을 수행하면 최종적으로 함수의 최대값이 있는 구간으로 좁혀지고 최대값을 얻게 된다. 이 때 임의 구간에서 두 개의 점을 취하는 방법에 황금비(1 : 1.618 ⋯)를 사용하는 것이 황금분할탐색법이다. 이러한 황금비는 고대 그리스 신전들에서 건물의 가로세로비를 황금비로 하였다는 것으로부터 유래한다. 위 그림에서 구간 안의 x_1, x_2

를 찾을 때 다음과 같은 황금비를 통한 거리 비를 계산하여 결정된다.

$$\frac{L_0}{L_1} = \frac{L_1}{L_2} = \Phi \tag{1}$$

(1)식을 통해 $L_1/L_2 = \Phi$를 계산하면

$$\frac{L_1}{L_2} = \frac{\sqrt{5}+1}{2} = 1.618033988 \cdots = \Phi \tag{2}$$

와 같이 된다. 이렇게 결정된 황금률을 이용하면 위 그림에서 L_1은 다음과 같다.

$$L_1 = \frac{\Phi}{1+\Phi}(x_R - x_L) \tag{3}$$

이러한 값을 통해 x_1, x_2를 다음과 같이 기술된다.

$$\begin{aligned} x_1 &= x_L + L_1 = x_L + \frac{\Phi}{1+\Phi}(x_R - x_L) \\ x_2 &= x_R - L_1 = x_R - \frac{\Phi}{1+\Phi}(x_R - x_L) \end{aligned} \tag{4}$$

여기서, $\frac{\Phi}{1+\Phi} = 0.618033988 \cdots$

위 그림에서 $f(x_1) < f(x_2)$이므로 오른쪽 구간을 없애고 새로운 구간 $x_L \le x \le x_1$이 남는다. 여기서 새로운 구간의 x_1을 x_R로 x_2을 x_1로 바꾸고 나면, 새로운 구간은 처음과 같이 된다. 즉, $x_L \le x \le x_1$ 구간이 $x_L \le x \le x_R$과 같이 된다. 만약에 위 그림에서 최대값이 우측에 존재한다면, $f(x_1) > f(x_2)$ 이므로 왼쪽 구간을 없애고 새로운 구간 $x_2 \le x \le x_R$이 남고, 여기서 x_2을 x_L로 x_1을 x_2로 바꾸고 나면, 새로운 구간은 처음구간 $x_L \le x \le x_R$와 같이 된다. 이렇게 최대값이 존재하는 구간이 계속 좁혀지면서 최대값이 결정되는 방법이 황금분할탐색법(Golden-Section Search Method)이다.

예제 II-7-1

황금분할탐색법을 이용하여 다음 함수의 최대값을 구하시오.

$f(x) = 2\cos x + x - \frac{x^2}{10}$

해설 함수의 개형을 살펴보면 아래와 같으며, $0 \le x \le 10$ 구간에 3개의 국부적인 극대값이 존재하고 $x \sim 6$ 정도에서 최대값이 존재하는 것이 보인다. 앞서 다룬 황금분할탐색법을 이용하여 최대값이 존재하는 x점과 최대값을 구하여 보자.

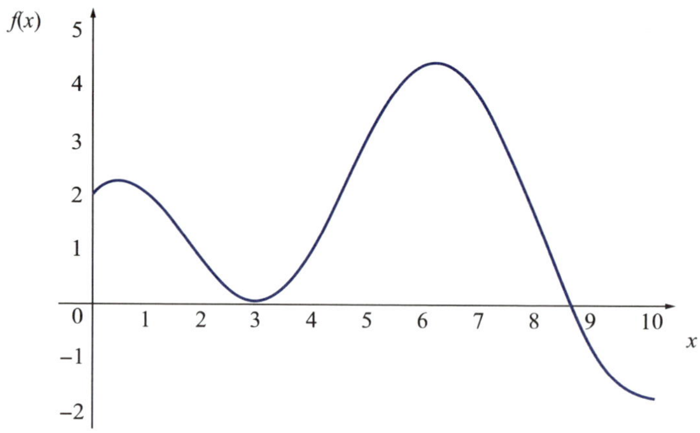

그림 II-7-3 함수 $f(x) = 2\cos x + x - \frac{x^2}{10}$ 개형

위 그림에서 최대값은 $4 \le x \le 8$ 범위에 있고, 대략 4정도의 크기를 갖는다는 것을 알 수 있다. 이제 앞서 다룬 황금분할탐색법을 사용하여 최대값을 구하면 (4)식을 이용하여 $4 \le x \le 8$ 범위 안에 x_1과 x_2를 정하고 각각의 함수값을 다음과 같이 비교하고 다음 스텝으로 넘어간다.

(iteration#1)

$$x_1 = x_L + L_1 = x_L + \frac{\Phi}{1+\Phi}(x_R - x_L) = 4 + 0.618 \cdots \times (8-4) = 6.472136$$

$$x_2 = x_R - L_1 = x_R - \frac{\Phi}{1+\Phi}(x_R - x_L) = 8 - 0.618 \cdots \times (8-4) = 5.527864$$

$$f(x_1) = f(6.472136) = 4.247685 > f(x_2) = f(5.527864) = 3.928239$$

$$((x_2 \rightarrow x_L) \le x \le x_R) \Rightarrow (5.527864 \le x \le 8)$$

(iteration#2)

$$x_1 = x_L + L_1 = x_L + \frac{\Phi}{1+\Phi}(x_R - x_L) = 5.527864 + 0.618 \cdots \times (8 - 5.527864) = 7.055728$$

$$x_2 = x_R - L_1 = x_R - \frac{\Phi}{1+\Phi}(x_R - x_L) = 8 - 0.618 \cdots \times (8 - 5.527864) = 6.472136$$

$$f(x_1) = f(7.055728) = 3.509675 < f(x_2) = f(6.472136) = 4.247685$$

$$(x_L \le x \le (x_1 \rightarrow x_R)) \Rightarrow (5.527864 \le x \le 7.055728)$$

(iteration#3)

$$x_1 = x_L + L_1 = x_L + \frac{\Phi}{1+\Phi}(x_R - x_L) = 5.527864 + 0.618\cdots \times (7.055728 - 5.527864)$$
$$= 6.472136$$

$$x_2 = x_R - L_1 = x_R - \frac{\Phi}{1+\Phi}(x_R - x_L) = 7.055728 - 0.618\cdots \times (7.055728 - 5.527864)$$
$$= 6.111456$$

$$f(x_1) = f(6.472136) = 4.247685 < f(x_2) = f(6.111456) = 4.347048$$

$$(x_L \le x \le (x_1 \to x_R)) \Rightarrow (5.527864 \le x \le 6.472136)$$

⋮

⋮

(iteration#32)

$$x_1 = x_L + L_1 = x_L + \frac{\Phi}{1+\Phi}(x_R - x_L) = 6.16629 + 0.618\cdots \times (6.16629 - 6.16629) = 6.16629$$

$$x_2 = x_R - L_1 = x_R - \frac{\Phi}{1+\Phi}(x_R - x_L) = 6.16629 - 0.618\cdots \times (6.16629 - 6.16629) = 6.16629$$

$$f(x_1) = f(6.16629) = 4.350328 \quad \Leftrightarrow \quad f(x_2) = f(6.16629) = 4.350328$$

$$extreme\, value\ at\ x = 6.16629: \ f(6.16629) = 4.350328$$

위 결과를 보면 처음 x의 범위를 그림으로부터 최대값이 존재하는 영역 $4 \le x \le 8$로 시작하였다. 이로부터 황금분할탐색법을 사용하여 32회 반복계산을 통해 최종 해에 도달하게 되었다는 것을 알 수 있다. 그림을 보면 가운데 최대값 외에 옆으로 2개의 국부적 극대값 및 극소값이 있는데, 이 부분도 위의 방법으로 먼저 극값이 있는 구간을 정하고 이로부터 황금분할탐색법을 적용하면 각각의 극대값 또는 극소값을 얻을 수 있다. C 프로그래밍 연습을 통해 이러한 극값들을 계산해 보도록 하겠다.

C 프로그래밍 연습 [II-7-1]

(예제 II-7-1)에서 다룬 다음 함수의 최대값을 황금분할탐색법(Golden-Sectioon Search Method)을 적용하여 계산하는 C 프로그램을 작성하고 최대값 외에 국부적 극대값 및 극소값을 계산하시오.

$$f(x) = 2\cos x + x - \frac{x^2}{10}$$

다음 C 프로그램은 위 본문 (4)식 및 본문의 황금분할탐색법 알고리즘을 통해 구성되었다. 앞서 (예제 II-7-1)에서와 같이 처음 최대값을 구할 때 구간을 $(x_L = 4 \le x \le 8 = x_R)$으로 정하고 최대값 탐색을 시작하였다.

```
#include <stdio.h>
#include <math.h>

#define func(x) (2.0*cos(x)+x-x*x/10.0)
```

```

main ()
{

FILE *out1;
out1=fopen("Extreme Value (golden section search)_II-7-1.dat","w");

        int imax,iter;
        double xa,xb,xc,xd,xm,l_golden,fxa,fxb,fxc,fxd,fxm;
        double k_golden,epsil,res;

        epsil = 0.000000000000001;
        imax=1000;
        k_golden=(sqrt(5.0)+1.0)/(sqrt(5.0)+3.0);

        xa= 4.0;
        xb= 8.0;

fxa=func(xa);
fxb=func(xb);

        for(iter=1;iter<imax;++iter)
    {
        l_golden=k_golden*fabs(xb-xa);

        xd=xa+l_golden;   /* x1 */
        xc=xb-l_golden;   /* x2 */
        xm=(xd+xc)/2.0;

        fxd=func(xd);
        fxc=func(xc);
        fxm=(fxd+fxc)/2.0;

        res=fabs(fxd-fxc);

    fprintf(out1,"#iter%d,x1=%f,fx1=%f,x2=%f,fx2=%f,xm=%f,res=%f,extreme=%f \n"
               ,iter,xd,fxd,xc,fxc,xm,res,fxm);

        if(res<epsil)
        {
   fprintf(out1," \n\n");
   fprintf(out1,"xm = %f, Extreme value = %f \n", xm,fxm);
goto END;

}
```

```
50
51          if((fxc)>(fxd)) /* high --> fxc>fxd and low --> fxc<fxd */
52          {
53            xb=xd;
54   }
55
56   else
57   {
58       xa=xc;
59   }
60
61       }
62
63   END:;
64
65
66   fclose(out1);
67   }
```

위 프로그램에서 line 4는 문제에서 주어진 함수를 나타낸다. line 20~21은 최대값이 존재하는 초기설정 구간이 되며 $(x_L = 4 \le x \le 8 = x_R)$로 정하고 있다. line 18은 본문 (4)식에서 x_1, x_2를 계산하는데 필요한 황금비 계수로 $\dfrac{\Phi}{1+\Phi} = 0.618033988 \cdots$ 를 나타내고 있다.

line 26~61은 황금분할탐색법 알고리즘을 그대로 프로그램에 반영한 것이며, 특히 line 30~36은 황금분할탐색법에서 찾아준 x_1, x_2의 중간값 $x_m = \dfrac{x_1 + x_2}{2}$을 정의하고 또 함수값 $f(x_m)$을 찾아 최종 최대값을 정할 때 이용한다. line 38에서 $res = |f(x_1) - f(x_2)|$를 계산하여 극대값에 도달했을 때를 판별하기 위해 사용한다. line 51~59는 황금분할탐색법의 핵심적인 부분으로 x_1, x_2에서의 함수값 $f(x_1)$, $f(x_2)$를 계산하여 크기를 비교하고 앞서 (예제 II-7-1)에서도 설명하고 있듯이 함수값이 큰 쪽을 남기고 나머지 구간을 삭제하여 반복계산을 하면서 점점 구간을 좁혀가는 역할을 하게 된다. 이렇게 계속 반복계산을 하여 $res = |f(x_1) - f(x_2)|$ 값이 line 43~49에서처럼 $res < \epsilon$이면 x_m, $f(x_m)$를 "extreme value (Golden-section search Method)_II-7-1.dat" 파일에 출력하는 것으로 프로그램은 종료한다. 출력파일을 열어보면 다음과 같다.

```
#iter1, xm = 6.000000, res = 0.319447, extreme = 4.087962
#iter2, xm = 6.763932, res = 0.738011, extreme = 3.878680
#iter3, xm = 6.291796, res = 0.099363, extreme = 4.297367
#iter4, xm = 6.000000, res = 0.079730, extreme = 4.307183
#iter5, xm = 6.180340, res = 0.004257, extreme = 4.344919
#iter6, xm = 6.068884, res = 0.018002, extreme = 4.338047
#iter7, xm = 6.137767, res = 0.003274, extreme = 4.348685
#iter8, xm = 6.180340, res = 0.001000, extreme = 4.349822
#iter9, xm = 6.154029, res = 0.000538, extreme = 4.350053
```

```
#iter10, xm = 6.170290, res = 0.000109, extreme = 4.350268
#iter11, xm = 6.160240, res = 0.000102, extreme = 4.350272
#iter12, xm = 6.166451, res = 0.000002, extreme = 4.350322
#iter13, xm = 6.162612, res = 0.000024, extreme = 4.350311
#iter14, xm = 6.164985, res = 0.000005, extreme = 4.350325
#iter15, xm = 6.166451, res = 0.000000, extreme = 4.350327
#iter16, xm = 6.165545, res = 0.000001, extreme = 4.350327
#iter17, xm = 6.166105, res = 0.000000, extreme = 4.350328
#iter18, xm = 6.166451, res = 0.000000, extreme = 4.350328
#iter19, xm = 6.166237, res = 0.000000, extreme = 4.350328
#iter20, xm = 6.166369, res = 0.000000, extreme = 4.350328
#iter21, xm = 6.166288, res = 0.000000, extreme = 4.350328
#iter22, xm = 6.166338, res = 0.000000, extreme = 4.350328
#iter23, xm = 6.166307, res = 0.000000, extreme = 4.350328
#iter24, xm = 6.166288, res = 0.000000, extreme = 4.350328
#iter25, xm = 6.166300, res = 0.000000, extreme = 4.350328
#iter26, xm = 6.166292, res = 0.000000, extreme = 4.350328
#iter27, xm = 6.166288, res = 0.000000, extreme = 4.350328
#iter28, xm = 6.166291, res = 0.000000, extreme = 4.350328
#iter29, xm = 6.166289, res = 0.000000, extreme = 4.350328
#iter30, xm = 6.166290, res = 0.000000, extreme = 4.350328
#iter31, xm = 6.166291, res = 0.000000, extreme = 4.350328
#iter32, xm = 6.166290, res = 0.000000, extreme = 4.350328
#iter33, xm = 6.166290, res = 0.000000, extreme = 4.350328
#iter34, xm = 6.166290, res = 0.000000, extreme = 4.350328
#iter35, xm = 6.166290, res = 0.000000, extreme = 4.350328
#iter36, xm = 6.166290, res = 0.000000, extreme = 4.350328

xm = 6.166290, Extreme value = 4.350328
```

위 결과를 보면 반복계산 #iter32부터 $x_m = 6.16629$에서 변화하지 않고 $(x_L = 4 \le x \le 8 = x_R)$ 구간에서 최대값은 extreme = 4.350328을 보여주고 있다.

이번에는 (예제 II-7-1)에서 그림으로 나타낸 함수개형을 보고 최대값 좌측에 있는 국부적 극소값을 찾아보자. 그림에서 최대값 좌측 극소값은 대략 $(x_L = 2 \le x \le 4 = x_R)$ 범위에 있는 것을 확인할 수 있다. 그렇게 하기위해 위 C 프로그램의 line 20~21의 xa = 2, xb = 4로 바꾸고, line 51에서 코멘트 문에서 설명하듯이 국부적 극대값을 구할 때 조건을 if(fxc>fxd)인 것을 극소값을 찾을 때는 if(fxc<fxd)로 바꾸어 준다. 이 두 가지를 수정하고 프로그램을 수행하면 다음과 같은 결과를 준다.

```
#iter1, xm = 3.000000, res = 0.056833, lower extreme = 0.169357
#iter2, xm = 2.618034, res = 0.151732, lower extreme = 0.216806
#iter3, xm = 2.854102, res = 0.024733, lower extreme = 0.128574
#iter4, xm = 3.000000, res = 0.013141, lower extreme = 0.122778
#iter5, xm = 2.909830, res = 0.002842, lower extreme = 0.117629
#iter6, xm = 2.965558, res = 0.002412, lower extreme = 0.117414
#iter7, xm = 2.931116, res = 0.000107, lower extreme = 0.116261
```

```
#iter8, xm = 2.952403, res = 0.000543, lower extreme = 0.116479
#iter9, xm = 2.939247, res = 0.000103, lower extreme = 0.116156
#iter10, xm = 2.931116, res = 0.000025, lower extreme = 0.116117
#iter11, xm = 2.936141, res = 0.000018, lower extreme = 0.116114
#iter12, xm = 2.933036, res = 0.000002, lower extreme = 0.116106
#iter13, xm = 2.934955, res = 0.000004, lower extreme = 0.116107
#iter14, xm = 2.933769, res = 0.000001, lower extreme = 0.116105
#iter15, xm = 2.933036, res = 0.000000, lower extreme = 0.116104
#iter16, xm = 2.933489, res = 0.000000, lower extreme = 0.116104
#iter17, xm = 2.933209, res = 0.000000, lower extreme = 0.116104
#iter18, xm = 2.933382, res = 0.000000, lower extreme = 0.116104
#iter19, xm = 2.933489, res = 0.000000, lower extreme = 0.116104
#iter20, xm = 2.933423, res = 0.000000, lower extreme = 0.116104
#iter21, xm = 2.933464, res = 0.000000, lower extreme = 0.116104
#iter22, xm = 2.933438, res = 0.000000, lower extreme = 0.116104
#iter23, xm = 2.933423, res = 0.000000, lower extreme = 0.116104
#iter24, xm = 2.933432, res = 0.000000, lower extreme = 0.116104
#iter25, xm = 2.933438, res = 0.000000, lower extreme = 0.116104
#iter26, xm = 2.933435, res = 0.000000, lower extreme = 0.116104
#iter27, xm = 2.933437, res = 0.000000, lower extreme = 0.116104
#iter28, xm = 2.933435, res = 0.000000, lower extreme = 0.116104
#iter29, xm = 2.933436, res = 0.000000, lower extreme = 0.116104
#iter30, xm = 2.933437, res = 0.000000, lower extreme = 0.116104
#iter31, xm = 2.933437, res = 0.000000, lower extreme = 0.116104
#iter32, xm = 2.933436, res = 0.000000, lower extreme = 0.116104
#iter33, xm = 2.933436, res = 0.000000, lower extreme = 0.116104
#iter34, xm = 2.933436, res = 0.000000, lower extreme = 0.116104
#iter35, xm = 2.933436, res = 0.000000, lower extreme = 0.116104

xm = 2.933436, Extreme value = 0.116104
```

위 결과는 (예제 II-7-1)에 나타낸 함수개형 그림에서 보듯이 중앙의 최대값 왼쪽 $(x_L = 2 \le x \le 4 = x_R)$ 구간에 있는 극소값이 $x_m = 2.933436$에서 $f(x_m) = 0.116104$임을 보여주고 있다. 마지막으로 국부적 극소값 좌측의 $(x_L = -1 \le x \le 2 = x_R)$ 구간에 있는 국부적 극대값을 찾아보자. 앞서 극소값을 찾을 때 프로그램을 수정한 것과 동일하게 프로그램에서 line 20~21에서 xa = −1, xb = 2로 바꾸고, line 51에서 코멘트 문에서 설명하듯이 극대값을 구할 때 조건을 if(fxc>fxd)으로 하고 극소값을 구할 때는 if(fxc<fxd)로 사용자가 바꾸어주고 프로그램을 수행하면 된다. 여기서는 최대값을 구하는 것이므로 if(fxc>fxd)로 하여 프로그램을 수행하면 다음과 같은 결과를 준다.

```
#iter1, xm = 0.500000, res = 0.027576, lower extreme = 2.108733
#iter2, xm = -0.072949, res = 0.507374, lower extreme = 1.868834
#iter3, xm = 0.281153, res = 0.105643, lower extreme = 2.175342
#iter4, xm = 0.500000, res = 0.009652, lower extreme = 2.223338
#iter5, xm = 0.364745, res = 0.022106, lower extreme = 2.217111
#iter6, xm = 0.448337, res = 0.002781, lower extreme = 2.229554
```

```
#iter7, xm = 0.500000, res = 0.002320, lower extreme = 2.229784
#iter8, xm = 0.468071, res = 0.000099, lower extreme = 2.230895
#iter9, xm = 0.487804, res = 0.000527, lower extreme = 2.230681
#iter10, xm = 0.475608, res = 0.000101, lower extreme = 2.230995
#iter11, xm = 0.468071, res = 0.000023, lower extreme = 2.231034
#iter12, xm = 0.472729, res = 0.000018, lower extreme = 2.231037
#iter13, xm = 0.469850, res = 0.000001, lower extreme = 2.231045
#iter14, xm = 0.471629, res = 0.000004, lower extreme = 2.231044
#iter15, xm = 0.470530, res = 0.000001, lower extreme = 2.231046
#iter16, xm = 0.469850, res = 0.000000, lower extreme = 2.231046
#iter17, xm = 0.470270, res = 0.000000, lower extreme = 2.231047
#iter18, xm = 0.470010, res = 0.000000, lower extreme = 2.231047
#iter19, xm = 0.470171, res = 0.000000, lower extreme = 2.231047
#iter20, xm = 0.470072, res = 0.000000, lower extreme = 2.231047
#iter21, xm = 0.470133, res = 0.000000, lower extreme = 2.231047
#iter22, xm = 0.470095, res = 0.000000, lower extreme = 2.231047
#iter23, xm = 0.470119, res = 0.000000, lower extreme = 2.231047
#iter24, xm = 0.470104, res = 0.000000, lower extreme = 2.231047
#iter25, xm = 0.470113, res = 0.000000, lower extreme = 2.231047
#iter26, xm = 0.470119, res = 0.000000, lower extreme = 2.231047
#iter27, xm = 0.470115, res = 0.000000, lower extreme = 2.231047
#iter28, xm = 0.470113, res = 0.000000, lower extreme = 2.231047
#iter29, xm = 0.470114, res = 0.000000, lower extreme = 2.231047
#iter30, xm = 0.470115, res = 0.000000, lower extreme = 2.231047
#iter31, xm = 0.470115, res = 0.000000, lower extreme = 2.231047
#iter32, xm = 0.470115, res = 0.000000, lower extreme = 2.231047
#iter33, xm = 0.470115, res = 0.000000, lower extreme = 2.231047
#iter34, xm = 0.470115, res = 0.000000, lower extreme = 2.231047
#iter35, xm = 0.470115, res = 0.000000, lower extreme = 2.231047
#iter36, xm = 0.470115, res = 0.000000, lower extreme = 2.231047
#iter37, xm = 0.470115, res = 0.000000, lower extreme = 2.231047

xm = 0.470115, Extreme value = 2.231047
```

위 결과는 (예제 II-7-1)의 함수개형을 나타낸 그림에서 볼 수 있듯이 좌측으로는 $(x_L = -1 \le x \le 2 = x_R)$ 구간에서 국부적 극대값이 존재하는 것을 볼 수 있다. 결과적으로 xm = 0.470115에서 극대값이 extreme value = 2.231047로 계산되어 함수개형 그림에서 나타난 것과 일치된 결과를 볼 수 있다. 이렇듯 황금분할탐색법은 임의 함수의 국부적 극대 혹은 극소값을 찾는 유용한 방법임을 알 수 있다.

7.3 Newton - Raphson 방법

파트2, 2장에서 뉴튼-랩슨 방법을 통해 함수 $f(x)$의 근을 구하는 것을 살펴보았다. 주어진 함수의 임의 x_0에서의 함수미분값 $f'(x_0)$을 통하여 접선을 구하고 접선의 x축과의 교점 x_1을 찾고 다시 x_1에서의 함수미분값 $f'(x_1)$을 구하여 새로운 접선의 x축 과의 교점 x_2를 찾고 계속해서 x_3, x_4, $\cdots$, x_n와 같이 교점들을 찾아 그 교점들에서의 함수값이 0이 되는 교점이 곧 근이 된다는 것이었다. 앞서 언급한 바와 같이 임의 함수의 최대값 및 최소값 또는 국부적 극대값 혹은 극소값이 나타날 때 함수의 미분값은 0이 된다고 하였다. 따라서, 어떤 함수값의 0이 되는 x값이 최대 및 최소값 또는 국부적 극대 혹은 극소값이 나타나는 x점이 된다는 것을 알 수 있다. 그러므로 임의 함수의 최대 및 최소, 국부적 극대 또는 극소값을 구하는 방법은 주어진 함수의 미분함수 $f'(x)$를 구하고, 이러한 미분함수의 근을 구하는 문제와 같다. 결국, 파트2, 2장에서 다룬 뉴튼-랩슨 방법을 그대로 이용하여 임의 함수 $f(x)$의 임의 구간에서의 최대 및 최소값과 국부적 극대값 또는 극소값을 구할 수 있다. 다시 말하면, 근을 구할 때는 주어진 함수 $f(x)$와 1계 미분함수 $f'(x)$를 이용하여 근을 구했고, 본절에서는 주어진 함수의 1계 미분함수 $f'(x)$와 2계 미분함수 $f''(x)$를 통하여 최대 및 최소값, 국부적 극대 혹은 극소값을 구하게 된다.

예제 II-7-2

뉴튼-랩슨법을 이용하여 다음 함수의 최대값을 구하시오.

$$f(x) = 2\cos x + x - \frac{x^2}{10}$$

해설 전 절에서의 (예제 II-7-1)을 보면 동일한 함수의 개형을 그림으로 나타내었다. 그림에서 $0 \le x \le 10$ 구간에 3개의 국부적인 극대값이 존재하고 $x \sim 6$ 정도에서 최대값이 존재하는 것이 보인다. 뉴튼-랩슨방법을 통하여 최대값이 존재하는 x점과 최대값을 구하여 보자.
위 함수의 극대값이 나타나는 점에서는 앞서 언급한 대로 $f'(x) = 0$이므로 함수의 미분값이 0이되는 x점을 찾으면 되겠다. 이를 위해서 파트2, 2장에서 다룬 뉴튼-랩슨법 (Newton-Raphson's Method)을 그대로 적용하면 되겠다. 먼저 주어진 함수의 1계 미분과 2계 미분함수를 나타내면 다음과 같다.

$$f'(x) = -2\sin x + 1 - \frac{x}{5} = F(x)$$

$$f''(x) = -2\cos x - \frac{1}{5} = F'(x)$$

위 함수 $f'(x) = F(x)$ 개형은 다음 그림과 같다.
이 그래프에서 x는 6 근처에 있는 것을 알 수 있다.

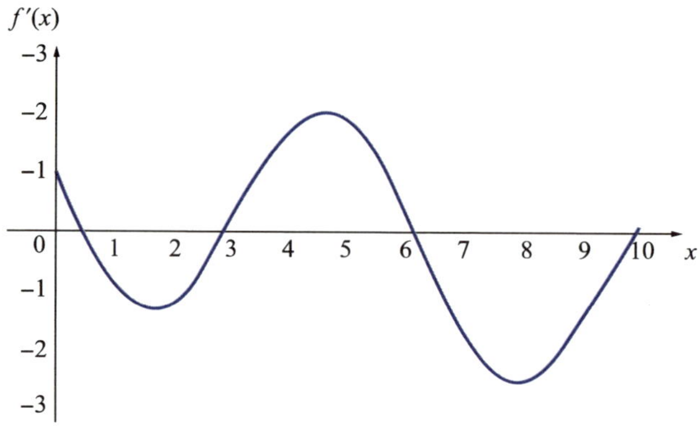

그림 II-7-4 원래 함수의 1계 도함수 $f'(x) = -2\sin x + 1 - \frac{x}{5}$ 의 개형

이제 파트2, 2장에서 근을 구하기 위해 사용된 뉴튼－랩슨 방법을 적용해 보자. 위에서 함수 $F(x)$의 근을 구하기 위해 임의 x_0을 정하고 여기서 함수접선의 기울기는 $F'(x_0)$ 이를 통해 x축과 만나는 $x_1, x_2, x_3, \cdots$ 결정되고, 최종적으로 근이 구해진다.

함수의 최대값이 $x \sim 6$ 근처에서 나타나므로 초기 $x_0 = 6$로 정하여 $x_1, x_2, x_3, \cdots$ 를 결정해 나가면 다음과 같다.

$$x_1 = -\frac{F(x_0)}{F'(x_0)} + x_0 = -\frac{F(6)}{F'(6)} + 6 = -\frac{0.358831}{-2.120341} + 6 = 6.169233$$

$$x_2 = -\frac{F(x_1)}{F'(x_1)} + x_1 = -\frac{F(6.169233)}{F'(6.169233)} + 6.169233 = -\frac{-0.006435}{-2.187029} + 6.169233 = 6.166291$$

$$x_3 = -\frac{F(x_2)}{F'(x_2)} + x_2 = -\frac{F(6.166291)}{F'(6.166291)} + 6.166291 = -\frac{-0.000001}{-2.186351} + 6.166291 = 6.166290$$

$$x_4 = -\frac{F(x_3)}{F'(x_3)} + x_3 = -\frac{F(6.166290)}{F'(6.166290)} + 6.166290 = -\frac{-0.000000}{-2.186351} + 6.166290 = 6.166290$$

위 결과를 보면 파트2, 2장에서 다룬 바대로 뉴튼－랩슨법 반복계산 시 증분값(del)이 $-F(x)/F'(x)$인데 4번째 반복계산에서는 계속 작아져 ~0이 되는 것을 알 수 있다. 따라서 최대값은 $x = 6.166290$일 때 나타나며 앞서 함수값은 다음과 같이 계산된다.

$$f(6.166290) = 2\cos(6.166290) + 6.166290 - \frac{6.166290^2}{10} = 4.350328$$

이러한 결과는 앞서 황금분할탐색법에서 찾은 값과 일치한다. 황금분할탐색법에서는 대략 32번의 반복계산 후 최대값을 주고 있는데 반하여 뉴튼－랩슨법은 4번 만에 같은 결과를 주고 있는 것을 알 수 있다.

C 프로그래밍 연습 [II-7-2]

(예제 II-7-1)에서 다룬 다음 함수의 최대값을 뉴튼-랩슨법(Newton-Raphson's Method)을 적용하여 계산하는 C 프로그램을 작성하고 최대값 외에 국부적 극대값 및 극소값을 계산하시오.

$$f(x) = 2\cos x + x - \frac{x^2}{10}$$

다음 C 프로그램은 파트2, 2장에서 근을 구하는 방법으로 언급한 뉴튼-랩슨법 알고리즘을 통해 구성되었다. 앞서 (예제 II-7-2)에서와 같이 최대값을 구할 때 초기 $x_0 = 6$으로 정하고 최대값을 구하는 프로그램을 살펴보도록 하자.

```
#include <stdio.h>
#include <math.h>
#define func_origin(x) (2.0*cos(x)+x-x*x/10.0)
#define func(x) (-2.0*sin(x)+1-x/5.0)
#define func_diff(x) (-2.0*cos(x)-1.0/5.0)
main ()
{
FILE *out1;
out1=fopen("extreme value (Newton Method)_II-7-2.dat","w");
        int imax,iter;
        double x,fx,fdx,fxo,del,epsil;
        epsil = 0.000000001;
        imax=1000;
        x=6.0;
fx=func(x);
fdx=func_diff(x);
        for(iter=1;iter<imax;++iter)
    {
del=-fx/fdx;
x=x+del;
```

```
34
35    fprintf(out1,"iter%d, x = %f, del = %f, func value = %f \n",iter,x,del,fxo);
36
37    if(fabs(del)<epsil)
38    {
39          fprintf(out1," \n\n");
40     fprintf(out1,"x = %f, extreme value = %f \n", x,fxo);
41     goto END;
42    }
43
44    fxo=func_origin(x);
45    fx=func(x);
46    fdx=func_diff(x);
47
48
49
50       }
51
52    END:;
53
54    fclose(out1);
55    }
```

위 프로그램에서 line 4는 문제에서 주어진 함수를 나타내고, line 5는 주어진 함수의 1계 도함수, line 6는 2계 도함수를 나타낸다. line 20은 뉴튼-랩슨 방법으로 근을 구할 때 초기 설정하는 x값을 $x_0 = 6$으로 하고 있다. line 28~50은 파트2, 2장에서 함수의 근을 구하는 방법으로 다룬 뉴튼-랩슨법의 알고리즘을 C 프로그래밍 한 것을 그대로 가져온 것이므로 자세한 내용은 파트2, 2장을 살펴보기 바란다. 이러한 방법으로 계산한 결과는 line 12에서 언급한 "extreme value (Newton's Method)_II-7-2.dat"에 저장한다. 계산결과는 다음과 같다.

```
iter1, x = 6.169233, del = 0.169233, func value = 0.000000
iter2, x = 6.166291, del = -0.002942, func value = 4.350318
iter3, x = 6.166290, del = -0.000000, func value = 4.350328
iter4, x = 6.166290, del = -0.000000, func value = 4.350328

x = 6.166290, extreme value = 4.350328
```

위 결과를 보면 4번의 반복계산 만에 정확한 결과를 주고 있다. 이는 앞서 황금분할탐색법과 비교해 상당히 빠르게 정확한 결과를 주고 있는 것을 알 수 있다.

이번에는 본래 함수 $f(x) = 2\cos x + x - \frac{x^2}{10}$의 최대값 좌측으로 첫 번째 국부적 극소값을 구하여 보자. 앞 절 (예제 II-7-1)에서 보여주고 있는 함수개형을 보면 최대값 좌측으로 바로 극소값이 존재하며 대략 $x \sim 3$ 근처에서 나타나므로 이번에는 $x_0 = 2.5$로 하여 위 프로그램을 수정하여 수행하려면, line 20에서 x=2.5로 수정하여 수행하면 된다. 다음 결과를 보자.

```
iter1, x = 2.997005, del = 0.497005, func value = 0.000000
iter2, x = 2.933811, del = -0.063194, func value = 0.119670
iter3, x = 2.933436, del = -0.000375, func value = 0.116104
iter4, x = 2.933436, del = -0.000000, func value = 0.116104
iter5, x = 2.933436, del = -0.000000, func value = 0.116104

x = 2.933436, extreme value = 0.116104
```

위 결과는 앞절의 황금분할탐색법으로 할 때 대략 32회의 반복계산으로 얻어진 결과에 비해 빠르게 정확한 값을 주고 있는 것을 알 수 있다. 마지막으로 위 프로그램을 이용하여 주어진 함수의 최대값 좌변으로 $x \sim 0.5$에 존재하는 국부적 극대값을 계산해 보자. 이를 위해, 위 프로그램의 line 20에서 x=1로 바꾸어 수행하면 되겠다. 계산결과는 다음과 같다.

```
iter1, x = 0.310527, del = -0.689473, func value = 0.000000
iter2, x = 0.465812, del = 0.155285, func value = 2.205230
iter3, x = 0.470110, del = 0.004298, func value = 2.231028
iter4, x = 0.470115, del = 0.000004, func value = 2.231047
iter5, x = 0.470115, del = 0.000000, func value = 2.231047

x = 0.470115, extreme value = 2.231047
```

전 절에서 보여준 위 주어진 함수의 개형을 다시 나타내면 다음과 같다. 위에서 뉴튼-랩슨 방법으로 계산한 국부적 극대 및 극소값들이 잘 계산되고 있음을 알 수 있다.

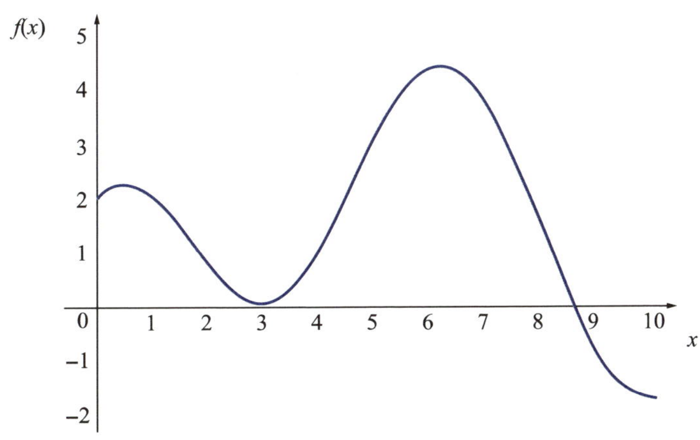

그림 II-7-5 함수 $f(x) = 2\cos x + x - \dfrac{x^2}{10}$**의 개형**

7.4 할선법(Secant Method)

앞 절의 뉴튼-랩슨 방법과 동일하게 할선법 역시 주어진 함수 $f(x)$의 1계 미분값이 0이 되는 점을 찾아 최대 또는 최소값과 국부적 극대 혹은 극소값을 찾는 것이다. 할선법이 뉴튼-랩슨 방법과 다른 점은 뉴튼-랩슨 방법은 임의 x_0에서 1계 미분값을 찾는 방법이 주어진 함수의 미분함수 $f'(x_0)$를 찾아 그대로 사용하는 것과 다르게 할선법은 임의 x_0에서 1계 미분값을 찾는 방법이 임의 x_0보다 작은 x_{00}을 가정하여 각각에 대한 함수값 $f(x_0)$과 $f(x_{00})$를 찾아 $f'(x_0) \approx [f(x_0) - f(x_{00})]/(x_0 - x_{00})$로 근사계산하여 최대값 또는 최소값과 국부적 극대 및 극소값을 구하는 것이다.

예제 II-7-3

할선법을 이용하여 다음 함수의 최대값을 구하시오.

$$f(x) = 2\cos x + x - \frac{x^2}{10}$$

해설 할선법으로 최대값을 구할 때 필요한 것은 주어진 함수의 1계 도함수이므로

$$f'(x) = -2\sin x + 1 - \frac{x}{5} = F(x)$$

와 같이 된다.

앞서 뉴튼-랩슨 방법으로 얻은 최대값은 $x = 6.166290$에서 $f(6.166290) = 4.350328$과 같이 계산되었다. 수정된 뉴튼-랩슨 방법인 할선법(Secant Method)으로 최대값을 구하기 위해 초기값을 $x_0 = 6$으로 놓고 이보다 작은 값 $x_{00} = 5.9$로 설정하여 x_1, x_2, $\cdots$ 를 구해보자.

$$x_1 = -\frac{F(x_0)}{\dfrac{F(x_0) - F(x_{00})}{x_0 - x_{00}}} + x_0 = -\frac{F(6)}{\dfrac{F(6) - F(5.9)}{6 - 5.9}} + 6 = -\frac{0.358831}{\dfrac{0.358831 - 0.567753}{6 - 5.9}} + 6$$

$$= 6.171753$$

$$x_2 = -\frac{F(x_1)}{\dfrac{F(x_1) - F(x_0)}{x_1 - x_0}} + x_1 = -\frac{F(6.171753)}{\dfrac{F(6.171753) - F(6)}{6.171753 - 6}} + 6.171753$$

$$= -\frac{-0.011948}{\dfrac{-0.011948 - 0.358831}{6.171753 - 6}} + 6.171753 = 6.166219$$

$$x_3 = -\frac{F(x_2)}{\dfrac{F(x_2) - F(x_1)}{x_2 - x_1}} + x_2 = -\frac{F(6.166219)}{\dfrac{F(6.166219) - F(6.171753)}{6.166219 - 6.171753}} + 6.166219$$

$$= -\frac{0.000156}{\dfrac{0.000156 - (-0.011948)}{6.166219 - 6.171753}} + 6.166219 = 6.166290$$

$$x_4 = -\frac{F(x_3)}{\dfrac{F(x_3)-F(x_2)}{x_3-x_2}} + x_3 = -\frac{F(6.166290)}{\dfrac{F(6.166290)-F(6.166219)}{6.166290-6.166219}} + 6.166290$$

$$= -\frac{0.000000}{\dfrac{0.000000-(0.000156)}{6.166290-6.166219}} + 6.166290 = 6.166290$$

위 결과를 보면 증분값(del)이 $\dfrac{-F(x_n)}{F'(x_n)} = -F(x_n) \Bigg/ \left[\dfrac{(F(x_n)-F(x_{n-1}))}{(x_n-x_{n-1})}\right]$인데 4번째 반복 계산에서는 계속 작아져 ~ 0이 되는 것을 알 수 있다. 즉, $x=6.166290$일 때 최대값이 $f(6.166290) = 2\cos(6.166290) + 6.166290 - \dfrac{6.166290^2}{10} = 4.350328$로 계산된다. 이러한 결과는 앞서 황금분할탐색법과 뉴튼-랩슨법으로 계산한 값과 일치하며, 황금분할탐색법으로 계산 시 32번 정도의 반복계산으로 얻어지고, 뉴튼법은 4번 반복계산으로 얻어진 것을 고려할 때 매우 빠르게 정밀한 결과를 제공한다. 이제는 할선법으로 최대값을 구하는 C 프로그램을 작성하여보자.

C 프로그래밍 연습 [II-7-3]

(예제 II-7-1)에서 다룬 다음 함수의 최대값을 할선법(Secant Method)을 적용하여 계산하는 C 프로그램을 작성하고 최대값 외에 국부적 극대값 및 극소값을 계산하시오.

$$f(x) = 2\cos x + x - \frac{x^2}{10}$$

다음 C 프로그램은 앞서 언급한 할선법 알고리즘을 통해 구성되었다. 앞서 (예제 II-7-3)에서와 같이 최대값을 구할 때 초기 $x_0 = 6$으로 정하고 할선법 계산 시 필요한 $x_{00} = 5.9$를 이용하여 최대값을 구하는 프로그래밍을 수행해 보자.

```
#include <stdio.h>
#include <math.h>

#define func_origin(x) (2.0*cos(x)+x-x*x/10.0)
#define func(x) (-2.0*sin(x)+1-x/5.0)

main ()
{

FILE *out1;
out1=fopen("finding extreme value (Secant Method)_II-7-3.dat","w");

        int imax,iter;
        double x,fx,xo,fxo,fx_origin,del,epsil;
```

```
15
16              epsil = 0.000001;
17              imax=1000;
18
19              xo=5.9;
20              x= 6.0;
21              del=x-xo;
22
23
24      fxo=func(xo);
25      fx=func(x);
26      fx_origin=func_origin(x);
27
28
29              for(iter=1;iter<imax;++iter)
30          {
31
32      del=-fx/((fx-fxo)/del);
33      x=x+del;
34
35      /* fprintf(out1,"iter%d,fxo=%f,fx=%f \n",iter,fxo,fx); */
36
37      fprintf(out1,"iter%d,x=%f,del=%f,func value=%f \n"
38              ,iter,x,del,fx_origin);
39
40      if(fabs(del)<epsil)
41      {
42      fprintf(out1," \n\n");
43      fprintf(out1,"x = %f, extreme value = %f \n", x,fx_origin);
44      goto END;
45      }
46
47      fxo=fx;
48      fx=func(x);
49      fx_origin=func_origin(x);
50
51          }
52
53      END:;
54
55      fclose(out1);
56      }
```

위 프로그램에서 line 4는 문제에서 주어진 함수를 나타내고, line 5는 주어진 함수의 1계 도함수를 나타낸다. line 19~20은 할선법으로 최대값을 구할 때 초기 설정하는 x값을 $x_{00}=5.9$, $x_0=6$으로 하고 있다. line 29~51은 파트2, 2장에서 다룬 할선법의 알고리즘을 통해 함수의 최대값을 구하는 방법으로 C 프로그래밍 한 것이다. 이러한 방법으로 계산한 결과는 line 11에서 언급한 "finding extreme value (Secant Method)_II-7-3.dat"에 저장한다. 계산결과는 다음과 같다.

```
iter1, x = 6.171753, del = 0.171753, func value = 4.320341
iter2, x = 6.166219, del = -0.005534, func value = 4.350295
iter3, x = 6.166290, del = 0.000071, func value = 4.350328
iter4, x = 6.166290, del = 0.000000, func value = 4.350328

x = 6.166290, extreme value = 4.350328
```

위 결과를 보면 4번의 반복계산 만에 정확한 결과를 주고 있다. 이는 앞서 황금분할탐색법과 비교해 상당히 빠르게 정확한 결과를 주고 있고, 뉴튼-랩슨 방법과는 거의 비슷한 반복계산을 보여주고 있다. 이번에는 함수 $f(x) = 2\cos x + x - \frac{x^2}{10}$의 최대값 좌측으로 첫 번째 국부적 극소값을 구하여 보자. 앞 절에서 보여주고 있는 함수개형을 보면 최대값 좌측으로 바로 극소값이 존재하며 대략 $x \sim 3$ 근처에서 나타나므로 이번에는 $x_{00} = 2.4$, $x_0 = 2.5$로 하여 위 프로그램을 수정하여 수행하려면, line 19~20에서 $x_0 = 2.4$, $x = 2.5$로 수정하여 수행하면 된다. 계산결과를 살펴보자.

```
iter1, x = 3.020177, del = 0.520177, func value = 0.272713
iter2, x = 2.926173, del = -0.094004, func value = 0.122754
iter3, x = 2.933372, del = 0.007199, func value = 0.116151
iter4, x = 2.933436, del = 0.000064, func value = 0.116104
iter5, x = 2.933436, del = -0.000000, func value = 0.116104

x = 2.933436, extreme value = 0.116104
```

위 결과는 앞절의 황금분할탐색법으로 할 때 대략 32회의 반복계산으로 얻어진 결과에 비해 빠르게 정확한 값을 주고 있고, 뉴튼-랩슨 방법과는 거의 비슷한 반복계산을 보여주고 있다. 마지막으로 위 프로그램을 이용하여 주어진 함수의 최대값 좌변으로 $x \sim 0.5$에 존재하는 국부적 극대값을 계산해 보자. 이를 위해, 위 프로그램의 line 19~20에서 $x_0 = 0.9$, $x = 1$로 바꾸어 수행하면 되겠다. 계산결과는 다음과 같다.

```
iter1, x = 0.352151, del = -0.647849, func value = 1.980605
iter2, x = 0.490492, del = 0.138341, func value = 2.217016
iter3, x = 0.470618, del = -0.019874, func value = 2.230636
iter4, x = 0.470112, del = -0.000506, func value = 2.231046
iter5, x = 0.470115, del = 0.000002, func value = 2.231047
iter6, x = 0.470115, del = -0.000000, func value = 2.231047

x = 0.470115, extreme value = 2.231047
```

위에서 할선법으로 계산한 국부적 극대 및 극소값들이 전 절의 뉴튼-랩슨 방법으로 계산할 때와 같이 잘 계산되고 있음을 알 수 있다.

7.5 다변수 최적화 문제(Multi-Variable Optimization Problem) 수치해석

앞 절까지는 함수의 변수가 1개인 단변수 최적화 문제를 다루었다. 이번 절에서는 변수가 2개 이상인 다변수 최적화 문제를 살펴보겠다.

아래 그림은 $f(x,\ y)=(3x)e^{-(2x^2+3y^2)}$인 함수를 3차원적으로 그린 것으로 함수가 2개 변수로 생성된 것을 보여준다. 그림에서 보듯이 임의 $(x_0,\ y_0)$에 최대 혹은 국부적 극대값 $f(x_0,\ y_0)$을 갖는다. 다변수 함수에서 이러한 최대값 및 최소값과 국부적 극대값 또는 극소값을 찾는 것이 본 절의 목표이다.

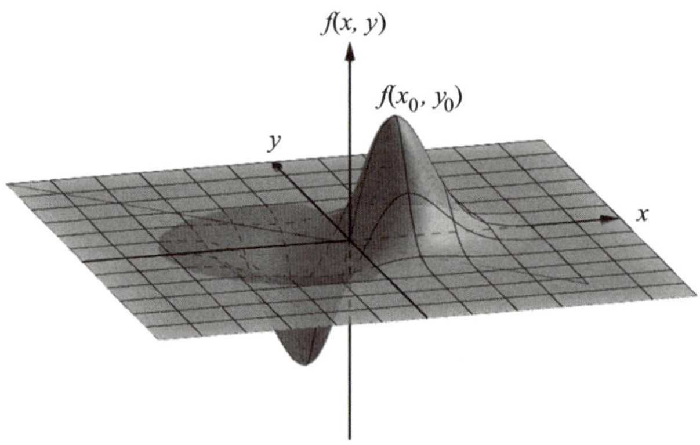

그림 II-7-6 다변수 함수 $f(x,y)=(3x)e^{-(2x^2+3y^2)}$ 개형

위 그림에서 $(x_0,\ y_0)$점에서 함수의 미분값은 $f'(x_0,\ y_0)$은 0이 되는 것을 알 수 있으며, 앞 절 단일변수 함수의 경우와 같이 이러한 원리를 바탕으로 다변수 함수의 최대값 및 최소값과 국부적 극대값 또는 극소값을 구한다. 이 때 다변수 함수가 최대 혹은 최소 또는 국부적으로 극대 혹은 극소가 되는지를 판별하는데 일반적으로 헤시안 행렬(Hessian Matrix)이 사용된다. 또한, 이러한 최대 혹은 최소값 혹은 극대값 또는 극소값을 구하는 방법으로 주어진 임의 $(x_1,\ x_2,\ \cdots\ ,\ x_n)$점에서의 함수 $f(x_1,\ x_2,\ \cdots\ ,\ x_n)$의 구배(Gradient)는 계속해서 최대 혹은 최소값 내지는 국부적 극대 또는 극소값을 향하고 있다는 원리를 이용한다. 이러한 방법이 다변수 함수의 최적화 문제를 다루는 구배법(Gradient Method)이 되겠다.

7.5.1 Hessian 행렬(Hessian Matrix)

n개의 변수를 갖는 다변수 함수 $f(x_1,\ x_2,\ \cdots\ ,\ x_n)$의 헤시안 행렬은 다음과 같이 구한다.

$$H = \begin{bmatrix} \dfrac{\partial^2 f}{\partial x_1^2} & \dfrac{\partial^2 f}{\partial x_1 \partial x_2} & \cdots & \dfrac{\partial^2 f}{\partial x_1 \partial x_n} \\ \dfrac{\partial^2 f}{\partial x_2 \partial x_1} & \ddots & \cdots & \dfrac{\partial^2 f}{\partial x_2 \partial x_n} \\ \vdots & \vdots & \ddots & \vdots \\ \dfrac{\partial^2 f}{\partial x_n \partial x_1} & \cdots & \cdots & \dfrac{\partial^2 f}{\partial x_n^2} \end{bmatrix} \tag{5}$$

위 헤시안 행렬에 임의지점$(x_{10},\ x_{20},\ \cdots\ ,\ x_{n0})$을 대입하고 고유값(Eigen Values)을 계산하여 다음과 같이 함수 $f(x_1,\ x_2,\ \cdots\ ,\ x_n)$가 국부적인, 즉 임의 지점$(x_{10},\ x_{20},\ \cdots\ ,\ x_{n0})$에서 최대 혹은 최소값, 국부적 극대값 또는 극소값을 갖는지 구분한다.[13)]

<1> 최대 또는 국부적 극대값 : H 행렬의 고유값(Eigen Value)이 모두 음인 경우

<2> 최소 또는 국부적 극소값 : H 행렬의 고유값이 모두 양인 경우

<3> 안장점(Saddle Point) : H 행렬의 고유값이 양과 음이 섞인 경우

예제 II-7-4

다음 2개의 변수를 갖는 함수의 헤시안 행렬을 구하고 고유값을 계산하여 함수가 최대 또는 국부적 극대 혹은 최소 또는 국부적 극소인지 판별하시오.

$f(x,y) = -4xy + 4x - 2x^2 - 4y^2$

해설 위 함수의 헤시안 행렬은 독립변수가 2개이므로 (2×2) 행렬이며, 각각의 요소는 (5)식을 참조하여 구하면 다음과 같다.

$$H = \begin{bmatrix} \dfrac{\partial^2 f}{\partial x^2} & \dfrac{\partial^2 f}{\partial x \partial y} \\ \dfrac{\partial^2 f}{\partial y \partial x} & \dfrac{\partial^2 f}{\partial y^2} \end{bmatrix} \tag{①}$$

위 주어진 함수를 이용하여 ①식에서 각각의 요소를 구하면

$$\frac{\partial^2 f}{\partial x^2} = -4,\ \ \frac{\partial^2 f}{\partial x \partial y} = \frac{\partial^2 f}{\partial y \partial x} = -4,\ \ \frac{\partial^2 f}{\partial y^2} = -4 \tag{②}$$

②식 내용을 ①식에 대입하면 헤시안 행렬은 다음과 같다.

$$H = \begin{bmatrix} -4 & -4 \\ -4 & -4 \end{bmatrix} \tag{③}$$

파트2, 6장에서 다룬 고유값 계산을 이용하여 ③식과 같은 (2×2) 주어진 행렬의 고유값 λ를 계산하면 $\lambda_1 = -6 + 2\sqrt{5} = -1.528$, $\lambda_2 = -6 - 2\sqrt{5} = -10.472$와 같이 2개의 음수 고유값을 얻는다. 따라서, 함수 $f(x,y) = -4xy + 4x - 2x^2 - 4y^2$는 최대 혹은 국부적 극대값을

13) 헤시안에 관한 자세한 내용은 참고문헌 [7]을 참고하기 바란다.

갖는 함수임을 알 수 있다.

다음 그림은 주어진 함수 $f(x,y) = -4xy + 4x - 2x^2 - 4y^2$을 지오지브라[14] 프리웨어로 그리면 아래 개형을 나타낸다.

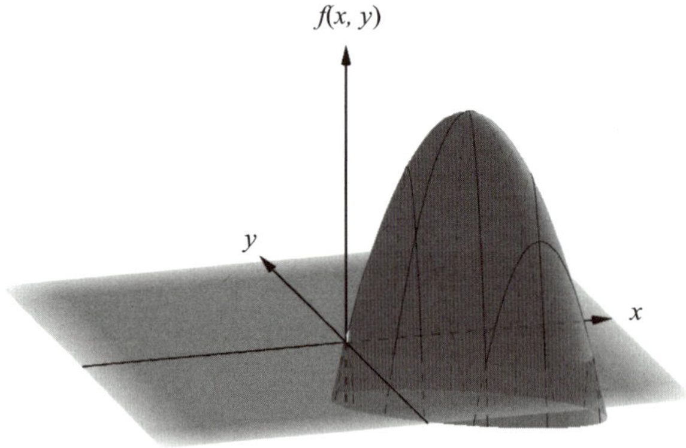

그림 II-7-7 다변수 함수 $f(x,y) = -4xy + 4x - 2x^2 - 4y^2$ 개형

위 그림에서 보듯이 x, y 평면 4 사분면에 함수의 최대값이 존재하는 것을 알 수 있다.

7.5.2 구배법(Gradient Method)

다변수 함수 $f(x_1, x_2, \cdots, x_n)$의 최대 및 최소값 혹은 국부적 극대 및 극소값을 찾기 위하여 일반적 방법이 구배법(Gradient Method)이다. 이러한 구배법은 먼저 다변수 함수의 구배를 다음과 같이 구한다.

$$\nabla f = \frac{\partial f}{\partial x_1}\overline{i_1} + \frac{\partial f}{\partial x_2}\overline{i_2} + \cdots + \frac{\partial f}{\partial x_n}\overline{i_n} \tag{6}$$

이러한 구배는 물리적으로 임의 점에서의 기울기를 나타내므로 (6)식과 같이 나타나는 구배에서 우변의 각 변수에 대한 기울기에 대한 제곱을 구하고 더하여 근을 씌우면 임의 점에서의 커지거나 작아지는 방향을 나타내 준다. 따라서, 함수의 임의점 $(x_{10}, x_{20}, \cdots, x_{n0})$에서의 구배를 구하면

$$\nabla f|_{x_{10},\, x_{20},\, \cdots,\, x_{n0}} = \frac{\partial f}{\partial x_1}|_{x_{20},\, \cdots,\, x_{n0}}\overline{i_1} + \frac{\partial f}{\partial x_2}|_{x_{10},\, x_{30},\, \cdots,\, x_{n0}}\overline{i_2} + \cdots + \frac{\partial f}{\partial x_n}|_{x_{10},\, x_{20},\, \cdots,\, x_{n-10}}\overline{i_n} \tag{7}$$

14) 이 책의 대부분 데이터 그래프를 제외한 함수그래프 및 도형은 지오지브라를 활용하였으며, 실제로 사용하기에 매우 강력한 기능이 많은 프리웨어이다.

와 같이 되고, 우변의 각 항들은 각각의 변수들의 구배 방향을 나타내는 방향벡터가 된다. 여기에 각각 변수들의 미소증분을 곱하면 함수의 구배로 인한 각 변수 방향으로의 증분량이 된다. 그러면 변수들의 새로운 점이 다음과 같이 도출된다.

$$\left(x_{10} + \frac{\partial f}{\partial x_1}\Big|_{x_{20},\ \cdots\ ,\ x_{n0}} dx_1,\ x_{20} + \frac{\partial f}{\partial x_2}\Big|_{x_{10},\ x_{30},\ \cdots\ ,\ x_{n0}} dx_2,\ \cdots\ ,\ x_{n0} + \frac{\partial f}{\partial x_n}\Big|_{x_{10},\ x_{20},\ \cdots\ ,\ x_{n-10}} dx_n\right)$$
$$= (x_{11}, x_{21}, \ldots, x_{n1}) \tag{8}$$

(8)식과 같이 초기점 $(x_{10},\ x_{20},\ \cdots\ ,\ x_{n0})$에서 출발한 것이 $(x_{11},\ x_{21},\ \cdots\ ,\ x_{n1})$점에 도달하고 계속해서 $(x_{11},\ x_{21},\ \cdots\ ,\ x_{n1})$ 점에서 (7)식과 같이 구배방향을 구하고 (8)식과 같이 변수들의 새로운 점을 구하면 새로운 점 $(x_{12},\ x_{22},\ \cdots\ ,\ x_{n2})$를 얻는다. 이렇게 계속 계산을 하면 위 (7)식에서 함수의 구배가 0이 되는 점에 도달하게 되는데, 이것이 최대 또는 최소값 혹은 국부적 극대 또는 극소점이 되는 것이다. 이러한 방법으로 주어진 다변수 함수 $f(x_1,\ x_2,\ \cdots\ ,\ x_n)$의 최대 혹은 최소값이나 국부적 극대 또는 극소값을 찾는 것이 다변수 함수의 최적화 문제의 해법인 구배법(Gradient Method)이다.

예제 II-7-5

구배법(Gradient Method)을 이용하여 다음 함수의 최대값이 있는 x, y 점을 찾고 최대값을 구하시오. (여기서, 초기 시작점을 $(x_0 = 1,\ y_0 = -1)$으로 하시오)

$f(x, y) = -4xy + 4x - 2x^2 - 4y^2$

해설 (7)식을 사용하여 주어진 함수의 구배를 $(x_0 = 1,\ y_0 = -1)$점에서 구해보자.

$$\nabla f|_{x_0, y_0} = \frac{\partial f}{\partial x}\Big|_{x_0,y_0} \bar{i}_x + \frac{\partial f}{\partial y}\Big|_{x_0,y_0} \bar{i}_y = (-4y + 4 - 4x)|_{x_0,y_0} \bar{i} + (-4x - 8y)|_{x_0,y_0} \bar{j} = 4\bar{i} + 4\bar{j} \quad ①$$

①식에서 구배 방향을 고려한 x, y방향으로의 증분은 다음과 같다.

$$x_1 = x_0 + \frac{\partial f}{\partial x}\Big|_{x_0,y_0} dx = 1 + 4 \times 0.1 = 1.4 \quad ②$$

$$y_1 = y_0 + \frac{\partial f}{\partial y}\Big|_{x_0,y_0} dy = -1 + 4 \times 0.1 = -0.6$$

이 때, 구배의 크기를 grad라고 하면

$$grad = \sqrt{4^2 + 4^2} = 5.656854 \quad ③$$

와 같고, 함수의 최대값에 이르면 거의 ~0값이 될 것이다. 따라서 이 값을 최대점을 판별하는 값으로 활용할 수 있으며 grad값이 0이 될 때 함수값을 취하면 최대값이 되겠다. ③식에서는 grad값이 아직 0에 이르지 않았다.

이번에는 $(x_1 = 1.4,\ y_1 = -0.6)$ 점을 기준으로 위의 과정을 반복한다.

$$\nabla f|_{x_1, y_1} = \frac{\partial f}{\partial x}\Big|_{x_1,y_1} \bar{i}_x + \frac{\partial f}{\partial y}\Big|_{x_1,y_1} \bar{i}_y = (-4y + 4 - 4x)|_{x_1,y_1} \bar{i} + (-4x - 8y)|_{x_1,y_1} \bar{j} = 0.8\bar{i} - 0.8\bar{j} \quad ④$$

④식에서 구배방향을 고려한 x, y방향으로의 증분은 다음과 같다.

$$x_2 = x_1 + \frac{\partial f}{\partial x}|_{x_1, y_1} dx = 1.4 + 0.8 \times 0.1 = 1.48 \quad ⑤$$

$$y_2 = y_1 + \frac{\partial f}{\partial y}|_{x_1, y_1} dy = -0.6 - 0.8 \times 0.1 = -0.68$$

이 때, 구배의 크기를 grad라고 하면

$$grad = \sqrt{0.8^2 + (-0.8)^2} = 1.313371 \quad ⑥$$

⋮

⋮

③식과 ⑥식을 비교해 보면 grad가 줄고 있는 것이 나타난다. 즉, 함수의 최대값으로 접근하고 있는 것이 확인된다. 이렇게 계속해서 같은 계산을 반복하면 grad가 ~0이 되는 (x, y)점에 도달하게 되고 이 점이 최대값 점이 되겠다. 대략 91번의 반복계산을 통해 grad가 0이 되고, 그때 $(x=2, y=-1)$ 점에 도달하게 되고 함수값은 $f(x, y)=4$이고 최대값이 된다. 다음 그림은 프리웨어인 누플롯(Gnuplot)[15]을 이용하여 $(x_0=1, y_0=-1)$에서 출발했을 때 어떻게 최대점에 도달하는지 그 경로를 보여준다.

아래 그림을 보면 주어진 함수의 표면을 따라 점들이 최대점 $f(x=2, y=-1)=4$까지 찾아가는 것이 보인다.

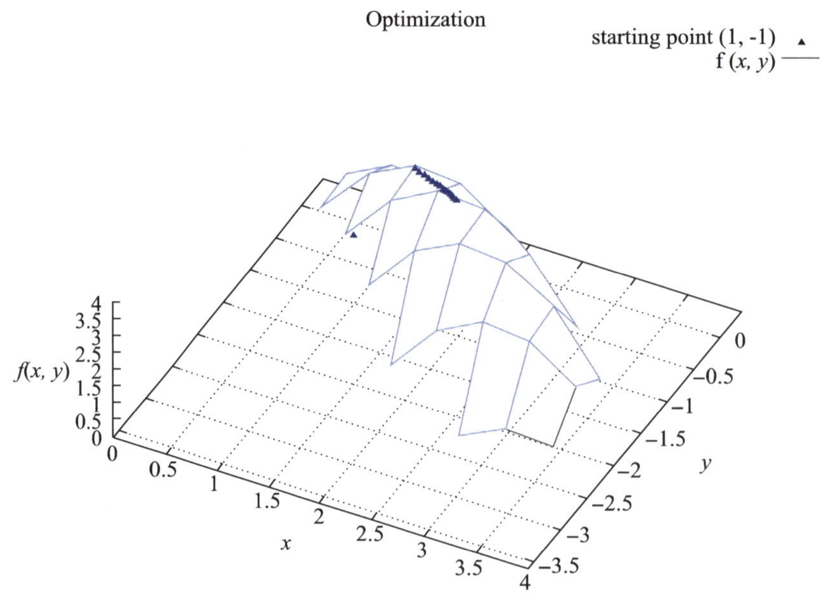

그림 II-7-8 구배법을 이용한 출발점 $(x_0=1, y_0=-1)$으로부터 최대점까지의 궤적

15) 이 책에서 데이터를 사용하여 그래프를 그릴 때 누플롯(Gnuplot)을 사용하였으며, 누플롯은 인터넷에서 쉽게 다운받아 쓸 수 있는 프리웨어로 데이터를 그래프로 그리는데 매우 강력한 기능이 많이 있다.

C 프로그래밍 연습 [II-7-4]

(예제 II-7-5)에서 다룬 다음 함수의 최대값을 구배법(Gradient Method)을 적용하여 계산하는 C 프로그램을 작성하고 최대값을 계산하는데 초기 출발점을 $(x_0 = 1,\ y_0 = -1)$로 계산하시오. 초기 출발점을 바꿀 때 어떻게 최대점에 도달하는지 검토하시오.

$f(x,y) = -4xy + 4x - 2x^2 - 4y^2$

다음 C 프로그램은 위 (예제 II-7-5)에서 계산한 알고리즘을 그대로 적용하여 구성되었다.

```
#include <stdio.h>
#include <math.h>

#define func(x,y) (-4.0*x*y+4.0*x-2.0*x*x-4.0*y*y)
#define func_diffx(x,y) (-4.0*y+4.0-4.0*x)
#define func_diffy(x,y) (-4.0*x-8.0*y)


main ()
{

FILE *out1;
out1=fopen("extreme value (Mult-Dimension Gradient Method)_II-7-4.dat","w");

        int imax,iter;
        double x,x0,fxy0,fxy,fx_diff0,fx_diff,del,epsil,grad;
        double y,y0,fy_diff0,fy_diff;

        epsil = 0.0000001;
        del=0.1;
        imax=1000000;


        x0=1.0;
        y0=-1.0;


fxy0=func(x0,y0);
fx_diff0=func_diffx(x0,y0);
fy_diff0=func_diffy(x0,y0);

 fprintf(out1,"iter0, x=%f, y=%f, grad=%f, fxy=%f \n",x0,y0,grad,fxy0);

 /* fprintf(out1,"   %f,    %f,    %f \n",x0,y0,fxy0);  */

```

```
37          for(iter=1;iter<imax;++iter)
38        {
39            x=x0+fx_diff0*del;
40            y=y0+fy_diff0*del;
41
42        fxy=func(x,y);
43        fx_diff=func_diffx(x,y);
44        fy_diff=func_diffy(x,y);
45
46        grad=sqrt(fx_diff0*fx_diff0+fy_diff0*fy_diff0);
47
48        fprintf(out1,"iter%d, x=%f, y=%f, grad=%f, fxy=%f \n",iter,x,y,grad,fxy);
49
50        /*   fprintf(out1,"   %f,    %f,    %f \n",x,y,fxy);    */
51
52    if(fabs(grad)<epsil)
53    {
54     fprintf(out1," \n\n");
55     fprintf(out1,"x = %f, y = %f, extreme value of fxy = %f \n", x,y, fxy);
56     goto END;
57    }
58
59    x0=x;
60    y0=y;
61    fx_diff0=fx_diff;
62    fy_diff0=fy_diff;
63
64        }
65
66    END:;
67
68    fclose(out1);
69    }
```

위 프로그램에서 line 4는 문제에서 주어진 함수를 나타내고, line 5는 주어진 함수의 x방향으로의 1계 편미분을 나타내며, line 6은 함수의 y방향으로의 1계 편미분을 나타낸다. line 24~25는 다변수 함수의 최대값을 구할 때 초기 출발점 $(x=1, y=-1)$을 의미한다. line 28~30은 초기 출발점에서의 함수값 및 x, y 방향으로의 1계 편미분값을 저장한다. line 37~64는 다변수 함수의 최대값을 구하기 위한 구배법의 알고리즘을 그대로 C 프로그래밍 한 것이다. 특히, 최대값이 나타나는 최대점에서 함수의 구배(Gradient)가 0으로 접근한다는 원리를 적용하여 프로그래밍 하였는데, line 46에서는 초기 출발점으로부터 매 스텝에서의 점들에서 구배값을 계산하여 line 52~57에서 그 값이 충분히 0에 접근한 값인지 판별하여 구배값이 0에 접근했을 때 $(x,\ y)$ 좌표와 함수값을 극대값으로 출력하여 저장하고 프로그램을 종료한다. 이 때 구배값을 계산하고 다음 스텝에서의 $(x,\ y)$를 정할 때 그 크기를 정하여 스텝의 간격을 조절하게 하였는데, line 20에서 del값을 지정하여 사용하고 있다. 이러한 del 값의 조종을 통하여 최대값을 찾아갈 때 각 계산스텝의 간격을 조절할 수 있고, 그림을 통하여 그 의미를 살펴보겠다. 위 프로그램을 수행하여 그 결과를 살펴보면 다음과 같다.

```
iter0, x=1.000000, y=-1.000000, grad=0.000000, fxy=2.000000
iter1, x=1.400000, y=-0.600000, grad=5.656854, fxy=3.600000
iter2, x=1.480000, y=-0.680000, grad=1.131371, fxy=3.715200
iter3, x=1.560000, y=-0.728000, grad=0.932952, fxy=3.795584
iter4, x=1.627200, y=-0.769600, grad=0.790342, fxy=3.853276
iter5, x=1.684160, y=-0.804800, grad=0.669588, fxy=3.894686
iter6, x=1.732416, y=-0.834624, grad=0.567284, fxy=3.924409
iter7, x=1.773299, y=-0.859891, grad=0.480611, fxy=3.945743
iter8, x=1.807936, y=-0.881298, grad=0.407180, fxy=3.961056
iter9, x=1.837281, y=-0.899434, grad=0.344968, fxy=3.972047
iter10, x=1.862142, y=-0.914799, grad=0.292262, fxy=3.979936
iter11, x=1.883205, y=-0.927817, grad=0.247608, fxy=3.985599
iter12, x=1.901050, y=-0.938845, grad=0.209777, fxy=3.989663
iter13, x=1.916168, y=-0.948189, grad=0.177726, fxy=3.992581
iter14, x=1.928976, y=-0.956105, grad=0.150572, fxy=3.994675
iter15, x=1.939828, y=-0.962811, grad=0.127567, fxy=3.996178
iter16, x=1.949021, y=-0.968493, grad=0.108076, fxy=3.997256
iter17, x=1.956810, y=-0.973307, grad=0.091564, fxy=3.998031
iter18, x=1.963409, y=-0.977385, grad=0.077574, fxy=3.998586
iter19, x=1.969000, y=-0.980841, grad=0.065722, fxy=3.998985
iter20, x=1.973736, y=-0.983768, grad=0.055680, fxy=3.999272
iter21, x=1.977749, y=-0.986248, grad=0.047173, fxy=3.999477
iter22, x=1.981148, y=-0.988349, grad=0.039966, fxy=3.999625
iter23, x=1.984029, y=-0.990129, grad=0.033859, fxy=3.999731
iter24, x=1.986469, y=-0.991637, grad=0.028686, fxy=3.999807
iter25, x=1.988536, y=-0.992915, grad=0.024303, fxy=3.999861
iter26, x=1.990288, y=-0.993998, grad=0.020590, fxy=3.999900
iter27, x=1.991772, y=-0.994915, grad=0.017444, fxy=3.999929
iter28, x=1.993029, y=-0.995692, grad=0.014779, fxy=3.999949
iter29, x=1.994094, y=-0.996350, grad=0.012521, fxy=3.999963
iter30, x=1.994996, y=-0.996908, grad=0.010608, fxy=3.999974
  :
  :
iter80, x=1.999999, y=-0.999999, grad=0.000003, fxy=4.000000
iter81, x=1.999999, y=-0.999999, grad=0.000002, fxy=4.000000
iter82, x=1.999999, y=-0.999999, grad=0.000002, fxy=4.000000
iter83, x=1.999999, y=-1.000000, grad=0.000002, fxy=4.000000
iter84, x=1.999999, y=-1.000000, grad=0.000001, fxy=4.000000
iter85, x=1.999999, y=-1.000000, grad=0.000001, fxy=4.000000
iter86, x=2.000000, y=-1.000000, grad=0.000001, fxy=4.000000
iter87, x=2.000000, y=-1.000000, grad=0.000001, fxy=4.000000
iter88, x=2.000000, y=-1.000000, grad=0.000001, fxy=4.000000
```

```
iter89, x=2.000000, y=-1.000000, grad=0.000001, fxy=4.000000
iter90, x=2.000000, y=-1.000000, grad=0.000001, fxy=4.000000
iter91, x=2.000000, y=-1.000000, grad=0.000000, fxy=4.000000

x = 2.000000, y = -1.000000, extreme value of fxy = 4.000000
```

위 결과를 보면 약 30번 정도의 반복계산을 통하여 초기 출발점 $(x=1,\ y=-1)$로부터 $(x=1.99,\ y=-0.99)$로 접근하고 함수값은 2로부터 3.99까지 변화해 간 것을 확인할 수 있다. 계산결과를 보면 반복계산 약 91회일 때 구배(Gradient)가 0으로 되고, $(x=2,\ y=-1)$에 도착하고 함수값은 최대값 4에 도달하고 있는 것을 보여준다.

이러한 결과는 앞서 (예제 II-7-5)에서 나타낸 그림을 통하여 구배법을 이용하여 어떻게 출발점 $(x=1,\ y=-1,\ f(x,y)=2)$에서부터 최대점 $(x=2,\ y=-1,\ f(x,y)=4)$까지 계산되어 가는지를 잘 보여준다. 그런데, 그림에서 출발점으로부터 도착점까지 불연속하게 접근하는 것이 보이는데, 위 프로그램을 수정하여 이 부분을 보완하여 보자. 즉, 계산스텝별 변화 간격을 적게 하여 이를 수정하여 보자. 프로그램의 line 20에서 del값을 0.1에서 0.02로 작게 하여 프로그램을 수정하여 수행하여 보자. 다음결과를 보자.

```
iter0, x=1.000000, y=-1.000000, grad=0.000000, fxy=2.000000
iter1, x=1.080000, y=-0.920000, grad=5.656854, fxy=2.576000
iter2, x=1.147200, y=-0.859200, grad=4.531137, fxy=2.946463
iter3, x=1.204160, y=-0.813504, grad=3.651221, fxy=3.187838
iter4, x=1.252908, y=-0.779676, grad=2.966751, fxy=3.347944
iter5, x=1.295049, y=-0.755161, grad=2.437683, fxy=3.456702
iter6, x=1.331858, y=-0.737939, grad=2.031924, fxy=3.532845
iter7, x=1.364344, y=-0.726417, grad=1.723454, fxy=3.588111
iter8, x=1.393310, y=-0.719338, grad=1.490918, fxy=3.629869
iter9, x=1.419392, y=-0.715709, grad=1.316676, fxy=3.662750
iter10, x=1.443098, y=-0.714747, grad=1.186241, fxy=3.689675
  ⋮
  ⋮
iter470, x=2.000000, y=-1.000000, grad=0.000001, fxy=4.000000
iter471, x=2.000000, y=-1.000000, grad=0.000001, fxy=4.000000
iter472, x=2.000000, y=-1.000000, grad=0.000001, fxy=4.000000
iter473, x=2.000000, y=-1.000000, grad=0.000001, fxy=4.000000
iter474, x=2.000000, y=-1.000000, grad=0.000001, fxy=4.000000
iter475, x=2.000000, y=-1.000000, grad=0.000001, fxy=4.000000
iter476, x=2.000000, y=-1.000000, grad=0.000001, fxy=4.000000
iter477, x=2.000000, y=-1.000000, grad=0.000000, fxy=4.000000

x = 2.000000, y = -1.000000, extreme value of fxy = 4.000000
```

위 결과를 보면 처음 출발점 $(x=1,\ y=-1,\ f(x,y)=2)$로부터 최대점 $(x=2,\ y=-1,\ f(x,y)=4)$까지의 각 스텝 별 위치와 함수값을 나타내고 있는데, 각 스텝 별 계산간격이 매우 작음을 알 수 있다. 이러한 결과를 그림으로 나타내면 다음과 같다.

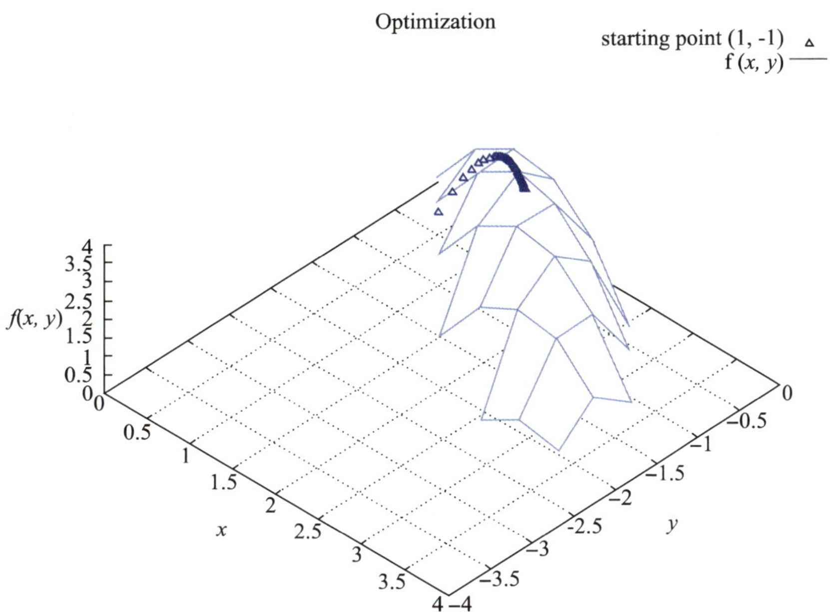

그림 III-7-9 구배법을 이용한 출발점 ($x_0 = 1$, $y_0 = -1$)로부터 최대점까지의 궤적

위 그림은 구배법을 이용하여 어떻게 출발점 ($x = 1$, $y = -1$, $f(x, y) = 2$)에서부터 최대점 ($x = 2$, $y = -1$, $f(x, y) = 4$)까지 계산되어 가는지를 앞의 그림과는 다르게 연속적으로 보여준다.

이번에는 다른 점에서 출발할 때 같은 최대점을 어떻게 찾아가는지 확인하여 보자. 앞의 예와는 다르게 출발점을 ($x = 3$, $y = -2$, $f(x, y) = 2$)로 하여보자. 위 프로그램에서 line 24~25에서 $x0 = 3$, $y0 = -2$로 수정하고 del = 0.02로 하여 계산하면 다음과 같은 결과를 준다.

```
iter0, x=3.000000, y=-2.000000, grad=0.000000, fxy=2.000000
iter1, x=3.000000, y=-1.920000, grad=4.000000, fxy=2.294400
iter2, x=2.993600, y=-1.852800, grad=3.375204, fxy=2.505815
iter3, x=2.982336, y=-1.795840, grad=2.903153, fxy=2.663716
iter4, x=2.967416, y=-1.747092, grad=2.548979, fxy=2.786620
iter5, x=2.949790, y=-1.704951, grad=2.283954, fxy=2.886196
iter6, x=2.930203, y=-1.668142, grad=2.084798, fxy=2.969820
iter7, x=2.909238, y=-1.635656, grad=1.933195, fxy=3.042189
iter8, x=2.887352, y=-1.606690, grad=1.815243, fxy=3.106313
iter9, x=2.864899, y=-1.580608, grad=1.720769, fxy=3.164147
iter10, x=2.842155, y=-1.556902, grad=1.642558, fxy=3.216981
  ⋮
  ⋮
iter485, x=2.000000, y=-1.000000, grad=0.000001, fxy=4.000000
iter486, x=2.000000, y=-1.000000, grad=0.000001, fxy=4.000000
iter487, x=2.000000, y=-1.000000, grad=0.000001, fxy=4.000000
```

```
iter488, x=2.000000, y=-1.000000, grad=0.000001, fxy=4.000000
iter489, x=2.000000, y=-1.000000, grad=0.000001, fxy=4.000000
iter490, x=2.000000, y=-1.000000, grad=0.000001, fxy=4.000000
iter491, x=2.000000, y=-1.000000, grad=0.000001, fxy=4.000000
iter492, x=2.000000, y=-1.000000, grad=0.000001, fxy=4.000000
iter493, x=2.000000, y=-1.000000, grad=0.000000, fxy=4.000000

x = 2.000000, y = -1.000000, extreme value of fxy = 4.000000
```

위 결과를 보면 새로운 출발점 $(x=3,\ y=-2,\ f(x,y)=2)$에서 시작하여 구배법을 통한 반복계산으로 최대점 및 최대값 $(x=2,\ y=-1,\ f(x,y)=4)$에 도달하고 있는 것을 보여준다. 이러한 결과를 앞선 결과와 함께 그림으로 나타내면 다음과 같다.

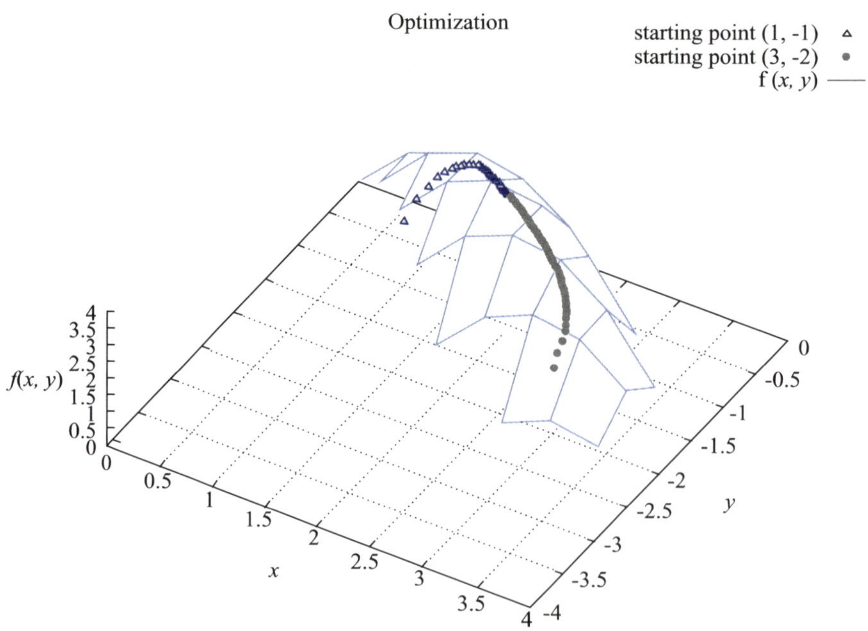

그림 III-7-10 구배법을 이용한 각각 다른 출발점으로부터 최대점까지의 궤적

위 그림을 보면 시작점이 $(x=1,\ y=-1, f(x,y)=2)$, $(x=3,\ y=-2,\ f(x,y)=2)$와 같이 서로 다른 점에서 출발하고 있지만, 구배법을 통한 반복계산으로 함수의 최대점 및 최대값$(x=2,\ y=-1,$ $f(x,y)=4)$에 접근해 가고 있는 것이 나타난다.

Part III

미분방정식의 수치적 해법

Chap 1. 상미분방정식(Ordinary Differential Equation)의 수치해석

공학적 문제나 자연과학 문제에서 많은 경우 미분방정식 형태로 나타나는데 이러한 미분방정식은 크게 상미분방정식(Ordinary Differential Equation)과 편미분방정식(Partial Differential Equation)으로 구분된다. 상미분방정식은 구하고자 하는 물성(온도, 압력, 속도 등), 즉 종속변수(Dependent Variable)에 독립적으로 관여되는 독립변수(Independent Variable, 공간위치, 시간 등)가 1개인 경우를 말하며, 편미분방정식은 같은 상황에서 독립적으로 관여되는 독립변수가 2개 이상인 경우의 미분방정식 형태를 말한다. 본 장에서는 상미분방정식의 수치해법[16)]을 다루고 다음 장에서는 편미분방정식의 수치해법을 다룬다.

1.1 상미분방정식의 분류

상미분방정식은 초기조건 문제와 경계조건 문제로 구분된다. 상미분방정식의 초기조건 문제는 문제의 물리적 특성상 시간과 관련되는 초기조건이 문제의 해결을 위하여 주어지는 경우이고, 경계조건 문제는 물리적 특성상 공간과 관련되는 경계에서 물리조건이 주어지는 경우를 말한다. 예를 들어, 운동하는 물체의 시간에 대한 변위는 다음과 같은 2계 상미분방정식의 초기치 문제로 나타낼 수 있다.

$$\frac{d^2y(t)}{dt^2}+a\frac{dy(t)}{dt}+by(t)=g(t) \tag{1}$$

$$y(0)=y_0$$

$$\frac{dy(0)}{dt}=v_0$$

(1)식에서 종속변수 $y(t)$는 물체의 시간에 따른 기준점에서의 변위를 나타내고, $g(t)$로 물체에 가해지는 시간에 따른 힘을 나타내며, 초기조건, 즉 시간이 $t=0$일 때 물체의 기준점으로부터의

16) 본 장에서 다루는 상미분방정식의 수치해법은 주로 참고문헌 [1], [2]를 참고하여 기술되었으며, 실질적인 물리현상에 대한 문제는 참고문헌 [9]를 참고하기 바란다.

변위는 y_0이고, 이때, 속도는 v_0임을 보여준다.

또한, 수평으로 길게 놓여있는 Beam과 같은 구조물의 탄성을 고려한 처짐은 다음과 같은 그림으로 나타낼 수 있다.

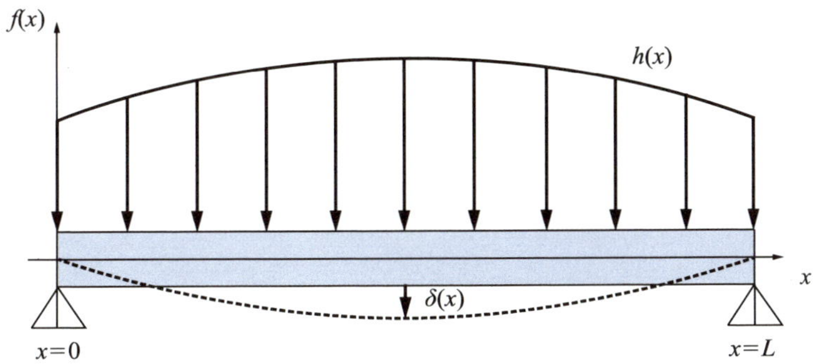

그림 III-1-1 Beam의 처짐을 나타내는 개략도

그림 III-1-1에서 $\delta(x)$는 임의 위치 x에서의 Beam의 처짐을 나타내며, $h(x)$는 임의 x에서 Beam에 작용하는 외부 힘을 나타내며, $x=0$와 $x=L$에서 지지되고 있는 Beam 구조물임을 보여주고 있다.

이러한 물리현상은 다음과 같은 상미분방정식으로 나타낼 수 있다.

$$\frac{d^2\delta(x)}{dx^2} + C\frac{d\delta(x)}{dx} + D\delta(x) = h(x) \tag{2}$$

$$\delta y(0) = 0$$

$$\delta y(L) = 0$$

그림 III-1-1에서 보듯이, $x=0$과 $x=L$에서 Beam의 처짐이 없으므로 $\delta(0)=0$과 $\delta(L)=0$이 되어 2개의 경계조건이 주어지므로, (2)식과 같이 표현되는 문제를 상미분방정식의 경계치 문제라 한다.

1.2 초기치 문제의 수치해법

1.2.1 1계 상미분방정식(First-Order Ordinary Differential Equation)

상미분방정식의 초기치 문제의 수치해법을 다루는데 있어 먼저 1계 상미분방정식의 해법을 다루고 그 뒤에 보다 일반적인 고계 상미분방정식의 해법을 다루고자 한다.

1계 상미분방정식의 초기치 문제(Initial Value Problem)는 다음 식으로 나타낼 수 있다.

$$\frac{dy(t)}{dt} = f(y,t) \qquad (3)$$
$$y(0) = y_0$$

(3)식에서 $y(t)$은 독립변수 t에 대해 찾고자 하는 물리량 $y(t)$, 즉 종속변수를 의미하며 $f(y,t)$는 찾고자하는 물리량 $y(t)$에 영향을 주는 외부 인자 함수를 나타낸다. 또한 (3)식이 1계 상미분방정식이므로 1개의 초기치 조건 $y(0) = y_0$이 주어지면 문제의 답을 얻을 수 있게 된다.

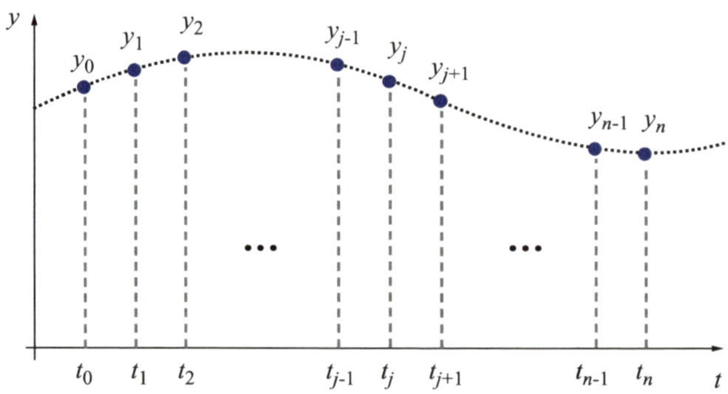

그림 III-1-2 초기값이 $y(0) = y_0$와 같이 주어질 경우 (4)식으로 얻어지는 해 개형

그림 III-1-2의 $t = t_j$에서 파트1, 2장에서의 유한차분법 중 전방차분법을 이용하여 (3)식에 대한 차분식을 구하면 다음과 같다.

$$\frac{y_{j+1} - y_j}{\Delta x} = f(y_j, t_j) \qquad (4)$$
$$y(t_j) = y_j$$

(4)식에서 $t = t_j$일 때 $y(t_j) = y_j$값을 알고, t_j나 y_j 값을 통해 얻어지는 $f(y_j, t_j)$가 계산되면, (4)식으로부터 $t = t_{j+1}$에서의 함수값 $y(t_{j+1})$, 즉 y_{j+1}값을 얻게 된다.

즉, (4)식으로부터 y_{j+1}에 관한 식이 다음과 같이 주어지므로

$$y_{j+1} = y_i + \Delta t f(y_j, t_j) \tag{5}$$

y_{j+1}가 (5)식으로부터 계산된다.

같은 방법으로 $t = t_{j+2}$에서의 함수값 $y(t_{j+2}) = y_{j+2}$이 구해지고, 계속해서 $t = t_n$에서의 함수값 $y(t_n) = y_n$까지 같은 방법으로 계산된다. 그림 III-1-2에서 $t = t_0 = 0$에서의 y값이 (3)식에서의 초기조건과 같이 $y(0) = y_0$가 주어져 있으므로 앞선 (4)식을 이용하여 $0 \le t \le t_n$ 전 t구간에서의 y값이 모두 구해지게 된다.

(4), (5)식과 같은 차분식으로 $0 \le t \le t_n$ 전 t구간에서의 y값이 모두 구해지는 (3)식과 같이 주어지는 1계 상미분방정식의 초기치 문제를 푸는 방법을 오일러(Euler)방법이라고 한다. Euler 방법으로 상미분방정식의 초기치 문제를 풀 경우 계산오차는 $\sigma(\Delta t)$ 정도의 크기를 가지며, 이러한 오차에 대한 자세한 내용은 뒷부분에서 다룰 것이다.

예제 III-1-1

다음 1계 제차 상미분방정식의 초기치 문제를 Euler 방법으로 풀이하시오.

$$\frac{dy(t)}{dt} + 2y = 0,\ y(0) = 1$$

해설 위 상미분방정식의 완전해는 $y_{exact}(t) = e^{-2t}$로 주어지며, Euler 방법에 의한 해와 $(0 \le t \le 1)$ 범위에서 비교해 보자. 먼저 완전해를 가지고 주어진 $t = 1$에서 해를 구하면 $y_{exact}(1.0) = 0.135335$로 주어진다. 이제 주어진 1계 상미분방정식을 Euler 방법으로 풀이하여 보자. 먼저 본문 (4), (5)식과 같이 유한차분식으로 바꾸면

$$y_{j+1} = y_i + \Delta t f(y_j, t_j) = y_i + \Delta t[-2y_i] \quad ①$$

①식과 같이 되며, $\Delta t = 0.2$로 하여 $y(1.0)$에서의 값을 구하면 다음과 같이 계산된다.

$$y_1 = y_0 + \Delta t[-2y_0] = 1 + 0.2[-2 \times 1] = 0.6$$
$$y_2 = y_1 + \Delta t[-2y_1] = 0.6 + 0.2[-2 \times 0.6] = 0.36$$
$$\vdots$$
$$y_5 = y_4 + \Delta t[-2y_4] = 0.129 + 0.2[-2 \times 0.129] = 0.07776$$

즉, $y(1.0) = 0.07776$이 된다. 이 값은 위의 완전해 $y_{exact}(1.0) = 0.135335$와 비교할 때 차이를 보여준다. 이러한 차이는 Δt 크기에 따라 달라지는데, Euler 방법이 갖는 오차 특성이며

다음에 자세히 다룰 것이다.

예제 III-1-2

다음 1계 비제차 상미분방정식의 초기치 문제(Initial Value Problem)를 Euler 방법으로 풀이하시오.

$$\frac{dy(t)}{dt}+y=t,\ \ y(0)=1$$

해설 위 상미분방정식의 완전해는 $y_{exact}(t)=(t-1)+2e^{-t}$로 주어지며, Euler 방법에 의한 해와 $(0 \le t \le 1)$ 범위에서 비교해 보자. 먼저 완전해를 가지고 주어진 $t=1$에서 해를 구하면 $y_{exact}(1.0)=0.735759$로 주어진다. 이제 주어진 1계 상미분방정식을 Euler 방법으로 풀이하여 보자. 먼저 본문 (4), (5)식과 같이 유한차분식으로 바꾸면

$$y_{j+1}=y_i+\Delta t f(y_j,t_j)=y_i+\Delta t[t-y_i] \quad ①$$

①식과 같이 되며, $\Delta t=0.2$로 하여 $y(1.0)$에서의 값을 구하면 다음과 같이 계산된다.

$$y_1=y_0+\Delta t[t_0-y_0]=1+0.2[0-1]=0.8$$

$$y_2=y_1+\Delta t[t_1-y_1]=0.8+0.2[0.2-0.8]=0.68$$

$$\vdots$$

$$y_5=y_4+\Delta t[t_4-y_4]=0.6192+0.2[0.8-0.6192]=0.65536$$

즉, $y(1.0)=0.65536$이 된다. 이 값은 위의 완전해 $y_{exact}(1.0)=0.735759$와 비교할 때 차이를 보여준다. 이러한 차이는 Δt 크기에 따라 달라진다.

C 프로그래밍 연습 [III-1-1]

(예제 III-1-1)에서 다룬 다음 1계 상미분방정식을 Euler 방법으로 풀이하는 C 프로그램을 작성하고 $\Delta t=0.2,\ 0.1,\ 0.01$로 하여 각각에 대하여 $y(1.0)$에서의 함수값을 계산하고 Δt에 따른 Euler 계산값의 정확성을 검토하시오.

$$\frac{dy(t)}{dt}+2y=0,\ \ y(0)=1$$

앞서 (예제 III-1-1)에서 위 1계 상미분방정식의 완전해는 $y_{exact}(t)=e^{-2t}$와 같이 주어졌으며 $t=1$에서의 함수값은 $y_{exact}(1.0)=0.135335$와 같이 주어졌었다. 그리고 Euler 방법으로 문제를 해결할 때 $\Delta t=0.2$에서 $y(1.0)=0.07776$과 같이 계산되었다. 이제 C 프로그래밍을 수행하여 $\Delta t=0.2,\ 0.1,\ 0.01$과 같은 시간간격에서의 Euler 해를 얻어보자.

```
#include <stdio.h>
#include <math.h>

```

```
4
5     double y[1000];
6
7     main ()
8     {
9
10    FILE *out1;
11    out1=fopen("solutions of ODE(Euler method)_III-1-1.dat","w");
12
13    int i,n;
14    double t,t0,tn,delt;
15
16    n=5;             /* number of time step  */
17
18    t0=0.0;
19    tn=1.0;
20    delt=(tn-t0)/float(n);
21
22    y[0]=1.0;
23
24
25    for(i=0;i<=n-1;i++)
26    {
27    t=t0+delt*float(i);
28    y[i+1]=y[i]+delt*(-2.0*y[i]);        /*  ODE: dy/dt+2y = 0   */
29
30    }
31
32
33    for(i=0;i<=n;i++)
34    {
35    fprintf(out1,"y[%f] = %f \n", i*delt, y[i]);
36    }
37
38
39
40    fclose(out1);
41    }
```

위 프로그램에서 line 16~20은 시간구간 $(0 \le t \le 1)$을 n=5로 5등분하여 $\Delta t = \frac{1}{5} = 0.2$로 하여 계산하라는 의미이다. line 22는 위 상미분방정식의 초기값 $y(0)=1$을 나타내며, line 25~30은 본문 중 Euler 방법 알고리즘 (4), (5)식을 그대로 C 프로그램에 입력한 것을 보여준다. 마지막으로 line 33~36은 Euler 알고리즘으로 계산한 time step별 값을 입력하는 형식을 나타내며, line 10~11은 이렇게 계산한 값을 "solutions of ODE (Euler method)_III-1-1.dat" 파일에 저장하라는 출력문이 되겠다. 이렇게 작성된 C 프로그램을 수행하여 얻은 파일을 열면 다음과 같은 결과를 준다.

```
y[0.000000] = 1.000000
y[0.200000] = 0.600000
y[0.400000] = 0.360000
y[0.600000] = 0.216000
y[0.800000] = 0.129600
y[1.000000] = 0.077760
```

위 결과를 보면 $t=1$에서의 결과가 $y(1.0)=0.077760$과 같이 계산되어, 완전해 $y_{exact}(1.0)=0.135335$와 상당한 차이를 보인다. 다음으로는 위 프로그램에서 line 16에서 n = 10으로 하여 $\Delta t=\frac{1}{10}=0.1$로 계산해 보면, 다음과 같은 결과를 보여준다.

```
y[0.000000] = 1.000000
y[0.100000] = 0.800000
y[0.200000] = 0.640000
y[0.300000] = 0.512000
y[0.400000] = 0.409600
y[0.500000] = 0.327680
y[0.600000] = 0.262144
y[0.700000] = 0.209715
y[0.800000] = 0.167772
y[0.900000] = 0.134218
y[1.000000] = 0.107374
```

위 결과를 보면 $t=1$에서의 결과가 $y(1.0)=0.107374$와 같이 계산되어 $\Delta t=0.2$일 때 $y(1.0)=0.077760$에 비하여 완전해 $y_{exact}(1.0)=0.135335$와 상당히 근접한 결과를 보여준다. 이번에는 line 16에서 n = 100으로 하여 $y(1.0)$을 계산해 보자. $\Delta t=\frac{1}{100}=0.01$로 계산하면, 다음과 같은 결과를 보여준다.

```
y[0.000000] = 1.000000
y[0.010000] = 0.980000
y[0.020000] = 0.960400
y[0.030000] = 0.941192
y[0.040000] = 0.922368
y[0.050000] = 0.903921
y[0.060000] = 0.885842
y[0.070000] = 0.868126
y[0.080000] = 0.850763
y[0.090000] = 0.833748
y[0.100000] = 0.817073
        ⋮
y[0.910000] = 0.159064
y[0.920000] = 0.155883
y[0.930000] = 0.152765
```

```
y[0.940000] = 0.149710
y[0.950000] = 0.146716
y[0.960000] = 0.143782
y[0.970000] = 0.140906
y[0.980000] = 0.138088
y[0.990000] = 0.135326
y[1.000000] = 0.132620
```

위 결과를 보면 $t=1$에서의 결과가 $y(1.0)=0.132620$과 같이 계산되어 $\Delta t=0.1$일 때 $y(1.0)=0.107374$에 비하여 완전해 $y_{exact}(1.0)=0.135335$와 상당히 근접한 결과를 보여준다. 따라서, 이렇게 Δt의 크기를 작게 하면 Euler 방법을 통하여 1계 상미분방정식의 해를 구할 때 완전해에 근접한다는 것을 알 수 있다. 이러한 시간간격 Δt에 따른 Euler 방법을 통한 해와 완전해와의 비교를 아래 그림에서 쉽게 확인해 볼 수 있다.

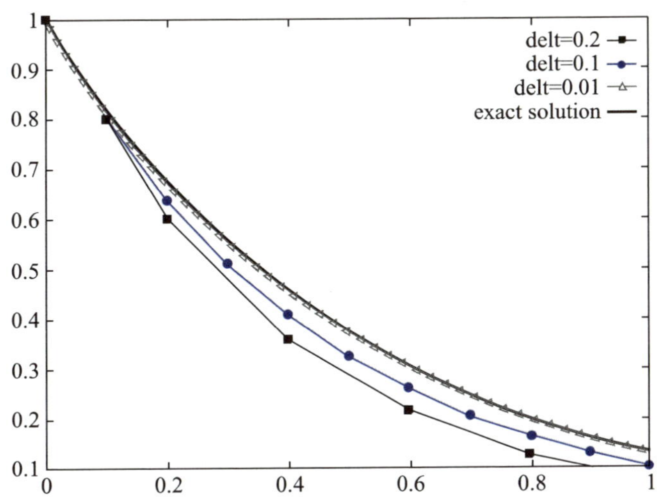

그림 III-1-3 Δt에 따른 Euler 해와 완전해의 비교

C 프로그래밍 연습 [III-1-2]

(예제 III-1-2)에서 다룬 다음 1계 비제차 상미분방정식을 Euler 방법으로 풀이하는 C 프로그램을 작성하고 $\Delta t=0.2,\ 0.1,\ 0.01$로 하여 각각에 대하여 $y(1.0)$에서의 함수값을 계산하고 Δt에 따른 Euler 계산값의 정확성을 완전해와 비교 검토하시오.

$$\frac{dy(t)}{dt}+y=t,\ \ y(0)=1$$

앞서 (예제 III-1-2)에서 위 1계 비제차 상미분방정식의 완전해는 $y_{exact}(t)=(t-1)+2e^{-t}$와 같이 주어졌으며 $t=1$에서의 함수값은 $y_{exact}(1.0)=0.735759$와 같이 주어졌었다. 그리고 Euler 방법으로 문제를 해결할 때 $\Delta t=0.2$에서 $y(1.0)=0.65536$과 같이 계산되었다. 이제 C 프로그래밍을 수행하여 $\Delta t=0.2,\ 0.1,\ 0.01$과 같이 다양한 시간간격에서의 Euler 해를 얻고 완전해와 비교해 보자.

```c
#include <stdio.h>
#include <math.h>


double y[1000];

main ()
{

FILE *out1;
out1=fopen("solutions of ODE(Euler method)_III-1-2.dat","w");

int i,n;
double t,t0,tn,delt;

n=5;            /* number of time step   */

t0=0.0;
tn=1.0;
delt=(tn-t0)/float(n);

y[0]=1.0;


for(i=0;i<=n-1;i++)
{
t=t0+delt*float(i);
y[i+1]=y[i]+delt*(t-y[i]);          /*  ODE: dy/dt+y = t   */

}


for(i=0;i<=n;i++)
{
fprintf(out1,"y[%f] = %f \n", i*delt, y[i]);
}



fclose(out1);
}
```

위 프로그램에서 line 16~20은 시간구간 $(0 \le t \le 1)$을 n=5로 5 등분하여 $\Delta t = \frac{1}{5} = 0.2$로 하여 계산하라는 의미로 앞선 예제와 같다. line 22는 위 상미분방정식의 초기값이 $y(0)=1$이므로 이를 나타내주고 있으며, line 25~30은 본문 중 Euler 방법 알고리즘 (4), (5)식을 그대로 C 프로그램에 입력한 것을 보여준다. 즉, 주어진 1계 비제차 상미분방정식이

$$\frac{dy(t)}{dt} + y = t$$

이고, 이로부터

$$\frac{dy(t)}{dt} = t - y = f(y, t)$$

을 얻고, 이를 (4), (5)식과 같이 Euler 방법으로 차분화 하면

$$y_{j+1} = y_i + \Delta t f(y_j, t_j) = y_i + \Delta t[t - y_i]$$

와 같은 차분식을 얻게 되고, 이것을 C 프로그램에 그대로 반영한 것이 line 25~30이 되겠다. 나머지 line 33~36은 Euler 알고리즘으로 계산한 time step별 값을 입력하는 형식을 나타내며, line 10~11은 이렇게 계산한 값을 "solutions of ODE (Euler method)_III-1-2.dat" 파일에 저장하라는 출력문이 되겠다. 이렇게 작성된 C 프로그램을 수행하여 얻은 파일을 열면 다음과 같은 결과를 준다.

```
y[0.000000] = 1.000000
y[0.200000] = 0.800000
y[0.400000] = 0.680000
y[0.600000] = 0.624000
y[0.800000] = 0.619200
y[1.000000] = 0.655360
```

위 결과를 보면 $t=1$에서의 결과가 $y(1.0)=0.655360$과 같이 계산되어, 완전해 $y_{exact}(1.0)=0.735759$와 비교된다. 다음으로는 위 프로그램에서 line 16에서 n=10으로 하여 $\Delta t = \frac{1}{10} = 0.1$로 계산해 보면, 다음과 같은 결과를 보여준다.

```
y[0.000000] = 1.000000
y[0.100000] = 0.900000
y[0.200000] = 0.820000
y[0.300000] = 0.758000
y[0.400000] = 0.712200
y[0.500000] = 0.680980
y[0.600000] = 0.662882
y[0.700000] = 0.656594
y[0.800000] = 0.660934
y[0.900000] = 0.674841
y[1.000000] = 0.697357
```

위 결과를 보면 $t=1$에서의 결과가 $y(1.0)=0.697357$과 같이 계산되어 $\Delta t=0.2$일 때 $y(1.0)=0.655360$에 비하여 완전해 $y_{exact}(1.0)=0.735759$와 근접한 결과를 보여준다. 이번에는 line 16에서 n=

100으로 하여 $y(1.0)$을 계산해 보자. $\Delta t = \frac{1}{100} = 0.01$로 계산하면, 다음과 같은 결과를 보여준다.

```
y[0.000000] = 1.000000
y[0.010000] = 0.990000
y[0.020000] = 0.980200
y[0.030000] = 0.970598
y[0.040000] = 0.961192
y[0.050000] = 0.951980
y[0.060000] = 0.942960
y[0.070000] = 0.934131
y[0.080000] = 0.925489
y[0.090000] = 0.917034
y[0.100000] = 0.908764
        ⋮
y[0.910000] = 0.711369
y[0.920000] = 0.713356
y[0.930000] = 0.715422
y[0.940000] = 0.717568
y[0.950000] = 0.719792
y[0.960000] = 0.722094
y[0.970000] = 0.724473
y[0.980000] = 0.726929
y[0.990000] = 0.729459
y[1.000000] = 0.732065
```

위 결과를 보면 $t=1$에서의 결과가 $y(1.0) = 0.732065$와 같이 계산되어 $\Delta t = 0.1$일 때 $y(1.0) = 0.697357$에 비하여 완전해 $y_{exact}(1.0) = 0.735759$와 상당히 근접한 결과를 보여준다. 따라서, 이러한 시간간격 Δt에 따른 Euler 방법을 통한 해와 완전해와의 비교를 아래 그림에서 확인해 볼 수 있다.

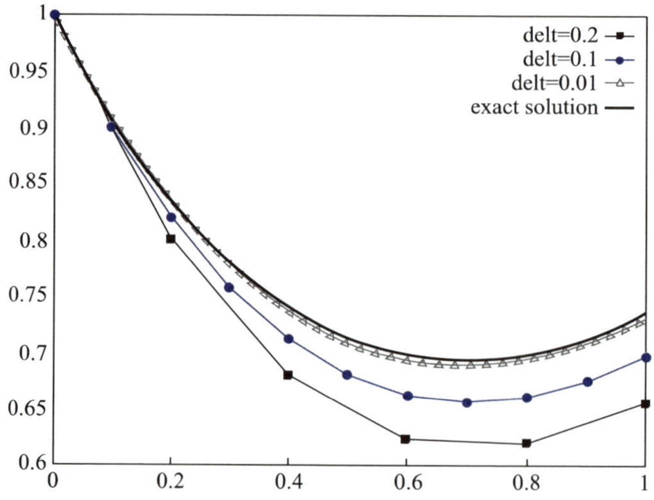

그림 III-1-4 Δt에 따른 Euler 해와 완전해의 비교

1.2.2 2계 상미분방정식(Second-Order Ordinary Differential Equation)

앞서 (1)식으로 주어진 2계 상미분방정식의 초기치 문제의 수치해법을 다루도록 하자.

(1)식에서 $\dfrac{dy}{dt}=z$로 치환하게 되면 다음과 같은 식을 얻게 된다.

$$\frac{dy}{dt}=z \tag{6}$$

$$\frac{d^2y}{dt^2}=\frac{dz}{dt}$$

(6)식을 (1)식에 대입정리하면, (1)식은 다음과 같이 된다.

$$\frac{dy}{dt}=z=f_1(y,z,t) \tag{7}$$

$$\frac{dz}{dt}=-az-by+g(t)=f_2(y,z,t)$$

$$y(0)=y_0$$

$$z(0)=z_0=v_0$$

(1)식과 (7)식을 비교해보면, (1)식과 같은 2개의 초기조건을 갖는 2계 상미분방정식이 $\dfrac{dy}{dt}=z$로의 치환을 통해, (7)식과 같은 각각 1개씩의 초기조건을 갖는 2개의 1계 상미분방정식이 되었음을 알 수 있다. 즉, (7)식과 같은 2개의 1계 상미분방정식의 초기치 문제를 풀면, (1)식과 같은 2개의 초기조건을 갖는 2계 상미분방정식을 풀게 되는 것이다. 다시 말해서, 앞서 1.2.1절에서 다룬 1계 상미분방정식의 초기치문제의 수치해법을 단지 2번 반복적으로 수행함으로써 2계 상미분방정식의 초기치 문제를 풀어낸다는 것이다.

(7)식을 풀기 위해 앞서 1.2.1절에서 Euler 방법을 적용하면, $t=t_{j+1}$ 스텝에서의 $z=z_{j+1}$값을 얻기 위해선 $t=t_j$ 스텝에서의 z_j, y_j, $g_{(t)}$ 값을 알아야 하고, 그리고 t_{j+1}에서의 $y=y_{j+1}$값을 알기 위해선 $t=t_j$ 스텝에서의 z_j값만 알면 된다는 것을 알 수 있다.

(7)식으로 주어지는 2개의 1계 상미분방정식을 파트1, 수치해석의 기초 파트1, 2장에서 다룬 유한차분법을 이용하여 $t=t_j$를 중심으로 한 전방 차분식으로 나타내면 다음 식으로 표현된다.

$$\frac{y_{j+1}-y_i}{\Delta t}=z_j=f_1(y_j,z_j,t_j) \tag{8}$$

$$\frac{z_{j+1}-z_i}{\Delta t}=-az_j-by_j+g(t_j)=f_2(y_j,z_j,t_j)$$

(8)식을 y_{j+1}, z_{j+1}에 대하여 재정리하면 다음 식으로 나타낸다.

$$
\begin{aligned}
y_{j+1} &= y_j + \Delta t z_j = \Delta t f_1(y_j, z_j, t_j) \\
z_{j+1} &= z_j + \Delta t(-az_j - by_j + g(t_j)) = \Delta t f_2(y_j, z_j, t_j)
\end{aligned} \tag{9}
$$

(9)식에서 $j=0$일 때 y_1, z_1이 다음 식으로부터 결정된다.

$$
\begin{aligned}
y_1 &= y_0 + \Delta t z_0 \\
z_1 &= z_0 + \Delta t(-az_0 - by_0 + g(t_0))
\end{aligned} \tag{10}
$$

여기서 $g(t)$는 외부함수로 $t_0 \le t \le t_n$에 대하여 계산할 수 있는 함수로 생각할 수 있으므로, $g(t_0)$는 아는 값이고 z_0와 y_0는 (7)식에서 초기조건으로 주어진 값이므로 (10)식으로부터 y_1과 z_1이 계산된다.

(9)식에서 $j=1$을 대입하면 y_2, z_2로 다음과 같이 계산된다.

$$
\begin{aligned}
y_2 &= y_1 + \Delta t z_1 \\
z_2 &= z_1 + \Delta t(-az_1 - by_1 + g(t_1))
\end{aligned} \tag{11}
$$

(11)식에서 y_1, z_1이 (10)식으로부터 얻어졌고 $g(t_1)$값은 아는 값이므로, y_2, z_2가 (11)식에 의해 결정된다. 같은 방법으로 이러한 계산을 $j=2, 3, \cdots, n$에 대하여 계속해 나가면 $t_0 \le t \le t_n$에서의 $y(t_0)$, $y(t_1)$, $\cdots$, $y(t_n)$ 값들을 얻게 되는데, 결국 (1)식으로 주어지는 2계 상미분방정식의 초기치 문제에 대한 해 $y(t)$를 $t_0 \le t \le t_n$ 범위에서 얻게 되는 셈이 된다. 이를 도식화하면 초기조건으로부터 n-step까지의 $y(t)$값을 얻는 과정을 다음과 같이 나타낼 수 있다.

표 III-1-1

time step	0	1	2	3	$\cdots$	$n-1$	n
$y(t)$	y_0	y_1	y_2	y_3	$\cdots$	y_{n-1}	y_n
$z(t)$	z_0	z_1	z_2	z_3	$\cdots$	z_{n-1}	z_n

앞의 수식들과 표 III-1-1을 통해 time step별로 z_{j+1} 값은 이전 step의 y_j, z_j값으로부터 계산되며, y_{j+1} 값은 이전 step의 y_j, z_j 값으로부터 계산된다는 것을 보여주며 초기조건인 y_0, z_0이 주어질 경우, 최종시간 t_n에서의 $y(t_n)$, $z(t_n)$까지 계산됨을 보여준다. 여기서, 계산된 $y(t_1)$, $y(t_2)$, $y(t_3)$, $\cdots$, $y(t_n)$값들이 우리가 원하는 2계 상미분방정식의 해가 된다는 것을 알 수 있다.

예제 III-1-3

다음 2계 제차 상미분방정식(second-order homogeneous ordinary differential equation)의 초기치 문제를 시간구간 $(0 \le t \le 2)$에서 Euler 방법으로 풀이하시오.

$$\frac{d^2y(t)}{dt^2} + \frac{dy(t)}{dt} - 2y(t) = 0, \; y(0) = 1, \; \frac{dy(0)}{dt} = 0$$

해설 위 상미분방정식의 완전해는 $y_{exact}(t) = \frac{2}{3}e^t + \frac{1}{3}e^{-2t}$로 주어지며, Euler 방법에 의한 해와 $(0 \le t \le 2)$ 범위에서 비교해 보자. 먼저 완전해를 가지고 주어진 $t = 2$에서 해를 구하면 $y_{exact}(2.0) = 4.932143$으로 주어진다. 이제 주어진 2계 상미분방정식을 Euler 방법으로 풀이하여 보자. 먼저 본문 (8), (9)식과 같이 유한차분식으로 바꾸면

$$\frac{y_{j+1} - y_i}{\Delta t} = z_j = f_1(y_j, \; z_j, \; t_j) \quad ①$$
$$\frac{z_{j+1} - z_j}{\Delta t} = -z_j + 2y_j = f_2(y_j, \; z_j, \; t_j)$$

①식과 같이 되고, ①식은 다시

$$y_{j+1} = y_j + \Delta t z_j = y_j + \Delta t f_1(y_j, \; z_j, \; t_j) \quad ②$$
$$z_{j+1} = z_j + \Delta t(-z_j + 2y_j) = z_j + \Delta t f_2(y_j, \; z_j, \; t_j)$$

와 같이 정리된다. 이러한 차분식을 가지고 $\Delta t = 0.2, \; 0.1, \; 0.01$로 하여 $(0 \le t \le 2)$ 구간에서 적용하면 다음과 같다.

$$y_1 = y_0 + \Delta t z_0 = 1.0 + 0.2 \times 0 = 1.0 \quad ③$$
$$z_1 = z_0 + \Delta t(-z_0 + 2y_0) = 0 + 0.2 \times (-0 + 2 \times 1) = 0.4$$
$$y_2 = y_1 + \Delta t z_1 = 1.0 + 0.2 \times 0.4 = 1.08$$
$$z_2 = z_1 + \Delta t(-z_1 + 2y_1) = 0.4 + 0.2 \times (-0.4 + 2 \times 1) = 0.72$$
$$\vdots$$
$$\vdots$$
$$y_{10} = y_9 + \Delta t z_9 = 3.443213 + 0.2 \times 3.433135 = 4.129840$$
$$z_{10} = z_9 + \Delta t(-z_9 + 2y_9) = 3.433135 + 0.2 \times (-3.433135 + 2 \times 3.443213) = 4.123793$$

위 ③의 결과를 보면, $\Delta t = 0.2$일 때 $y_{10} = y(2.0) = 4.129840$으로 계산되며 $t = 2$에서의 완전해 $y_{exact}(2.0) = 4.932143$과 상당한 차이를 보인다. 이번에는 $\Delta t = 0.1$에서의 결과를 살펴보면 다음과 같다.

$$y_1 = y_0 + \Delta t z_0 = 1.0 + 0.1 \times 0 = 1.0 \quad ④$$
$$z_1 = z_0 + \Delta t(-z_0 + 2y_0) = 0 + 0.1 \times (-0 + 2 \times 1) = 0.2$$
$$y_2 = y_1 + \Delta t z_1 = 1.0 + 0.1 \times 0.2 = 1.02$$
$$z_2 = z_1 + \Delta t(-z_1 + 2y_1) = 0.2 + 0.1 \times (-0.2 + 2 \times 1) = 0.38$$

$\vdots$

$\vdots$

$y_{20} = y_{19} + \Delta t z_{19} = 4.082077 + 0.1 \times 4.067665 = 4.488843$

$z_{20} = z_{19} + \Delta t(-z_{19} + 2y_{19}) = 4.067665 + 0.1 \times (-4.067665 + 2 \times 4.082077) = 4.477314$

위 결과는 $\Delta t = 0.1$로 했을 때 구간이 20개이고 마지막 $y(2.0)$ 값이 $y_{20} = y(2.0) = 4.488843$으로 계산되며 $t = 2$에서의 완전해 $y_{exact}(2.0) = 4.932143$에 $\Delta t = 0.2$일 때보다 근접하게 된다. 이번에는 $\Delta t = 0.01$에서의 결과를 살펴보면 다음과 같다.

$y_1 = y_0 + \Delta t z_0 = 1.0 + 0.01 \times 0 = 1.0$ ⑤

$z_1 = z_0 + \Delta t(-z_0 + 2y_0) = 0 + 0.01 \times (-0 + 2 \times 1) = 0.02$

$y_2 = y_1 + \Delta t z_1 = 1.0 + 0.01 \times 0.2 = 1.0002$

$z_2 = z_1 + \Delta t(-z_1 + 2y_1) = 0.02 + 0.01 \times (-0.02 + 2 \times 1) = 0.0398$

$\vdots$

$\vdots$

$y_{200} = y_{199} + \Delta t z_{199} = 4.835037 + 0.01 \times 4.81709 = 4.883208$

$z_{200} = z_{199} + \Delta t(-z_{199} + 2y_{199}) = 4.81709 + 0.01 \times (-4.81709 + 2 \times 4.835037) = 4.86562$

위 ⑤의 결과는 $\Delta t = 0.01$로 했을 때 구간이 200개이고 마지막 $y(2.0)$ 값이 $y_{200} = y(2.0) = 4.883208$로 계산되며 $t = 2$에서의 완전해 $y_{exact}(2.0) = 4.932143$에 거의 근접하게 된다. 이렇게 Euler 방법으로 상미분방정식의 해를 구할 때 주어진 시간구간을 더욱 많은 패널로 나누면 나눌수록 더욱 완전해에 가까워진다는 것을 알 수 있다.

예제 III-1-4

다음 2계 비제차 상미분방정식(second-order non-homogeneous ordinary differential equation)의 초기치 문제를 시간구간 $(0 \le t \le 1)$에서 Euler 방법으로 풀이하시오.

$$\frac{d^2y(t)}{dt^2} - \frac{dy(t)}{dt} - 6y(t) = 6t,\ y(0) = 0,\ \frac{dy(0)}{dt} = 0$$

해설 위 상미분방정식의 완전해는 $y_{exact}(t) = \frac{2}{15}e^{3t} - \frac{3}{10}e^{-2t} - t + \frac{1}{6}$로 주어지며, Euler 방법에 의한 해와 $(0 \le t \le 1)$ 범위에서 비교해 보자. 먼저 완전해를 가지고 주어진 $t = 1$에서 해를 구하면 $y_{exact}(1.0) = 1.804138$로 주어진다. 이제 주어진 2계 상미분방정식을 Euler 방법으로 풀이하여 보자. 먼저 본문 (8), (9)식과 같이 유한차분식으로 바꾸면

$$\frac{y_{j+1} - y_i}{\Delta t} = z_j = f_1(y_j,\ z_j,\ t_j) \quad ①$$

$$\frac{z_{j+1} - z_j}{\Delta t} = 6t_j + z_j + 6y_j = f_2(y_j,\ z_j,\ t_j)$$

①식과 같이 되고 ①식은 다시

$$y_{j+1} = y_j + \Delta t z_j = y_j + \Delta t f_1(y_j, z_j, t_j) \quad ②$$
$$z_{j+1} = z_j + \Delta t(6t_j + z_j + 6y_j) = z_j + \Delta t f_2(y_j, z_j, t_j)$$

와 같이 정리된다. 이러한 차분식을 가지고 $\Delta t = 0.2$, 0.1, 0.01로 하여 $(0 \le t \le 1)$ 구간에서 적용하면 다음과 같다.

$$y_1 = y_0 + \Delta t z_0 = 0 + 0.2 \times 0 = 0 \quad ③$$
$$z_1 = z_0 + \Delta t(6t_0 + z_0 + 6y_0) = 0 + 0.2 \times (6 \times 0 + 0 + 6 \times 0) = 0$$
$$y_2 = y_1 + \Delta t z_1 = 0 + 0.2 \times 0 = 0$$
$$z_2 = z_1 + \Delta t(t_1 + z_1 + 6y_1) = 0 + 0.2 \times (6 \times 0.2 + 0 + 6 \times 0) = 0.24$$
$$\vdots$$
$$\vdots$$
$$y_5 = y_4 + \Delta t z_4 = 0.2016 + 0.2 \times 1.6992 = 0.54144$$
$$z_5 = z_4 + \Delta t(6t_4 + z_4 + 6y_4) = 1.6992 + 0.2 \times (6 \times 0.8 + 1.6992 + 6 \times 0.2016) = 3.24096$$

위 ③의 결과를 보면, $\Delta t = 0.2$일 때 $y_5 = y(1) = 0.54144$로 계산되며 $t = 1$에서의 완전해 $y_{exact}(1.0) = 1.804138$과 상당한 차이를 보인다. 이번에는 $\Delta t = 0.1$에서의 결과를 살펴보면 다음과 같다.

$$y_1 = y_0 + \Delta t z_0 = 0 + 0.1 \times 0 = 0 \quad ④$$
$$z_1 = z_0 + \Delta t(6t_0 + z_0 + 6y_0) = 0 + 0.1 \times (6 \times 0 + 0 + 6 \times 0) = 0$$
$$y_2 = y_1 + \Delta t z_1 = 0 + 0.1 \times 0 = 0$$
$$z_2 = z_1 + \Delta t(t_1 + z_1 + 6y_1) = 0 + 0.1 \times (6 \times 0.1 + 0 + 6 \times 0) = 0.06$$
$$\vdots$$
$$\vdots$$
$$y_{10} = y_9 + \Delta t z_9 = 0.640335 + 0.1 \times 3.32233 = 0.972568$$
$$z_{10} = z_9 + \Delta t(6t_9 + z_9 + 6y_9) = 3.32233 + 0.1 \times (6 \times 0.9 + 3.32233 + 6 \times 0.640335) = 4.578764$$

위 결과는 $\Delta t = 0.1$로 했을 때 구간이 10개이고 마지막 $y(1)$ 값이 $y_{10} = y(1) = 0.972568$로 계산되며 $t = 1$에서의 완전해 $y_{exact}(1) = 1.804138$에 $\Delta t = 0.2$일 때보다 근접하게 된다. 이번에는 $\Delta t = 0.01$에서의 결과를 살펴보면 다음과 같다.

$$y_1 = y_0 + \Delta t z_0 = 0 + 0.01 \times 0 = 0 \quad ⑤$$
$$z_1 = z_0 + \Delta t(6t_0 + z_0 + 6y_0) = 0 + 0.01 \times (6 \times 0 + 0 + 6 \times 0) = 0$$
$$y_2 = y_1 + \Delta t z_1 = 1.0 + 0.01 \times 0 = 0$$
$$z_2 = z_1 + \Delta t(6t_1 + z_1 + 6y_1) = 0 + 0.01 \times (6 \times 0.01 + 0 + 6 \times 0) = 0.0006$$
$$\vdots$$
$$\vdots$$
$$y_{100} = y_{99} + \Delta t z_{99} = 1.623918 + 0.01 \times 6.544742 = 1.689365$$
$$z_{100} = z_{99} + \Delta t(6 \times t_{99} + z_{99} + 6y_{99}) = 6.544742 + 0.01 \times (6 \times 0.99 + 6.544742 + 6 \times 1.623918)$$
$$= 6.767025$$

위 ⑤의 결과는 $\Delta t = 0.01$로 했을 때 구간이 100개이고 마지막 $y(1)$ 값이 $y_{100} = y(1) = 1.689365$로 계산되며 $t=1$에서의 완전해 $y_{exact}(1) = 1.804138$에 거의 근접하게 된다. 따라서, 2계 비제차 상미분방정식과 관련해서도 정밀한 해를 제공하고 있는 것을 알 수 있다.

C 프로그래밍 연습 [III-1-3]

(예제 III-1-3)에서 다룬 다음 2계 제차 상미분방정식(second-order homogeneous ordinary differential equation)을 Euler 방법으로 풀이하는 C 프로그램을 작성하고 $\Delta t = 0.2,\ 0.1,\ 0.01$로 하여 각각에 대하여 $y(2)$에서의 함수값을 계산하고 Δt에 따른 Euler 계산값의 정확성을 검토하시오.

$$\frac{d^2y(t)}{dt^2} + \frac{dy(t)}{dt} - 2y(t) = 0,\ y(0) = 1,\ \frac{dy(0)}{dt} = 0$$

위 상미분방정식의 완전해는 $y_{exact}(t) = \frac{2}{3}e^{t} + \frac{1}{3}e^{-2t}$로 주어지며, $t=2$에서 해를 구하면 $y_{exact}(2.0) = 4.932143$으로 주어진다. 주어진 2계 제차 상미분방정식을 Euler 방법으로 풀이하기 위해 본문 (8), (9)식과 같은 유한차분식 알고리즘을 이용하여 C 프로그래밍을 하고 $(0 \le t \le 2)$ 범위에서 해를 구해보자. 먼저 시간간격을 $\Delta t = 0.2$로 하여 프로그래밍을 하면 다음과 같다.

```
#include <stdio.h>
#include <math.h>


double z[1000],y[1000];

main ()
{

FILE *out1;
out1=fopen("solutions of ODE_high-order (Euler method)_III-1-3.dat","w");

int i,n;
double t,t0,tn,delt;

n=10;              /* number of time step  */

t0=0.0;
tn=2.0;
delt=(tn-t0)/float(n);

y[0]=1.0;
```

```
23    z[0]=0.0;
24
25
26    for(i=0;i<=n;i++)
27    {
28    t=t0+delt*float(i);
29    z[i+1]=z[i]+delt*(-z[i]+2.0*y[i]);          /* function2: -z+2y */
30    y[i+1]=y[i]+delt*(z[i]);                      /* function1:  z     */
31
32    }
33
34
35    for(i=0;i<=n;i++)
36    {
37    fprintf(out1,"y[%f] = %f \n", i*delt, y[i]);
38    }
39
40            fprintf(out1," \n\n");
41
42    for(i=0;i<=n;i++)
43    {
44    fprintf(out1,"z[%f] = %f \n", i*delt, z[i]);
45    }
46
47
48    fclose(out1);
49    }
```

위 프로그램에서 line 16에서는 n = 10으로 하여 주어진 시간구간 $(0 \le t \le 2)$을 10등분하고 line 18~20에서는 시간구간의 시작점과 끝점을 언급하고 $\Delta t = 0.2$를 입력해 준다. line 22~23은 주어진 문제 미분방정식의 초기조건을 나타낸다. line 23에서 z[0] = 0.0은 초기조건 $\frac{dy(0)}{dt} = 0.0$을 의미한다. line 26~32는 Euler 방법으로 상미분방정식의 해를 구하는 (8), (9)식 알고리즘을 그대로 입력한 것으로 $\frac{dy}{dt} = z$로 치환함으로써 2계 상미분방정식을 2개의 1계 상미분방정식으로 나타내고 풀이한 것을 알 수 있다. line 35~38은 시간구간 $(0 \le t \le 2)$에서의 Euler 방법으로 계산된 $y(t)$ 결과를 시간간격 $\Delta t = 0.2$에 따라 출력하는 것을 보여주고 있으며, line 42~45는 계산된 $\frac{dy(t)}{dt} = z(t)$ 결과를 시간간격 $\Delta t = 0.2$에 따라 출력하는 것을 나타낸다. line 11에서 언급한 "solutions of ODE high-order (Euler method)_III-1-3.dat" 파일을 열어보면 아래와 같은 결과를 볼 수 있다.

```
y[0.000000] = 1.000000
y[0.200000] = 1.000000
y[0.400000] = 1.080000
y[0.600000] = 1.224000
```

```
y[0.800000] = 1.425600
y[1.000000] = 1.684800
y[1.200000] = 2.006208
y[1.400000] = 2.398118
y[1.600000] = 2.872143
y[1.800000] = 3.443213
y[2.000000] = 4.129840

z[0.000000] = 0.000000
z[0.200000] = 0.400000
z[0.400000] = 0.720000
z[0.600000] = 1.008000
z[0.800000] = 1.296000
z[1.000000] = 1.607040
z[1.200000] = 1.959552
z[1.400000] = 2.370125
z[1.600000] = 2.855347
z[1.800000] = 3.433135
z[2.000000] = 4.123793
```

위 결과는 시간구간 $(0 \leq t \leq 2)$에서 2계 제차 상미분방정식의 해를 보여준다. $t=2$에서의 해 $y(2)=4.12984$로 계산되어 완전해 $y_{exact}(2.0)=4.932143$에 아직은 못 미치는 것이 확인된다. 위 프로그램에서 line 16 n=20으로 하면, 즉 $\Delta t=0.1$로 하여 프로그램을 수행하면 다음과 같은 결과를 준다.

```
y[0.000000] = 1.000000
y[0.100000] = 1.000000
y[0.200000] = 1.020000
y[0.300000] = 1.058000
y[0.400000] = 1.112600
y[0.500000] = 1.182900
y[0.600000] = 1.268422
y[0.700000] = 1.369050
y[0.800000] = 1.484983
y[0.900000] = 1.616704
y[1.000000] = 1.764953
y[1.100000] = 1.930711
y[1.200000] = 2.115192
y[1.300000] = 2.319839
y[1.400000] = 2.546326
y[1.500000] = 2.796560
y[1.600000] = 3.072698
y[1.700000] = 3.377153
y[1.800000] = 3.712616
y[1.900000] = 4.082077
y[2.000000] = 4.488843
```

```
z[0.000000] = 0.000000
z[0.100000] = 0.200000
z[0.200000] = 0.380000
z[0.300000] = 0.546000
z[0.400000] = 0.703000
z[0.500000] = 0.855220
z[0.600000] = 1.006278
z[0.700000] = 1.159335
z[0.800000] = 1.317211
z[0.900000] = 1.482487
z[1.000000] = 1.657579
z[1.100000] = 1.844812
z[1.200000] = 2.046473
z[1.300000] = 2.264864
z[1.400000] = 2.502345
z[1.500000] = 2.761376
z[1.600000] = 3.044550
z[1.700000] = 3.354635
z[1.800000] = 3.694602
z[1.900000] = 4.067665
z[2.000000] = 4.477314
```

즉, 주어진 시간구간 $(0 \le t \le 2)$를 20등분을 하여 계산하면 $t=2$에서의 해가 $y(2)=4.488843$으로 계산되어 완전해에 근접하게 되고 같은 방법으로 프로그램에서 line 16을 n=200으로 바꾸면 $\Delta t=0.01$이 되고 프로그램을 다시 수행하면 $t=2$에서의 해가 $y(2)=4.883208$ 되어 완전해 $y_{exact}(2)=4.932143$ 더욱 근접하게 되는 것을 관찰할 수 있다. 아래 그림은 이러한 결과를 보여준다.

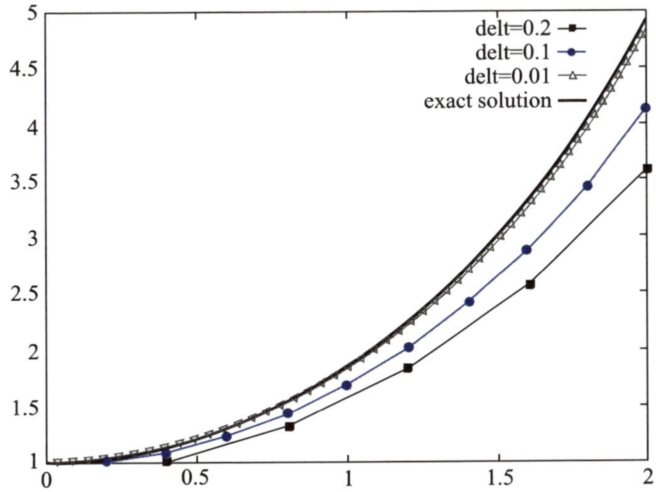

그림 III-1-5 Δt에 따른 Euler 해와 완전해의 비교

C 프로그래밍 연습 [III-1-4]

(예제 III-1-4)에서 다룬 다음 2계 비제차 상미분방정식(second-order non-homogeneous ordinary differential equation)을 Euler 방법으로 풀이하는 C 프로그램을 작성하고 $\Delta t = 0.2,\ 0.1,\ 0.01$로 하여 각각에 대하여 $y(1)$에서의 함수값을 계산하고 Δt에 따른 Euler 계산값의 정확성을 검토하시오.

$$\frac{d^2y(t)}{dt^2} - \frac{dy(t)}{dt} - 6y(t) = 6t,\ y(0) = 0,\ \frac{dy(0)}{dt} = 0$$

위 상미분방정식의 완전해는 $y_{exact}(t) = \frac{2}{15}e^{3t} - \frac{3}{10}e^{-2t} - t + \frac{1}{6}$로 주어지며, $t = 1$에서 해를 구하면 $y_{exact}(1.0) = 1.804138$로 주어진다. 주어진 2계 제차 상미분방정식을 Euler 방법으로 풀이하기 위해 본문 (8), (9)식과 같은 유한차분식 알고리즘을 이용하여 C 프로그래밍을 하고 $(0 \le t \le 1)$ 범위에서 해를 구해보자. 먼저 시간간격을 $\Delta t = 0.2$로 하여 프로그래밍을 하면 다음과 같다.

```
#include <stdio.h>
#include <math.h>


double z[5000],y[1000];

main ()
{

FILE *out1;
out1=fopen("solutions of ODE_high-order (Euler method)_III-1-4.dat","w");

int i,n;
double t,t0,tn,delt;

n=5;             /* number of time step  */

t0=0.0;
tn=1.0;
delt=(tn-t0)/float(n);

y[0]=0.0;
z[0]=0.0;


for(i=0;i<=n-1;i++)
{
t=t0+delt*float(i);
z[i+1]=z[i]+delt*(6.0*t+z[i]+6.0*y[i]);   /* function2: 6t+z+6y */
```

```
30    y[i+1]=y[i]+delt*(z[i]);                    /* function1:  z       */
31
32    }
33
34
35    for(i=0;i<=n;i++)
36    {
37    fprintf(out1,"y[%f] = %f  \n", i*delt, y[i]);
38    }
39
40              fprintf(out1," \n\n");
41
42    for(i=0;i<=n;i++)
43    {
44    fprintf(out1,"z[%f] = %f  \n", i*delt, z[i]);
45    }
46
47
48    fclose(out1);
49    }
```

위 C 프로그램은 2계 상미분방정식의 해를 구하는 것으로 앞선 예제 제차 상미분방정식과 비교해 비제차 상미분방정식의 해를 구하는 것이다. 수학적으로는 비제차 상미분방정식의 해를 구하는 것은 제차 상미분방정식의 해를 구하는 것보다 어려운데 Euler 방법을 통한 컴퓨터 해법은 제차이나 비제차에 따라 차이가 없고 동일하다는 것이다. 그런데도 해는 동일하게 잘 맞게 되는 것을 보게 될 것이다. 위 프로그램은 앞선 예제 III-1-3과 동일하고 다만 line 26~32, 즉 (8), (9)식과 같은 Euler 알고리즘에서 주어진 비제차 상미분방정식의 비제차 항을 function2에서 예제 III-1-3에서와 같이 그대로 반영해 주면 되는데, function2는 $f_2(y_j, z_j, t_j) = 6t_j + z_j + 6y_j$와 같이 주어진다. 프로그램에서 나머지는 앞선 예제 III-1-3과 모두 동일함을 알 수 있다. 먼저, $\Delta t = 0.2$일 때 계산을 위해서 line 16에서 주어진 시간구간이 $(0 \le t \le 1)$이므로 n=5로 하면 되겠다. 계산결과를 보면 아래와 같다.

```
y[0.000000] = 0.000000
y[0.200000] = 0.000000
y[0.400000] = 0.000000
y[0.600000] = 0.048000
y[0.800000] = 0.201600
y[1.000000] = 0.541440

z[0.000000] = 0.000000
z[0.200000] = 0.000000
z[0.400000] = 0.240000
z[0.600000] = 0.768000
z[0.800000] = 1.699200
z[1.000000] = 3.240960
```

위 결과는 시간구간 $(0 \le t \le 1)$에서 2계 비제차 상미분방정식의 해를 보여준다. $t=1$에서의 해 $y(1)=0.54144$로 계산되어 완전해 $y_{exact}(1.0)=1.804138$에 큰 차이를 보이는 것이 확인된다. 위 프로그램에서 line 16 n=10으로 하여 계산하면, 즉 $\Delta t=0.1$로 하여 프로그램을 수행하면 다음과 같은 결과를 준다.

```
y[0.000000] = 0.000000
y[0.100000] = 0.000000
y[0.200000] = 0.000000
y[0.300000] = 0.006000
y[0.400000] = 0.024600
y[0.500000] = 0.063420
y[0.600000] = 0.131598
y[0.700000] = 0.240399
y[0.800000] = 0.403976
y[0.900000] = 0.640335
y[1.000000] = 0.972568

z[0.000000] = 0.000000
z[0.100000] = 0.000000
z[0.200000] = 0.060000
z[0.300000] = 0.186000
z[0.400000] = 0.388200
z[0.500000] = 0.681780
z[0.600000] = 1.088010
z[0.700000] = 1.635770
z[0.800000] = 2.363586
z[0.900000] = 3.322330
z[1.000000] = 4.578764
```

즉, 주어진 시간구간 $(0 \le t \le 1)$을 10등분을 하여 계산하면 $t=1$에서의 해가 $y(1)=0.972568$로 계산되어 완전해에 근접하게 되나 여전히 완전해 $y_{exact}(1.0)=1.804138$에는 못 미치고 있는 것을 확인할 수 있다. 같은 방법으로 프로그램에서 line 16을 n=100으로 바꾸면 $\Delta t=0.01$이 되고 프로그램을 다시 수행하면 $t=1$에서의 해가 아래와 같이 계산된다.

```
y[0.000000] = 0.000000
y[0.010000] = 0.000000
y[0.020000] = 0.000000
y[0.030000] = 0.000006
y[0.040000] = 0.000024
y[0.050000] = 0.000060
y[0.060000] = 0.000121
y[0.070000] = 0.000212
y[0.080000] = 0.000340
y[0.090000] = 0.000512
y[0.100000] = 0.000734
```

```
 ⋮
 ⋮
y[0.910000] = 1.172878
y[0.920000] = 1.222750
y[0.930000] = 1.274371
y[0.940000] = 1.327794
y[0.950000] = 1.383073
y[0.960000] = 1.440266
y[0.970000] = 1.499431
y[0.980000] = 1.560628
y[0.990000] = 1.623918
y[1.000000] = 1.689365
```

위 결과를 보면 $\Delta t = 0.01$일 때 $t = 1$에서의 해가 $y(1) = 1.689365$로 되어 완전해 $y_{exact}(1.0) = 1.804138$에 근접하게 되는 것을 볼 수 있다. 아래 그림은 이러한 결과를 보여준다.

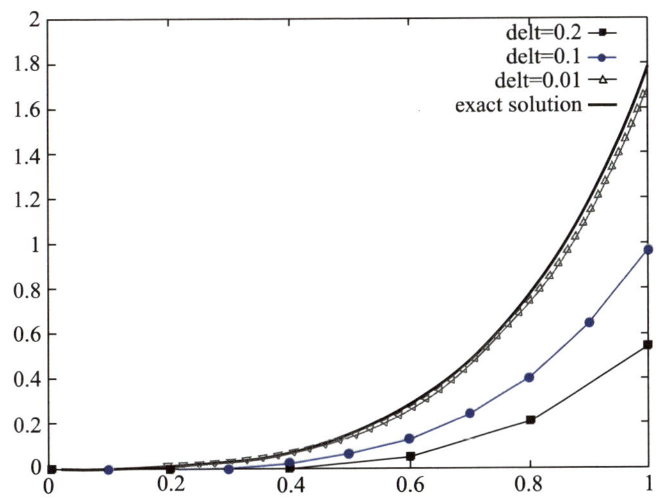

그림 III-1-6 Δt에 따른 Euler 해와 완전해의 비교

1.2.3 n계 상미분방정식의 수치해법

n계 상미분방정식의 일반형과 초기조건(Initial Condition)은 다음과 같이 기술된다.

$$y_1^{(n)} + a_{n-1}y_1^{(n-1)} + \cdots + a_1 y_1^{(1)} + a_0 y_1 = g(t) \tag{12}$$

$$y_1(0) = y_{10}$$

$$\frac{dy_1(0)}{dt} = y_{20}$$

$$\frac{d^2y_1(0)}{dt^2} = y_{30}$$

$$\vdots$$

$$\frac{d^{n-1}y_1(0)}{dt^n} = y_{n0}$$

(12)식에서 y_1은 구하고자 하는 종속변수이고 t는 독립변수이며 a_0, a_1, a_2, $\cdots$, a_{n-1}는 n계 상미분방정식의 계수들로 주어진 상수 값이고, $g(t)$는 독립변수 t에 따라 변화하는 함수를 나타낸다. 앞 절에서 2계 상미분방정식을 수치적으로 해결하기 위한 $\frac{dy}{dt} = z$로 치환하며 2개의 1계상미분방정식을 얻어 이를 Euler 방법으로 풀이하는 과정을 보여준 대로 n계 상미분방정식을 수치적으로 해결하기 위해 다음과 같이 치환한다.

$$\begin{aligned}
y_1^{(1)} &= \frac{dy_1}{dt} = y_2 \\
y_1^{(2)} &= \frac{dy_2}{dt} = y_3 \\
y_1^{(3)} &= \frac{dy_3}{dt} = y_4 \\
&\vdots \\
y_1^{(n-1)} &= \frac{dy_{n-1}}{dt} = y_n \\
y_1^{(n)} &= \frac{dy_n}{dt} = -a_{n-1}y_n - a_{n-2}y_{n-1} - \cdots - a_1 y_2 - a_0 y_1 + g(t)
\end{aligned} \tag{13}$$

그러면 (12)식의 n계 상미분방정식을 (13)식과 같이 n개의 1계 상미분방정식이 되며 (12)식에서의 n개의 초기조건들은 다음과 같이 된다.

$$y_1(0) = y_{10} \quad (14)$$
$$y_2(0) = y_{20}$$
$$\vdots$$
$$y_n(0) = y_{n0}$$

(13), (14)식에서 보듯이 y_1, y_2, $\cdots$, y_n 변수들 각각에 대하여 n개의 1계 상미분방정식과 각각 1개씩의 초기조건들이 주어져 있으므로, 앞 절에서 언급한 Euler 방법을 통하여 각각의 1계 미분방정식의 해를 주어진 시간 구간 $t_0 \le t \le t_n$에서 구할 수 있으며, 결과적으로 (12)식으로 주어지는 n계 상미분방정식의 초기조건 문제를 해결하게 된다.

(13)과 (14)식으로 주어지는 n개 변수들 y_1, y_2, $\cdots$, y_n에 대한 n개의 1계 상미분방정식의 주어진 시간구간 $t_0 \le t \le t_n$에서 시간간격 별 계산과정은 다음 도식 표와 같다.

표 III-1-2

time step	0	1	2	3	$\cdots$	$n-1$	n
$y_1(t)$	y_{10}	y_{11}	y_{12}	y_{13}	$\cdots$	y_{1n-1}	y_{1n}
$y_2(t)$	y_{20}	y_{21}	y_{22}	y_{23}	$\cdots$	y_{2n-1}	y_{2n}
$y_3(t)$	y_{30}	y_{31}	y_{32}	y_{33}	$\cdots$	y_{3n-1}	y_{3n}
$\vdots$	$\vdots$	$\vdots$	$\vdots$	$\vdots$	$\cdots$	$\vdots$	$\vdots$
$y_{n-1}(t)$	y_{n-10}	y_{n-11}	y_{n-12}	y_{n-13}	$\cdots$	y_{n-1n-1}	y_{n-1n}
$y_n(t)$	y_{n0}	y_{n1}	y_{n2}	y_{n3}	$\cdots$	y_{nn-1}	y_{nn}

위의 표 III-1-2에서는 시간 step이 $j+1$일 때, 그 때 $y_{n,\,j+1}$값이 이전 시간에서의 $y_{1,j}$, $y_{2,j}$, $\cdots$, $y_{n-1,j}$, $y_{n,j}$ 값들로부터 결정되며, $y_{1,j+1}$, $y_{2,j+1}$, $\cdots$, $y_{n-1,j+1}$ 값들은 이전 시간 step의 $y_{1,j}$, $y_{2,j}$, $\cdots$, $y_{n-1,j}$, $y_{n,j}$ 값들로부터 화살표와 같이 계산된다는 것을 보여주며, n개의 초기조건 y_{10}, y_{20}, $\cdots$, y_{n0}이 주어질 경우 최종시간 t_n에서의 $y_1(t_n)$, $y_n(t_n)$, $\cdots$, $y_n(t_n)$값들이 계산됨을 보여준다. (12)식으로 주어지는 n계 상미분방정식의 최종 목표는 독립변수 t변화에 따른 종속변수 $y_1(t)$의 값을 구하는 것이므로, 표 III-1-2에서 보여주듯이 시간 구간 $t_0 \le t \le t_n$에서의 $y_1(t)$값, 즉 y_{11}, y_{12}, $\cdots$, y_{1n} 들이 계산됨을 알 수 있다.

1.2.4 Euler 방법의 수치오차

(3)식과 같이 주어지는 1계 상미분방정식의 초기치 문제를 1.2.1절에서 소개한 Euler 수치해법에 의해 시간 구간 $t_0 \le t \le t_n$에서 풀 때, 임의시간 $t=t_j$에서 Euler 방법으로 계산한 값을 $y(t_j)=y_j$이라 하고 그 때의 완전해를 $Y(t_j)=Y_j$라 하면, 아래 그림과 같이 Euler 방법으로 구해진 해는 시간이 커짐에 따라 완전해 와의 간격이 벌어지게 된다.

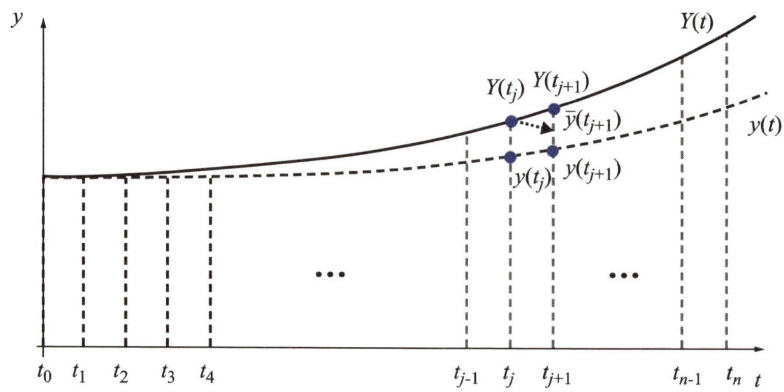

그림 III-1-7 Euler 방법의 수치오차 개략도

위 그림에서 보이는 임의시간 $t=t_{j+1}$에서 $Y(t_{j+1})$와 $y(t_{j+1})$의 차이는 Euler 방법으로 해를 구할 때 완전해와의 오차를 보여주며, 이러한 오차를 정량적으로 구해내기 위해 다음과 같은 약간의 수식 유도가 필요하다.

1계 상미분방정식의 초기치 문제는 아래 식과 같이 표현되며

$$\frac{dy}{dt}=f(y,t) \tag{15}$$

$$y(0)=y_0$$

이러한 미분방정식을 Euler 방법으로 풀 경우, 임의시간 t_j에서의 전방차분식은 다음 식과 같이 주어진다.

$$y_{j+1}=y_j+\Delta t f(y_j,t_j) \tag{16}$$

(16)식에서 y_{j+1}는 임의시간 $t=t_{j+1}$에서의 Euler 방법에 의한 해를 말하며, 시간 $t=t_j$에서 오일러 방법으로 구해진 y_j 값을 기준으로 해서 계산된다.

한편, 시간 $t=t_j$에서 y_j값에 Y_j, 즉 완전해 값을 대입하여 (16)식을 적용하면, Euler 방법을 통

한 시간 $t=t_{j+1}$ 에서의 해가 구해지게 되는데, 그림 III-1-7에서 $\tilde{y}_{j+1}$ 로 나타나며 다음 식과 같이 주어진다.

$$\tilde{y}_{j+1} = Y_j + \Delta t \cdot f(Y_j, t_j) \tag{17}$$

(17)식으로 나타나는 $\tilde{y}_{j+1}$ 은 그림 III-1-7에서 보듯이 Euler 방법으로 구해진 y_{j+1} 과 차이를 나타내고 있으며, 완전해인 Y_{j+1} 과도 다르다는 것을 알 수 있다.

한편 테일러급수(Taylor series)를 이용하여 임의시간 $t=t_{j+1}$ 에서의 완전해 Y_{j+1} 은 다음 식과 같이 구해진다.

$$Y_{j+1} = Y_j + \Delta t \left.\frac{dY}{dt}\right|_{t_j} + \frac{(\Delta t)^2}{2!}\left.\frac{d^2Y}{dt^2}\right|_{t_j} + \frac{(\Delta t)^3}{3!}\left.\frac{d^3Y}{dt^3}\right|_{t_j} + \cdots \tag{18}$$

(18)식의 $\left.\frac{dY}{dt}\right|_{t_j}$, $\left.\frac{d^2Y}{dt^2}\right|_{t_j}$ $\cdots$ 는 (15)식으로 나타나는 본래의 1계 상미분방정식으로부터 다음과 같은 식으로 쓸 수 있다.

$$\left.\frac{dY}{dt}\right|_{t_j} = f(Y_j, t_j) \tag{19}$$

$$\left.\frac{d^2Y}{dt^2}\right|_{t_j} = f'(Y_j, t_j)$$

$$\vdots$$

$$\left.\frac{d^nY}{dt^n}\right|_{t_j} = f^{(n-1)}(Y_j, t_j)$$

(19)식을 (18)식에 대입 정리하면 (18)식은 다음과 같이 다시 쓰인다.

$$Y_{j+1} = Y_j + \Delta t f(Y_j, t_j) + \frac{(\Delta t)^2}{2!} f'(Y_j, t_j) + \frac{(\Delta t)^3}{3!} f''(Y_j, t_j) + \cdots \tag{20}$$

(17)식에서 (20)식을 좌변과 우변에서 각각 빼주면 그림 III-1-7에서 시간 $t=t_{j+1}$ 에서의 $\tilde{y}_{j+1} - Y_{j+1}$ 을 수식으로 표현하게 되는데 다음 식과 같이 주어진다.

$$\tilde{y}_{j+1}-Y_{j+1}=-\frac{(\Delta t)^2}{2!}f'(Y_j,t_j)-\frac{(\Delta t)^3}{3!}f''(Y_j,t_j)+\cdots \tag{21}$$

$$=-\frac{(\Delta t)^2}{2!}f'(Y_j,t_j)+\sigma(\Delta t)^3$$

$$=E_{j+1}$$

$$\approx\sigma(\Delta t)^2$$

그림 III-1-7에서 보이는 $\tilde{y}_{j+1}-Y_{j+1}$는 $t=t_j$에서의 완전해 Y_j를 기준으로 한 Euler 방법으로 해를 구할 때의 한 스텝 계산오차(One Step Error)를 의미하며 (21)식에서 이러한 한 스텝 계산오차(One Step Error) E_{j+1}의 크기는 $\sigma(\Delta t)^2$ 정도임을 보여준다.

또한, 그림 III-1-7에서 $y_{j+1}-Y_{j+1}$는 Euler 방법으로 해를 구할 때 $t=t_0$에서 $t=t_{j+1}$까지 Euler 방법으로 해를 구할 때 누적된 오차를 의미하며, 이를 수식으로 나타내면 (16)식에서 (20)식을 뺀 것과 같다.

$$y_{j+1}-Y_{j+1}=y_j-Y_j+\Delta t[f(y_j,t_j)-f(Y_j,t_j)]-\frac{(\Delta t)^2}{2!}f'(Y_j,t_j)-\frac{(\Delta t)^3}{3!}f''(Y_j,t_j)-\cdots$$

$$=y_j-Y_j+\Delta t[f(y_j,t_j)-f(Y_j,t_j)]-\frac{(\Delta t)^2}{2!}f'(Y_j,t_j)+\delta(\Delta t)^3$$

$$=y_j-Y_j+\Delta t[f(y_j,t_j)-f(Y_j,t_j)]+E_{j+1} \tag{22}$$

(22)식에서 $y_{j+1}-Y_{j+1}$과 y_j-Y_j를 각각 ϵ_{j+1}, ϵ_j라고 하면 (22)식은 다시 다음과 같이 쓰인다.

$$\varepsilon_{j+1}=\varepsilon_j+\Delta t[f(y_j,t_j)-f(Y_j,t_j)]+E_{j+1} \tag{23}$$

한편 중간값 정리로부터 수학적으로 다음과 같은 식이 만족되므로

$$\frac{f(y_j,t_j)-f(Y_j,t_j)}{y_j-Y_j}\cong\frac{\partial f}{\partial y}(\xi_j,t_j)=p_j \tag{24}$$

(24)식을 (23)식에 대입정리하면 (23)식은 다음과 같이 다시 쓰인다.

$$\varepsilon_{j+1}=\varepsilon_j+\Delta t\varepsilon_j p_j+E_{j+1} \tag{25}$$

또한 (24)식에서 p_j는 $t=t_j$일 때의 미분값을 나타내는데 전체 시간구간 $t_0 \le t \le t_n$에서 일정한 값을 갖는다고 가정하면 $p_j \approx p$라고 쓸 수 있고, (23)식의 E_{j+1} 역시 전체 시간구간에서 일정한 값을 갖는다고 하면 전체 시간구간 $t_0 \le t \le t_n$에서 $E_{j+1} \approx E$로 쓸 수 있다. 결과적으로 (25)식은 다시 다음과 같이 기술된다.

$$
\begin{aligned}
\varepsilon_{j+1} &= \varepsilon_j + \Delta t \varepsilon_j p + E \\
&= \varepsilon_j (1+\Delta t p) + E
\end{aligned}
\tag{26}
$$

(26)식을 $j=0,\ 1,\ 2,\ \cdots\ ,\ n-1$에 대하여 적용하면 다음과 같은 전개식을 얻는다.

$$
\begin{aligned}
j=0: \quad & \varepsilon_1 = \varepsilon_0 (1+\Delta t p) + E \quad (\because \varepsilon_0 = y_0 - Y_0 = 0) \\
& \quad = E \\
j=1: \quad & \varepsilon_2 = \varepsilon_1 (1+\Delta t p) + E \\
& \quad = E(1+\Delta t p) + E \\
& \quad = 2E + E\Delta t p \\
& \quad = 2E + \sigma(\Delta t)^1 \\
j=2: \quad & \varepsilon_3 = \varepsilon_2 (1+\Delta t p) + E \\
& \quad = (2E + E\Delta t p)(1+\Delta t p) + E \\
& \quad = 3E + 2E\Delta t p + E\Delta t p + E(\Delta t)^2 p \\
& \quad = 3E + 3E\Delta t p + E(\Delta t)^2 p \\
& \quad = 3E(1+\Delta t p) + E(\Delta t)^2 p \quad (\because \Delta t \ll 1) \\
& \quad = 3E + \sigma(\Delta t)^2 \\
j=3: \quad & \varepsilon_4 = 4E + \sigma(\Delta t)^3 \\
& \quad \vdots \\
j=j: \quad & \varepsilon_{j+1} = (j+1)E + \sigma(\Delta t)^j
\end{aligned}
\tag{27}
$$

그런데 앞서 (21)식에서 $E_{j+1} \approx E \ \approx \sigma(\Delta t)^2$이고 $t_{j+1} = (j+1)\Delta t$이므로, (27)식에서 j번째 항은 다음과 같이 쓰인다.

$$\begin{aligned}\varepsilon_{j+1} &= (j+1)E+\sigma(\Delta t)^j \\ &= \frac{t_{j+1}}{\Delta t}E+\sigma(\Delta t)^j \\ &= \frac{t_{j+1}}{\Delta t}\sigma(\Delta t)^2+\sigma(\Delta t)^j \\ &= t_{j+1}\sigma(\Delta t)+\sigma(\Delta t)^j \\ &\approx \sigma(\Delta t)\end{aligned} \tag{28}$$

(28)식으로부터 $t=0$에서 $t=t_{j+1}$까지 Euler 방법으로 계산했을 때 총 오차(Total Error) $y_{j+1}-Y_{j+1}=\epsilon_{j+1}$는 $t_{j+1}\sigma(\Delta t)+\sigma(\Delta t)^j$로 나타나며 대략 $\sim\sigma(\Delta t)$ 크기를 갖는다는 것을 알 수 있다. 이러한 결과는 모든 상미분방정식의 계산에서 주어진 구간을 격자구성 한 계산스텝 Δt의 크기만큼 완전해와 Euler 방법으로의 계산간의 차가 발생한다는 의미가 아니고, 대략 Euler 방법을 통한 해와 완전해와의 차이가 대략 $\sim\sigma(\Delta t)$ 크기 정도로 오차한도 산정된다는 것을 의미하며, 뒤에 Runge-Kutta 방법을 통한 상미분방정식의 해의 산출 시 완전해와의 차이가 $\sim\sigma(\Delta t)^2$, $\sim\sigma(\Delta t)^4$ ⋯ 와 같다는 것과 대비된다. 자세한 내용은 R. W. Hornbeck [1]의 책을 참고하기 바란다.

예제 III-1-5

다음 2계 제차 상미분방정식(second-order homogeneous ordinary differential equation)의 초기치 문제를 시간구간 $(0\le t\le 2)$에서 Euler 방법으로 풀이한 해와 완전해와의 차이를 구하고 그 크기에 대해서 설명하시오.

$$\frac{d^2y(t)}{dt^2}+2\frac{dy(t)}{dt}-3y(t)=0,\ y(0)=1,\ \frac{dy(0)}{dt}=0$$

해설 위 상미분방정식의 완전해는 $y_{exact}(t)=\frac{3}{4}e^t+\frac{1}{4}e^{-3t}$로 주어지며, Euler 방법에 의한 해와 $(0\le t\le 2)$ 범위에서 비교해 보자. 먼저 완전해를 가지고 주어진 $t=2$에서 해를 구하면 $y_{exact}(2.0)=5.542412$로 주어진다. 이제 앞서 다룬 2계 상미분방정식의 Euler 방법으로 해를 구하여 보자. 본문 (8), (9)식과 같이 주어진 2계 상미분방정식을 유한차분식으로 바꾸면

$$\begin{aligned}\frac{y_{j+1}-y_i}{\Delta t} &= z_j=f_1(y_j,z_j,t_j) \\ \frac{z_{j+1}-z_j}{\Delta t} &= -2z_j+3y_j=f_2(y_j,z_j,t_j)\end{aligned} \tag{①}$$

①식과 같이 되고 ①식은 다시

$$y_{j+1} = y_j + \Delta t z_j = y_j + \Delta t f_1(y_j, z_j, t_j) \qquad ②$$
$$z_{j+1} = z_j + \Delta t(-2z_j + 3y_j) = z_j + \Delta t f_2(y_j, z_j, t_j)$$

와 같이 된다. 이러한 차분식을 가지고 $\Delta t = 0.2$, 0.1, 0.01로 하여 $(0 \le t \le 2)$ 구간에서 적용하여 해를 구하고 앞서 언급한 완전해 $y_{exact}(2.0) = 5.542412$와 비교해 보자.

$$y_1 = y_0 + \Delta t z_0 = 1.0 + 0.2 \times 0 = 1.0 \qquad ③$$
$$z_1 = z_0 + \Delta t(-2z_0 + 3y_0) = 0 + 0.2 \times (-2 \times 0 + 3 \times 1) = 0.6$$
$$y_2 = y_1 + \Delta t z_1 = 1.0 + 0.2 \times 0.6 = 1.12$$
$$z_2 = z_1 + \Delta t(-2z_1 + 3y_1) = 0.6 + 0.2 \times (-2 \times 0.6 + 3 \times 1) = 0.96$$

$\vdots$

$\vdots$

$$y_{10} = y_9 + \Delta t z_9 = 3.869901 + 0.2 \times 3.869639 = 4.643829$$
$$z_{10} = z_9 + \Delta t(-2z_9 + 3y_9) = 3.869639 + 0.2 \times (-2 \times 3.869639 + 3 \times 3.869901) = 4.643724$$

위 ③의 결과를 보면, $\Delta t = 0.2$일 때 $y_{10} = y(2.0) = 4.643829$로 계산되며 $t = 2$에서의 완전해 $y_{exact}(2.0) = 5.542412$와 상당한 차이를 보인다. 즉, Euler 방법으로의 계산값과 완전해와의 차이가 $Error = y_{exact}(2.0) - y_{10} = 0.898583$이 되고 이러한 에러값은 $\sim \sigma(\Delta t = 0.2)$와 같음을 알 수 있다. 이번에는 $\Delta t = 0.1$일 때 에러값이 얼마인지를 살펴보자.

$$y_1 = y_0 + \Delta t z_0 = 1.0 + 0.1 \times 0 = 1.0 \qquad ④$$
$$z_1 = z_0 + \Delta t(-2z_0 + 3y_0) = 0 + 0.1 \times (-2 \times 0 + 3 \times 1) = 0.3$$
$$y_2 = y_1 + \Delta t z_1 = 1.0 + 0.1 \times 0.3 = 1.03$$
$$z_2 = z_1 + \Delta t(-2z_1 + 3y_1) = 0.3 + 0.1 \times (-2 \times 0.3 + 3 \times 1) = 0.54$$

$\vdots$

$\vdots$

$$y_{20} = y_{19} + \Delta t z_{19} = 4.587217 + 0.1 \times 4.586077 = 5.045824$$
$$z_{20} = z_{19} + \Delta t(-2z_{19} + 3y_{19}) = 4.586077 + 0.1 \times (-2 \times 4.586077 + 3 \times 4.587217) = 5.045027$$

위 ④의 결과는 $\Delta t = 0.1$로 했을 때 구간이 20개이고 마지막 $y(2.0)$ 값이 $y_{20} = y(2.0) = 5.045824$로 계산되며 $t = 2$에서의 완전해 $y_{exact}(2.0) = 5.542412$에 $\Delta t = 0.2$일 때보다 근접하게 되는 것을 알 수 있다. 즉, Euler 방법으로의 계산값과 완전해와의 차이가 $Error = y_{exact}(2.0) - y_{20} = 0.496588$이 되고 이러한 에러값은 $\sim \sigma(\Delta t = 0.1)$와 같음을 알 수 있다. 이번에는 $\Delta t = 0.01$일 때 에러값이 얼마인지를 살펴보도록 하자.

$$y_1 = y_0 + \Delta t z_0 = 1.0 + 0.01 \times 0 = 1.0 \qquad ⑤$$
$$z_1 = z_0 + \Delta t(-2z_0 + 3y_0) = 0 + 0.01 \times (-2 \times 0 + 3 \times 1) = 0.03$$
$$y_2 = y_1 + \Delta t z_1 = 1.0 + 0.01 \times 0.03 = 1.0003$$
$$z_2 = z_1 + \Delta t(-2z_1 + 3y_1) = 0.03 + 0.01 \times (-2 \times 0.03 + 3 \times 1) = 0.0594$$

$\vdots$

$\vdots$

$$y_{200} = y_{199} + \Delta t z_{199} = 5.433269 + 0.01 \times 5.430938 = 5.487579$$

$$z_{200} = z_{199} + \Delta t(-2z_{199} + 3y_{199}) = 5.430938 + 0.01 \times (-2 \times 5.430938 + 3 \times 5.433269)$$
$$= 5.485317$$

위 ⑤의 결과는 $\Delta t = 0.01$로 했을 때 구간이 200개이고 마지막 $y(2.0)$ 값이 $y_{200} = y(2.0) = 5.487579$로 계산되며 $t = 2$에서의 완전해 $y_{exact}(2.0) = 5.542412$에 거의 근접하게 된다. Euler 방법으로의 계산값과 완전해와의 차이가 $Error = y_{exact}(2.0) - y_{200} = 0.054833$이 되고 이러한 에러값은 $\sim \sigma(\Delta t = 0.01)$와 같음을 알 수 있다. 이렇듯이 Euler 방법으로 상미분방정식의 해를 구할 때 주어진 시간구간을 더욱 많은 패널로 나누면 나눌수록 더욱 완전해에 가까워지고 완전해와의 차이는 $\sim \sigma(\Delta t)$임을 알 수 있다.

C 프로그래밍 연습 [III-1-5]

(예제 III-1-5)에서 다룬 다음 2계 제차 상미분방정식(second-order homogeneous ordinary differential equation)을 Euler 방법으로 풀이하는 C 프로그램을 작성하고 $\Delta t = 0.2,\ 0.1,\ 0.01$로 할 때 각각에 대하여 $y(2)$에서의 함수값을 계산하고 완전해 $y_{exact}(2)$와의 차이값$[Error = y_{exact}(2) - y(2)]$이 Δt 크기의 변화에 따라 어떻게 변화하는지 검토하시오.

$$\frac{d^2y(t)}{dt^2} + 2\frac{dy(t)}{dt} - 3y(t) = 0,\ y(0) = 1,\ \frac{dy(0)}{dt} = 0$$

앞서 (예제 III-1-5)에서 살펴본 바와 같이 위 상미분방정식의 완전해는 $y_{exact}(t) = \frac{3}{4}e^{t} + \frac{1}{4}e^{-3t}$로 주어지며, Euler 방법에 의한 해를 C 프로그래밍을 통하여 $(0 \le t \le 2)$ 범위에서 구하고 $t = 2$에서의 완전해 $y_{exact}(2.0) = 5.542412$와의 차이$[Error = y_{exact}(2) - y(2)]$를 구하여 비교해 보자. 먼저 $\Delta t = 0.2$로 하여 Euler 방법에 의하여 해를 구하고 $Error = y_{exact}(2) - y(2)$를 계산해 보자.

```
#include <stdio.h>
#include <math.h>


double z[1000],y[1000];

main ()
{

FILE *out1;
out1=fopen("Error of ODE_high-order (Euler method)_III-1-5.dat","w");

int i,n;
double t,t0,tn,delt;

n=10;            /* number of time step  */
```

```
17
18    t0=0.0;
19    tn=2.0;
20    delt=(tn-t0)/float(n);
21
22    y[0]=1.0;
23    z[0]=0.0;
24
25
26    for(i=0;i<=n;i++)
27    {
28    t=t0+delt*float(i);
29    z[i+1]=z[i]+delt*(-2.0*z[i]+3.0*y[i]);     /* function2: -2z+3y */
30    y[i+1]=y[i]+delt*(z[i]);                    /* function1:  z      */
31
32    }
33
34
35    for(i=0;i<=n;i++)
36    {
37    fprintf(out1,"y[%f] = %f \n", i*delt, y[i]);
38    }
39
40      fprintf(out1," \n");
41
42      fprintf(out1,"Error = %f \n", 5.542412-y[n]); /* y_exact=5.542412  */
43
44      fprintf(out1," \n\n");
45
46    for(i=0;i<=n;i++)
47    {
48    fprintf(out1,"z[%f] = %f \n", i*delt, z[i]);
49    }
50
51
52    fclose(out1);
53    }
```

위 프로그램에서 line 16에서는 n=10으로 하여 주어진 시간구간 $(0 \le t \le 2)$을 10등분하여 $\Delta t = 0.2$로 하였고, 앞서 2계 제차 상미분방정식의 해를 구하였던 것과 같이 line 26~32에서 주어진 미분방정식으로부터 얻어진 function1과 function2를 나타내었고, line 42에서는 $t=2$에서의 Euler 방법을 통한 계산값과 완전해 $y_{exact}(2) = 5.542412$와의 차이$[Error = y_{exact}(2) - y(2)]$를 구하여 line 10에서의 출력파일 "Error of ODE high-order (Euler method)_III-1-5.dat"에 출력하도록 하고 있다.

```
y[0.000000] = 1.000000
y[0.200000] = 1.000000
y[0.400000] = 1.120000
y[0.600000] = 1.312000
y[0.800000] = 1.561600
y[1.000000] = 1.868800
y[1.200000] = 2.240512
y[1.400000] = 2.687795
y[1.600000] = 3.225027
y[1.800000] = 3.869901
y[2.000000] = 4.643829

Error = 0.898583

z[0.000000] = 0.000000
z[0.200000] = 0.600000
z[0.400000] = 0.960000
z[0.600000] = 1.248000
z[0.800000] = 1.536000
z[1.000000] = 1.858560
z[1.200000] = 2.236416
z[1.400000] = 2.686157
z[1.600000] = 3.224371
z[1.800000] = 3.869639
z[2.000000] = 4.643724
```

위 결과는 출력파일 "Error of ODE high-order (Euler method)_III-1-5.dat"에 출력된 결과이며, 중간부분을 보면 $Error = y_{exact}(2) - y(2) = 0.898583$으로 $\Delta t = 0.2$로 Euler 방법에 의해 계산했을 때 완전해와의 차이값을 나타내고 있다. 그 크기를 보면 대략 $\sim \sigma(\Delta t = 0.2)$와 같은 크기한도를 갖는 것을 확인할 수 있다. 다음으로 $\Delta t = 0.1$일 때 오차크기한도가 얼마나 되는지를 살펴보자. 위 프로그램에서 line 16에서 n=20으로 하면 $\Delta t = 0.1$이 되므로 n=20으로 바꾸고 프로그램을 실행하면 다음과 같은 결과를 얻는다.

```
y[0.000000] = 1.000000
y[0.100000] = 1.000000
y[0.200000] = 1.030000
y[0.300000] = 1.084000
y[0.400000] = 1.158100
y[0.500000] = 1.249900
y[0.600000] = 1.358083
y[0.700000] = 1.482126
y[0.800000] = 1.622104
y[0.900000] = 1.778549
y[1.000000] = 1.952369
y[1.100000] = 2.144781
```

```
y[1.200000] = 2.357282
y[1.300000] = 2.591626
y[1.400000] = 2.849819
y[1.500000] = 3.134123
y[1.600000] = 3.447061
y[1.700000] = 3.791434
y[1.800000] = 4.170345
y[1.900000] = 4.587217
y[2.000000] = 5.045824

Error = 0.496588

z[0.000000] = 0.000000
z[0.100000] = 0.300000
z[0.200000] = 0.540000
z[0.300000] = 0.741000
z[0.400000] = 0.918000
z[0.500000] = 1.081830
z[0.600000] = 1.240434
z[0.700000] = 1.399772
z[0.800000] = 1.564456
z[0.900000] = 1.738196
z[1.000000] = 1.924121
z[1.100000] = 2.125008
z[1.200000] = 2.343440
z[1.300000] = 2.581937
z[1.400000] = 2.843037
z[1.500000] = 3.129375
z[1.600000] = 3.443737
z[1.700000] = 3.789108
z[1.800000] = 4.168717
z[1.900000] = 4.586077
z[2.000000] = 5.045027
```

위 결과에서 중간부분을 보면 $Error = y_{exact}(2) - y(2) = 0.496588$로 $\Delta t = 0.1$로 Euler 방법에 의해 계산했을 때 완전해와의 차이값을 나타내고 있다. 그 크기를 보면 대략 소수점 첫째자리인 $\sim \sigma(\Delta t = 0.1)$와 같은 크기한도를 갖는 것을 확인할 수 있다. 다음으로 $\Delta t = 0.01$일 때를 살펴보자. 위 프로그램에서 line 16에서 n=200으로 하면 $\Delta t = 0.01$이 되므로 n=200으로 바꾸고 프로그램을 실행하면 결과는 다음과 같다.

```
y[0.000000] = 1.000000
y[0.010000] = 1.000000
y[0.020000] = 1.000300
y[0.030000] = 1.000894
y[0.040000] = 1.001776
```

```
y[0.050000] = 1.002941
y[0.060000] = 1.004383
y[0.070000] = 1.006097
y[0.080000] = 1.008078
y[0.090000] = 1.010322
y[0.100000] = 1.012823
  ⋮
Error = 0.054833
  ⋮
y[1.910000] = 5.017738
y[1.920000] = 5.067886
y[1.930000] = 5.118536
y[1.940000] = 5.169693
y[1.950000] = 5.221363
y[1.960000] = 5.273551
y[1.970000] = 5.326261
y[1.980000] = 5.379498
y[1.990000] = 5.433269
y[2.000000] = 5.487579
```

위 결과를 보면 $Error = y_{exact}(2) - y(2) = 0.054833$으로 $\Delta t = 0.01$로 Euler 방법에 의해 계산했을 때 완전해와의 차이값을 나타내고 있다. 그 크기를 보면 대략 소수점 둘째자리인 $\sim\sigma(\Delta t = 0.01)$와 같은 크기한도를 갖는 것을 확인할 수 있다. 즉, 앞서 본문에서 유도한 바와 같이 Euler 방법으로 상미분방정식의 해를 구할 때 주어진 독립변수의 구간에서 계산스텝(Δt)을 얼마나 했는지에 따라 오차의 크기가 $\sim\sigma(\Delta t)$와 같이 된다는 것을 알 수 있다.

1.2.5 Runge - Kutta 방법

앞 절에서 1계 상미분방정식의 초기치 문제를 수치적으로 풀이하는 방법으로 Euler 방법을 다루었다. 단순한 방법이지만 정확도가 $\sim\sigma(\Delta t)$ 정도로 비교적 낮게 나타나는 것을 확인하였다. 본 절에서는 1계 상미분방정식 초기치 문제 풀이의 정확도를 높이는 방법으로 널리 알려진 Runge-Kutta 해법을 살펴보고자 한다. Runge-Kutta 방법은 테일러급수(Taylor series) 방법을 수정한 것으로 고차 도함수를 직접 계산하지 않으면서 근사화 시키는 것으로 절단 오차를 줄이는 방법으로 1900년 경 독일의 수학자 C. Runge와 M.W. Kutta에 의해 고안된 방법이다. 현재도 이 방법은 상미분방정식의 초기치 문제를 풀이하는데 널리 사용된다.

본 절에서는 자세한 유도과정은 생략하고 $\sim\sigma(\Delta t)^2$와 $\sim\sigma(\Delta t)^4$의 오차한도, 즉 정확도를 각각 갖는 2차 정확도 Runge-Kutta 방법과 4차 정확도를 갖는 Runge-Kutta 방법을 살펴보고자 한다.

1.2.5.1 2차 정확도 Runge-Kutta 방법

앞절 (3)식에서 언급된 다음과 같은 1계 상미분방정식의 초기치 문제를 생각해 보자.

$$\frac{dy}{dt} = f(y,t) \tag{3}$$

$$y(0) = y_0$$

(3)식을 수치적으로 풀기위해, 앞 절 (5)식에서 $t = t_j$ 에서의 값들을 기준으로 하여 다음과 같은 전방차분식으로 표현되는 Euler 방법을 살펴보았다.

$$y_{j+1} = y_j + \Delta t f(y_j, t_j) \tag{5}$$

이러한 Euler 방법은 다음 그림에서 보여주는 것처럼 초기조건 값, 즉 $t = 0$일 때 $y(0) = y_0$인 값을 이용하여 Δt 간격으로 증가되는 시간 t에 대하여 $y(t)$ 값을 (5)식으로 구해내는 것이었다. (3)식과 같은 1계 상미분방정식의 초기치 문제를 (5)식과 같은 전방차분식으로 풀이하는 방법이 Euler 방법인데 비하여 2차 정확도 Runge-Kutta 방법은 다음과 같은 식으로 표현된다.

$$y_{j+1} = y_j + \Delta t f\left(y_{j+1/2}, t_{j+1/2}\right) \tag{29}$$

(29)식에서 $y_{j+1/2}$은 그림 III-1-8에서 $t = t_j + \frac{\Delta t}{2}$인 시간에서의 y값을 의미하여, $t_{j+1/2}$는 $t = t_j + \frac{\Delta t}{2}$을 의미한다.

여기서 $y_{j+1/2}$값은 $t = t_j$에서의 y_j를 기준으로 $t = t_j + \frac{\Delta t}{2}$에서의 y값은 Euler 방법으로 구한 것으로 다음 식과 같다.

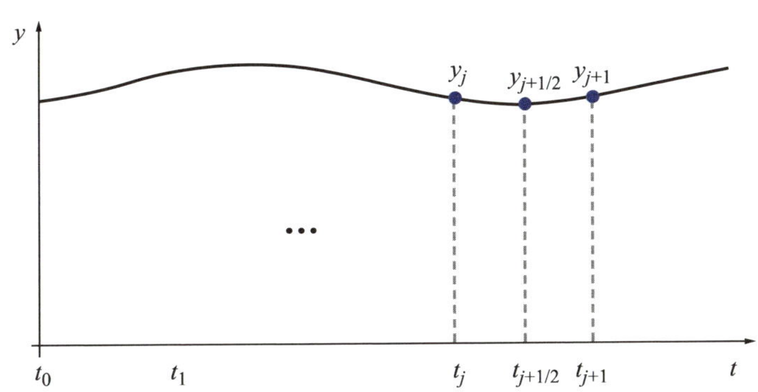

그림 III-1-8 2차 정확도 런지쿠타 방법 이해를 위한 개략도

$$y_{j+1/2} = y_j + \frac{\Delta t}{2} f(y_j, t_j) \tag{30}$$

2차 정확도 Runge-Kutta 방법은 (30)식으로 표현되는 $y_{j+1/2}$ 값과 $t = t_j + \dfrac{\Delta t}{2}$인 $t_{j+1/2}$을 함수 $f(y, t)$에 대입하여 값을 구하고 이를 (6)식에 적용하여 y_{j+1}값을 찾는 것이다. 앞서 언급했듯이 Runge-Kutta 방법은 이론적으로는 테일러급수의 고차 도함수 항을 간략히 하는 수학적 접근으로 유도되는데 사용방법은 (29), (30)식과 같이 비교적 단순하며 $\sigma(\Delta t)^2$ 정확도를 갖는다.17)

예제 III-1-6

다음 1계 제차 상미분방정식의 초기치 문제를 2차 정확도를 갖는 Runge-Kutta 방법으로 풀이하시오.

$$\frac{dy(t)}{dt} + 2y = 0,\ y(0) = 1$$

해설 위 상미분방정식의 완전해는 $y_{exact}(t) = e^{-2t}$로 주어지며, Euler 방법에 의한 해와 $(0 \le t \le 1)$ 범위에서 비교해 보자. 먼저 완전해를 가지고 주어진 $t = 1$에서 해를 구하면 $y_{exact}(1.0) = 0.135335$로 주어진다. 이제 주어진 1계 상미분방정식을 2차 정확도 Runge-Kutta 방법으로 풀이하여 보자. 먼저 본문 (29), (30)식과 같이 유한차분식으로 바꾸면

$$y_{j+1} = y_j + \Delta t f(y_{j+1/2}, t_{j+1/2}) = y_j + \Delta t[-2y_{j+1/2}] \quad ①$$

$$y_{j+1/2} = y_j + \frac{\Delta t}{2} f(y_j, t_j) = y_j + \frac{\Delta t}{2}[-2y_j]$$

①식과 같이 되며, $\Delta t = 0.2$로 하여 $y(1.0)$에서의 값을 구하면 다음과 같이 계산된다.

$$y_1 = y_0 + \Delta t[-2y_{1/2}] = 1 + 0.2[-2 \times 0.8] = 0.68 \quad ②$$

$$y_{1/2} = y_j + \frac{\Delta t}{2}[-2y_0] = 1 + \frac{0.2}{2}[-2 \times 1] = 0.8$$

$$y_2 = y_1 + \Delta t[-2y_{1+1/2}] = 0.68 + 0.2[-2 \times 0.544] = 0.4624$$

$$y_{1+1/2} = y_1 + \frac{\Delta t}{2}[-2y_1] = 0.68 + \frac{0.2}{2}[-2 \times 0.68] = 0.544$$

$$\vdots$$

$$y_5 = y_4 + \Delta t[-2y_{4+1/2}] = 0.213814 + 0.2[-2 \times 0.171051] = 0.145393$$

$$y_{4+1/2} = y_4 + \frac{\Delta t}{2}[-2y_4] = 0.213814 + \frac{0.2}{2}[-2 \times 0.213814] = 0.171051$$

$y(1.0) = 0.145393$이 된다. 이 값은 위의 완전해 $y_{exact}(1) = 0.135335$와 비교할 때 약간 크게 나타남을 보인다. 앞서 Euler 방법으로 계산할 때를 상기하면 $\Delta t = 0.2$일 때 $y(1.0) = 0.07776$으로 계산되어 완전해에 크게 못 미치는 것이 확인되었다. 따라서, 2차 정확

17) 자세한 내용은 R. W. Hornbeck의 Numerical Methods[1]를 참고하기 바란다.

도를 갖는 Runge-Kutta 방법으로 계산이 Euler 방법보다 정확한 것을 볼 수 있다. 이번에는 $\Delta t = 0.1$로 하여 Runge-Kutta 방법으로 $y(1)$을 구해보자.

$$y_1 = y_0 + \Delta t[-2y_{1/2}] = 1 + 0.1[-2 \times 0.9] = 0.82 \quad ③$$

$$y_{1/2} = y_j + \frac{\Delta t}{2}[-2y_0] = 1 + \frac{0.1}{2}[-2 \times 1] = 0.9$$

$$y_2 = y_1 + \Delta t[-2y_{1+1/2}] = 0.68 + 0.2[-2 \times 0.544] = 0.4624$$

$$y_{1+1/2} = y_1 + \frac{\Delta t}{2}[-2y_1] = 0.82 + \frac{0.1}{2}[-2 \times 0.82] = 0.738$$

$$\vdots$$

$$y_{10} = y_9 + \Delta t[-2y_{9+1/2}] = 0.16762 + 0.1[-2 \times 0.150858] = 0.137448$$

$$y_{9+1/2} = y_9 + \frac{\Delta t}{2}[-2y_9] = 0.16762 + \frac{0.1}{2}[-2 \times 0.16762] = 0.150858$$

위 계산결과를 보면 $y_{10} = y(1) = 0.137448$로 되어 완전해 $y_{exact}(1) = 0.135335$에 가까워지는 것을 볼 수 있다.

다음은 2계 상미분방정식의 해를 2차 정확도를 갖는 Runge-Kutta 방법으로 구하고 완전해와의 차이에 관하여 생각해보자.

예제 III-1-7

다음 2계 제차 상미분방정식(second-order homogeneous ordinary differential equation)의 초기치 문제를 시간구간 $(0 \le t \le 2)$에서 2차 정확도 Runge-Kutta 방법으로 풀이한 해와 완전해와의 차이를 구하고 그 크기에 대해서 설명하시오.

$$\frac{d^2y(t)}{dt^2} + 2\frac{dy(t)}{dt} - 3y(t) = 0,\ y(0) = 1,\ \frac{dy(0)}{dt} = 0$$

해설 위 상미분방정식의 완전해는 $y_{exact}(t) = \frac{3}{4}e^t + \frac{1}{4}e^{-3t}$로 주어지며, Euler 방법에 의한 해와 $(0 \le t \le 2)$ 범위에서 비교해 보자. 먼저 완전해를 가지고 주어진 $t = 2$에서 해를 구하면 $y_{exact}(2.0) = 5.542412$로 주어진다. 앞서 다룬 2차 정확도를 갖는 Runge-Kutta 방법으로 해를 구하여 보자. 먼저 위 2계 상미분방정식을 $\frac{dy}{dt} = z$와 같은 치환을 통하여 2개의 1계 상미분방정식으로 수정한다. 즉, 위 2계 상미분방정식을 2개의 1계 상미분방정식으로 만들면 아래와 같다.

$$\frac{dy(t)}{dt} = z(t),\ y(0) = 1 \quad ①$$

$$\frac{dz(t)}{dt} + 2z(t) - 3y(t) = 0,\ z(0) = 0$$

2개의 1계 상미분방정식의 해를 구하기 위해 (29), (30)식을 이용하여 유한차분식으로 바꾸면

$$y_{j+1} = y_j + \Delta t f_1(z_{j+1/2}, t_{j+1/2}) = y_j + \Delta t[z_{j+1/2}] \qquad ②$$
$$z_{j+1} = z_j + \Delta t f_2(z_{j+1/2}, y_{j+1/2}, t_{j+1/2}) = y_j + \Delta t[-2z_{j+1/2} + 3y_{j+1/2}]$$
$$y_{j+1/2} = y_j + \frac{\Delta t}{2} f_1(z_j, t_j) = y_j + \frac{\Delta t}{2}[z_j]$$
$$z_{j+1/2} = z_j + \frac{\Delta t}{2} f_2(z_j, y_j, t_j) = y_j + \frac{\Delta t}{2}[-2z_j + 3y_j]$$

②식과 같이 된다. 이러한 차분식을 가지고 $\Delta t = 0.2,\ 0.1,\ 0.01$로 하여 $(0 \le t \le 2)$ 구간에서 적용하여 해를 구하고 앞서 언급한 완전해 $y_{exact}(2.0) = 5.542412$와 비교해 보자.

$$y_1 = y_0 + \Delta t f_1(z_{0+1/2}, t_{0+1/2}) = y_0 + \Delta t[z_{0+1/2}] = 1 + 0.2[0.3] = 1.06$$
$$z_1 = z_0 + \Delta t f_2(z_{0+1/2}, y_{0+1/2}, t_{0+1/2}) = z_0 + \Delta t[-2z_{0+1/2} + 3y_{0+1/2}] = 0 + 0.2[-2 \times 0.3 + 3 \times 1] = 0.48$$
$$y_{0+1/2} = y_0 + \frac{\Delta t}{2} f_1(z_0, t_0) = y_0 + \frac{\Delta t}{2}[z_0] = 1 + \frac{0.2}{2}[0] = 1$$
$$z_{0+1/2} = z_0 + \frac{\Delta t}{2} f_2(z_0, y_0, t_0) = z_0 + \frac{\Delta t}{2}[-2z_0 + 3y_0] = 0 + \frac{0.2}{2}[-2 \times 0 + 3 \times 1] = 0.3$$
$$y_2 = y_1 + \Delta t[z_{1+1/2}] = 1.06 + 0.2[0.702] = 1.2004$$
$$z_2 = z_1 + \Delta t[-2z_{1+1/2} + 3y_{1+1/2}] = 0.48 + 0.2[-2 \times 0.702 + 3 \times 1.108] = 0.864$$
$$y_{1+1/2} = y_1 + \frac{\Delta t}{2}[z_1] = 1.06 + \frac{0.2}{2}[0.48] = 1.108$$
$$z_{1+1/2} = z_1 + \frac{\Delta t}{2}[-2z_1 + 3y_1] = 0.48 + \frac{0.2}{2}[-2 \times 0.48 + 3 \times 1.06] = 0.702$$

⋮

⋮

$$y_{10} = y_9 + \Delta t[z_{9+1/2}] = 4.492409 + 0.2[4.935708] = 5.479551$$
$$z_{10} = z_9 + \Delta t[-2z_{9+1/2} + 3y_{9+1/2}] = 4.484981 + 0.2[-2 \times 4.935708 + 3 \times 4.940907] = 5.475243$$
$$y_{9+1/2} = y_9 + \frac{\Delta t}{2}[z_9] = 4.492409 + \frac{0.2}{2}[4.484981] = 4.940907$$
$$z_{9+1/2} = z_9 + \frac{\Delta t}{2}[-2z_9 + 3y_9] = 4.484981 + \frac{0.2}{2}[-2 \times 4.484981 + 3 \times 4.492409] = 4.935708$$

위 결과를 보면, $\Delta t = 0.2$일 때 $y_{10} = y(2) = 5.479551$로 계산되며 $t = 2$에서의 완전해 $y_{exact}(2.0) = 5.542412$와 상당히 근접한 결과를 보인다. 즉, Euler 방법으로의 계산값과 완전해와의 차이가 $Error = 0.898583$인 것에 비하여 $Error = y_{exact}(2) - y_{10} = 0.062861$ 밖에는 되지 않아 Runge-Kutta 방법으로의 계산이 Euler 방법에 비하여 매우 정확함을 알 수 있고, 이러한 에러값은 $\sim \sigma(\Delta t^2 = 0.2^2 = 0.04)$와 같음을 알 수 있다. 이번에는 $\Delta t = 0.1$일 때 에러값이 얼마인지를 살펴보자.

$$y_1 = y_0 + \Delta t f_1(z_{0+1/2}, t_{0+1/2}) = y_0 + \Delta t[z_{0+1/2}] = 1 + 0.1[0.15] = 1.015$$

$$z_1 = z_0 + \Delta t f_2(z_{0+1/2}, y_{0+1/2}, t_{0+1/2}) = z_0 + \Delta t[-2z_{0+1/2} + 3y_{0+1/2}] = 0 + 0.1[-2\times 0.15 + 3\times 1]$$
$$= 0.27$$

$$y_{0+1/2} = y_0 + \frac{\Delta t}{2} f_1(z_0, t_0) = y_0 + \frac{\Delta t}{2}[z_0] = 1 + \frac{0.1}{2}[0] = 1$$

$$z_{0+1/2} = z_0 + \frac{\Delta t}{2} f_2(z_0, y_0, t_0) = z_0 + \frac{\Delta t}{2}[-2z_0 + 3y_0] = 0 + \frac{0.1}{2}[-2\times 0 + 3\times 1] = 0.15$$

$$y_2 = y_1 + \Delta t[z_{1+1/2}] = 1.015 + 0.1[0.39525] = 1.054525$$

$$z_2 = z_1 + \Delta t[-2z_{1+1/2} + 3y_{1+1/2}] = 0.27 + 0.1[-2\times 0.39525 + 3\times 1.0285] = 0.4995$$

$$y_{1+1/2} = y_1 + \frac{\Delta t}{2}[z_1] = 1.015 + \frac{0.1}{2}[0.27] = 1.0285$$

$$z_{1+1/2} = z_1 + \frac{\Delta t}{2}[-2z_1 + 3y_1] = 0.27 + \frac{0.1}{2}[-2\times 0.27 + 3\times 1.015] = 0.39525$$

$\vdots$

$\vdots$

$$y_{20} = y_{19} + \Delta t[z_{19+1/2}] = 5.000638 + 0.1[5.247318] = 5.52537$$

$$z_{20} = z_{19} + \Delta t[-2z_{19+1/2} + 3y_{19+1/2}] = 4.996914 + 0.1[-2\times 5.247318 + 3\times 5.250484] = 5.522596$$

$$y_{19+1/2} = y_{19} + \frac{\Delta t}{2}[z_{19}] = 5.000638 + \frac{0.1}{2}[4.996914] = 5.250484$$

$$z_{19+1/2} = z_{19} + \frac{\Delta t}{2}[-2z_{19} + 3y_{19}] = 4.996914 + \frac{0.1}{2}[-2\times 4.996914 + 3\times 5.000638]$$
$$= 5.247318$$

위 결과는 $\Delta t = 0.1$로 했을 때 구간은 20개이고 마지막 $y(2)$ 값이 $y_{20} = y(2) = 5.52537$로 계산되며 $t = 2$에서의 완전해 $y_{exact}(2) = 5.542412$에 $\Delta t = 0.2$일 때보다 근접하게 되며, Euler 방법으로의 계산값과 완전해와의 차이가 $Error = y_{exact}(2) - y_{20} = 0.017042$가 되고 이러한 에러값은 $\sim \sigma(\Delta t^2 = 0.1^2 = 0.01)$와 같음을 알 수 있다. 이번에는 $\Delta t = 0.01$일 때 에러값이 얼마인지를 살펴보도록 하자.

$$y_1 = y_0 + \Delta t f_1(z_{0+1/2}, t_{0+1/2}) = y_0 + \Delta t[z_{0+1/2}] = 1 + 0.01[0.015] = 1.00015$$

$$z_1 = z_0 + \Delta t f_2(z_{0+1/2}, y_{0+1/2}, t_{0+1/2}) = z_0 + \Delta t[-2z_{0+1/2} + 3y_{0+1/2}] = 0 + 0.01[-2\times 0.015 + 3\times 1]$$
$$= 0.0297$$

$$y_{0+1/2} = y_0 + \frac{\Delta t}{2} f(z_0, t_0) = y_0 + \frac{\Delta t}{2}[z_0] = 1 + \frac{0.01}{2}[0] = 1$$

$$z_{0+1/2} = z_0 + \frac{\Delta t}{2} f(z_0, y_0, t_0) = z_0 + \frac{\Delta t}{2}[-2z_0 + 3y_0] = 0 + \frac{0.01}{2}[-2\times 0 + 3\times 1] = 0.015$$

$$y_2 = y_1 + \Delta t[z_{1+1/2}] = 1.00015 + 0.01[0.044405] = 1.000594$$

$$z_2 = z_1 + \Delta t[-2z_{1+1/2} + 3y_{1+1/2}] = 0.0297 + 0.01[-2\times 0.044405 + 3\times 1.000299] = 0.058821$$

$$y_{1+1/2} = y_1 + \frac{\Delta t}{2}[z_1] = 1.00015 + \frac{0.01}{2}[0.0297] = 1.000299$$

$$z_{1+1/2} = z_1 + \frac{\Delta t}{2}[-2z_1 + 3y_1] = 0.0297 + \frac{0.01}{2}[-2\times 0.0297 + 3\times 1.00015] = 0.044405$$

$\vdots$

$\vdots$

$$y_{20} = y_{19} + \Delta t[z_{19+1/2}] = 5.487109 + 0.1[5.512013] = 5.542229$$

$$z_{20} = z_{19} + \Delta t[-2z_{19+1/2} + 3y_{19+1/2}] = 5.484552 + 0.01[-2 \times 5.512013 + 3 \times 5.514532] = 5.539748$$

$$y_{19+1/2} = y_{19} + \frac{\Delta t}{2}[z_{19}] = 5.487109 + \frac{0.01}{2}[5.484552] = 5.514532$$

$$z_{19+1/2} = z_{19} + \frac{\Delta t}{2}[-2z_{19} + 3y_{19}] = 5.484552 + \frac{0.01}{2}[-2 \times 5.484552 + 3 \times 5.487109]$$
$$= 5.512013$$

위 결과는 $\Delta t = 0.01$로 했을 때로 계산구간이 200개이고 마지막 $y(2)$ 계산값이 $y_{200} = y(2) = 5.542229$로 계산되며 $t = 2$에서의 완전해 $y_{exact}(2.0) = 5.542412$에 거의 일치하게 되고, 에러값은 $Error = y_{exact}(2) - y_{200} = 0.000183$이 된다. 이러한 에러값은 2차 정확도를 갖는 Runge-Kutta 방법이 $\sim \sigma(\Delta t^2 = 0.01^2 = 0.0001)$인 것을 다시 한 번 확인하게 해준다.

C 프로그래밍 연습 [III-1-6]

(예제 III-1-6)에서 다룬 다음 1계 상미분방정식을 2차 정확도를 갖는 Runge-Kutta 방법으로 풀이하는 C 프로그램을 작성하고 $\Delta t = 0.2,\ 0.1,\ 0.01$로 할 때 각각에 대하여 $y(1)$에서의 함수값을 계산하고 완전해 $y_{exact}(1)$과의 차이값[$Error = y_{exact}(1) - y(1)$]이 Δt 값에 따라 어떻게 변화하는지 검토하고 Euler 방법으로 구한 해와 비교하시오.

$$\frac{dy(t)}{dt} + 2y = 0,\ y(0) = 1$$

위 상미분방정식의 완전해는 $y_{exact}(t) = e^{-2t}$로 주어지며, 2차 정확도를 갖는 Runge-Kutta 방법에 의한 해와 $(0 \le t \le 1)$ 범위에서 비교해 보자. 먼저 완전해를 가지고 주어진 $t = 1$에서 해를 구하면 $y_{exact}(1) = 0.135335$로 주어진다. 이제 주어진 1계 상미분방정식을 2차 정확도 Runge-Kutta 방법으로 풀이하는 C 프로그램을 작성해 보자.

```
#include <stdio.h>
#include <math.h>


double y[1000], y_semi[1000];

main ()
{

FILE *out1;
out1=fopen("solutions of ODE(Runge-Kutta method)_III-1-6.dat","w");

int i,n;
```

```
14  double t,t0,tn,delt;
15
16  n=5;            /* number of time step  */
17
18  t0=0.0;
19  tn=1.0;
20  delt=(tn-t0)/float(n);
21
22  y[0]=1.0;
23
24
25  for(i=0;i<=n;i++)
26  {
27  t=t0+delt*float(i);
28  y_semi[i]=y[i]+(delt/2.0)*(-2.0*y[i]);        /* ODE: dy/dt+2y=0  */
29  y[i+1]=y[i]+delt*(-2.0*y_semi[i]);
30
31  }
32
33
34  for(i=0;i<=n;i++)
35  {
36  fprintf(out1,"y[%f] = %f \n", i*delt, y[i]);
37  }
38
39      fprintf(out1, " \n\n");
40
41          for(i=0;i<=n-1;i++)
42  {
43  fprintf(out1,"y_semi[%f] = %f \n", i*delt+delt/2.0, y_semi[i]);
44  }
45
46  fclose(out1);
47  }
```

위 프로그램에서 line 16~20은 시간구간 $(0 \le t \le 1)$을 n=5로 5 등분하여 $\Delta t = \frac{1}{5} = 0.2$로 하여 계산하라는 의미이다. line 22에서는 위 상미분방정식의 초기값 $y(0)=1$을 나타내주며, line 25~31은 본문 중 Runge-Kutta 방법 알고리즘 (29), (30)식을 그대로 C 프로그램에 입력한 것을 보여준다. 마지막으로 line 34~37은 Runge-Kutta 알고리즘으로 계산한 time step별 $y(t)$값을 입력하는 형식을 나타내며, line 41~44는 Runge-Kutta 알고리즘에서 tme step 별 중간값을 계산하는 것을 보여준다. line 10~11은 이렇게 계산한 값을 "solutions of ODE (Runge-Kutta method)_III-1-6.dat" 파일에 저장하는 것을 보여준다. 이렇게 작성된 C 프로그램을 수행하여 얻은 파일을 열면 다음과 같은 결과를 준다.

```
y[0.000000] = 1.000000
```

```
y[0.200000] = 0.680000
y[0.400000] = 0.462400
y[0.600000] = 0.314432
y[0.800000] = 0.213814
y[1.000000] = 0.145393

y_semi[0.100000] = 0.800000
y_semi[0.300000] = 0.544000
y_semi[0.500000] = 0.369920
y_semi[0.700000] = 0.251546
y_semi[0.900000] = 0.171051
```

위 결과를 보면 $t=1$에서의 결과가 $y(1.0)=0.145393$과 같이 계산되어, 완전해 $y_{exact}(1.0)=0.135335$에 근접한 결과를 보여준다. 이는 앞서 Euler 방법으로 계산할 때 $y(1.0)=0.077760$으로 계산된 값과 정확도 면에서 상당한 차이를 보여준다. 다음으로는 위 프로그램에서 line 16에서 n=10으로 하여 $\Delta t=\frac{1}{10}=0.1$로 계산해 보면, 다음과 같은 결과를 보여준다.

```
y[0.000000] = 1.000000
y[0.100000] = 0.820000
y[0.200000] = 0.672400
y[0.300000] = 0.551368
y[0.400000] = 0.452122
y[0.500000] = 0.370740
y[0.600000] = 0.304007
y[0.700000] = 0.249285
y[0.800000] = 0.204414
y[0.900000] = 0.167620
y[1.000000] = 0.137448

y_semi[0.050000] = 0.900000
y_semi[0.150000] = 0.738000
y_semi[0.250000] = 0.605160
y_semi[0.350000] = 0.496231
y_semi[0.450000] = 0.406910
y_semi[0.550000] = 0.333666
y_semi[0.650000] = 0.273606
y_semi[0.750000] = 0.224357
y_semi[0.850000] = 0.183973
y_semi[0.950000] = 0.150858
```

위 결과를 보면 $t=1$에서의 결과가 $y(1)=0.137448$로 계산되어 $\Delta t=0.2$일 때 $y(1)=0.145393$에 비하여 완전해 $y_{exact}(1)=0.135335$에 접근한다. 이러한 값은 앞서 Euler 방법으로 계산할 때 $t=1$에서 $y(1)=0.107374$보다 완전해에 근접한 값임을 알 수 있다. 이번에는 line 16에서 n=100으로 하여 $y(1)$을 계산해 보자. $\Delta t=\frac{1}{100}=0.01$로 계산하면, 다음과 같은 결과를 보여준다.

```
y[0.000000] = 1.000000
y[0.010000] = 0.980200
y[0.020000] = 0.960792
y[0.030000] = 0.941768
y[0.040000] = 0.923121
y[0.050000] = 0.904844
y[0.060000] = 0.886928
y[0.070000] = 0.869366
y[0.080000] = 0.852153
y[0.090000] = 0.835280
y[0.100000] = 0.818742
  ⋮
y[0.910000] = 0.162046
y[0.920000] = 0.158837
y[0.930000] = 0.155692
y[0.940000] = 0.152610
y[0.950000] = 0.149588
y[0.960000] = 0.146626
y[0.970000] = 0.143723
y[0.980000] = 0.140877
y[0.990000] = 0.138088
y[1.000000] = 0.135354
```

위 결과를 보면 $t=1$에서의 결과가 $y(1)=0.135354$와 같이 계산되어 $\Delta t=0.1$일 때 $y(1)=0.137448$에 비하여 완전해 $y_{exact}(1)=0.135335$와 상당히 근접한 결과를 보여준다. 따라서, 이렇게 Δt의 크기를 작게 하면서 완전에 접근하는 것을 알 수 있다. 또한, 앞서 Euler 방법을 통하여 $\Delta t=0.01$로 하고 $t=1$에서의 해를 구할 때 $y(1)=0.132620$인 것과 비교해 볼 때 Runge-Kutta 방법으로 해를 구하는 것이 좀 더 정확한 해를 얻을 수 있다는 것을 확인할 수 있다. 아래 그림은 이러한 결과를 보여준다.

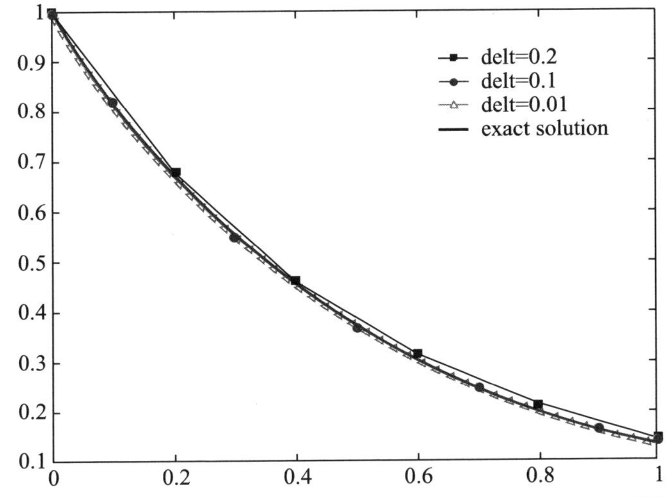

그림 III-1-9 Δt에 따른 2차 정확도 Runge-Kutta 해와 완전해의 비교

C 프로그래밍 연습 [III-1-7]

(예제 III-1-7)에서 다룬 다음 2계 제차 상미분방정식(second-order homogeneous ordinary differential equation)을 Runge-Kutta 방법으로 풀이하는 C 프로그램을 작성하고 $\Delta t = 0.2,\ 0.1,\ 0.01$로 할 때 각각에 대하여 $y(2)$에서의 함수값을 계산하고 완전해 $y_{exact}(2)$와의 차이값$[Error = y_{exact}(2) - y(2)]$이 Δt 크기의 변화에 따라 어떻게 변화하는지 검토하시오.

$$\frac{d^2y(t)}{dt^2} + 2\frac{dy(t)}{dt} - 3y(t) = 0,\ y(0) = 1,\ \frac{dy(0)}{dt} = 0$$

앞서 (예제 III-1-7)에서 살펴본 바와 같이 위 상미분방정식의 완전해는 $y_{exact}(t) = \frac{3}{4}e^{t} + \frac{1}{4}e^{-3t}$로 주어지며, Runge-Kuttar 방법에 의한 해를 C 프로그래밍을 통하여 $(0 \le t \le 2)$ 범위에서 구하고 $t = 2$에서의 완전해 $y_{exact}(2) = 5.542412$와의 차이$[Error = y_{exact}(2) - y(2)]$를 구하여 비교해 보자. 먼저 $\Delta t = 0.2$로 하여 2차 정확도를 갖는 Runge-Kutta 방법에 의하여 해를 구하고 오차 값을 계산해 보자.

```
#include <stdio.h>
#include <math.h>


double z[1000],y[1000],z_semi[1000],y_semi[1000];

main ()
{

FILE *out1;
out1=fopen("Error of ODE_high-order (Runge-Kutta method)_III-1-7.dat","w");

int i,n;
double t,t0,tn,delt;

n=10;            /* number of time step   */

t0=0.0;
tn=2.0;
delt=(tn-t0)/float(n);

y[0]=1.0;
z[0]=0.0;


for(i=0;i<=n;i++)
{
t=t0+delt*float(i);
y_semi[i]=y[i]+(delt/2.0)*z[i];                /* function1: z       */
```

```
30    z_semi[i]=z[i]+(delt/2.0)*(-2.0*z[i]+3.0*y[i]);/* function2: -2z+3y */
31    y[i+1]=y[i]+delt*(z_semi[i]);
32    z[i+1]=z[i]+delt*(-2.0*z_semi[i]+3.0*y_semi[i]);
33
34
35
36    }
37
38
39    for(i=0;i<=n;i++)
40    {
41    fprintf(out1,"y[%f] = %f \n", i*delt, y[i]);
42    }
43
44    fprintf(out1," \n");
45
46    fprintf(out1,"Error = %f \n", 5.542412-y[n]);  /* y_exact=5.542412  */
47
48    fprintf(out1," \n");
49
50    for(i=0;i<=n;i++)
51    {
52    fprintf(out1,"z[%f] = %f \n", i*delt, z[i]);
53    }
54
55    fprintf(out1," \n\n");
56
57    for(i=0;i<=n-1;i++)
58    {
59    fprintf(out1,"y_semi[%f] = %f \n", i*delt+delt/2.0, y_semi[i]);
60    }
61
62    fprintf(out1," \n\n");
63
64    for(i=0;i<=n-1;i++)
65    {
66    fprintf(out1,"z_semi[%f] = %f \n", i*delt+delt/2.0, z_semi[i]);
67    }
68
69    fclose(out1);
70    }
```

위 프로그램에서 line 16에서는 n = 10으로 하여 주어진 시간구간$(0 \le t \le 2)$을 10등분하여 $\Delta t = 0.2$로 하고 있으며, 앞서 2계 제차 상미분방정식의 해를 구하였던 것과 같이 line 26~36에서는 주어진 2계 상미분방정식으로부터 얻어진 2개의 1계 상미분방정식으로 인한 function1과 function2를 나타내고 있으며 Runge-Kutta 알고리즘에서 핵심적인 내용인 중간값을 나타내고 있다. line 39~42는 계산된 $y(t)$ 값을 출력하고 있으며, line 46은 $[Error = y_{exact}(2) - y(2)]$ 값을 계산하여 출력하고 있다. line 50~53은 계산된 $\frac{dy(t)}{dt} = z(t)$ 값을 출력하고 있고, line 57~60, line 64~67에서는 각각 Runge-Kutta 알고리즘에서 중요한 중간값 $y(t+\Delta t/2)$와 $z(t+\Delta t/2)$ 값을 각각 출력하고 있다. 다음은 $\Delta t = 0.2$ 간격으로 계산된 각각 10개씩의 $y(t)$, $[Error = y_{exact}(2) - y(2)]$, $z(t)$, $y(t+\Delta t/2)$, $z(t+\Delta t/2)$ 결과를 보여준다.

```
y[0.000000] = 1.000000
y[0.200000] = 1.060000
y[0.400000] = 1.200400
y[0.600000] = 1.410664
y[0.800000] = 1.689792
y[1.000000] = 2.043440
y[1.200000] = 2.482495
y[1.400000] = 3.022553
y[1.600000] = 3.683982
y[1.800000] = 4.492409
y[2.000000] = 5.479551

Error = 0.062861

z[0.000000] = 0.000000
z[0.200000] = 0.480000
z[0.400000] = 0.864000
z[0.600000] = 1.215552
z[0.800000] = 1.576627
z[1.000000] = 1.977804
z[1.200000] = 2.444426
z[1.400000] = 3.000473
z[1.600000] = 3.671176
z[1.800000] = 4.484981
z[2.000000] = 5.475243

y_semi[0.100000] = 1.000000
y_semi[0.300000] = 1.108000
y_semi[0.500000] = 1.286800
y_semi[0.700000] = 1.532219
y_semi[0.900000] = 1.847455
y_semi[1.100000] = 2.241220
y_semi[1.300000] = 2.726938
y_semi[1.500000] = 3.322600
y_semi[1.700000] = 4.051100
y_semi[1.900000] = 4.940907

z_semi[0.100000] = 0.300000
z_semi[0.300000] = 0.702000
```

```
z_semi[0.500000] = 1.051320
z_semi[0.700000] = 1.395641
z_semi[0.900000] = 1.768239
z_semi[1.100000] = 2.195276
z_semi[1.300000] = 2.700290
z_semi[1.500000] = 3.307145
z_semi[1.700000] = 4.042135
z_semi[1.900000] = 4.935708
```

위 결과는 출력파일 "Error of ODE high-order (Euler method)_III-1-7.dat"에 기록된 결과이며, 중간부분을 보면 $Error = y_{exact}(2) - y(2) = 0.062861$로 $\Delta t = 0.2$로 2차 정확도 Runge-Kutta 방법에 의해 계산했을 때 완전해와의 차이값을 나타내고 있다. 그 크기를 보면 대략 $\sim \sigma(\Delta t^2 = 0.2^2 = 0.04)$와 같은 오차 크기한도를 갖는 것을 확인할 수 있다. 다음으로 $\Delta t = 0.1$일 때 어느 정도 오차값을 갖는지 살펴보자. 위 프로그램에서 line 16에서 n=20으로 하면 $\Delta t = 0.1$이 되므로 n=20으로 바꾸고 프로그램을 실행하면 다음과 같은 결과를 얻는다.

```
y[0.000000] = 1.000000
y[0.100000] = 1.015000
y[0.200000] = 1.054525
y[0.300000] = 1.115298
y[0.400000] = 1.195190
y[0.500000] = 1.292960
y[0.600000] = 1.408066
y[0.700000] = 1.540525
y[0.800000] = 1.690816
y[0.900000] = 1.859811
y[1.000000] = 2.048728
y[1.100000] = 2.259104
y[1.200000] = 2.492779
y[1.300000] = 2.751889
y[1.400000] = 3.038878
y[1.500000] = 3.356500
y[1.600000] = 3.707844
y[1.700000] = 4.096357
y[1.800000] = 4.525871
y[1.900000] = 5.000638
y[2.000000] = 5.525370

Error = 0.017042
```

위 결과에서 중간부분을 보면 $Error = y_{exact}(2) - y(2) = 0.017042$로 $\Delta t = 0.1$로 Euler 방법에 의해 계산했을 때 완전해와의 차이값을 나타내고 있다. 그 크기를 보면 대략 소수점 첫째자리인 $\sim \sigma(\Delta t^2 = 0.1^2 = 0.01)$와 같은 크기한도를 갖는 것을 확인할 수 있다. 다음으로 $\Delta t = 0.01$일 때를 살펴보자. 위 프로그램에서 line 16에서 n=200으로 하면 $\Delta t = 0.01$이 되므로 n=200으로 바꾸고 프로그램을 실행하면 결과는 다음과 같다.

```
y[0.000000] = 1.000000
y[0.010000] = 1.000150
y[0.020000] = 1.000594
y[0.030000] = 1.001326
y[0.040000] = 1.002342
y[0.050000] = 1.003635
y[0.060000] = 1.005200
y[0.070000] = 1.007033
y[0.080000] = 1.009128
y[0.090000] = 1.011482
y[0.100000] = 1.014090
   ⋮
y[1.910000] = 5.065469
y[1.920000] = 5.116345
y[1.930000] = 5.167733
y[1.940000] = 5.219638
y[1.950000] = 5.272066
y[1.960000] = 5.325022
y[1.970000] = 5.378511
y[1.980000] = 5.432538
y[1.990000] = 5.487109
y[2.000000] = 5.542229

Error = 0.000183
```

위 결과를 보면 $Error = y_{exact}(2) - y(2) = 0.000183$으로 $\Delta t = 0.01$로 Euler 방법에 의해 계산했을 때 완전해와의 차이값을 나타내고 있다. 그 크기를 보면 대략 소수점 둘째자리인 $\sim \sigma(\Delta t^2 = 0.01^2 = 0.0001)$와 같은 크기한도를 갖는 것을 확인할 수 있다. 즉, 앞서 본문에서 유도한 바와 같이 2차 정확도를 갖는

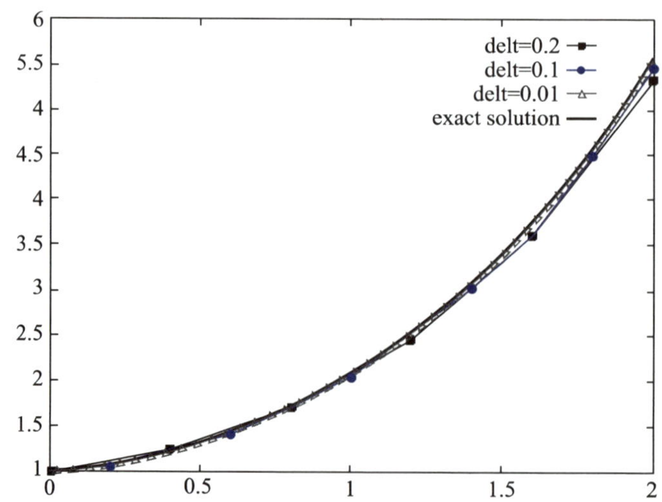

그림 III-1-10 Δt에 따른 2차 정확도 Runge-Kutta 해와 완전해의 비교

Runge-Kutta 방법으로 2계 상미분방정식의 해를 구할 때 주어진 독립변수의 구간에서 계산스텝(Δt)을 얼마나 했는지에 따라 오차의 크기가 $\sim \sigma(\Delta t^2)$와 같이 된다는 것을 알 수 있다.

1.2.5.2 4차 정확도 Runge-Kutta 방법

4차 정확도를 갖는 Runge-Kutta 방법은 2차 정확도를 갖는 Runge-Kutta 방법의 정확도를 높이기 위해, 앞서 언급한 대로 테일러급수의 더 많은 고차 도함수 항들을 근사화시킨 것으로 (29), (30)식보다 다소 복잡하게 다음 식들과 같이 표현된다.

$$y_{j+1} = y_j + \Delta t\left[\frac{1}{6}f(y_j, t_j) + \frac{1}{3}f\left(y_{j+1/2}, t_{j+1/2}\right) + \frac{1}{3}f\left(y^*_{j+1/2}, t_{j+1/2}\right) + \frac{1}{6}f\left(y^*_{j+1}, t_{j+1}\right)\right] \tag{31}$$

여기서

$$\begin{aligned} y_{j+1/2} &= y_j + \frac{\Delta t}{2}f(y_j, t_j) \\ y^*_{j+1/2} &= y_j + \frac{\Delta t}{2}f(y_{j+1/2}, t_{j+1/2}) \\ y^*_{j+1} &= y_j + \Delta t f\left(y^*_{j+1/2}, t_{j+1/2}\right) \end{aligned} \tag{32}$$

(32)식에서 $y_{j+1/2}$는 앞서 (30)식과 동일한 의미를 가지며 $y^*_{j+1/2}$는 $f(y,t)$ 함수에 y는 $y_{j+1/2}$를 t는 $t_{j+1/2}$를 대입하여 함수값을 구한 것이며 y^*_{j+1}는 함수 $f(y,t)$에 y는 앞서 언급한 $y^*_{j+1/2}$를 t는 $t_{j+1/2}$을 대입하여 얻은 값을 의미한다.

(31)식과 (32)식으로 표현되는 4차 정확도를 갖는 Runge-Kutta 방법은 $\sim \sigma(\Delta t)^4$의 오차한도, 즉 정확도를 갖는 방법으로 다소 복잡해 보이지만 정확한 계산이 필요할 때 쓰이며 그 외는 앞서 언급한 2차 정확도를 갖는 Runge-Kutta 방법이 보편적으로 사용된다. 자세한 내용은 R. W. Hornbeck [1]의 책을 참고하기 바란다.

예제 III-1-8

다음 1계 제차 상미분방정식의 초기치 문제를 4차 정확도를 갖는 Runge-Kutta 방법으로 풀이하시오.

$$\frac{dy(t)}{dt} + 2y = 0,\ y(0) = 1$$

해설 위 상미분방정식의 완전해는 $y_{exact}(t) = e^{-2t}$로 주어지며, $t=1$에서 완전해를 구하면 $y_{exact}(1.0) = 0.135335$로 주어진다. 4차 정확도를 갖는 Runge-Kutta 방법에 의한 해와 $(0 \le t \le 1)$ 범위에서 비교해 보자. 본문 (31), (32)식과 같이 유한차분식으로 바꾸면

$$y_{j+1}=y_j+\Delta t\left[\frac{1}{6}f(y_j,t_j)+\frac{1}{3}f(y_{j+1/2},t_{j+1/2})+\frac{1}{3}f\left(y^*_{j+1/2},t_{j+1/2}\right)+\frac{1}{6}f\left(y^*_{j+1},t_{j+1}\right)\right] \quad ①$$
$$=y_j+\Delta t\left[\frac{1}{6}(-2y_j)+\frac{1}{3}(-2y_{j+1/2})+\frac{1}{3}\left(-2y^*_{j+1/2}\right)+\frac{1}{6}\left(-2y^*_{j+1}\right)\right]$$

$$y_{j+1/2}=y_j+\frac{\Delta t}{2}f(y_j,t_j)=y_j+\frac{\Delta t}{2}[-2y_j]$$

$$y^*_{j+1/2}=y_j+\frac{\Delta t}{2}f(y_{j+1/2},t_{j+1/2})=y_j+\frac{\Delta t}{2}[-2y_{j+1/2}]$$

$$y^*_{j+1}=y_j+\Delta tf\left(y^*_{j+1/2},t_{j+1/2}\right)=y_j+\Delta t\left[-2y^*_{j+1/2}\right]$$

①식과 같이 되며, $\Delta t=0.2$로 하여 $y(1.0)$에서의 값을 구하면 다음과 같이 계산된다.

$$y_{0+1}=y_0+\Delta t\left[\frac{1}{6}(-2y_0)+\frac{1}{3}(-2y_{0+1/2})+\frac{1}{3}\left(-2y^*_{0+1/2}\right)+\frac{1}{6}\left(-2y^*_{0+1}\right)\right]$$
$$=1+0.2\left[\frac{1}{6}(-2\times 1)+\frac{1}{3}(-2\times 0.8)+\frac{1}{3}(-2\times 0.84)+\frac{1}{6}(-2\times 0.664)\right]=0.6704$$

$$y_{0+1/2}=y_0+\frac{0.2}{2}[-2y_0]=1+\frac{0.2}{2}[-2\times 1]=0.8$$

$$y^*_{0+1/2}=y_0+\frac{\Delta t}{2}[-2y_{0+1/2}]=1+\frac{0.2}{2}[-2\times 0.8]=0.84$$

$$y^*_{0+1}=y_0+\Delta t\left[-2y^*_{0+1/2}\right]=1+0.2[-2\times 0.84]=0.664$$

$$y_2=y_1+\Delta t\left[\frac{1}{6}(-2y_1)+\frac{1}{3}(-2y_{1+1/2})+\frac{1}{3}\left(-2y^*_{1+1/2}\right)+\frac{1}{6}\left(-2y^*_{1+1}\right)\right]$$
$$=0.6704+0.2\left[\begin{array}{l}\frac{1}{6}(-2\times 0.6704)+\frac{1}{3}(-2\times 0.53632)+\frac{1}{3}(-2\times 0.563136)\\ +\frac{1}{6}(-2\times 0.445146)\end{array}\right]$$
$$=0.449436$$

$$y_{1+1/2}=y_1+\frac{0.2}{2}[-2y_1]=0.6704+\frac{0.2}{2}[-2\times 0.6704]=0.53632$$

$$y^*_{1+1/2}=y_1+\frac{\Delta t}{2}[-2y_{1+1/2}]=0.6704+\frac{0.2}{2}[-2\times 0.53632]=0.563136$$

$$y^*_2=y_1+\Delta t\left[-2y^*_{1+1/2}\right]=0.6704+0.2[-2\times 0.563136]=0.445146$$

$$\vdots$$

$$y_5=y_4+\Delta t\left[\frac{1}{6}(-2y_4)+\frac{1}{3}(-2y_{4+1/2})+\frac{1}{3}\left(-2y^*_{4+1/2}\right)+\frac{1}{6}\left(-2y^*_{4+1}\right)\right]$$
$$=0.201993+0.2\left[\begin{array}{l}\frac{1}{6}(-2\times 0.201993)+\frac{1}{3}(-2\times 0.161594)+\frac{1}{3}(-2\times 0.169674)\\ +\frac{1}{6}(-2\times 0.134123)\end{array}\right]$$
$$=0.135416$$

$$y_{4+1/2}=y_4+\frac{0.2}{2}[-2y_4]=0.201993+\frac{0.2}{2}[-2\times 0.201993]=0.161594$$

$$y^*_{4+1/2}=y_4+\frac{\Delta t}{2}[-2y_{4+1/2}]=0.201993+\frac{0.2}{2}[-2\times 0.161594]=0.169674$$

$$y_5^* = y_4 + \Delta t\left[-2y_{4+1/2}^*\right] = 0.201993 + 0.2[-2\times 0.169674] = 0.134123$$

$y(1.0) = 0.135416$이 된다. 이 값은 위의 완전해 $y_{exact}(1) = 0.135335$와 비교할 때 오차가 $Error = y_{exact}(1) - y(1) = -0.000081$로 거의 일치된 결과를 준다. 앞서 Euler 방법으로 계산할 때를 상기하면 $\Delta t = 0.2$일 때 $Error = y_{exact}(1) - y(1) = 0.057575$로 계산되어 완전해에 크게 못 미치는 것이 확인되었다. 또한, 2차 정확도를 갖는 Runge-Kutta 방법으로는 오차가 $Error = y_{exact}(1) - y(1) = -0.010058$로 계산되었으므로, 4차 정확도를 갖는 Runge-Kutta 방법으로 계산이 Euler 방법, 2차 정확도 Runge-Kutta 방법보다 정확한 것을 볼 수 있다. Δt의 크기를 0.1 혹은 0.01 등으로 계산은 독자들이 풀이해 보기를 바란다.

다음은 2계 상미분방정식의 해를 4차 정확도를 갖는 Runge-Kutta 방법으로 구하고 완전해와의 차이에 관하여 생각해보자.

예제 III-1-9

다음 2계 제차 상미분방정식(second-order homogeneous ordinary differential equation)의 초기치 문제를 시간구간 $(0 \le t \le 2)$에서 4차 정확도 Runge-Kutta 방법으로 풀이한 해와 완전해와의 차이를 구하고 그 크기에 대해서 설명하시오.

$$\frac{d^2y(t)}{dt^2} + 2\frac{dy(t)}{dt} - 3y(t) = 0,\ y(0) = 1,\ \frac{dy(0)}{dt} = 0$$

해설 위 상미분방정식의 완전해는 $y_{exact}(t) = \frac{3}{4}e^t + \frac{1}{4}e^{-3t}$로 주어지며, $t=2$에서 완전해는 $y_{exact}(2) = 5.542412$와 같이 주어진다. 앞서 다룬 4차 정확도를 갖는 Runge-Kutta 방법으로 해를 구하여 $(0 \le t \le 2)$ 범위에서 비교해 보자. 위의 2계 상미분방정식을 $\frac{dy}{dt} = z$와 같은 치환을 통하여 2개의 1계 상미분방정식으로 수정된다. 즉, 위 2계 상미분방정식을 2개의 1계 상미분방정식으로 만들면 아래와 같다.

$$\frac{dy(t)}{dt} = z(t),\ y(0) = 1 \qquad ①$$
$$\frac{dz(t)}{dt} + 2z(t) - 3y(t) = 0,\ z(0) = 0$$

2개의 1계 상미분방정식의 해를 구하기 위해 4차 정확도 Runge-Kutta 알고리즘인 (31), (32)식을 이용하여 유한차분식으로 바꾸면 각각의 종속변수 $y(t)$, $z(t)$에 대해서 다음과 같이 기술된다.

$$\begin{aligned} y_{j+1} &= y_j + \Delta t\left[\frac{1}{6}f_1(z_j, t_j) + \frac{1}{3}f_1(z_{j+1/2}, t_{j+1/2}) + \frac{1}{3}f_1(z_{j+1/2}^*, t_{j+1/2}) + \frac{1}{6}f_1(z_{j+1}^*, t_{j+1})\right] \\ &= y_j + \Delta t\left[\frac{1}{6}(z_j) + \frac{1}{3}(z_{j+1/2}) + \frac{1}{3}(z_{j+1/2}^*) + \frac{1}{6}(z_{j+1}^*)\right] \end{aligned}$$

$$y_{j+1/2}=y_j+\frac{\Delta t}{2}f_1(z_j,t_j)=y_j+\frac{\Delta t}{2}[z_j] \quad ②$$

$$y^*_{j+1/2}=y_j+\frac{\Delta t}{2}f_1(z_{j+1/2},t_{j+1/2})=y_j+\frac{\Delta t}{2}[z_{j+1/2}]$$

$$y^*_{j+1}=y_j+\Delta t f_1(z^*_{j+1/2},t_{j+1/2})=y_j+\Delta t[z^*_{j+1/2}]$$

$$\begin{aligned}z_{j+1}&=z_j+\Delta t\left[\frac{1}{6}f_2(y_j,z_j,t_j)+\frac{1}{3}f_2(y_{j+1/2},z_{j+1/2},t_{j+1/2})+\frac{1}{3}f_2(y^*_{j+1/2},z^*_{j+1/2},t_{j+1/2})\right.\\&\qquad\left.+\frac{1}{6}f_2(y^*_{j+1},z^*_{j+1},t_{j+1})\right]\\&=z_j+\Delta t\left[\frac{1}{6}(-2z_j+3y_j)+\frac{1}{3}(-2z_{j+1/2}+3y_{j+1/2})+\frac{1}{3}(-2z^*_{j+1/2}+3y^*_{j+1/2})\right.\\&\qquad\left.+\frac{1}{6}(-2z^*_{j+1}+3y^*_{j+1})\right]\end{aligned}$$

$$z_{j+1/2}=z_j+\frac{\Delta t}{2}f_2(y_j,t_j)=y_j+\frac{\Delta t}{2}[-2z_j+3y_j]$$

$$z^*_{j+1/2}=z_j+\frac{\Delta t}{2}f_2(y_{j+1/2},t_{j+1/2})=y_j+\frac{\Delta t}{2}[-2z_{j+1/2}+3y_{j+1/2}]$$

$$z^*_{j+1}=z_j+\Delta t f_2(y^*_{j+1/2},t_{j+1/2})=y_j+\Delta t[-2z^*_{j+1/2}+3y^*_{j+1/2}]$$

②식과 같이 된다. 이러한 차분식을 가지고 $\Delta t=0.2$로 하여 $(0\le t\le 2)$ 구간에서 적용하여 해를 구하고 앞서 언급한 완전해 $y_{exact}(2)=5.542412$와 비교해 보자. 해를 구하면 다음과 같다.

$$\begin{aligned}y_{0+1}&=y_0+\Delta t\left[\frac{1}{6}(z_0)+\frac{1}{3}(z_{0+1/2})+\frac{1}{3}(z^*_{0+1/2})+\frac{1}{6}(z^*_{0+1})\right]\\&=1+0.2\left[\frac{1}{6}(0)+\frac{1}{3}(0.3)+\frac{1}{3}(0.24)+\frac{1}{6}(0.522)\right]\\&=1.0534\end{aligned}$$

$$y_{0+1/2}=y_0+\frac{\Delta t}{2}[z_0]=1+\frac{0.2}{2}[0]=1$$

$$y^*_{0+1/2}=y_0+\frac{\Delta t}{2}[z_{0+1/2}]=1+\frac{0.2}{2}[0.3]=1.03$$

$$y^*_{0+1}=y_0+\Delta t[z^*_{0+1/2}]=1+0.2[0.24]=1.048$$

$$\begin{aligned}z_{0+1}&=z_0+\Delta t\left[\frac{1}{6}(-2z_0+3y_0)+\frac{1}{3}(-2z_{0+1/2}+3y_{0+1/2})+\frac{1}{3}(-2z^*_{0+1/2}+3y^*_{0+1/2})\right.\\&\qquad\left.+\frac{1}{6}(-2z^*_{0+1}+3y^*_{0+1})\right]\\&=0+0.2\left[\frac{1}{6}(-2\times0+3\times1)+\frac{1}{3}(-2\times0.3+3\times1)+\frac{1}{3}(-2\times0.24+3\times1.03)\right.\\&\qquad\left.+\frac{1}{6}(-2\times0.522+3\times1.048)\right]\\&=0.504\end{aligned}$$

$$z_{0+1/2}=z_0+\frac{\Delta t}{2}[-2z_0+3y_0]=0+\frac{0.2}{2}[-2\times0+3\times1]=0.3$$

$$z^*_{0+1/2} = z_0 + \frac{\Delta t}{2}[-2z_{0+1/2} + 3y_{0+1/2}] = 0 + \frac{0.2}{2}[-2\times 0.3 + 3\times 1] = 0.24$$

$$z^*_{0+1} = z_0 + \Delta t[-2z^*_{0+1/2} + 3y^*_{0+1/2}] = 0 + 0.2[-2\times 0.24 + 3\times 1.03] = 0.522$$

$$\vdots$$

$$\vdots$$

$$y_{10} = y_9 + \Delta t\left[\frac{1}{6}(z_9) + \frac{1}{3}(z_{9+1/2}) + \frac{1}{3}(z^*_{9+1/2}) + \frac{1}{6}(z^*_{9+1})\right]$$

$$= 4.538283 + 0.2\left[\frac{1}{6}(4.533723) + \frac{1}{3}(4.988464) + \frac{1}{3}(5.033527) + \frac{1}{6}(5.54259)\right]$$

$$= 5.542293$$

$$y_{9+1/2} = y_9 + \frac{\Delta t}{2}[z_9] = 4.538283 + \frac{0.2}{2}[4.533723] = 4.991656$$

$$y^*_{9+1/2} = y_9 + \frac{\Delta t}{2}[z_{9+1/2}] = 4.538283 + \frac{0.2}{2}[4.988464] = 5.03713$$

$$y^*_{10} = y_9 + \Delta t[z^*_{9+1/2}] = 4.538283 + 0.2[5.033527] = 5.544989$$

$$z_{10} = z_9 + \Delta t\left[\begin{aligned}&\frac{1}{6}(-2z_9 + 3y_9) + \frac{1}{3}(-2z_{9+1/2} + 3y_{9+1/2}) + \frac{1}{3}(-2z^*_{9+1/2} + 3y^*_{9+1/2})\\ &+\frac{1}{6}(-2z^*_{9+1} + 3y^*_{9+1})\end{aligned}\right]$$

$$= 4.533723 + 0.2\left[\begin{aligned}&\frac{1}{6}(-2\times 4.533723 + 3\times 4.538283) + \frac{1}{3}(-2\times 4.988464 + 3\times 4.991656)\\ &+\frac{1}{3}(-2\times 5.033527 + 3\times 5.03713) + \frac{1}{6}(-2\times 5.54259 + 3\times 5.544989)\end{aligned}\right]$$

$$= 5.539788$$

$$z_{9+1/2} = z_9 + \frac{\Delta t}{2}[-2z_9 + 3y_9] = 4.533723 + \frac{0.2}{2}[-2\times 4.533723 + 3\times 4.538283] = 4.988464$$

$$z^*_{9+1/2} = z_9 + \frac{\Delta t}{2}[-2z_{9+1/2} + 3y_{9+1/2}] = 4.533723 + \frac{0.2}{2}[-2\times 4.988464 + 3\times 4.991656]$$
$$= 5.033527$$

$$z^*_{10} = z_9 + \Delta t[-2z^*_{9+1/2} + 3y^*_{9+1/2}] = 4.533723 + 0.2[-2\times 5.033527 + 3\times 5.03713] = 5.54259$$

위 결과를 보면, $\Delta t = 0.2$일 때 $y_{10} = y(2) = 5.542293$으로 계산되며 $t = 2$에서의 완전해 $y_{exact}(2) = 5.542412$와 상당히 근접한 결과를 보여 오차는 $Error = y_{exact}(2) - y_{10} = 0.000119$인 것을 알 수 있다. 앞서 계산해 보았던 Euler 방법으로의 계산값과 완전해와의 차이가 $Error = 0.898583$인 것을 상기하면 대단히 정확한 값인 것을 알 수 있다. 이러한 에러값은 4차 정확도를 갖는 Runge-Kutta 방법의 해가 $\sim \sigma(\Delta t^4)$이며 이것을 계산해보면 정확도가 $\sim \sigma(\Delta t^4 = 0.2^4 = 0.00016)$와 같음을 알 수 있다. 다소 복잡하지만, 시간구간 $(0 \le t \le 2)$를 오직 5개 구간만 나누어서 계산한 결과로 매우 높은 정확도를 갖는 것을 알 수 있다. 시간간격이 작으면 더욱 정밀한 해를 얻을 수 있는데 이는 독자에게 맡기도록 한다.

C 프로그래밍 연습 [III-1-8]

(예제 III-1-8)에서 다룬 다음 1계 상미분방정식을 4차 정확도를 갖는 Runge-Kutta 방법으로 풀이하는 C 프로그램을 작성하고 $\Delta t = 0.2$로 할 때 각각에 대하여 $y(1)$에서의 함수값을 계산하고 완전해 $y_{exact}(1)$와의 차이값$[Error = y_{exact}(1) - y(1)]$이 Δt 값에 따라 어떻게 변화하는지 검토하고 Euler 방법으로 구한 해와 비교하시오.

$$\frac{dy(t)}{dt} + 2y = 0,\ y(0) = 1$$

위 상미분방정식의 완전해는 $y_{exact}(t) = e^{-2t}$로 주어지며, 4차 정확도를 갖는 Runge-Kutta 방법에 의한 해와 $(0 \le t \le 1)$ 범위에서 비교해 보자. 먼저 완전해를 가지고 주어진 $t = 1$에서 해를 구하면 $y_{exact}(1) = 0.135335$로 주어진다. 이제 주어진 1계 상미분방정식을 4차 정확도 Runge-Kutta 방법으로 풀이하는 C 프로그램을 작성해 보자.

```
#include <stdio.h>
#include <math.h>


double y[1000],y_semi[1000],y_semi_semi[1000],y_star[1000];

main ()
{

FILE *out1;
out1=fopen("solutions of ODE(Runge-Kutta 4th method)_III-1-8.dat","w");

int i,n;
double t,t0,tn,delt;

n=5;            /* number of time step  */

t0=0.0;
tn=1.0;
delt=(tn-t0)/float(n);

y[0]=1.0;


for(i=0;i<=n;i++)
{
t=t0+delt*float(i);
y_semi[i]=y[i]+(delt/2.0)*(-2.0*y[i]);          /* function: -2y */
y_semi_semi[i]=y[i]+(delt/2.0)*(-2.0*y_semi[i]);
```

```
30  y_star[i]=y[i]+delt*(-2.0*y_semi_semi[i]);
31  y[i+1]=y[i]+delt*((1.0/6.0)*(-2.0*y[i])+(1.0/3.0)*(-2.0*y_semi[i])
32              +(1.0/3.0)*(-2.0*y_semi_semi[i])+(1.0/6.0)*(-2.0*y_star[i]));  33
34  }
35
36
37  for(i=0;i<=n;i++)
38  {
39  fprintf(out1,"y[%f] = %f \n", i*delt, y[i]);
40  }
41
42
43   fprintf(out1," \n");
44
45   fprintf(out1,"Error = %f \n", 0.135335-y[n]); /* y_exact=0.135335  */
46
47   fprintf(out1," \n");
48
49
50  for(i=0;i<=n-1;i++)
51  {
52  fprintf(out1,"y_semi[%f] = %f \n", i*delt+delt/2.0, y_semi[i]);
53  }
54
55  fprintf(out1," \n\n");
56
57  for(i=0;i<=n-1;i++)
58  {
59  fprintf(out1,"y_semi_semi[%f] = %f \n", i*delt+delt/2.0, y_semi_semi[i]);
60  }
61
62     fprintf(out1," \n\n");
63
64  for(i=0;i<=n-1;i++)
65  {
66  fprintf(out1,"y_star[%f] = %f \n", (i+1)*delt, y_star[i]);
67  }
68
69  fclose(out1);
70  }
```

line 5를 보면 y[],y_semi[],y_semi_semi[],y_star[]와 같이 4개의 배열이 나타나고 있는데, (31), (32)식과 같은 4차 정확도를 갖는 Runge-Kutta 알고리즘에서 y_{j+1}, $y_{j+1/2}$, $\overset{*}{y}_{j+1/2}$, $\overset{*}{y}_{j+1}$를 각각 배열로 나타낸 것이다. line 16~20은 전체 시간구간 $(0 \le t \le 1)$을 5등분하여 $\Delta t = 0.2$로 하고, line 22는 문제의 1계 상미분방정식의 초기조건을 $y(0)=1$로 정하고 있다. line 25~34는 4차 정확도를 갖는 Runge-Kutta 알

고리즘 (31), (32)식을 그대로 기술해주고 있으며, 여기서 주어진 상미분방정식이 $\frac{dy(t)}{dt} = f(y,t) = -2y$ 이므로 function이 −2y로 /* function: −2y */와 같이 코멘트 해주고 있으며, 각각의 알고리즘 기술에서 이를 반영해 주고 있다. 독자는 이 부분을 유심히 살피기 바란다.

line 37~40은 $y(t)$ 최종 계산값을 line 11에서 나타낸 파일 "solutions of ODE(Runge-Kutta 4th method)_III-1-8.dat"에 출력하고, line 45에서는 $y_{exact}(1) - y(1)$ 출력하도록 하였다. line 50~53, line 57~60, line 64~67에서는 각각 $y_{j+1/2}$, $y^*_{j+1/2}$, y^*_{j+1}을 출력하고 있다. 이렇게 4차 정확도를 갖는 Runge-Kutta 방법으로의 C 프로그램이 완성되어 수행하면 다음과 같다.

```
y[0.000000] = 1.000000
y[0.200000] = 0.670400
y[0.400000] = 0.449436
y[0.600000] = 0.301302
y[0.800000] = 0.201993
y[1.000000] = 0.135416
Error = -0.000081

y_semi[0.100000] = 0.800000
y_semi[0.300000] = 0.536320
y_semi[0.500000] = 0.359549
y_semi[0.700000] = 0.241042
y_semi[0.900000] = 0.161594

y_semi_semi[0.100000] = 0.840000
y_semi_semi[0.300000] = 0.563136
y_semi_semi[0.500000] = 0.377526
y_semi_semi[0.700000] = 0.253094
y_semi_semi[0.900000] = 0.169674

y_star[0.200000] = 0.664000
y_star[0.400000] = 0.445146
y_star[0.600000] = 0.298426
y_star[0.800000] = 0.200065
y_star[1.000000] = 0.134123
```

위 결과를 보면 y_{j+1}, $y_{j+1/2}$, $y^*_{j+1/2}$, y^*_{j+1} 값들이 각각 $\Delta t = 0.2$간격으로 $(0 \le t \le 1)$범위에서 계산된 것을 알 수 있다. 중간에서는 $t = 1$에서의 $y_{exact}(1) - y(1)$값, 즉 오차를 나타내고 있는데, 5등분으로 시간구간을 나누어 계산한 값의 오차가 −0.000081로 대단히 정확한 값을 주는 것을 확인할 수 있다. 앞선 예제들에서 Euler 방법, 2차 정확도 Runge-Kutta 방법으로 계산한 경우에는 각각 오차가 0.057575, −0.010058인 것을 상기하면 4차 정확도를 갖는 Runge-Kutta 방법을 통한 계산이 매우 정확하다는 것을 알 수 있다. 이러한 결과를 그림으로 나타내면 다음과 같다.

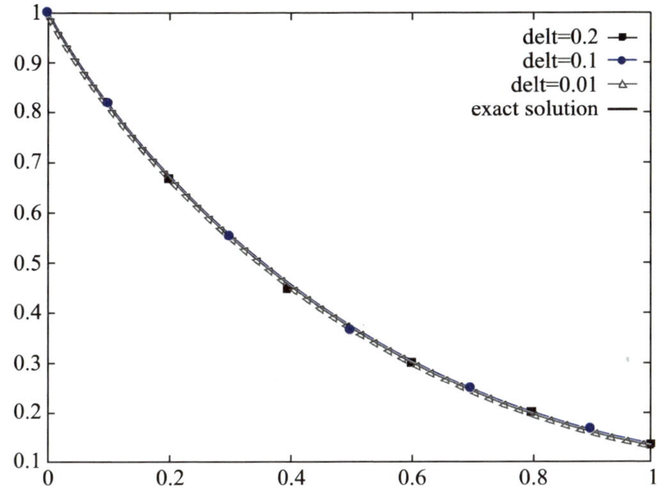

그림 III-1-11 Δt에 따른 4차 정확도 Runge-Kutta 해와 완전해의 비교

C 프로그래밍 연습 [III-1-9]

(예제 III-1-9)에서 다룬 다음 2계 상미분방정식을 4차 정확도를 갖는 Runge-Kutta 방법으로 풀이하는 C 프로그램을 작성하고 $\Delta t = 0.2,\ 0.1,\ 0.01$로 할 때 각각에 대하여 $y(2)$에서의 함수값을 계산하고 완전해 $y_{exact}(2)$와의 차이값$[Error = y_{exact}(2) - y(2)]$이 Euler 방법, 2차 정확도 Runge-Kutta 방법으로의 계산값과 어떻게 차이가 나는지 검토하시오.

$$\frac{d^2y(t)}{dt^2} + 2\frac{dy(t)}{dt} - 3y(t) = 0,\ y(0) = 1,\ \frac{dy(0)}{dt} = 0$$

앞서 (예제 III-1-9)에서 살펴본 바와 같이 위 상미분방정식의 완전해는 $y_{exact}(t) = \frac{3}{4}e^t + \frac{1}{4}e^{-3t}$로 주어지며, Runge-Kuttar 방법에 의한 해를 C 프로그래밍을 통하여 $(0 \le t \le 2)$ 범위에서 구하고 $t=2$에서의 완전해 $y_{exact}(2) = 5.542412$와의 차이$[Error = y_{exact}(2) - y(2)]$를 구하여 비교해 보자. $\Delta t = 0.2$일 때 4차 정확도를 갖는 Runge-Kutta 방법에 의하여 해를 구하고 완전해와의 차이 값을 계산해 보자.

```
#include <stdio.h>
#include <math.h>

double z[1000],y[1000],z_semi[1000],y_semi[1000];
double z_semi_semi[1000],y_semi_semi[1000];
double z_star[1000],y_star[1000];

main ()
{
```

```
FILE *out1;
out1=fopen("solutions of ODE (Runge-Kutta 4th method)_III-1-9.dat","w");
int i,n;
double t,t0,tn,delt;
n=10;              /* number of time step  */
t0=0.0;
tn=2.0;
delt=(tn-t0)/float(n);
y[0]=1.0;
z[0]=0.0;
for(i=0;i<=n;i++)
{
t=t0+delt*float(i);
y_semi[i]=y[i]+(delt/2.0)*z[i];                     /* function1: z        */
z_semi[i]=z[i]+(delt/2.0)*(-2.0*z[i]+3.0*y[i]);/* function2: -2z+3y */
y_semi_semi[i]=y[i]+(delt/2.0)*z_semi[i];
z_semi_semi[i]=z[i]+(delt/2.0)*(-2.0*z_semi[i]+3.0*y_semi[i]);
y_star[i]=y[i]+delt*z_semi_semi[i];
z_star[i]=z[i]+delt*(-2.0*z_semi_semi[i]+3.0*y_semi_semi[i]);
z[i+1]=z[i]+delt*((1.0/6.0)*(-2.0*z[i]+3.0*y[i])
    +(1.0/3.0)*(-2.0*z_semi[i]+3.0*y_semi[i])
    +(1.0/3.0)*(-2.0*z_semi_semi[i]+3.0*y_semi_semi[i])
    +(1.0/6.0)*(-2.0*z_star[i]+3.0*y_star[i]));
y[i+1]=y[i]+delt*((1.0/6.0)*(z[i])+(1.0/3.0)*(z_semi[i])
    +(1.0/3.0)*(z_semi_semi[i])
    +(1.0/6.0)*(z_star[i]));
}
for(i=0;i<=n;i++)
{
fprintf(out1,"y[%f] = %f \n", i*delt, y[i]);
}
fprintf(out1," \n");
fprintf(out1,"Error = %f \n", 5.542412-y[n]);  /* y_exact=5.542412  */
```

```
fprintf(out1," \n");
for(i=0;i<=n-1;i++)
{
fprintf(out1,"y_semi[%f] = %f \n", i*delt+delt/2.0, y_semi[i]);
}
fprintf(out1," \n");
for(i=0;i<=n-1;i++)
{
fprintf(out1,"y_semi_semi[%f] = %f \n", i*delt+delt/2.0, y_semi_semi[i]);
}
fprintf(out1," \n");
for(i=0;i<=n-1;i++)
{
fprintf(out1,"y_star[%f] = %f \n", (i+1)*delt, y_star[i]);
}
fprintf(out1," \n\n");
for(i=0;i<=n;i++)
{
fprintf(out1,"z[%f] = %f \n", i*delt, z[i]);
}
fprintf(out1," \n");
for(i=0;i<=n-1;i++)
{
fprintf(out1,"z_semi[%f] = %f \n", i*delt+delt/2.0, z_semi[i]);
}
fprintf(out1," \n");
for(i=0;i<=n-1;i++)
{
fprintf(out1,"z_semi_semi[%f] = %f \n", i*delt+delt/2.0, z_semi_semi[i]);
}
fprintf(out1," \n");
```

```
101
102 for(i=0;i<=n-1;i++)
103 {
104 fprintf(out1,"z_star[%f] = %f \n", (i+1)*delt, z_star[i]);
105 }
106
107
108
109 fclose(out1);
110 }
```

위 프로그램은 2계 제차 상미분방정식을 풀이하는 C 프로그램으로 앞서 살펴본 바와 같이 기본적으로 2개의 1계 상미분방정식을 풀이하는 것과 같으며, 4차 정확도를 갖는 Runge-Kutta 방법의 경우 1개의 변수에 대하여 4개의 변수를 도입하여 풀이하므로 총 8개의 배열을 정의 하는 것이 필요하다. line 5~7은 y[], y_semi[], y_semi_semi[], y_star[], z[], z_semi[], z_semi_semi[], z_star[]와 같이 이러한 8개 변수에 대한 배열을 보여준다. 앞서 (예제 III-1-8)에서는 1계 상미분방정식의 풀이 이므로 y[], y_semi[], y_semi_semi[], y_star[]와 같이 4개의 배열을 정의한 바 있다. line 18~22는 전체 시간구간 $(0 \le t \le 2)$을 10등분하여 $\Delta t = 0.2$로 하고, line 24~25는 문제의 1계 상미분방정식의 초기조건을 $y(0)=1$, $\dfrac{dy(0)}{dt} = z(0) = 0$으로 정하고 있다.

line 28~45는 4차 정확도 Runge-Kutta 알고리즘을 2계 상미분방정식으로부터 얻어진 2개의 1계 상미분방정식에 적용하는 것으로 2개의 함수 $\dfrac{dy(t)}{dt} = f_1(y, z, t) = z(t)$와 $\dfrac{dz(t)}{dt} = f_2(y, z, t) = -2z(t) + 3y(t)$가 각각의 변수들에 나타나 있다. 앞선 예제에서도 언급한 바와 같이 이 부분이 4차 정확도를 갖는 Runge-Kutta 프로그램의 핵심이다. line 48~105까지는 위 언급한 8개 변수들의 계산된 값 y_{j+1}, $y_{j+1/2}$, $y^*_{j+1/2}$, y^*_{j+1}, z_{j+1}, $z_{j+1/2}$, $z^*_{j+1/2}$, z^*_{j+1}을 출력파일 "solutions of ODE(Runge-Kutta 4th method)_III-1-9.dat"에 저장하고, line 55에서는 $t=2$에서 완전해와 4차 Runge-Kutta 방법으로 얻은 해와의 차이 $y_{exact}(2) - y(2)$를 출력파일에 저장하도록 하고 있다. 이제 완성된 C 프로그램을 수행하면 다음과 같은 결과를 얻는다.

```
y[0.000000] = 1.000000
y[0.200000] = 1.053400
y[0.400000] = 1.194324
y[0.600000] = 1.408038
y[0.800000] = 1.691918
y[1.000000] = 2.051202
y[1.200000] = 2.496929
y[1.400000] = 3.045129
y[1.600000] = 3.716782
y[1.800000] = 4.538283
y[2.000000] = 5.542293

Error = 0.000119
```

```
y_semi[0.100000] = 1.000000
y_semi[0.300000] = 1.103800
y_semi[0.500000] = 1.283572
y_semi[0.700000] = 1.532258
y_semi[0.900000] = 1.851999
y_semi[1.100000] = 2.251317
y_semi[1.300000] = 2.743872
y_semi[1.500000] = 3.348131
y_semi[1.700000] = 4.087631
y_semi[1.900000] = 4.991656

y_semi_semi[0.100000] = 1.030000
y_semi_semi[0.300000] = 1.125322
y_semi_semi[0.500000] = 1.301552
y_semi_semi[0.700000] = 1.549655
y_semi_semi[0.900000] = 1.870740
y_semi_semi[1.100000] = 2.272830
y_semi_semi[1.300000] = 2.769391
y_semi_semi[1.500000] = 3.378885
y_semi_semi[1.700000] = 4.124964
y_semi_semi[1.900000] = 5.037130

y_star[0.200000] = 1.048000
y_star[0.400000] = 1.191659
y_star[0.600000] = 1.406943
y_star[0.800000] = 1.691767
y_star[1.000000] = 2.051670
y_star[1.200000] = 2.497859
y_star[1.400000] = 3.046462
y_star[1.600000] = 3.718519
y_star[1.800000] = 4.540464
y_star[2.000000] = 5.544989

z[0.000000] = 0.000000
z[0.200000] = 0.504000
z[0.400000] = 0.892483
z[0.600000] = 1.242207
z[0.800000] = 1.600810
z[1.000000] = 2.001147
z[1.200000] = 2.469429
z[1.400000] = 3.030021
z[1.600000] = 3.708482
z[1.800000] = 4.533723
z[2.000000] = 5.539788

z_semi[0.100000] = 0.300000
```

```
z_semi[0.300000] = 0.719220
z_semi[0.500000] = 1.072284
z_semi[0.700000] = 1.416177
z_semi[0.900000] = 1.788223
z_semi[1.100000] = 2.216279
z_semi[1.300000] = 2.724622
z_semi[1.500000] = 3.337555
z_semi[1.700000] = 4.081820
z_semi[1.900000] = 4.988464

z_semi_semi[0.100000] = 0.240000
z_semi_semi[0.300000] = 0.691296
z_semi_semi[0.500000] = 1.063098
z_semi_semi[0.700000] = 1.418649
z_semi_semi[0.900000] = 1.798765
z_semi_semi[1.100000] = 2.233287
z_semi_semi[1.300000] = 2.747666
z_semi_semi[1.500000] = 3.366949
z_semi_semi[1.700000] = 4.118407
z_semi_semi[1.900000] = 5.033527

z_star[0.200000] = 0.522000
z_star[0.400000] = 0.902675
z_star[0.600000] = 1.248175
z_star[0.800000] = 1.604540
z_star[1.000000] = 2.003748
z_star[1.200000] = 2.471531
z_star[1.400000] = 3.031997
z_star[1.600000] = 3.710572
z_star[1.800000] = 4.536098
z_star[2.000000] = 5.542590
```

위 결과를 보면 y_{j+1}, $y_{j+1/2}$, $y^*_{j+1/2}$, y^*_{j+1}, z_{j+1}, $z_{j+1/2}$, $z^*_{j+1/2}$, z^*_{j+1} 값들이 각각 $\Delta t = 0.2$간격으로 $(0 \le t \le 2)$범위에서 계산된 것을 알 수 있다. 중간에서는 $t = 2$에서의 $y_{exact}(2) - y(2)$값, 즉 오차를 나타내고 있는데, 10등분으로 시간구간을 나누어 $\Delta t = 0.2$ 계산한 값의 오차가 0.000119로 거의 정확한 값을 주는 것을 확인할 수 있다. 앞선 예제들에서 Euler 방법, 2차 정확도 Runge-Kutta 방법으로 계산 경우에는 오차가 각각 0.898583, 0.062861인 것을 상기하면 4차 정확도를 갖는 Runge-Kutta 방법을 통한 계산이 매우 정확하다는 것을 알 수 있다. 이러한 결과를 그림으로 나타내면 다음과 같다.

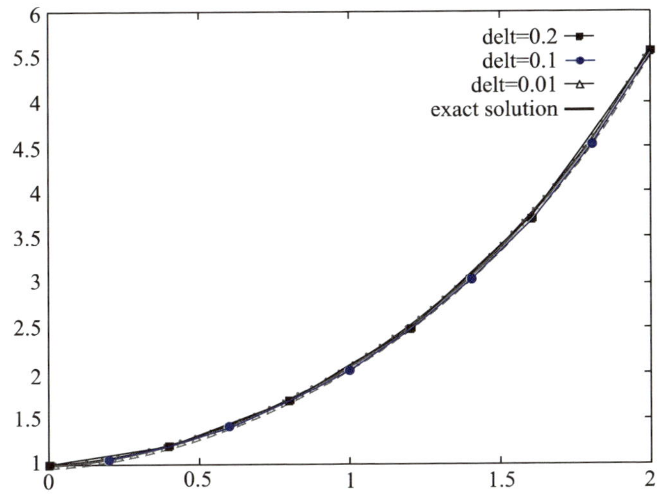

그림 III-1-12 Δt에 따른 4차 정확도 Runge-Kutta 해와 완전해의 비교

1.3 상미분방정식 경계치 문제의 해법

앞서 상미분방정식은 크게 초기치 문제(Initial Value Problem)와 경계치 문제(Boundary Value Problem)로 나뉜다고 하였고, 앞 절에서는 초기치 문제의 해법에 대하여 살펴보았다. 본 절에서는 경계치 문제의 해법을 다루고자 한다.

먼저 다음 상미분방정식과 경계조건을 생각해 보자.

$$\frac{d^2y(x)}{dx^2(x)} + ay(x) = b \tag{33}$$
$$y(0) = 0,\ y(L) = 0$$

(33)식은 독립변수 x에 대한 종속 변수 y의 2계 상미분방정식을 보여주며 독립변수 x의 관심 영역은 $0 \le x \le L$이고 이러한 관심 영역의 처음과 끝에서 y값이 $y(0) = 0$와 $y(L) = 0$로 2개의 경계조건이 주어져 있다.

문제는 이러한 관심영역 $0 \le x \le L$에서의 $y(x)$ 값을 찾는 것이며 (33)식이 갖는 의미이다.

이러한 상미분방정식의 경계치 문제를 해석할 수치해법으로는 파트2, 3장에서 언급한 행렬법(Matrix Method)과 앞 절에서 다룬 초기치 문제 해법을 수정한 Shooting 방법이 있다.

1.3.1 Matrix 방법

(33)식으로 주어지는 상미분방정식의 경계치 문제를 수치적으로 풀기 위해 먼저 파트1, 2장에서 공부한 유한차분법을 이용하여 (33)식으로 주어지는 상미분방정식을 산술적 차분식으로 만든다. (33)식의 첫 번째 항은 독립변수 x에 대한 종속변수 y의 2계 미분형태를 가지므로, 중앙차분방법으로 차분식을 만들고 나머지 항은 기준이 되는 임의 j번째 y값을 나타내어 다음과 같은 식을 얻는다.

$$\frac{y_{j+1}-2y_j+y_{j-1}}{\Delta x^2}+ay_j=b \tag{34}$$

(34)식을 간략히 하면, 다음 식과 같은 식이 얻어진다.

$$y_{j+1}+(-2+a(\Delta x)^2)y_j+y_{j-1}=b(\Delta x)^2 \tag{35}$$

한편 (33)식을 만족하는 해 $y(x)$가 관심구간 $0 \le x \le L$에서 주어진 격자점들 x_0, x_1, x_2, $\cdots$, x_n, x_{n+1}에서 각각 y_0, y_1, y_2, $\cdots$, y_n, y_{n+1}과 같다고 한다면 다음 그림과 같이 나타낼 수 있다.

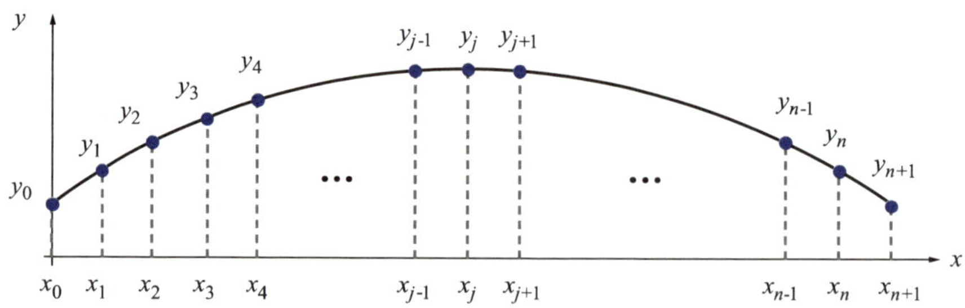

그림 III-1-13 상미분방정식 경계치 문제의 이해를 위한 개략도

그림 III-1-13에서 관심영역 $0 \le x \le L$이 $n+2$ 격자점을 가지며 격자간격은 $\Delta x = \dfrac{L-0}{n+1}$만큼의 크기를 가지고 등간격으로 구성된다.

(35)식으로 주어지는 차분식(Finite Differencing Formula)을 자세히 들여다보면 독립변수 x_{j-1}, x_j, x_{j+1}에서의 종속변수 y_{j-1}, y_j, y_{j+1} 값들이 각각 나타나 3개의 인접한 y값들로 하나의 방정식이 성립함을 보여 준다. 따라서 (35)식을 그림 III-1-13에서 보이고 있듯이 독립변수 x_0, x_1, $\cdots$, x_n, x_{n+1}에서의 종속변수 y_0, y_1, $\cdots$, y_n, y_{n+1}에 대하여 적용하면 다음과 같이 n개의 방정식을 얻게 된다.

$$j=1\text{일 때 } y_2+(-2+a(\Delta x)^2)y_1+y_0=b(\Delta x)^2 \tag{36}$$
$$j=2\text{일 때 } y_3+(-2+a(\Delta x)^2)y_2+y_1=b(\Delta x)^2$$
$$\vdots$$
$$j=n\text{일 때 } y_{n+1}+(-2+a(\Delta x)^2)y_n+y_{n-1}=b(\Delta x)^2$$

(36)식에서 $(-2+a(\Delta x)^2)$, $b(\Delta x)^2$는 알고 있는 값이고, y_0, y_{n+1}도 각각 경계에서의 y값으로 (33)식에서 보듯이 $y_0=y(0)=0$, $y_{n+1}=y(L)=0$로 이미 주어진 값이다. 나머지 y_1, y_2, $\cdots$ y_n 값들은 앞서 그림 III-1-13에 나타낸 대로 구해야 할 값들이다. 즉, n개의 미지수가 있는 셈이다. 그런데 (36)식은 이러한 n개의 미지수 y값들에 대한 n개의 식이 주어져 있음을 보여준다. 따라서 이러한 식들이 서로 선형독립이라면 파트2, 3장에서 언급한 대로 독립적 해를 얻을 수 있다.

n개의 미지수 y_1, y_2, $\cdots$, y_n에 대하여 n개의 방정식을 보여주는 (36)식을 행렬방정식 형태로 다음과 같이 나타낼 수 있다.

$$\begin{bmatrix} (-2+a(\Delta x)^2) & 1 & & & \\ 1 & (-2+a(\Delta x)^2) & 1 & & \\ & & \vdots & & \\ & & 1 & (-2+a(\Delta x)^2) & 1 \\ & & & 1 & (-2+a(\Delta x)^2) \end{bmatrix} \begin{bmatrix} y_1 \\ y_2 \\ \vdots \\ \vdots \\ y_{n-1} \\ y_n \end{bmatrix}$$
$$= \begin{bmatrix} b(\Delta x)^2-y_0 \\ b(\Delta x)^2 \\ \vdots \\ \vdots \\ b(\Delta x)^2 \\ b(\Delta x)^2-y_{n+1} \end{bmatrix} \tag{37}$$

(37)식은 미지수 y_1, y_2, $\cdots$, y_n에 대한 행렬방정식을 보여주며 행렬은 삼대각행렬(Tri-Diagonal Matrix) 형태로 주어져 있음을 알 수 있다.

(37)식과 같은 삼대각행렬로 표현되는 연립방정식 문제는 파트2, 3장에서 다룬 TDMA (Tri-Diagonal Matrix Algorithm) 방법으로 쉽게 풀리게 되며, 다소 계산량이 많지만 가우스 소거법(Gauss Elimination Method) 또는 가우스－조단 소거법(Gauss-Jordan Elimination Method)으로도 문제를 풀 수 있다.

결과적으로 (33)식으로 주어지는 상미분방정식의 경계치 문제는 주어진 관심영역 $0 \le x \le L$에서 임의 선정된 n개의 격자점 x_1, x_2, $\cdots$, x_n에서의 y값들 y_1, y_2, $\cdots$, y_n은 (37)식으로 주어지는 행렬방정식 문제를 풀어 얻게 된다.

예제 III-1-10

다음 2계 비제차 상미분방정식의 경계치 문제를 Matrix 방법으로 풀이하시오.

$$\frac{d^2y}{dx^2}+4y=8,\ y(0)=0,\ y(2)=0$$

해설 위 상미분방정식의 독립변수 x의 변화구간은 $0 \le x \le 2$이고 x의 경계에서 각각 $y(0)=0$, $y(2)=0$인 2개의 경계조건을 갖는다.

완전해를 구하면 $y_{exact}(t)=2\left[\left(\frac{\cos 4-1}{\sin 4}\right)\sin 2x-\cos 2x+1\right]$로 주어지며, $0 \le t \le 2$에서 완전해를 구할 수 있다. 주어진 2계 비제차 상미분방정식을 (34), (35)식을 이용하여 차분식으로 고치면 다음과 같이 된다.

$$\frac{y_{j+1}-2y_j+y_{j-1}}{\Delta x^2}+4y_j=8 \qquad ①$$

①식을 정리하면 아래와 같이 된다.

$$y_{j+1}+(-2+4(\Delta x)^2)y_j+y_{j-1}=8(\Delta x)^2 \qquad ②$$

주어진 x구간 $0 \le x \le 2$를 10개의 구간으로 등분하면 $\Delta x=0.2$로 되고, 격자점의 시작부터 격자점의 끝까지 아래 숫자를 0부터 10까지 주고 각각의 격자점에 대하여 위 차분식을 적용하면, (36)과 같은 선형연립방정식이 아래와 같이 만들어진다.

$j=1$일 때 $y_2+(-2+4(0.2)^2)y_1+y_0=8(0.2)^2$ ③

$j=2$일 때 $y_3+(-2+4(0.2)^2)y_2+y_1=8(0.2)^2$

$\vdots$

$j=9$일 때 $y_{10}+(-2+4(0.2)^2)y_9+y_8=8(0.2)^2$

위 ③식과 같은 선형연립방정식은 총 9개이며 $y_0=y(0)=0$, $y_{10}=y(2)=0$으로 경계에서의 y값은 알고, 중간의 격자점들, 즉 $t=0.2,\ 0.4,\ \cdots,\ 1.8$에서의 y값 $y_1,\ y_2,\ \cdots,\ y_9$ 값들은 9개의 미지수 이다. 그런데, 위 선형연립방정식의 개수가 9개이므로 해를 구할 수 있다. 위 9개의 선형연립방정식을 (37)식과 같이 행렬방정식으로 표현하면 다음과 같다.

$$\begin{bmatrix} (-2+4(0.2)^2) & 1 & & & \\ 1 & (-2+4(0.2)^2) & 1 & & \\ & & \vdots & & \\ & & 1 & (-2+4(0.2)^2) & 1 \\ & & & 1 & (-2+4(0.2)^2) \end{bmatrix}\begin{bmatrix} y_1 \\ y_2 \\ \vdots \\ y_8 \\ y_9 \end{bmatrix}=\begin{bmatrix} 8(0.2)^2-0 \\ 8(0.2)^2 \\ \vdots \\ 8(0.2)^2 \\ 8(0.2)^2-0 \end{bmatrix}$$

위 행렬방정식을 보면 좌변은 3대각 행렬로 계수 값이 정해져 있는 것을 보여주며 미지수는 9개로 $y_1,\ y_2,\ \cdots,\ y_9$이고 우변의 계수 역시 모두 결정되어 있다. 따라서, 앞서 파트2, 3장에서 공부한 삼대각행렬 풀이법 TDMA를 이용하여 해를 구할 수 있다. 이렇게 해를 구하면

```
y1 = 1.813020
y2 = 3.655957
y3 = 5.233940
y4 = 6.294494
y5 = 6.667928
y6 = 6.294494
y7 = 5.233940
y8 = 3.655957
y9 = 1.813020
```

와 같이 계산된다. 앞서 언급한 완전해 $y_{exact}(t) = 2\left[\left(\frac{\cos 4 - 1}{\sin 4}\right)\sin 2x - \cos 2x + 1\right]$로 해를 구하면

```
y1 = 1.859667
y2 = 3.741490
y3 = 5.348370
y4 = 6.426615
y5 = 6.805996
y6 = 6.426615
y7 = 5.348370
y8 = 3.741490
y9 = 1.859667
```

위의 결과를 보면 TDMA 계산값과 완전해와 거의 유사하나, 다소 차이를 보이고 있다는 것을 알 수 있다. 이러한 차이는 주어진 구간을 더 많은 격자로 나누게 되면 감소하게 된다. 값은 포물형으로 분포하며 중간 y5에서 최대값을 보여주고 있는데 완전해와 TDMA해의 오차는 $Error = y_{exact}(1) - y(1) = 6.805996 - 6.667928 = 0.138068$로 나타난다.

C 프로그래밍 연습　　[III-1-10]

(예제 III-1-10)에서 다룬 다음 2계 제차 상미분방정식을 삼대각행렬방정식으로 풀이하는 C 프로그램을 작성하고 $\Delta x = 0.2,\ 0.1$로 할 때 구간 $0 \le x \le 2$에서의 해 $y(x)$를 계산하고 완전해 $y_{exact}(x)$와 비교하시오.

$$\frac{d^2y}{dx^2} + 4y = 8,\ y(0) = 0,\ y(2) = 0$$

위 상미분방정식의 완전해를 구하면 $y_{exact}(t) = 2\left[\left(\frac{\cos 4 - 1}{\sin 4}\right)\sin 2x - \cos 2x + 1\right]$로 주어지며, $0 \le t \le 2$에서 완전해를 구할 수 있다. 위 미분방정식을 차분식으로 바꾸고 구간 $0 \le x \le 2$를 $\Delta x = 0.2$로 나누어 형성되는 각 격자점에서 차분식을 적용하면 본문에서 언급한 대로 각 격자점에서의 y_j값이 미지수인 선형연립방정식이 만들어지고 이것을 행렬방정식으로 나타내면 그것이 삼대각행렬방정식이 된다고 하였다.

앞서 (예제 III-1-10)에서 나타낸 삼대각행렬방정식과 각 격자점에서의 미지수 y_1, y_2, ⋯ , y_9을 고려하여 C 프로그램을 작성하여 보자.

```
#include<stdio.h>
#include<math.h>

double y[9];
double a[9] = {1.0,1.0,1.0,1.0,1.0,1.0,1.0,1.0,1.0};
double b[9] = {-1.84,-1.84,-1.84,-1.84,-1.84,-1.84,-1.84,-1.84,-1.84};
double c[9] = {1.0,1.0,1.0,1.0,1.0,1.0,1.0,1.0,0.0};
double d[9] = {0.32,0.32,0.32,0.32,0.32,0.32,0.32,0.32,0.32};

main()
{
int i,j,k,n;
        double factor,sum;
        n=8;          /* total number of elements in row or column - 1 */


        FILE *out1;
out1=fopen("solution of ODE_vbp (tridiagonal matrix)_III-1-10.dat","w");



        /* loop for deleting lower terms in the tridiagonal matrix*/

     for(i=1; i<=n; i++)
     {
         factor=a[i]/b[i-1];
         b[i]=b[i]-factor*c[i-1];
         d[i]=d[i]-factor*d[i-1];
     }

y[n]=d[n]/b[n];

/* this loop is for backward substitution*/

        for(i=n-1; i>=0; i--)
        {
    y[i]=(d[i]-c[i]*y[i+1])/b[i];
        }

        for(i=0; i<=n; i++)
        {
     fprintf(out1,"y%d = %f\t  \n",i+1,y[i]);
```

```
43            }
44
45
46            fclose(out1);
47    }
```

위 C 프로그램은 파트2, 3장 삼대각행렬방정식의 해법에서 이미 다루었고 다만, 행렬방정식의 미지수의 개수가 9개이므로 line 4~8에서는 삼대각행렬방정식 좌우변에 들어갈 갈 계수값을 배열로 정의하여 각각의 값을 넣어주고 있다. line 4에서는 각 격자점에서의 y_j을 저장하도록 배열을 설정하고 있다. line 5는 3대각 행렬에서 대각 아래 계수들 1, 1, ⋯ , 1을 나타내고 있으며, line 6은 대각 계수들 −1.84, −1.84, ⋯ , −1.84를 나타내고, line 7은 대각 위의 계수들 1, 1, ⋯ , 1을 나타내고, 마지막으로 line 8은 삼대각행렬방정식의 우변 계수 0.32, 0.32, ⋯ , 0.32를 나타내고 있다. line 14에서 n=8은 전체 미지수의 수가 9이므로 배열로 표시할 때 C 언어에서는 index 0부터 들어가므로 개수가 9가 되도록 n=9−1=8로 되는 것을 의미한다. 독자는 미분방정식을 풀기 위해 주어진 구간을 나눌 때 Δx 크기에 따라 미지수 y_j의 개수가 달라지므로 이 부분을 주의해서 코딩하기를 바란다. 나머지 다른 line들은 이미 파트2, 3장 삼대각행렬방정식의 해법에서 설명하였으므로 파트2, 3장을 참조하기 바란다. 이렇게 하여 작성된 프로그램을 수행하면 다음과 같은 결과를 얻는다.

```
y1 = 1.813020
y2 = 3.655957
y3 = 5.233940
y4 = 6.294494
y5 = 6.667928
y6 = 6.294494
y7 = 5.233940
y8 = 3.655957
y9 = 1.813020
```

이러한 결과는 다음 완전해와 거의 일치된 값을 갖는다.

```
y_exact1 = 1.859667
y_exact2 = 3.741490
y_exact3 = 5.348370
y_exact4 = 6.426615
y_exact5 = 6.805996
y_exact6 = 6.426615
y_exact7 = 5.348370
y_exact8 = 3.741490
y_exact9 = 1.859667
```

위 결과를 보면 구간 $0 \le x \le 2$에서 $y(t)$값이 포물형 곡선을 그리고 있는 것을 알 수 있으며, $x=1$ 중간 부분에서 최대가 된다. 최대값을 갖는 y_5와 $y_{Exact\,5}$를 비교하면, 오차가 0.138068인 것을 확인할 수 있다.

다음으로는 구간 $0 \le x \le 2$를 20등분하여 $\Delta x = 0.1$로 하여 위 2계 제차 상미분방정식의 해를 구해보자. 이렇게 구간을 나누면 격자점의 구성은 $y_0, y_1, \cdots, y_{20}$과 같이 되고 주어진 미분방정식의 경계조건을 만족해야 하므로 $y_0 = 0$, $y_{20} = 0$이 되며, $y_1, y_2, \cdots, y_{19}$가 미지수로 남게 된다. 즉, 19의 미지수 $y_1, y_2, \cdots, y_{19}$를 구해야 하며, 이와 관련해 새롭게 만들어진 삼대각행렬방정식은 아래와 같다.

$$
\begin{bmatrix}
(-2+4(0.1)^2) & 1 & & & \\
1 & (-2+4(0.1)^2) & 1 & & \\
 & & \vdots & & \\
 & & 1 & (-2+4(0.1)^2) & 1 \\
 & & & 1 & (-2+4(0.1)^2)
\end{bmatrix}
\begin{bmatrix} y_1 \\ y_2 \\ \vdots \\ \vdots \\ y_{18} \\ y_{19} \end{bmatrix}
=
\begin{bmatrix} 8(0.1)^2-0 \\ 8(0.1)^2 \\ \vdots \\ \vdots \\ 8(0.1)^2 \\ 8(0.1)^2-0 \end{bmatrix}
$$

이러한 행렬방정식의 좌우변 각 계수값을 위 작성된 C 프로그램에 입력하면 아래와 같다.

C 프로그래밍 연습 [III-1-10-m]

```
#include<stdio.h>
#include<math.h>

double y[19];
double a[19]={1.0,1.0,1.0,1.0,1.0,1.0,1.0,1.0,1.0,1.0
                ,1.0,1.0,1.0,1.0,1.0,1.0,1.0,1.0,1.0};
double b[19]={-1.96,-1.96,-1.96,-1.96,-1.96,-1.96,-1.96,-1.96,-1.96,-1.96
                ,-1.96,-1.96,-1.96,-1.96,-1.96,-1.96,-1.96,-1.96,-1.96};
double c[19]={1.0,1.0,1.0,1.0,1.0,1.0,1.0,1.0,1.0,1.0
                ,1.0,1.0,1.0,1.0,1.0,1.0,1.0,1.0,1.0};
double d[19]={0.08,0.08,0.08,0.08,0.08,0.08,0.08,0.08,0.08,0.08
                ,0.08,0.08,0.08,0.08,0.08,0.08,0.08,0.08,0.08};

main()
{
int i,j,k,n;
        double factor,sum;
        n=18;       /* total number of elements in row or column - 1 */

        FILE *out1;
        out1=fopen("solution of ODE_vbp (tridiagonal matrix)_III-1-10m.dat","w");
```

```
26          /* loop for deleting lower terms in the tridiagonal matrix*/
27
28      for(i=1; i<=n; i++)
29      {
30          factor=a[i]/b[i-1];
31          b[i]=b[i]-factor*c[i-1];
32          d[i]=d[i]-factor*d[i-1];
33      }
34
35          y[n]=d[n]/b[n];
36
37    /* this loop is for backward substitution*/
38
39          for(i=n-1; i>=0; i--)
40          {
41     y[i]=(d[i]-c[i]*y[i+1])/b[i];
42          }
43
44          for(i=0; i<=n; i++)
45          {
46      fprintf(out1,"y%d = %f\t   \n",i+1,y[i]);
47          }
48
49
50          fclose(out1);
51    }
```

위 프로그램에서는 구간 $0 \le x \le 2$를 20등분하여 $\Delta x = 0.1$로 하여 선형연립방정식의 미지수가 y_1, y_2, $\cdots$, y_{19}와 같이 되어 line 4∼12까지 각 배열의 개수를 19개로 해주고 있으며 line 18에서는 미지수의 개수가 19이므로 앞서 언급한 C 언어의 특성 때문에 n = 19 − 1 = 18로 해주고 있다. 여기까지 수정해주고 위 프로그램을 수행하면 다음과 같은 결과를 준다.

```
y1 = 0.901995
y2 = 1.847911
y3 = 2.799910
y4 = 3.719913
y5 = 4.571119
y6 = 5.319481
y7 = 5.935063
y8 = 6.393243
y9 = 6.675693
y10 = 6.771115
y11 = 6.675693
y12 = 6.393243
y13 = 5.935063
```

```
y14 = 5.319481
y15 = 4.571119
y16 = 3.719913
y17 = 2.799910
y18 = 1.847911
y19 = 0.901995
```

이러한 결과와 아래 완전해와 비교해 보자.

```
y_exact1 = 0.908068
y_exact2 = 1.859667
y_exact3 = 2.816861
y_exact4 = 3.741490
y_exact5 = 4.596691
y_exact6 = 5.348370
y_exact7 = 5.966560
y_exact8 = 6.426615
y_exact9 = 6.710196
y_exact10 = 6.805996
y_exact11 = 6.710196
y_exact12 = 6.426615
y_exact13 = 5.966560
y_exact14 = 5.348370
y_exact15 = 4.596691
y_exact16 = 3.741490
y_exact17 = 2.816861
y_exact18 = 1.859667
y_exact19 = 0.908068
```

위 결과를 보면 구간 $0 \le x \le 2$에서 $y(t)$값이 포물형 곡선을 그리고 있는 것을 알 수 있으며, $x=1$ 중간 부분에서 최대가 된다. 최대에서의 y_{10}와 $y_{Exact10}$을 비교하면, 오차가 0.034881인 것을 확인할 수 있다. 이는 앞서 $\Delta x = 0.2$로 계산할 때 오차가 0.1380681인 것과 비교하면 Δx가 작을수록 더욱 정밀한 계산이 된다는 것을 알 수 있다.

1.3.2 Shooting 방법

앞 절에서는 (33)식을 주어지는 상미분방정식의 경계치 문제를 (34), (35)식과 같은 차분식을 이용하여 $n+1$개 패널로 나누어진 전체 구간 $0 \le x \le L$에 대하여 (36)식과 같이 n개의 방정식을 구하고, 이를 통해 (37)과 같은 행렬방정식을 얻어 n개 y값 $y_1, y_2, \cdots, y_n$을 파트2, 3장에서 소개한 행렬방정식 풀이 방법으로 얻어짐을 보였다. 이번 절에서는 앞 절에서 다룬 상미분방정식의 초기치 문제 해법을 그대로 상미분방정식 경계치 문제 해결에 적용하는 숏팅방법(Shooting Method)을 다루고자 한다.

다음 두 가지 2계 상미분방정식 경계치 문제와 초기치 문제를 생각해 보자.

$$\frac{d^2y(x)}{dx^2}+ay(x)=b \tag{33}$$
$$y(0)=0,\ y(L)=0$$

$$\frac{d^2y(x)}{dx^2}+ay(x)=b \tag{38}$$
$$y(0)=0,\ \frac{dy}{dx}(0)=U$$

(33)식으로 주어지는 경계치 문제는 x의 범위가 $0 \le x \le L$이고 경계에서 $y(0)=0$, $y(L)=0$와 같이 y값이 주어졌을 때, $0 \le x \le L$에서의 $y(x)$값을 찾는 것이라 하였다.

한편 (38)식으로 주어지는 초기치 문제는 초기, 즉 $x=0$에서 두 개의 조건 $y(0)=0$과 $\frac{dy(0)}{dx}=U$로 주어졌을 때, $x>0$인 범위에서의 $y(x)$ 값을 찾는 것으로, 앞 절에서 Euler 해법과 Runge-Kutta 해법을 살펴보았다. 그러면 어떻게 이러한 상미분방정식의 초기치 문제 해법이 경계치 문제 해법으로 적용될 수 있는지에 대해서 살펴보자.

(38)식에서 관심 있는 문제의 영역을 $0 \le x \le L$로 하면, $y(0)=0$과 $\frac{dy(0)}{dx}=U$과 같은 초기조건과 2계 상미분방정식 초기치 문제의 해법인 Euler 방법이나 Runge-Kutta 방법으로 구간 $0 \le x \le L$에서의 $y(x)$값이 구해질 것이다. 그런데, 만약 초기조건인 $y(0)=0$와 $\frac{dy(0)}{dx}=U$에서 $\frac{dy(0)}{dx}$값을 U가 아닌 다른 값 $\overline{U}$로 바꾸어 준다면 주어진 구간 $0 \le x \le L$에서 $y(x)$ 값이 다르게 계산될 것이고 $x=L$에서 $y(x)$ 값도 다른 값으로 계산될 것이다.

같은 방법으로 계속해서 $\frac{dy(0)}{dx}=U$ 값을 점진적으로 바꾸어주면서 $0 \le x \le L$ 구간에서의 $y(x)$값을 계산하여 $x=L$에서의 $y(L)$값이 $y(L)=0$인 값이 계산된다면, (38)식으로 주어지는 상미분방정식의 초기치 해법으로 문제를 풀이한 셈이고, $x=0$에서 $y(0)=0$이고 $x=L$에서 $y(L)=0$인 경계조건을 만족하는 2계 상미분방정식 경계치 문제인 (33)식을 푼 셈이 되는 것이다.

이렇듯 Euler 방법이나 Runge-Kutta 방법과 같은 상미분방정식의 초기치 문제 해법을 통하여 상미분방정식의 경계치 문제를 해결하는 방법을 슛팅법(Shooting Method)이라고 한다.

이러한 슛팅법은 (38)식으로 주어지는 초기치 문제의 초기조건 $\frac{dy(0)}{dx}=U$ 값을 변화시켜 그에 따라 얻어지는 $y(L)$값을 (33)식으로 주어지는 경계치 문제의 경계조건인 $y(L)$ 값과 일치시켜 초기치 문제의 해법으로 경계치 문제를 푸는 것으로, 즉 $\frac{dy(0)}{dx}=U$값을 변화시켜 경계치 문제에서

주어진 $y(L)|_{Boundery}$ 값을 찾는 문제가 된다. 다시 말하면, 변수가 U이고 $y(L)$ 값이 함수값이 되어 $y(L)|_{Boundery}=0$이 되는 U를 찾는 문제로, 근을 구하는 것과 같은 종류의 문제가 된다는 것을 알 수 있다. 근을 구하는 방법으로 파트2, 2장에서 언급된 뉴튼－랩슨 방법(Newton-Rapson Method)이 보편적으로 사용되는데, 여기서는 파트2, 2장에서 다룬 미분항을 산술식으로 쉽게 처리하는 방법인 Secant방법을 적용하기로 한다.

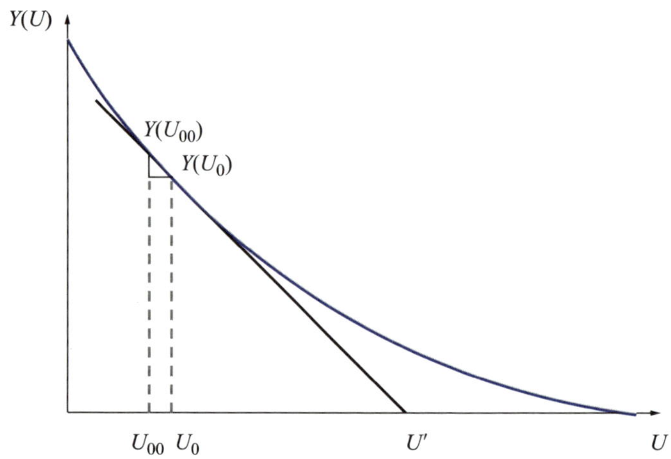

그림 III-1-14 경계치 문제를 초기치 문제의 해법으로 풀 때 이해를 위한 개략도

그림 III-1-14에서 보듯이 초기 $\dfrac{dy(0)}{dx}$ 값으로 $U^{(0)}=U_0$를 설정하여 (38)식을 Euler 방법이나 Runge-Kutta 방법으로 풀면, $y(L)$ 값이 계산되고 (33)식에서 주어진 $y(L)|_{Boundery}$와의 차인 $y(L)-y(L)|_{Boundery}=Y(U^{(0)})$가 계산되며, 여기에 $U^{(0)}$보다 미소하게 작은 $U^{(00)}=U_{00}$ 값을 설정하여 $\dfrac{dy(0)}{dx}$ 값으로 하여 (38)식을 풀어 얻어진 $y(L)-y(L)|_{Boundery}=Y(U^{(00)})$ 값을 가지고 근을 구하는 Scant 방법에 적용하면, 그림 III-1-14에서 $U^{(1)}=U'$값이 다음과 같은 식으로부터 결정된다.

여기서, 초기 $\delta^{(0)}$은 $U^{(0)}-U^{(00)}$으로 한다. 그러면

$$U^{(1)}-U^{(0)}=\delta^{(1)}=\frac{-Y(U^{(0)})}{\dfrac{[Y(U^{(0)})-Y(U^{(00)})]}{\delta^{(0)}}} \tag{39}$$

같은 방법으로

$$U^{(2)} - U^{(1)} = \delta^{(2)} = \frac{-Y(U^{(1)})}{\dfrac{[Y(U^{(1)}) - Y(U^{(0)})]}{\delta^{(1)}}}$$

$$\vdots \qquad (40)$$

$$U^{(n)} - U^{(n-1)} = \delta^{(n)} = \frac{-Y(U^{(n-1)})}{\dfrac{[Y(U^{(n-1)}) - Y(U^{(n-2)})]}{\delta^{(n-1)}}}$$

결과적으로, (40)식과 같이 계속 계산되며, 이 때 충분히 작은 ϵ 값을 설정하여 $|\delta^n| < \epsilon$을 만족하는 $U^{(n)}$ 값을 찾고, $U^{(n)}$ 값을 초기조건 $\frac{dy(0)}{dx}$ 값으로 하여, 즉 $\frac{dy(0)}{dx} = U^{(n)}$으로 하여, (38)식으로 주어지는 상미분방정식의 초기치 문제의 해를 Euler 방법이나 Runge-Kutta 방법으로 구하여 그것을 구간 $0 \le x \le L$에서의 상미분방정식 경계치 문제의 해인 $y(x)$값으로 구하는 것을 숏팅방법(shooting method)이라 한다.

예제 III-1-11

다음 2계 비제차 상미분방정식의 경계치 문제를 숏팅방법(Shooting Method)으로 풀이하는 과정을 설명하시오.

$$\frac{d^2y}{dx^2} + 4y = 8, \; y(0) = 0, \; y(2) = 0$$

해설 위 상미분방정식의 독립변수 x의 변화구간은 $0 \le x \le 2$이고 x의 경계에서 각각 $y(0) = 0$, $y(2) = 0$인 2개의 경계조건을 갖는다. 위 경계치 미분방정식 문제를 초기치 문제로 바꾸어 보자. 이때 이해 편의를 위해 독립변수를 x에서 t로 바꾸면 다음과 같은 식이 된다.

$$\frac{d^2y}{dt^2} + 4y = 8, \; y(0) = 0, \; y(2) = 0 \qquad ①$$

그런데 위 ①식과 같은 2계 상미분방정식을 보면 초기치 문제가 되기 위해서 $t = 0$일 때 2개의 초기치가 있어야 하는데 $y(0) = 0$ 하나 밖에는 없다. 앞서 본문에서 언급한 바와 같이 $t = 0$에서 또 하나의 초기치 $\frac{dy(0)}{dt} = U$를 가정하여, 앞서 공부한 초기치 미분방정식의 해법 Euler 방법이나 Runge-Kutta 방법으로 원래 있는 초기값 $y(0) = 0$과 가정한 초기값 $\frac{dy(0)}{dt} = U$를 가지고 해를 주어진 시간구간 $0 \le t \le 2$에서 구하고 마지막 계산값인 $t = 2$에서의 $y(2)$값이 $y(2) = 0$을 만족할 때까지 가정한 초기치 $\frac{dy(0)}{dt} = U$를 변화시키면서 계산하고, 그때 계산한 $0 \le t \le 2$ 구간에서의 각 격자점에서의 $y(t)$값이 위 경계치 2계 상미분방정식을 초기문제를 풀이하는 방법으로 풀이하는 것이 되는 셈이다. 이러한 맥락에서 위 미분방정식을 다시 쓰면 아래 식과 같다.

$$\frac{d^2y}{dt^2}+4y=8,\ \left(y(0)=0,\ \frac{dy(0)}{dt}=U\ \Rightarrow\ y(2)=0\right) \qquad ②$$

이제는 ②식과 같은 위 2계 비제차 상미분방정식을 Euler 방법으로 풀이하되 $\frac{dy(0)}{dt}=U$를 가정하고 $y(2)=0$을 만족하는 주어진 구간 $0 \le t \le 2$에서 $\Delta t=0.2$ 해서 문제를 풀면, $y(2)=0$을 만족하는 $\frac{dy(0)}{dt}=U$을 찾기 위해 반복적이 계산을 수행하여야 한다. 마치 근을 찾는 것과 같이 계속해서 $\frac{dy(0)}{dt}=U$값을 $\frac{dy(0)}{dt}=U+\delta U\ \cdots$ 와 같이 변화시켜 가면서 그 때 계산된 $y(2)=Y\cdots$ 값이 0을 찾아가도록 한다. 파트2, 2장에 근을 찾는 방법으로 여러 가지 방법을 살펴보았는데 여기서는 Secant 방법으로 $y(2)=0$을 만족하는 $\frac{dy(0)}{dt}=U$를 찾도록 하겠다.

실제 초기치 Euler 방법을 통한 계산을 수행하기 위해 $\frac{dy}{dt}=z$로 치환하고 위 2계 상미분방정식을 2개의 1계 상미분방정식으로 나누고 각각의 1계 상미분방정식에 초기치를 적용하면 다음과 같은 식으로 나누어진다.

$$\frac{dy(t)}{dt}=z(t)=f_1(z,y,t),\ y(0)=0 \qquad ③$$

$$\frac{dz(t)}{dt}=-4y+8=f_2(z,y,t),\ z(0)=\frac{dy(0)}{dt}=U$$

③식과 같은 위 2개의 1계 상미분방정식을 풀이하는 문제는 먼저 위 미분방정식을 차분화하여 다음과 같은 식을 만든다.

$$y_{j+1}=y_j+\Delta t z_j=y_j+\Delta t f_1(y_j,z_j,t_j) \qquad ④$$

$$z_{j+1}=z_j+\Delta t(-4y_j+8)=z_j+\Delta t f_2(y_j,z_j,t_j)$$

그리고 주어진 초기조건 $y(0)=0$, $\frac{dy(0)}{dt}=U$를 이용하여 주어진 구간 $0 \le t \le 2$에서 Δt 간격으로 해를 구하여 나간다. 그리고 $t=2$에서 $y(2)=0$인지 확인하고 $y(2)=0$이 아니면 다시 초기조건 $y(0)=0$, $\frac{dy(0)}{dt}=U+\delta U$를 적용하여 $t=2$에서 $y(2)=0$인지 확인한다. 이러한 과정을 계속 반복하여 $t=2$에서 $y(2)=0$인 $\frac{dy(0)}{dt}=\widehat{U}$ 찾고, 그때 계산된 $0 \le t \le 2$ 범위에서의 $y(t)$을 해로 취하면 된다. 이러한 풀이 방법을 C 프로그램에 반영하고 풀이한 결과를 C 프로그래밍 연습에서 살펴보기로 하자.

C 프로그래밍 연습 [III-1-11]

(예제 III-1-11)에서 다룬 다음 2계 제차 상미분방정식을 슛팅법(Euler 알고리즘)으로 풀이하는 C 프로그램을 작성하고 $\Delta x = 0.2$, 0.1로 할 때 구간 $0 \le x \le 2$에서의 해 $y(x)$를 계산하고 완전해 $y_{exact}(x)$와 비교하시오.

$$\frac{d^2y}{dx^2} + 4y = 8,\ y(0) = 0,\ y(2) = 0$$

위 상미분방정식의 완전해를 구하면 $y_{exact}(x) = 2\left[\left(\frac{\cos 4 - 1}{\sin 4}\right)\sin 2x - \cos 2x + 1\right]$로 주어지며, $0 \le x \le 2$에서 완전해를 구할 수 있다. 앞서 (예제 III-1-11)에서 풀이방법을 언급한 바와 같이 주어진 2계 상미분방정식이 경계치 문제이나 이를 초기치 문제로 가정하고 이해하기 쉽게 독립변수를 x가 아닌 t로 하고 주어진 구간도 $0 \le t \le 2$로 하여 문제를 풀이한다고 하였다. 또한, 초기치 문제라면 초기에 2계 미분방정식이므로 2개의 조건이 필요한데 하나는 $y(0) = 0$과 같이 이미 주어져 있고, 나머지 하나를 $\frac{dy(0)}{dt} = U$와 같이 가정하여 초기치 문제해법으로 주어진 구간에서의 $y(t)$을 (여기서는 Euler 방법으로) 찾고 원래 문제에서 주어진 조건인 $y(2) = 0$이 만족할 때까지 $\frac{dy(0)}{dt} = U$에서 U값을 변화시키며 반복 계산을 하는데, 이 과정이 파트2, 2장에서 공부한 근을 구하는 과정과 동일하고, 본 프로그램에서는 Secant 방법을 사용한다. 아래 C 프로그램에서는 이러한 알고리즘을 그대로 반영하여 해를 구하도록 하였다.

```
#include <stdio.h>
#include <math.h>


double z[5000],y[5000];

main ()
{

FILE *out1;
out1=fopen("solutions of ODE_(shooting with Euler method)_III-1-11.dat","w");

        int i,j,n,jmax;
        double t,t0,tn,delt;
        double U,U0,epsil,yL_U0,yL_U,del;

        n=10;            /* number of time step  */
        jmax=5000;

        t0=0.0;
        tn=2.0;
```

```
            delt=(tn-t0)/float(n);
            U0=9.0;
            U=10.0;
            epsil=0.000001;
            y[0]=0.0;
            z[0]=U0;
            for(i=0;i<=n;i++)
    {
    t=t0+delt*float(i);
    y[i+1]=y[i]+delt*(z[i]);                        /* function1: z     */
    z[i+1]=z[i]+delt*(8.0-4.0*y[i]);                /* function2: 8-4y */
    }
    yL_U0=y[n];
    y[0]=0.0;
            z[0]=U;
            for(i=0;i<=n;i++)
    {
    t=t0+delt*float(i);
    y[i+1]=y[i]+delt*(z[i]);                        /* function1: z     */
    z[i+1]=z[i]+delt*(8.0-4.0*y[i]);                /* function2: 8-4y */
    }
    yL_U=y[n];
    del=U-U0;
            for(j=0;j<=jmax;j++)
            {
    del=-yL_U/((yL_U-yL_U0)/del);
    U=U+del;
    if(fabs(del)<epsil)
    {
    goto END;
    }
    y[0]=0.0;
```

```
67            z[0]=U;
68     for(i=0;i<=n;i++)
69     {
70     t=t0+delt*float(i);
71     y[i+1]=y[i]+delt*(z[i]);                    /* function1: z     */
72     z[i+1]=z[i]+delt*(8.0-4.0*y[i]);            /* function2: 8-4y */
73
74     }
75
76     yL_U0=yL_U;
77     yL_U=y[n];
78
79     fprintf(out1,"U = %f \n",U);
80
81     }
82
83     END:;
84
85     fprintf(out1," \n");
86
87     for(i=0;i<=n;i++)
88     {
89     fprintf(out1,"y[%f] = %f \n", i*delt, y[i]);
90     }
91
92
93
94
95     fclose(out1);
96     }
```

위 프로그램은 2계 상미분방정식을 2개의 1계 상미분방정식으로 나누고 주어진 하나의 초기조건 $y(0)=0$과 가정한 초기조건 $\frac{dy(0)}{dt}=U$로 Euler 방법으로 해를 구해 주어진 경계조건 $y(2)=0$을 만족할 때까지 반복계산 하여 $\frac{dy(0)}{dt}=\widehat{U}$을 찾고, 이때의 $0 \le t \le 2$범위에서 $y(t)$을 계산하면 이것을 해로 하는 알고리즘을 C 프로그램에 반영하였고, 이러한 반복계산이 파트2, 2장에서 다룬 Secant 방법이라고 언급한 바 있다.

line 5에서는 2개의 1계 상미분방정식의 종속변수 $y(t)$와 $z(t)$를 각각 나타내고, line 17에서는 $0 \le t \le 2$ 구간을 10등분하도록 n=10으로 정하고 있다. line 20~22는 구간 시작점과 끝점을 정의하고 $\Delta t=0.2$로 정하고 있다.

Secant 방법으로 $y(2)=0$을 만족하는 $\frac{dy(0)}{dt}=\widehat{U}$를 찾기 위해 첫 번째로 $\frac{dy(0)}{dt}=U_{00}=9$, $\frac{dy(0)}{dt}=U_0=10$으로 정하여 각각에 대하여 Euler 방법을 통하여 $t=2$에서의 $y(2)$값을 계산하고

$\frac{dy(0)}{dt} = U_{00} = 9$ 조건에서의 $y(2)$값을 $y_{L_U_{00}}$로 하고 $\frac{dy(0)}{dt} = U_0 = 10$ 조건에서의 $y(2)$값을 $y_{L_U_0}$로 하여 Secant 방법으로 $y(2) = 0$을 만족하는 $\frac{dy(0)}{dt} = \widehat{U}$을 찾는다. line 28~38은 $\frac{dy(0)}{dt} = U_{00} = 9$ 조건에서의 Euler 계산을 하고 $y(2)$값을 $y_{L_U_\infty}$로 하고, line 40~49는 $\frac{dy(0)}{dt} = U_0 = 10$ 조건에서의 Euler 계산을 하고 $y(2)$값을 $y_{L_U_0}$로 한다. line 28~81은 앞서 언급한 Secant 알고리즘으로 $y(2) = 0$을 만족하는 $\frac{dy(0)}{dt} = \widehat{U}$를 찾고 출력파일에 저장하는 것까지 나타내고 있다. line 87~90은 Secant 방법으로 찾은 $\frac{dy(0)}{dt} = \widehat{U}$ 조건에서 $0 \le t \le 2$ 구간에서의 $y(t)$을 출력파일에 저장한다.

위 C 프로그램을 수행하고 출력파일을 열면 다음과 같다.

```
U = 8.209541

y[0.000000] = 0.000000
y[0.200000] = 1.641908
y[0.400000] = 3.603816
y[0.600000] = 5.623019
y[0.800000] = 7.385611
y[1.000000] = 8.568520
y[1.200000] = 8.889732
y[1.400000] = 8.159980
y[1.600000] = 6.327871
y[1.800000] = 3.510165
y[2.000000] = -0.000000
```

위 출력파일을 보면 U=8.209541로 $y(2) = 0$을 만족하는 초기조건이 $\frac{dy(0)}{dt} = \widehat{U} = 8.209541$인 것을 알 수 있고, 다음은 $0 \le t \le 2$에서의 $y(t)$값을 출력하고 있다. 결과를 보면 완전해가 $t = 1$에서 $y_{exact}(1) = 6.805996$이므로 $\Delta t = 0.2$, Euler 방법으로 계산했을 때 오차가 $y_{exact}(1) - y(1) = 6.805996 - 8.56852 = -1.762524$인 것을 알 수 있다. 앞서 Euler 방법으로 계산 시 Δt를 작게 하면 오차를 줄일 수 있는 것을 확인한 바 있으므로, 이번에는 $\Delta t = 0.1$로 계산을 다시 수행하면 위 프로그램에서 line 17에서 n=20으로 수정하면 된다. 계산결과는 다음과 같다.

```
U = 7.580109

y[0.000000] = 0.000000
y[0.100000] = 0.758011
y[0.200000] = 1.596022
y[0.300000] = 2.483712
y[0.400000] = 3.387562
y[0.500000] = 4.272063
y[0.600000] = 5.101062
y[0.700000] = 5.839178
y[0.800000] = 6.453251
```

```
y[0.900000] = 6.913758
y[1.000000] = 7.196134
y[1.100000] = 7.281960
y[1.200000] = 7.159941
y[1.300000] = 6.826644
y[1.400000] = 6.286948
y[1.500000] = 5.554187
y[1.600000] = 4.649948
y[1.700000] = 3.603542
y[1.800000] = 2.451138
y[1.900000] = 1.234592
y[2.000000] = -0.000000
```

위 결과를 보면 $y(2)=0$을 만족하는 초기조건이 $\frac{dy(0)}{dt}=\widehat{U}=7.580109$인 것을 알 수 있고, $t=1$에서 오차는 $y_{exact}(1)-y(1)=6.805996-7.196134=-0.390138$인 것을 확인할 수 있다. 마지막으로 $\Delta t=0.01$로 계산하여 보자. line 17에서 n=200으로 하면 되고 프로그램을 수행하면 다음과 같은 결과를 얻는다.

```
U = 8.539023

y[0.000000] = 0.000000
y[0.010000] = 0.085390
y[0.020000] = 0.171580
y[0.030000] = 0.258537
y[0.040000] = 0.346224
y[0.050000] = 0.434608
y[0.060000] = 0.523654
y[0.070000] = 0.613325
y[0.080000] = 0.703587
y[0.090000] = 0.794404
y[0.100000] = 0.885740
  ⋮
  ⋮
y[0.950000] = 6.776568
y[0.960000] = 6.787035
y[0.970000] = 6.795592
y[0.980000] = 6.802233
y[0.990000] = 6.806956
y[1.000000] = 6.809759
y[1.010000] = 6.810638
y[1.020000] = 6.809594
y[1.030000] = 6.806625
y[1.040000] = 6.801733
y[1.050000] = 6.794918
  ⋮
```

```
⋮
y[1.900000] = 0.932122
y[1.910000] = 0.836532
y[1.920000] = 0.741370
y[1.930000] = 0.646674
y[1.940000] = 0.552480
y[1.950000] = 0.458829
y[1.960000] = 0.365756
y[1.970000] = 0.273299
y[1.980000] = 0.181497
y[1.990000] = 0.090385
y[2.000000] = -0.000000
```

위 결과를 보면 $y(2)=0$을 만족하는 초기조건이 $\frac{dy(0)}{dt}=\widehat{U}=8.539023$인 것을 알 수 있고, $t=1$에서 오차는 $y_{exact}(1)-y(1)=6.805996-6.809759=-0.003763$로 현저히 감소한 것을 확인할 수 있다.

C 프로그래밍 연습 [III-1-12]

(예제 III-1-11)에서 다룬 다음 2계 제차 상미분방정식을 슛팅법(Runge-Kuttar 알고리즘)으로 풀이하는 C 프로그램을 작성하고 $\Delta x=0.2,\ 0.1,\ 0.01$로 할 때 구간 $0\le x\le 2$에서의 해 $y(x)$를 계산하고 완전해 $y_{exact}(x)$와 비교하시오.

$$\frac{d^2y}{dx^2}+4y=8,\ y(0)=0,\ y(2)=0$$

C 프로그래밍 연습[III-1-11]에서 Euler 알고리즘을 통한 슛팅방법으로 위 2계 상미분방정식 경계치 문제를 풀어보았다. 이번에는 Runge-Kutta 알고리즘으로 동일 C 프로그램을 수정해 보도록 하자. 전체적으로 Secant 방법을 통해 $y(2)=0$을 만족하는 $\frac{dy(0)}{dt}=\widehat{U}$을 찾는 알고리즘은 동일하다. 아래 수정된 프로그램에서는 2차 정확도를 갖는 Runge-Kutta 알고리즘을 통하여 $0\le t\le 2$에서의 $y(t)$를 계산하고자 한다.

```
#include <stdio.h>
#include <math.h>


double z[1000],y[1000];

main ()
{

FILE *out1;
out1=fopen("solutions of ODE_(shooting with Runge-Kutta)_III-1-12.dat","w");

```

```
        int i,j,n,jmax;
        double t,t0,tn,delt,y_semi,z_semi;
        double U,U0,epsil,yL_U0,yL_U,del;

        n=10;            /* number of time step  */
        jmax=1000;

        t0=0.0;
        tn=2.0;
        delt=(tn-t0)/float(n);
        U0=9.0;
        U=10.0;
        epsil=0.000001;


        y[0]=0.0;
        z[0]=U0;
        for(i=0;i<=n;i++)
    {
    t=t0+delt*float(i);
    y_semi=y[i]+(delt/2.0)*z[i];               /* function1: z     */
    z_semi=z[i]+(delt/2.0)*(8.0-4.0*y[i]);     /* function2: 8-4y */
    z[i+1]=z[i]+delt*(8.0-4.0*y_semi);
    y[i+1]=y[i]+delt*(z_semi);

    }
    yL_U0=y[n];

    y[0]=0.0;
        z[0]=U;
        for(i=0;i<=n;i++)
    {
    t=t0+delt*float(i);
    y_semi=y[i]+(delt/2.0)*z[i];               /* function1: z     */
    z_semi=z[i]+(delt/2.0)*(8.0-4.0*y[i]);     /* function2: 8-4y */
    z[i+1]=z[i]+delt*(8.0-4.0*y_semi);
    y[i+1]=y[i]+delt*(z_semi);

    }
    yL_U=y[n];
    del=U-U0;


        for(j=0;j<=jmax;j++)
        {
```

```

del=-yL_U/((yL_U-yL_U0)/del);
U=U+del;

if(fabs(del)<epsil)
{

goto END;

}

y[0]=0.0;
        z[0]=U;
for(i=0;i<=n;i++)
{
t=t0+delt*float(i);
y_semi=y[i]+(delt/2.0)*z[i];                 /* function1: z      */
z_semi=z[i]+(delt/2.0)*(8.0-4.0*y[i]); /* function2: 8-4y */
z[i+1]=z[i]+delt*(8.0-4.0*y_semi);
y[i+1]=y[i]+delt*(z_semi);
}
yL_U0=yL_U;
yL_U=y[n];

fprintf(out1,"U = %f \n",U);

}

END:;

fprintf(out1," \n");

for(i=0;i<=n;i++)
{

fprintf(out1,"y[%f] = %f \n", i*delt, y[i]);

}




fclose(out1);
}
```

앞 프로그램은 앞선 C 프로그래밍 연습 [III-1-11]의 프로그램에서 $0 \le t \le 2$에서의 $y(t)$를 계산하는 알고리즘을 Euler 방법에서 2차 정확도 Runge-Kutta 방법으로 수정한 것이다. 그러므로 수정된 부분만 언급하면, line 30~38, line 43~51, line 56~78 부분이 수정되었다. line 17을 보면 n = 10이므로 $0 \le t \le 2$범위를 10등분하였으므로 $\Delta t = 0.2$로 계산하였고 계산결과는 다음과 같다.

```
U = 7.532947

y[0.000000] = 0.000000
y[0.200000] = 1.666589
y[0.400000] = 3.399325
y[0.600000] = 4.910302
y[0.800000] = 5.946675
y[1.000000] = 6.332954
y[1.200000] = 6.000702
y[1.400000] = 5.000606
y[1.600000] = 3.494810
y[1.800000] = 1.730639
y[2.000000] = 0.000000
```

위 결과를 보면 $y(2) = 0$을 만족하는 초기조건이 $\dfrac{dy(0)}{dt} = \widehat{U} = 7.532947$인 것을 알 수 있고, $t = 1$에서 오차는 $y_{exact}(1) - y(1) = 6.805996 - 6.332954 = 0.473042$인 것을 확인할 수 있다. 앞서 Euler 방법으로 풀이할 때는 오차가 $\Delta t = 0.2$에서 -1.762524인 것을 상기하면 2차 정확도를 갖는 Runge-Kutta 방법이 Euler 방법에 비하여 정확도가 높은 것을 알 수 있다. 다음으로는 line 17에서 n = 20으로 하여 $\Delta t = 0.1$에서 계산하면 다음과 같다.

```
U = 8.423800

y[0.000000] = 0.000000
y[0.100000] = 0.882380
y[0.200000] = 1.810265
y[0.300000] = 2.746186
y[0.400000] = 3.652336
y[0.500000] = 4.492094
y[0.600000] = 5.231507
y[0.700000] = 5.840663
y[0.800000] = 6.294900
y[0.900000] = 6.575804
y[1.000000] = 6.671959
y[1.100000] = 6.579405
y[1.200000] = 6.301806
y[1.300000] = 5.850302
y[1.400000] = 5.243067
y[1.500000] = 4.504568
y[1.600000] = 3.664589
```

```
y[1.700000] = 2.757025
y[1.800000] = 1.818514
y[1.900000] = 0.886960
y[2.000000] = 0.000000
```

위 결과에서 보면 $y(2)=0$을 만족하는 초기조건이 $\frac{dy(0)}{dt}=\widehat{U}=8.4238$인 것을 알 수 있고, $t=1$에서 오차는 $y_{exact}(1)-y(1)=6.805996-6.671959=0.134037$로 $\Delta t=0.2$일 때 비하여 오차가 줄어드는 것을 확인할 수 있다. 마지막으로 $\Delta t=0.01$에서 프로그램을 실행하려면 line 17에서 n=200으로 바꾸어 실행하면 된다. 다음 결과를 보자.

```
U = 8.737060

y[0.000000] = 0.000000
y[0.010000] = 0.087771
y[0.020000] = 0.176306
y[0.030000] = 0.265571
y[0.040000] = 0.355530
y[0.050000] = 0.446147
y[0.060000] = 0.537386
y[0.070000] = 0.629209
y[0.080000] = 0.721581
y[0.090000] = 0.814464
y[0.100000] = 0.907822
  ⋮
  ⋮
y[0.950000] = 6.780589
y[0.960000] = 6.789227
y[0.970000] = 6.795949
y[0.980000] = 6.800752
y[0.990000] = 6.803635
y[1.000000] = 6.804596
y[1.010000] = 6.803636
y[1.020000] = 6.800753
y[1.030000] = 6.795950
y[1.040000] = 6.789229
y[1.050000] = 6.780591
  ⋮
  ⋮
y[1.900000] = 0.907827
y[1.910000] = 0.814469
y[1.920000] = 0.721585
y[1.930000] = 0.629212
y[1.940000] = 0.537388
y[1.950000] = 0.446150
y[1.960000] = 0.355532
```

```
y[1.970000] = 0.265573
y[1.980000] = 0.176307
y[1.990000] = 0.087771
y[2.000000] = 0.000000
```

위 결과에서는 $y(2)=0$을 만족하는 초기조건이 $\dfrac{dy(0)}{dt}=\widehat{U}=8.73706$인 것을 보여주고, $t=1$에서 오차는 $y_{exact}(1)-y(1)=6.805996-6.804596=0.0014$로 나타나는 것을 확인할 수 있다. 위에서 프로그램에 대해 설명한 대로 line 30∼38, line 43∼51, line 56∼78 부분이 Euler 알고리즘에서 2차 정확도를 갖는 Runge-Kutta 알고리즘으로 수정된 부분이라 하였다. 이 부분을 수정하면 4차 정확도를 갖는 Runge-Kutta 알고리즘을 활용한 숏팅방법의 C 프로그램이 될 것이며, 이러한 작업은 독자에게 맡긴다.

Chap 2. 편미분방정식(Partial Differential Equation)의 수치해법

에너지 및 물질전달, 파동의 전파, 구조물의 탄성변형 등 자연계의 많은 현상들은 편미분방정식(Partial Differential Equation)의 형태로 표현되며 이러한 방정식을 풀면 그와 관련된 자연현상의 물리적 거동을 이해하는 것이 되며, 이러한 이해로부터 자연현상을 파악하게 되며 또한 이를 과학적으로 이용할 수 있게 해준다.

파트3, 1장에서도 언급한 바와 같이, 편미분방정식은 물리현상의 물성(온도, 압력, 힘 등)에 독립적으로 관여하는 변수(좌표 또는 시간)가 2개 이상인 경우에 대한 미분방정식 형태를 의미한다.

2.1 편미분방정식의 구분

편미분방정식은 크게 3가지로 구분하는데 포물형(Parabolic), 타원형(Elliptic), 쌍곡선형(Hyperbolic)으로 구분된다. 각각은 수학적으로 다음과 같은 형태로 표현된다.[18)]

$$\frac{\partial^2 u}{\partial x^2} = \Phi(x, y, u, \frac{\partial u}{\partial x}, \frac{\partial u}{\partial y}) \quad \text{(포물형)} \tag{1}$$

$$\frac{\partial^2 u}{\partial x^2} + \beta \frac{\partial^2 u}{\partial y^2} = \Phi(x, y, u, \frac{\partial u}{\partial x}, \frac{\partial u}{\partial y}) \quad \text{(타원형)} \tag{2}$$

$$\frac{\partial^2 u}{\partial x^2} - \gamma \frac{\partial^2 u}{\partial y^2} = \Phi(x, y, u, \frac{\partial u}{\partial x}, \frac{\partial u}{\partial y}) \quad \text{(쌍곡선형)} \tag{3}$$

18) 본 장에서 다루는 편미분방정식의 수치적 해법은 주로 참고문헌 [1], [3]을 참고하였으며, 완전해를 얻기 위해 참고문헌 [10]을 참고하였다. 보다 자세한 내용은 언급한 서적들을 참고하기 바란다.

2.2 포물형(Parabolic) 편미분방정식의 해법

포물형 편미분방정식으로 표현되는 물리현상으로는 가장 단순한 형태로 1차원 열전도 방정식을 들 수 있으며 다음과 같은 형태를 갖는다.

$$\frac{\partial^2 T}{\partial x^2} = \frac{1}{\alpha}\frac{\partial T}{\partial t} \tag{4}$$

(4)식으로 표현되는 1차원 열전도 현상은 아래 그림과 같이 x 방향으로는 온도가 변화하고 y, z 방향으로는 온도의 변화가 없는 경우를 의미한다. 여기서, α는 벽(Wall)의 열확산계수이며 t는 시간을 나타낸다. x와 t는 편미분방정식의 독립변수를 의미하고 T는 벽의 온도를 나타내며 벽의 위치(x)와 시간(t)의 함수 $T(x,t)$임을 알 수 있다.

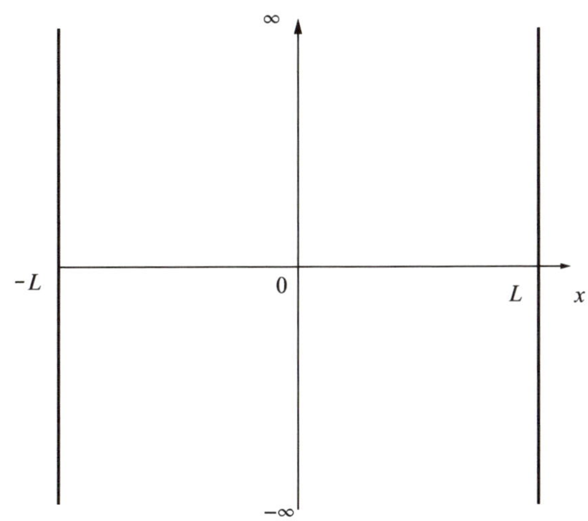

그림 III-2-1 일정두께($2L$)와 일정온도를 갖는 Wall

만약, 그림 III-2-1의 벽이 시간 $t=0$에서 초기 전체 온도가 T_i이고 $t=0+$에서 $x=-L$, $+L$인 벽의 온도가 갑자기 T_∞로 되었을 때(여기서, $T_i > T_\infty$), 시간이 지나면서 벽 내부 온도는 점점 낮아지게 된다. 즉, 시간에 따른 벽의 온도 분포는 다음 그림과 같이 될 것이다.

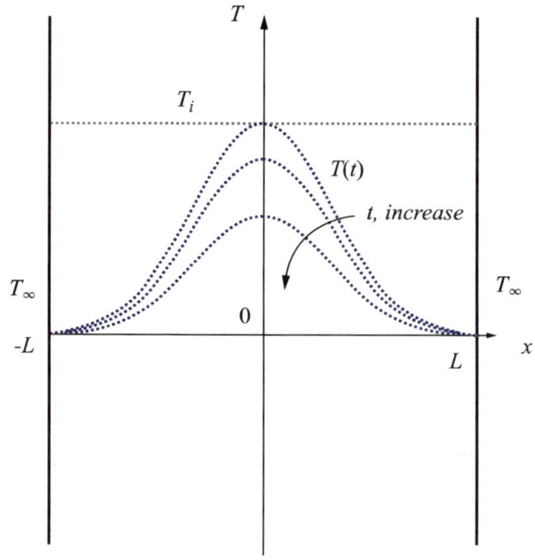

그림 III-2-2 초기 일정온도를 갖는 Wall 내부의 1차원 온도분포의 시간에 따른 변화 개략도

(4)식으로 표현되는 포물형 편미분방정식을 풀면 시간 t가 증가하면서 x에 따른 벽의 내부에서의 온도 변화를 추적할 수 있다.

이와 같은 열전도 물리 현상은 다음 식과 같은 포물형 편미분방정식과 경계 및 초기 조건으로 모델링 된다.

$$\frac{\partial^2 T}{\partial x^2} = \frac{1}{\alpha}\frac{\partial T}{\partial t} \text{ (포물형 편미분방정식)}$$

$$T(L,t) = T_\infty \ (t \geqq 0) \text{ (경계조건)} \tag{5}$$

$$T(-L,t) = T_\infty \ (t \geqq 0)$$

$$T(x,t) = T_i \ (-L \leqq x \leqq L) \ (t=0) \text{ (초기조건)}$$

벽 내부온도 $T(x,t)$를 $t \geq 0$, $-L \leq x \leq L$ 영역에서 풀기 위해 좌표로 나타내면 다음 그림과 같이 표현된다. 그림의 $-L \leq x \leq L$, $t \geq 0$ 구간 중 (x,t)에서의 온도 $T(x,t)$를 구하기 위해 구간을 격자 구성하여 주어진 편미분방정식을 차분법(Finite Differencing Method)을 통해 산술식으로 표현하면 다음 절에서와 같다.

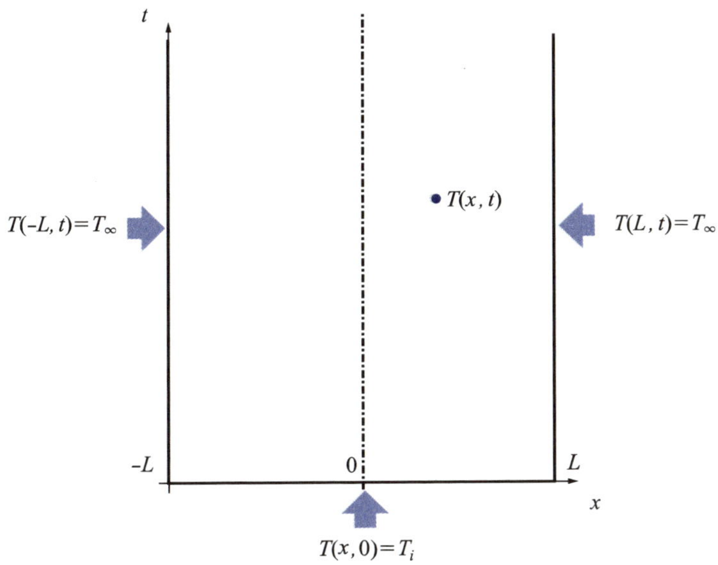

그림 III-2-3 Wall 온도 $T(x, t)$의 계산영역

2.2.1 직접방법(Explicit Method)

그림 III-2-3에서 관심영역 $(t \geq 0,\ -L \leq x \leq L)$을 격자구성하면 다음 그림과 같이 나타낼 수 있다.

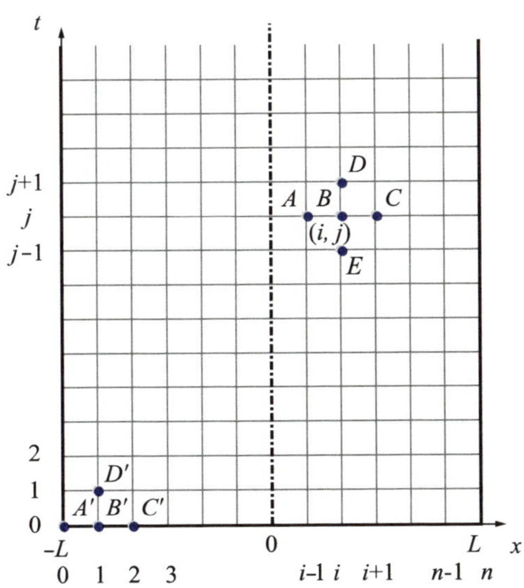

그림 III-2-4 Wall 내부 온도 $T(x, t)$의 계산영역의 격자화

(5)식으로 표현되는 포물형 편미분방정식의 미분항들은 그림 III-2-4의 격자점(i,j)에서 유한차분식으로 표현하면, (5)식의 좌변 $\dfrac{\partial^2 T}{\partial x^2}$ 항은 중앙차분식으로 다음과 같은 식으로 쓰인다.

$$\left.\frac{\partial^2 T}{\partial x^2}\right|_{i,j} = \frac{T_{i-1,j} - 2T_{i,j} + T_{i+1,j}}{\Delta x^2} \tag{6}$$

또한, (5)식의 우변 $\dfrac{1}{\alpha}\dfrac{\partial T}{\partial t}$ 항은 전방차분식으로 (7)식과 같이 쓰인다.

$$\left.\frac{1}{\alpha}\frac{\partial T}{\partial t}\right|_{i,j} = \frac{1}{\alpha}\frac{T_{i,j+1} - T_{i,j}}{\Delta t} \tag{7}$$

(6)식과 (7)을 통하여 (5)식의 포물형 편미분방정식은 유한차분식으로 다음과 같이 기술된다.

$$\frac{T_{i+1,j} - 2T_{i,j} + T_{i-1,j}}{\Delta x^2} = \frac{1}{\alpha}\frac{T_{i,j+1} - T_{i,j}}{\Delta t} \tag{8}$$

(8)식은 그림 III-2-4의 격자점 B (i,j)를 포함한 A, B, C, D 4개의 격자점에서의 온도 $T_{i-1,j}$, $T_{i,j}$, $T_{i+1,j}$, $T_{i,j+1}$로 표현된다는 것을 알 수 있으며, 그림 III-2-4에서 A', B', C', D'와 같이 임의 4개의 점들의 온도에 대해서도 또 하나의 산술식이 만들어짐을 알 수 있다.

(8)식은 다시 다음과 같은 식으로 쓸 수 있다.

$$T_{i,j+1} = \left[\frac{\alpha\Delta t}{\Delta x^2}\right] T_{i-1,j} + \left[1 - \frac{2\alpha\Delta t}{\Delta x^2}\right] T_{i,j} + \left[\frac{\alpha\Delta t}{\Delta x^2}\right] T_{i+1,j} \tag{9}$$

D A B C

(9)식에서 우변의 A, B, C 점들에서의 온도 $T_{i-1,j}$, $T_{i,j}$, $T_{i+1,j}$ 값은 그림 III-2-4의 j행에서의 온도 T를 의미하는데, 이러한 온도 값들을 알면 (9)식 좌변의 $j+1$행에서의 온도 T를 알게 된다는 것을 의미한다. 즉, 그림 III-2-4에서 임의 행 j에서의 온도 T 값을 알면 위 행 $j+1$에서의 온도 값을 계산할 수 있다.

그림 III-2-4에서 맨 아랫단 2개의 행에 대하여 (9)식을 적용해 보자.

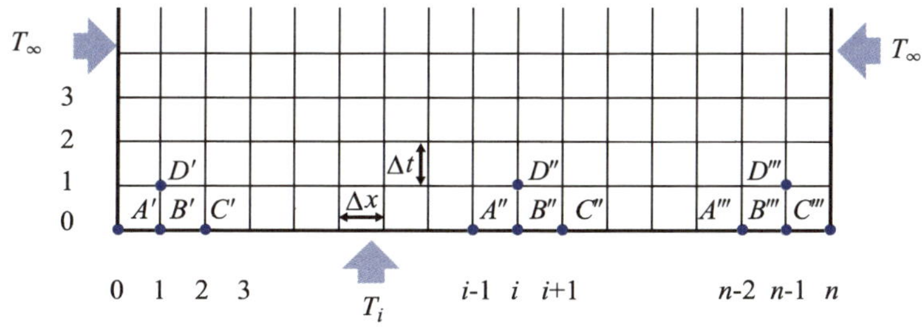

그림 III-2-5 Wall 내부 온도 $T(x,t)$의 계산영역 격자에 (9)식을 적용

그림 III-2-5는 그림 III-2-4의 아랫단 2개 행을 확대한 것으로 먼저 A', B', C', D' 격자점들에서의 온도에 대해서 (9)식을 적용하면 (10)식과 같이 쓸 수 있다.

$$T_{1,1} = \left[\frac{\alpha \Delta t}{\Delta x^2}\right] T_{0,0} + \left[1 - \frac{2\alpha \Delta t}{\Delta x^2}\right] T_{1,0} + \left[\frac{\alpha \Delta t}{\Delta x^2}\right] T_{2,0} \tag{10}$$

D′ A′ B′ C′

(10)식에서 A', B', C' 점들의 온도 T는 각각 $T_{0,0}$, $T_{1,0}$, $T_{2,0}$이고 경계조건으로부터 모두 T_i 값으로 알고 있는 값이므로 온도 $T_{1,1}$, 즉 D' 점에서의 온도를 (10)식으로부터 계산할 수 있게 된다.

같은 방법으로 그림 III-2-5의 D''점에서의 $T(x_i, t_1)$값 D'''점에서의 $T(x_{n-1}, t_1)$값도 결정되어, $j=1$행에서의 T값들이 모두 결정되게 된다. 또한 $j=2$행에서의 T값도 같은 방법으로 결정되어 점진적으로 행진(Marching) 하듯이 $j=2,\ 3,\ \cdots$ 행에서의 T값들이 모두 구해지게 된다.

이러한 방법을 포물형 편미분방정식의 해법 중 직접방법(Explicit Method)이라고 한다.

이러한 직접방법(Explicit Method)으로 해를 구하기 위해 그림 III-2-4와 같은 Δx, Δt의 격자를 구성할 때 주의해야 할 사항은 (9)식의 $T_{i,j}$ 항의 계수 값이 항상 양이어야 하는데 다음 식과 같다.

$$1 - \frac{2\alpha \Delta t}{\Delta x^2} \geq 0 \tag{11}$$

(11)식으로부터 Δx, Δt 간격들 간에 다음 식과 같은 조건이 만족되어야 한다.

$$\Delta t \leq \frac{(\Delta x)^2}{2\alpha} \tag{12}$$

예제 III-2-1

다음 포물형 편미분방정식 문제를 직접방법(Explicit Method)으로 풀이하시오.

$\dfrac{\partial^2 T}{\partial x^2} = \dfrac{1}{\alpha}\dfrac{\partial T}{\partial t}$ (포물형 편미분방정식)

$T(0,t) = 0 \ (t \geq 0)$ (경계조건)

$T(L,t) = 0 \ (t \geq 0)$

$T(x,0) = f(x) \ (0 \leq x \leq 1)$ (초기조건)

여기서, $\alpha = 0.1$, $L = 1$, $f(x) = 50$.

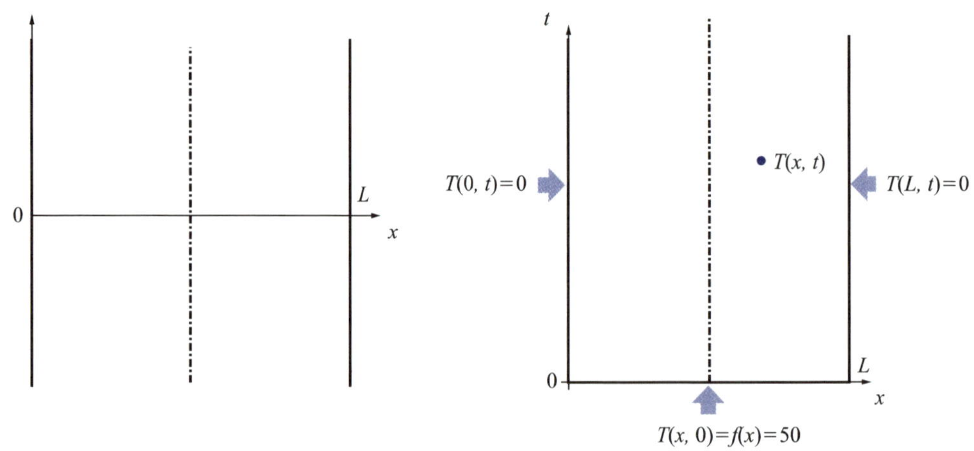

그림 III-2-6 Wall 형상(좌)과 Wall 경계 및 초기온도와 $T(x,t)$ 계산영역(우)

해설 위 포물형 편미분방정식의 완전해는 $u(x,t) = \sum_{n=1}^{\infty}\left[\dfrac{2}{L}\int_0^L f(x)\sin(\lambda_n x)dx\right]e^{-\alpha\lambda_n^2 t}\sin(\lambda_n x)$, $\lambda_n = \dfrac{n\pi}{L}$ $(n = 1, 2, 3, \cdots)$로 주어지며, $(x = 0.5, t = 1)$에서 완전해를 구하면

$$u(x,t) = \frac{200}{\pi}\left[\frac{1}{1}e^{-0.1\times(1^2\pi^2)\times 1}\sin(\pi) + \frac{1}{3}e^{-0.1\times(3^2\pi^2)\times 1}\sin(3\pi) + \frac{1}{5}e^{-0.1\times(5^2\pi^2)\times 1}\sin(5\pi) + \cdots\right]$$

와 같이 얻어지고, 계산을 하면 $T(0.5, 1) = 23.724373018\cdots$ 로 계산된다. 완전해는 수식에서 보여주듯 무한급수를 더해서 얻어지는데, 위 수식에서 앞의 2개 항을 더할 때와 3개 항을 더할 때 거의 같은 값을 보이므로 3번째 항 이하는 매우 작은 값이라는 것을 알 수 있다. 이제는 앞서 언급한 직접방법(Explicit Method)에 의해 계산을 하도록 하자. 본문에서 언급한 대로 포물형 편미분방정식을 차분식으로 바꾸면 (9)식과 같고, 독립변수 x, t의 범위는 각각 $0 \leq x \leq 1$, $0 \leq t \leq 1$로 하도록 하고 $\Delta x = 0.25$로 하도록 하자. 여기서 시간간격 Δt는 본

문 (12)식을 만족해야 하므로 즉, $\Delta t \leq \dfrac{(\Delta x)^2}{2\alpha}$ 이어야 하므로 $\Delta t = 0.2$로 하면 되겠다. 또한, 초기조건은 $0 \leq x \leq 1$, $t=0$에서 $T(x,0)=50$과 같이 주어져 있고, 경계조건은 $x=0$, $t>0$에서 $T(0,t)=0$ 그리고 $x=1$, $t>0$에서 $T(1,t)=0$과 같이 주어져 있으므로 이것을 (9)식을 통하여 각 격자점에서 적용한다.

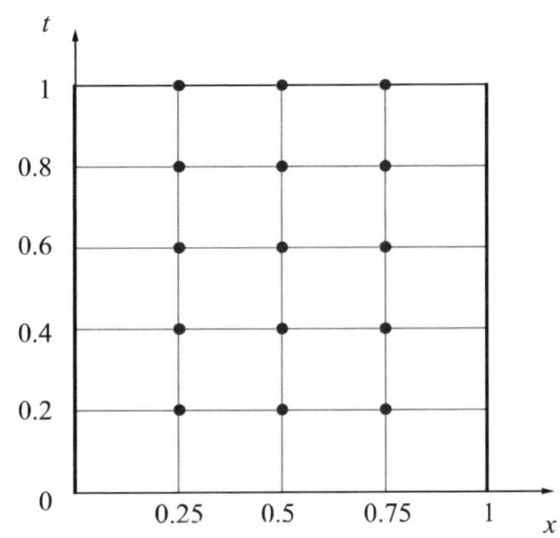

그림 III-2-7 Wall 내부 온도 계산영역 격자점

문제에서 초기온도는 $T=50$으로 주어져 있고 $t>0$에서 좌우 경계조건이 $T=0$으로 주어지므로 초기 및 경계조건을 적용하여 그림에서 보이는 $1 \leq i \leq 3$, $1 \leq j \leq 5$ 격자점들에서의 온도를 구할 수 있다. 먼저 그림에서 아래 경계조건과 좌우 경계조건이 주어져 있으므로 (9)식으로 표현되는 직접방법(Explicit Method)을 통하여 $1 \leq i \leq 3$, $1 \leq j \leq 5$ 격자점들에서의 온도 값을 구하여 보자.

$(1 \leq i \leq 3,\ j=1)$

$$T_{1,1} = \left[\frac{\alpha \Delta t}{\Delta x^2}\right] T_{0,0} + \left[1 - \frac{2\alpha \Delta t}{\Delta x^2}\right] T_{1,0} + \left[\frac{\alpha \Delta t}{\Delta x^2}\right] T_{2,0}$$

$$= [0.32] \times 50 + [0.36] \times 50 + [0.32] \times 50 = 50$$

$$T_{2,1} = \left[\frac{\alpha \Delta t}{\Delta x^2}\right] T_{1,0} + \left[1 - \frac{2\alpha \Delta t}{\Delta x^2}\right] T_{2,0} + \left[\frac{\alpha \Delta t}{\Delta x^2}\right] T_{3,0}$$

$$= [0.32] \times 50 + [0.36] \times 50 + [0.32] \times 50 = 50$$

$$T_{3,1} = \left[\frac{\alpha \Delta t}{\Delta x^2}\right] T_{2,0} + \left[1 - \frac{2\alpha \Delta t}{\Delta x^2}\right] T_{3,0} + \left[\frac{\alpha \Delta t}{\Delta x^2}\right] T_{4,0}$$

$$= [0.32] \times 50 + [0.36] \times 50 + [0.32] \times 50 = 50$$

$(1 \le i \le 3,\ j=2)$

$$T_{1,2} = \left[\frac{\alpha \Delta t}{\Delta x^2}\right] T_{0,1} + \left[1 - \frac{2\alpha \Delta t}{\Delta x^2}\right] T_{1,1} + \left[\frac{\alpha \Delta t}{\Delta x^2}\right] T_{2,1}$$

$$= [0.32] \times 0 + [0.36] \times 50 + [0.32] \times 50 = 34$$

$$T_{2,2} = \left[\frac{\alpha \Delta t}{\Delta x^2}\right] T_{1,1} + \left[1 - \frac{2\alpha \Delta t}{\Delta x^2}\right] T_{2,1} + \left[\frac{\alpha \Delta t}{\Delta x^2}\right] T_{3,1}$$

$$= [0.32] \times 50 + [0.36] \times 50 + [0.32] \times 50 = 50$$

$$T_{3,2} = \left[\frac{\alpha \Delta t}{\Delta x^2}\right] T_{2,1} + \left[1 - \frac{2\alpha \Delta t}{\Delta x^2}\right] T_{3,1} + \left[\frac{\alpha \Delta t}{\Delta x^2}\right] T_{4,1}$$

$$= [0.32] \times 50 + [0.36] \times 50 + [0.32] \times 0 = 34$$

$\vdots$

$(1 \le i \le 3,\ j=5)$

$$T_{1,5} = \left[\frac{\alpha \Delta t}{\Delta x^2}\right] T_{0,4} + \left[1 - \frac{2\alpha \Delta t}{\Delta x^2}\right] T_{1,4} + \left[\frac{\alpha \Delta t}{\Delta x^2}\right] T_{2,4}$$

$$= [0.32] \times 0 + [0.36] \times 22.89 + [0.32] \times 32.39 = 18.60$$

$$T_{2,5} = \left[\frac{\alpha \Delta t}{\Delta x^2}\right] T_{1,4} + \left[1 - \frac{2\alpha \Delta t}{\Delta x^2}\right] T_{2,4} + \left[\frac{\alpha \Delta t}{\Delta x^2}\right] T_{3,4}$$

$$= [0.32] \times 22.89 + [0.36] \times 32.39 + [0.32] \times 22.89 = 26.31$$

$$T_{3,5} = \left[\frac{\alpha \Delta t}{\Delta x^2}\right] T_{2,4} + \left[1 - \frac{2\alpha \Delta t}{\Delta x^2}\right] T_{3,4} + \left[\frac{\alpha \Delta t}{\Delta x^2}\right] T_{4,4}$$

$$= [0.32] \times 32.39 + [0.36] \times 22.89 + [0.32] \times 0 = 18.60$$

위 결과로부터 $(x=0.5,\ t=1)$에서의 온도 계산결과를 보면 $T_{2,5}=26.31$인 것을 알 수 있다. 이는 위의 완전해 결과인 $T(x=0.5,\ t=1)=23.724373018$과 거의 유사한 결과를 보이는 것을 알 수 있다. 정확도와 관련해서는 다음 C 프로그래밍 연습에서 격자를 더 작게 조종함으로써 완전해에 접근하는 것을 살펴보도록 하자.

C 프로그래밍 연습 [III-2-1]

(예제 III-2-1)에서 다룬 다음 포물형 편미분방정식을 직접방법(Explicit Method)으로 풀이하는 C 프로그램을 작성하고 해를 구하고 격자구성을 변화시킬 때 해가 어떻게 변화하는지 설명하시오.

$\frac{\partial^2 T}{\partial x^2} = \frac{1}{\alpha}\frac{\partial T}{\partial t}$ (포물형 편미분방정식)

$T(0,t) = 0 \ \ (t \geqq 0)$ (경계조건)

$T(L,t) = 0 \ \ (t \geqq 0)$

$T(x,0) = f(x) \ \ (0 \leqq x \leqq 1)$ (초기조건)

여기서, $\alpha = 0.1$, $L = 1$, $f(x) = 50$.

본문에서 언급한 위 포물형 편미분방정식의 해법은 (9)식을 이용하여 주어진 $0 \leq x \leq 1$, $0 \leq t \leq 1$ 범위에서 Δx, Δt로 하여 격자를 구성하여 주어진 초기조건 및 경계조건을 이용하여 해를 구하는 것으로 설명하였다. 따라서, C 프로그래밍에서 이러한 사항이 그대로 반영되도록 하면 되겠다.

```
#include <stdio.h>
#include <math.h>


double T[1000][1000];

main ()
{

FILE *out1;
out1=fopen("solutions of PDE_parabolic_explicit_III-2-1.dat","w");

int i,j,m,n;
        double x0,x_end,t0,t_end,delx,delt;
        double alpha,coef_a,coef_b,coef_c;

        n=3;                /* number of x-panel   <-- n+1 */
        m=4;                /* number of t-panel   <-- m+1 */

        x0=0.0;
        x_end=1.0;
        t0=0.0;
        t_end=1.0;
        delx=(x_end-x0)/float(n+1);
        delt=(t_end-t0)/float(m+1);
        alpha=0.1;
```

```
27            coef_a=(alpha*delt)/(delx*delx);
28            coef_b=1.0-(2.0*alpha*delt)/(delx*delx);
29            coef_c=coef_a;
30
31            /* boundary conditions */
32
33            for(j=0;j〈=m+1;j++)
34            {
35            T[0][j]=0.0;
36            T[n+1][j]=0.0;
37    }
38    for(i=0;i〈=n+1;i++)
39    {
40    T[i][0]=50.0;
41    }
42    /* ---------------------- */
43
44    /* Explicit method for solving parabolic equation */
45
46    for(j=0;j〈=m;j++)
47    {
48    for(i=1;i〈=(n);i++)
49    {
50    T[i][j+1]=coef_a*T[i-1][j]+coef_b*T[i][j]+coef_c*T[i+1][j];
51    }
52    }
53
54
55    /* print the results  */
56
57    for(j=0;j〈=m+1;j++)
58    {
59    for(i=0;i〈=n+1;i++)
60    {
61    fprintf(out1,"u[%f][%f]=%f  \t\n",float(i)*delx,float(j)*delt,T[i][j]);
62    }
63         fprintf(out1,"\n");
64    }
65
66    fclose(out1);
67    }
```

line 17~25는 문제의 주어진 $0 \le x \le 1$, $0 \le t \le 1$ 범위에서 $\Delta x = 0.25$, $\Delta t = 0.2$로 하는 격자구성을 보여주고 있고, line 26은 문제에서 열확산계수 $\alpha = 0.1$로 하고 있다. line 27~29는 본문 (9)식에서 주어지는 계수값들을 각각 정의해 주어 앞서 (예제 III-2-1)에서 보여준 것과 같이 각각의 격자점에서의 온도 값들을 계산할 수 있도록 하고 있다. line 31~42는 문제에서 주어지는 경제조건과 초기조건을 차례로 기술하고 있다. line 44~55는 포물형 편미분방정식의 직접방법(Explicit Method)의 알고리즘인 (9)식을 그대로 나타내고 있으며, line 55~64는 각각의 격자점에서의 온도 값을 출력하고 있다. "solutions of PDE_parabolic_explicit_III-2-1.dat"에 출력된 결과를 보면 다음과 같다.

```
T[0.000000][0.000000] = 50.000000
T[0.250000][0.000000] = 50.000000
T[0.500000][0.000000] = 50.000000
T[0.750000][0.000000] = 50.000000
T[1.000000][0.000000] = 50.000000

T[0.000000][0.200000] = 0.000000
T[0.250000][0.200000] = 50.000000
T[0.500000][0.200000] = 50.000000
T[0.750000][0.200000] = 50.000000
T[1.000000][0.200000] = 0.000000

T[0.000000][0.400000] = 0.000000
T[0.250000][0.400000] = 34.000000
T[0.500000][0.400000] = 50.000000
T[0.750000][0.400000] = 34.000000
T[1.000000][0.400000] = 0.000000

T[0.000000][0.600000] = 0.000000
T[0.250000][0.600000] = 28.240000
T[0.500000][0.600000] = 39.760000
T[0.750000][0.600000] = 28.240000
T[1.000000][0.600000] = 0.000000

T[0.000000][0.800000] = 0.000000
T[0.250000][0.800000] = 22.889600
T[0.500000][0.800000] = 32.387200
T[0.750000][0.800000] = 22.889600
T[1.000000][0.800000] = 0.000000

T[0.000000][1.000000] = 0.000000
T[0.250000][1.000000] = 18.604160
T[0.500000][1.000000] = 26.308736
T[0.750000][1.000000] = 18.604160
T[1.000000][1.000000] = 0.000000
```

결과를 보면, $0 \le x \le 1$, $0 \le t \le 1$ 범위를 $\Delta x = 0.25$, $\Delta t = 0.2$로 할 때 각 격자점에서의 온도계산값을 보여주고 있는데, $x = 0.5$, $t = 1$에서 온도가 $T(0.5, 1) = 26.308736$으로 계산되고 있어 완전해 $T_{exact}(0.5, 1) = 23.724373018$과 유사하나 차이가 있음을 알 수 있다. 이번에는 격자구성을 바꾸어서 동일한 프로그램을 다시 수행해 보자. $0 \le x \le 1$, $0 \le t \le 1$ 범위에서 $\Delta x = 0.1$로 하고, 포물형 편미분방

정식의 해법에서 중요한 사항인 (12)식의 조건인 $\Delta t \leqq \frac{(\Delta x)^2}{2\alpha}$ 을 만족하기 위하여 $\Delta t = 0.05$로 하면 되고, 계산을 수행하기 위해 위의 C 프로그램에서 line 17~18에서 n=9, m=19로 수정하여 프로그램을 수행하면 되겠다. 수정된 프로그램을 수행하면 다음과 같은 결과를 얻는다.

```
T[0.000000][0.000000] = 50.000000
T[0.100000][0.000000] = 50.000000
T[0.200000][0.000000] = 50.000000
T[0.300000][0.000000] = 50.000000
T[0.400000][0.000000] = 50.000000
T[0.500000][0.000000] = 50.000000
T[0.600000][0.000000] = 50.000000
T[0.700000][0.000000] = 50.000000
T[0.800000][0.000000] = 50.000000
T[0.900000][0.000000] = 50.000000
T[1.000000][0.000000] = 50.000000

T[0.000000][0.050000] = 0.000000
T[0.100000][0.050000] = 50.000000
T[0.200000][0.050000] = 50.000000
T[0.300000][0.050000] = 50.000000
T[0.400000][0.050000] = 50.000000
T[0.500000][0.050000] = 50.000000
T[0.600000][0.050000] = 50.000000
T[0.700000][0.050000] = 50.000000
T[0.800000][0.050000] = 50.000000
T[0.900000][0.050000] = 50.000000
T[1.000000][0.050000] = 0.000000
  ⋮
  ⋮
T[0.000000][1.000000] = 0.000000
T[0.100000][1.000000] = 7.331371
T[0.200000][1.000000] = 14.662743
T[0.300000][1.000000] = 19.192696
T[0.400000][1.000000] = 23.722649
T[0.500000][1.000000] = 23.722649
T[0.600000][1.000000] = 23.722649
T[0.700000][1.000000] = 19.192696
T[0.800000][1.000000] = 14.662743
T[0.900000][1.000000] = 7.331371
T[1.000000][1.000000] = 0.000000
```

위 결과를 보면 $\Delta x = 0.1$, $\Delta t = 0.05$일 때 $x = 0.5$, $t = 1$에서 온도가 $T(0.5, 1) = 23.722649$로 완전해 $T_{exact}(0.5, 1) = 23.724373018$과 거의 일치하게 되는 것을 알 수 있다.

2.2.2 간접방법(Implicit Method)

앞서 직접방법(Explicit Method)에서는 (5)식과 같은 포물형 편미분방정식을 그림 III-2-4에서 나타나는 격자점 $B(i,j)$을 기준으로 한 유한차분식으로, $\frac{\partial^2 T}{\partial x^2}$ 항은 중앙차분법으로 그리고 $\frac{1}{\alpha}\frac{\partial T}{\partial t}$ 항은 전방차분법으로 차분하여 나타내었다. 본 절에서는 동일한 방법으로 $\frac{\partial^2 T}{\partial x^2}$ 항을 중앙차분법으로 차분하고 $\frac{1}{\alpha}\frac{\partial T}{\partial t}$ 항은 후방차분법으로 차분하여 나타내면, $\frac{\partial^2 T}{\partial x^2}$ 항은 (6)식과 동일하게 되고 $\frac{1}{\alpha}\frac{\partial T}{\partial t}$ 항은 직접(Explicit)방법의 (7)식과 다르게 다음과 같은 식으로 기술된다.

$$\left.\frac{\partial^2 T}{\partial x^2}\right|_{i,j} = \frac{T_{i-1,j} - 2T_{i,j} + T_{i+1,j}}{\Delta x^2} \tag{13}$$

$$\left.\frac{1}{\alpha}\frac{\partial T}{\partial t}\right|_{i,j} = \frac{1}{\alpha}\frac{T_{i,j} - T_{i,j-1}}{\Delta t} \tag{14}$$

(13), (14)식을 (5)식과 같은 포물형 편미분방정식에 적용하면 (8)식과는 다르게 다음과 같은 식으로 쓰인다.

$$\frac{T_{i+1,j} - 2T_{i,j} + T_{i+1,j}}{\Delta x^2} = \frac{1}{\alpha}\frac{T_{i,j} - T_{i,j-1}}{\Delta t} \tag{15}$$

(15)식은 그림 III-2-4의 격자점 $B(i,j)$를 포함하여 A, B, C, E 4개의 격자점에서의 온도로 표현된다는 것을 알 수 있다. 여기서, E 격자점은 $E(i, j-1)$이다.

(15)식은 다시 다음과 같은 식으로 쓰인다.

$$[1]\,T_{i-1,j} + \left[-2 - \frac{\Delta x^2}{\alpha \Delta t}\right] T_{i,j} + [1]\,T_{i+1,j} = \left[-\frac{\Delta x^2}{\alpha \Delta t}\right] T_{i,j-1} \tag{16}$$

(16)식을 자세히 들여다보면 $j-1$행에서의 온도 $T_{i,j-1}$ 값은 아는 값이라고 한다면, j행에서의 온도 $T_{i-1,j}$, $T_{i,j}$, $T_{i+1,j}$는 모르는 값이므로 앞서 직접방법(Explicit Method)과 같이 쉽게 해결되지 않는다.

이를 해결하기 위해 그림 III-2-8에서 보듯이, 같이 맨 아랫단 $j = 0, 1$인 2개의 행에 대하여 (16)식을 적용해 보자.

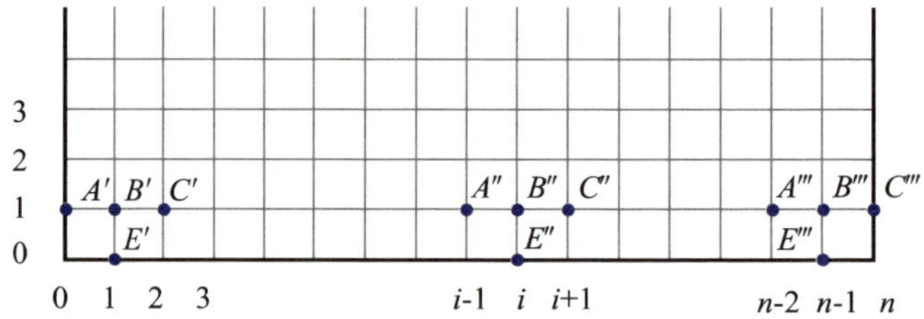

그림 III-2-8 Wall 내부온도 계산영역 격자점에 (17)식 적용

그림 III-2-8에서 먼저 A', B', C', E' 격자점들에서의 온도에 대하여 (16)식을 적용하면 다음과 같다.

$$[1]\,T_{0,1} + \left[-2 - \frac{\Delta x^2}{\alpha \Delta t}\right] T_{1,1} + [1]\,T_{2,1} = \left[-\frac{\Delta x^2}{\alpha \Delta t}\right] T_{1,0} \tag{17}$$

A′ B′ C′ E′

(17)식에서 B', C' 격자점들의 온도 값들은 모르고 A' 격자점에서의 온도 $T(0,1)$은 경계조건 값 T_∞이고 E' 격자점에서의 온도는 경계온도 T_i로 주어진 값이다.

그림 III-2-8에서 같은 방법으로 A'', B'', C'', E'' 격자점들에서의 온도 값으로 하나의 방정식이 만들어지고, A''', B''', C''', E''' 격자점들에서의 온도로도 또 하나의 방정식이 만들어진다.

그림 III-2-8에서 각 행들에서 격자점의 개수를 살펴보면 $n+1$개이므로, 아랫단 $j=0,1$인 2개의 행에서 최대한 $n-1$개의 방정식이 만들어지고 $j=1$ 행에서의 온도 미지수는 경계를 빼고 $n-1$개임을 알 수 있다. 따라서 $j=1$ 행에서의 $n-1$개의 온도 미지수는 (17)식과 같은 형태의 $n-1$개의 방정식을 풀어 구해지게 되는데, 앞서 파트2, 3장에서 공부한 가우스 소거법(Gauss Elimination Method), 가우스-조던 소거법(Gauss-Jordan Elimination Method), 또는 TDMA 방법을 통하여 $n-1$개의 온도가 결정되게 된다.

그림 III-2-8에서 $j=0,1$행에서의 (17)식과 같은 형태의 방정식들을 정리하면 아래와 같다.

$$\begin{aligned}
&[1]\,T_{0,1} + \left[-2 - \frac{\Delta x^2}{\alpha \Delta t}\right] T_{1,1} + [1]\,T_{2,1} = \left[-\frac{\Delta x^2}{\alpha \Delta t}\right] T_{1,0} \\
&[1]\,T_{1,1} + \left[-2 - \frac{\Delta x^2}{\alpha \Delta t}\right] T_{2,1} + [1]\,T_{3,1} = \left[-\frac{\Delta x^2}{\alpha \Delta t}\right] T_{2,0} \\
&\quad\vdots \\
&[1]\,T_{n-2,1} + \left[-2 - \frac{\Delta x^2}{\alpha \Delta t}\right] T_{n-1,1} + [1]\,T_{n,1} = \left[-\frac{\Delta x^2}{\alpha \Delta t}\right] T_{n-1,0}
\end{aligned} \tag{18}$$

(18)식은 다시 행렬방정식 형태로 다음과 같이 나타낼 수 있다.

$$\begin{bmatrix} \left(-2-\dfrac{\Delta x^2}{\alpha\Delta t}\right) & 1 & & & \\ 1 & \left(-2-\dfrac{\Delta x^2}{\alpha\Delta t}\right) & 1 & & \\ & & \vdots & & \\ & & 1 & \left(-2-\dfrac{\Delta x^2}{\alpha\Delta t}\right) & 1 \\ & & & 1 & \left(-2-\dfrac{\Delta x^2}{\alpha\Delta t}\right) \end{bmatrix} \begin{bmatrix} T_{1,1} \\ T_{2,1} \\ \vdots \\ T_{n-2} \\ T_{n-1} \end{bmatrix}$$

$$= \begin{bmatrix} \left[-\dfrac{\Delta x^2}{\alpha\Delta t}\right] T_{1,0} - [1]\, T_{0,1} \\ \left[-\dfrac{\Delta x^2}{\alpha\Delta t}\right] T_{2,0} \\ \vdots \\ \left[-\dfrac{\Delta x^2}{\alpha\Delta t}\right] T_{n-1,0} \\ \left[-\dfrac{\Delta x^2}{\alpha\Delta t}\right] T_{n-1,0} - [1]\, T_{n,1} \end{bmatrix} \tag{19}$$

결과적으로 $j=1$행에서의 온도 $T_{1,1}$, $T_{2,1}$, $\cdots$, $T_{n-1,1}$ ($n-1$개) 값들은 (19)식과 같은 행렬 방정식을 풀어 얻어지며, 앞서 언급한 대로 가우스 소거법(Gauss Elimination Method), 가우스-조던 소거법(Gauss-Jordan Elimination Method), 또는 TDMA 방법으로 해가 구해진다.

예제 III-2-2

다음 포물형 편미분방정식 문제를 간접방법(Implicit Method)으로 풀이하시오.

$\dfrac{\partial^2 T}{\partial x^2} = \dfrac{1}{\alpha}\dfrac{\partial T}{\partial t}$ (포물형 편미분방정식)

$T(0,t)=0 \ (t \geq 0)$ (경계조건)

$T(L,t)=0 \ (t \geq 0)$

$T(x,0)=f(x) \ (0 \leq x \leq 1)$ (초기조건)

여기서, $\alpha=0.1$, $L=1$, $f(x)=50$

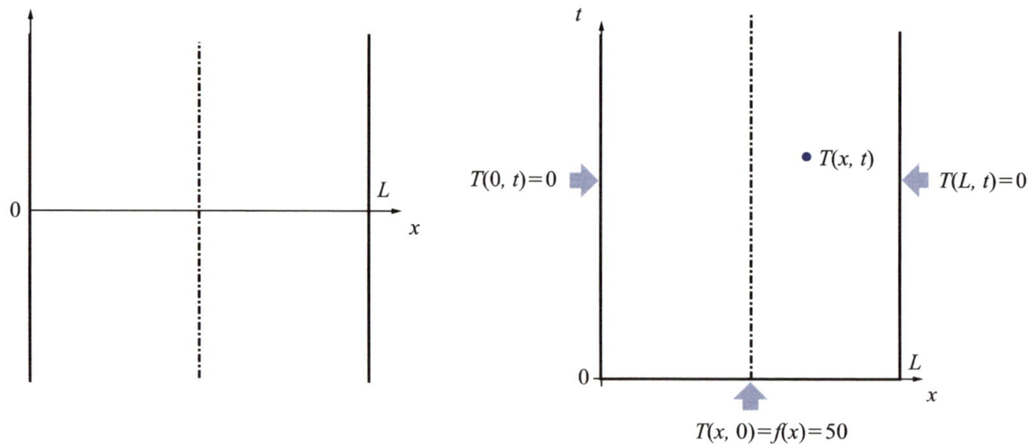

그림 III-2-9 Wall 형상(좌)과 Wall 경계 및 초기온도와 $T(x,\ t)$ 계산영역(우)

해설 앞서 언급한 간접방법(Implicit Method)에 의해 주어진 포물형 편미분방정식을 차분식으로 바꾸면 (16)식과 같이 되고, 독립변수 x, t의 범위는 각각 $0 \le x \le 1$, $0 \le t \le 1$이고 이 때 $\Delta x = 0.25$, $\Delta t = 0.2$로 하자. 초기조건은 $0 \le x \le 1$, $t=0$에서 $T(x,0)=50$과 같이 주어져 있고, 경계조건은 $x=0$, $t>0$에서 $T(0,t)=0$ 그리고 $x=1$, $t>0$에서 $T(1,t)=0$과 같이 주어져 있으므로 이것을 (16)식을 통하여 각 격자점에서 적용한다.
문제에서 초기 및 경계조건을 적용하여 그림에서 보이는 $1 \le i \le 3$, $1 \le j \le 5$ 격자점들에서의 온도를 구할 수 있다. 먼저 아래 그림에서 바닥 경계조건과 좌우 경계조건을 간접방법(Implicit Method)을 통하여 $1 \le i \le 3$, $1 \le j \le 5$에 적용하면 (18)식과 같은 3개의 연립방정식을 얻고 (19)식과 같은 (3×3)행렬방정식을 얻게 된다. 따라서, 앞서 파트2, 3장에서 다룬 Gauss Elimination. Gauss-Jordan Elimination, Tri-diagonal Matrix 방법 등을 적용하면 해를 얻을 수 있다.

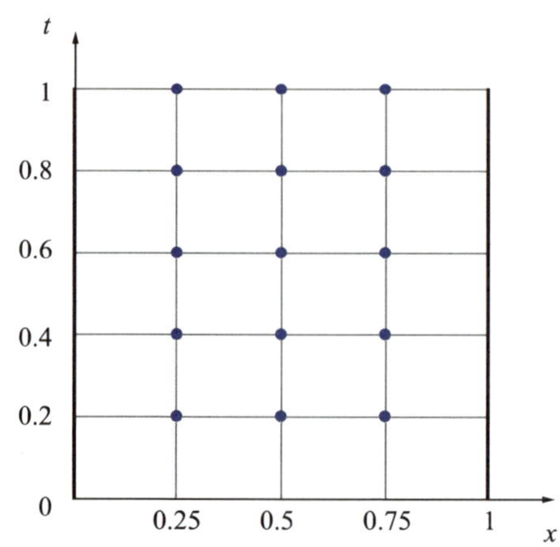

그림 III-2-10 Wall 내부 온도 계산영역 격자점($\Delta x = 0.25$, $\Delta t = 0.2$)

$$[1]T_{0,1}+\left[-2-\frac{\Delta x^2}{\alpha \Delta t}\right]T_{1,1}+[1]T_{2,1}=\left[-\frac{\Delta x^2}{\alpha \Delta t}\right]T_{1,0}$$

$$[1]T_{1,1}+\left[-2-\frac{\Delta x^2}{\alpha \Delta t}\right]T_{2,1}+[1]T_{3,1}=\left[-\frac{\Delta x^2}{\alpha \Delta t}\right]T_{2,0}$$

$$[1]T_{2,1}+\left[-2-\frac{\Delta x^2}{\alpha \Delta t}\right]T_{3,1}+[1]T_{4,1}=\left[-\frac{\Delta x^2}{\alpha \Delta t}\right]T_{3,0}$$

위 연립방정식에서 초기 및 경계조건, 그리고 계수값을 나타내면

$$[1]\times 0+[-5.125]\,T_{1,1}+[1]T_{2,1}=[-3.125]\times 50$$

$$[1]T_{1,1}+[-5.125]\,T_{2,1}+[1]T_{3,1}=[-3.125]\times 50$$

$$[1]T_{2,1}+[-5.125]\,T_{3,1}+[1]T_{4,1}=[-3.125]\times 50$$

와 같이 기술되고, 이를 행렬방정식으로 나타내면 다음과 같은 (3×3) 행렬방정식으로 나타낼 수 있다.

$$\begin{bmatrix}-5.125 & 1 & \\ 1 & -5.125 & 1 \\ & 1 & -5.125\end{bmatrix}\begin{bmatrix}T_{1,1}\\ T_{2,1}\\ T_{3,1}\end{bmatrix}=\begin{bmatrix}-156.25\\ -156.25\\ -156.25\end{bmatrix}$$

위 행렬방정식을 파트2, 3장에서 다룬 TDMA 방법으로 구하게 되면 $T_{1,1}=39.439794$, $T_{2,1}=45.878944$, $T_{3,1}=39.439794$와 같이 계산된다. 같은 방법으로 $j=2$, $1\le i\le 3$에서 차분식을 정리하면 3개의 연립방정식이 도출된다.

$$[1]T_{0,2}+\left[-2-\frac{\Delta x^2}{\alpha \Delta t}\right]T_{1,2}+[1]T_{2,2}=\left[-\frac{\Delta x^2}{\alpha \Delta t}\right]T_{1,1}$$

$$[1]T_{1,2}+\left[-2-\frac{\Delta x^2}{\alpha \Delta t}\right]T_{2,2}+[1]T_{3,2}=\left[-\frac{\Delta x^2}{\alpha \Delta t}\right]T_{2,1}$$

$$[1]T_{2,2}+\left[-2-\frac{\Delta x^2}{\alpha \Delta t}\right]T_{3,2}+[1]T_{4,2}=\left[-\frac{\Delta x^2}{\alpha \Delta t}\right]T_{3,1}$$

위 연립방정식에서 초기 및 경계조건, 그리고 계수값을 나타내면

$$[1]\times 0+[-5.125]\,T_{1,2}+[1]T_{2,2}=[-3.125]\times 39.439794$$

$$[1]T_{1,2}+[-5.125]\,T_{2,2}+[1]T_{3,2}=[-3.125]\times 45.878944$$

$$[1]T_{2,2}+[-5.125]\,T_{3,2}+[1]T_{4,2}=[-3.125]\times 39.439794$$

와 같이 기술되고, 이를 행렬방정식으로 나타내면 다음과 같은 (3×3) 행렬방정식으로 나타낼 수 있다.

$$\begin{bmatrix}-5.125 & 1 & \\ 1 & -5.125 & 1 \\ & 1 & -5.125\end{bmatrix}\begin{bmatrix}T_{1,2}\\ T_{2,2}\\ T_{3,2}\end{bmatrix}=\begin{bmatrix}-123.249356\\ -143.3717\\ -123.249356\end{bmatrix}$$

TDMA 방법으로 해를 구하게 되면 $T_{1,2}=31.9392$, $T_{2,2}=40.439044$, $T_{3,2}=31.9392$와 같이 계산된다.

⋮

같은 방법으로 $j=5$, $1\le i\le 3$에서 차분식을 정리하여 해를 도출하면 $T_{1,5}=18.259281$,

$T_{2,2} = 25.306324$, $T_{3,2} = 18.259281$을 얻게 되고, 따라서 $x = 0.5$, $t = 1$에서 $T = 25.306324$와 같은 해를 얻게 되는데, $T_{exact}(0.5, 1) = 23.724373018$이므로 완전해에 근접한 결과를 주고 있다. 한편, 격자의 크기를 작게 할 때 해의 정확도가 커지게 되는데, 다음 C 프로그래밍 연습에서 격자의 크기를 달리할 때 해의 정확도 변화를 살펴보도록 하자.

C 프로그래밍 연습 [III-2-2]

(예제 III-2-2)에서 다룬 다음 포물형 편미분방정식을 간접방법(Implicit Method)으로 풀이하는 C 프로그램을 작성하고 해를 구하고 격자구성을 변화시킬 때 해가 어떻게 변화하는지 설명하시오.

$\dfrac{\partial^2 T}{\partial x^2} = \dfrac{1}{\alpha}\dfrac{\partial T}{\partial t}$ (포물형 편미분방정식)

$T(0,t) = 0 \ \ (t \geq 0)$ (경계조건)

$T(L,t) = 0 \ \ (t \geq 0)$

$T(x,0) = f(x) \ \ (0 \leq x \leq 1)$ (초기조건)

여기서, $\alpha = 0.1$, $L = 1$, $f(x) = 50$.

본문에서 언급한 위 포물형 편미분방정식의 해법은 (16)식을 이용하여 주어진 $0 \leq x \leq 1$, $0 \leq t \leq 1$ 범위에서 Δx, Δt로 하여 격자를 구성하여 주어진 초기조건 및 경계조건을 이용하여 (18)식과 같이 연립방정식을 구성하고, 이러한 연립방정식이 (19)식과 같은 행렬방정식과 등가임을 고려해 파트2, 3장에서 다룬 행렬방정식의 해법인 Gauss Elimination, Gauss-Jordan Elimination, Tri-diagonal Matrix 방법 등을 통하여 해를 얻어내는 알고리즘을 통하여 C 프로그래밍을 수행하면 되겠다.

```
#include<stdio.h>
#include<math.h>

main()
{

double T[500][500];
FILE *out1;
out1=fopen("solution of PDE_parabolic equation_implicit_III-2-2.dat","w");
int i,j,m,n;
        double x0,xn_end,t0,tm_end;
double delx,delt,coef_a,coef_b,coef_c,coef_r;
        double alpha;
        double factor,sum;

n=3;          /* number of x-axis span : boundary 0 and n+1         */
```

```
m=4;            /* number of y-axis span : boundary 0 final point m+1  */

x0=0.0;
xn_end=1.0;
t0=0.0;
tm_end=1.0;
delx=(xn_end-x0)/float(n+1);
delt=(tm_end-t0)/float(m+1);
alpha=0.1;
        coef_a=1.0;
        coef_b=-2.0-delx*delx/(alpha*delt);
        coef_c=1.0;
        coef_r=-delx*delx/(alpha*delt);

        double x[n];
        double a[n],b[n],c[n],d[n];

        /* boundary & initial conditions */

for(j=0;j<=m+1;j++)
        {
        T[0][j]=0.0;
        T[n+1][j]=0.0;
}
for(i=0;i<=(n+1);i++)
{
T[i][0]=50.0;
}

/* -------------------- */

for(j=1;j<=m+1;j++)
{
a[1]=0.0;
b[1]=coef_b;
c[1]=coef_c;
d[1]=coef_r*T[1][j-1]-T[0][j]*coef_a;

for(i=1;i<=n;i++)
{
a[i]=coef_a;
b[i]=coef_b;
c[i]=coef_c;
d[i]=coef_r*T[i][j-1];
}
```

```
63 	c[n]=0.0;
64 	d[n]=coef_r*T[n][j-1]-coef_c*T[n+1][j];
65
66
67 	        /* deleting the lower diagonal terms in the tridiagonal matrix*/
68
69 	    for(i=2; i<=n; i++)
70 	    {
71 	            factor=a[i]/b[i-1];
72 	             b[i]=b[i]-factor*c[i-1];
73 	             d[i]=d[i]-factor*d[i-1];
74 	    }
75
76 	        x[n]=d[n]/b[n];
77
78 	/* this loop is for backward substitution*/
79
80 	        for(i=n-1; i>=1; i--)
81 	        {
82 	     x[i]=(d[i]-c[i]*x[i+1])/b[i];
83 	        }
84
85 	        for(i=1;i<=n;i++)
86 	        {
87 	        T[i][j]=x[i];
88 	}
89
90 	for(i=0; i<=(n+1); i++)
91 	        {
92 	    fprintf(out1,"T[%f][%f] = %f   \t\n",float(i)*delx,float(j)*delt,T[i][j]);
93 	        }
94 	    fprintf(out1," \n");
95
96 	        }
97
98 	        fclose(out1);
99 	}
```

위 프로그램은 포물형 편미분방정식을 차분식으로 바꾼 (16)식을 통하여 주어진 문제의 초기 및 경계조건을 적용하여 연립방정식을 구성하고, 이를 TDMA 행렬방정식의 해법을 통하여 풀이하는 과정으로 크게 2개의 파트로 구성되어 있다.

line 17~18은 주어진 문제의 $0 \le x \le 1$, $0 \le t \le 1$ 범위를 x방향으로는 4 = (n + 1)개의 격자로, t방향으로는 5 = (m + 1)개의 격자로 나누라는 의미이다. line 20~25는 line 17~18에 정의된 격자 개수를 통하여 $\Delta x = \frac{1}{4} = 0.25$, $\Delta t = \frac{1}{5} = 0.2$로 정의하고 있다. line 26은 주어진 포물형 편미분방정식의 계수값

$\alpha = 0.1$을 나타내며, line 27~30은 (16)식으로 주어지는 차분식의 각 계수값을 나타내고 있다. line 35~47은 문제의 경계 및 초기조건을 구성된 격자에 부여하고 있으며, line 49~96은 연립방정식의 구성 및 이로부터 얻어지는 행렬방정식을 TDMA 알고리즘을 통하여 해를 구하는 내용을 담고 있다. line 90~93은 임의의 j에서 $(j, 1 \le i \le 3)$ 얻어지는 연립방정식을 풀어 얻은 해를 출력파일 "solution of PDE_parabolic equation_implicit_III-2-2.dat"에 저장하도록 한다.

완성된 프로그램을 수행하면 다음과 같은 결과를 얻는다.

```
u[0.000000][0.200000] = 0.000000
u[0.250000][0.200000] = 39.439794
u[0.500000][0.200000] = 45.878944
u[0.750000][0.200000] = 39.439794
u[1.000000][0.200000] = 0.000000

u[0.000000][0.400000] = 0.000000
u[0.250000][0.400000] = 31.939200
u[0.500000][0.400000] = 40.439044
u[0.750000][0.400000] = 31.939200
u[1.000000][0.400000] = 0.000000

u[0.000000][0.600000] = 0.000000
u[0.250000][0.600000] = 26.288145
u[0.500000][0.600000] = 34.916742
u[0.750000][0.600000] = 26.288145
u[1.000000][0.600000] = 0.000000

u[0.000000][0.800000] = 0.000000
u[0.250000][0.800000] = 21.847197
u[0.500000][0.800000] = 29.816432
u[0.750000][0.800000] = 21.847197
u[1.000000][0.800000] = 0.000000

u[0.000000][1.000000] = 0.000000
u[0.250000][1.000000] = 18.259281
u[0.500000][1.000000] = 25.306324
u[0.750000][1.000000] = 18.259281
u[1.000000][1.000000] = 0.000000
```

위 결과는 $\Delta t = 0.2$ 스텝 별로 $0 \le x \le 1$에 대한 결과를 보여준다. $x = 0.5$, $t = 1$에서의 결과를 보면 $T(0.5, 1) = 25.306324$로 완전해 $T_{exact}(0.5, 1) = 23.724373018$과 근접해 있는 것을 볼 수 있으며, 앞서 직접방법(Explicit Method)에서 $\Delta x = 0.25$, $\Delta t = 0.2$일 때 해가 $T(0.5, 1) = 26.308736$인 것과 비교된다. 이제 주어진 $0 \le x \le 1$, $0 \le t \le 1$ 범위의 구간의 개수를 달리하여 해의 정확성을 검토해 보자. $\Delta x = 0.1$, $\Delta t = 0.05$로 하여 x를 10개 패널로 t구간을 20개 패널로 나누어 프로그램을 수행하자. $\Delta x = \dfrac{1}{n+1}$, $\Delta t = \dfrac{1}{m+1}$이므로 위 프로그램에서 line 17~18에서 n = 9, m = 19로 수정하면 되겠다. 수정된 프로그램을 수행하면 아래와 같은 결과를 준다.

```
u[0.000000][0.050000] = 0.000000
u[0.100000][0.050000] = 36.602210
u[0.200000][0.050000] = 46.408840
u[0.300000][0.050000] = 49.033149
u[0.400000][0.050000] = 49.723757
u[0.500000][0.050000] = 49.861878
u[0.600000][0.050000] = 49.723757
u[0.700000][0.050000] = 49.033149
u[0.800000][0.050000] = 46.408840
u[0.900000][0.050000] = 36.602210
u[1.000000][0.050000] = 0.000000

u[0.000000][0.100000] = 0.000000
u[0.100000][0.100000] = 28.865496
u[0.200000][0.100000] = 42.257562
u[0.300000][0.100000] = 47.347074
u[0.400000][0.100000] = 49.064436
u[0.500000][0.100000] = 49.463157
u[0.600000][0.100000] = 49.064436
u[0.700000][0.100000] = 47.347074
u[0.800000][0.100000] = 42.257562
u[0.900000][0.100000] = 28.865496
u[1.000000][0.100000] = 0.000000
  ⋮
  ⋮
u[0.000000][0.950000] = 0.000000
u[0.100000][0.950000] = 7.892643
u[0.200000][0.950000] = 14.996297
u[0.300000][0.950000] = 20.612770
u[0.400000][0.950000] = 24.205306
u[0.500000][0.950000] = 25.440349
u[0.600000][0.950000] = 24.205306
u[0.700000][0.950000] = 20.612770
u[0.800000][0.950000] = 14.996297
u[0.900000][0.950000] = 7.892643
u[1.000000][0.950000] = 0.000000

u[0.000000][1.000000] = 0.000000
u[0.100000][1.000000] = 7.518841
u[0.200000][1.000000] = 14.290079
u[0.300000][1.000000] = 19.648881
u[0.400000][1.000000] = 23.079905
u[0.500000][1.000000] = 24.260127
u[0.600000][1.000000] = 23.079905
u[0.700000][1.000000] = 19.648881
```

```
u[0.800000][1.000000] = 14.290079
u[0.900000][1.000000] = 7.518841
u[1.000000][1.000000] = 0.000000
```

위 결과는 $\Delta t = 0.1$ 스텝 별로 $0 \le x \le 1$에 대한 결과를 보여준다. $x = 0.5$, $t = 1$에서의 결과를 보면 $T(0.5, 1) = 24.260127$로 완전해 $T_{exact}(0.5, 1) = 23.724373018$에 더욱 근접하는 것을 볼 수 있으며, 앞서 직접방법(Explicit Method)에서 $\Delta x = 0.1$, $\Delta t = 0.05$일 때 해가 $T(0.5, 1) = 23.722649$인 것과 비교된다.

2.2.3 Crank - Nicholson 방법

(5)식으로 표현되는 포물형 편미분방정식을 그림 III-2-4의 격자점 $B(i, j)$에서 유한차분식으로 나타낼 때, 간접방법(Implicit Method)은 $\dfrac{\partial^2 T}{\partial x^2}$ 항은 중앙차분법으로 (13)식과 같이 나타내고 $\dfrac{1}{\alpha}\dfrac{\partial T}{\partial t}$ 항은 후방차분법으로 (14)식과 같이 나타내었다. Crank-Nicholson 방법은 $\dfrac{\partial^2 T}{\partial x^2}$ 항을 중앙차분법으로 j, $j-1$행에 대하여 각각 구하고 다음과 같이 평균을 취한다.

$$\left.\frac{\partial^2 T}{\partial x^2}\right|_{i,j} = \frac{1}{2}\left[\frac{T_{i-1,j} - 2T_{i,j} + T_{i+1,j}}{\Delta x^2} + \frac{T_{i-1,j-1} - 2T_{i,j-1} + T_{i+1,j-1}}{\Delta x^2}\right] \tag{20}$$

(20)식을 살펴보면 우변의 첫 번째 항은 격자점 j행에서의 중앙차분식으로 간접방법(Implicit Method)에서와 동일하며, 다만, 격자점 $j-1$행에서의 중앙차분식이 우변 둘째 항에 포함되어 평균을 취한 것이 간접방법(Implicit Method)과의 차이점이다.

또한 Crank-Nicholson 방법에서 $\dfrac{1}{\alpha}\dfrac{\partial T}{\partial t}$ 항의 차분식은 간접방법(Implicit Method)과 동일하게 후방차분법을 이용하여 다음과 같은 식을 얻게 된다.

$$\left.\frac{1}{\alpha}\frac{\partial T}{\partial t}\right|_{i,j} = \frac{1}{\alpha}\frac{T_{i,j} - T_{i,j-1}}{\Delta t} \tag{21}$$

(20), (21)식을 (5)식과 같은 포물형 편미분방방정식에 적용하면 Crank-Nicholson 방법으로 다음과 같은 차분식을 얻게 된다.

$$\frac{1}{2}\left[\frac{T_{i-1,j} - 2T_{i,j} + T_{i+1,j}}{\Delta x^2} + \frac{T_{i-1,j-1} - 2T_{i,j-1} + T_{i+1,j-1}}{\Delta x^2}\right] = \frac{1}{\alpha}\frac{T_{i,j} - T_{i,j-1}}{\Delta t} \tag{22}$$

(22)식은 다시 다음 식과 같이 표현되는데,

$$\left[\frac{T_{i-1,j}-2T_{i,j}+T_{i+1,j}}{\Delta x^2}+\frac{T_{i-1,j-1}-2T_{i,j-1}+T_{i+1,j-1}}{\Delta x^2}\right]=\frac{1}{\alpha}\frac{T_{i,j}-T_{i,j-1}}{\Delta t/2} \tag{23}$$

(23)식에서 우변을 살펴보면 Δt 대신 $\frac{\Delta t}{2}$로 되어 실질적 계산격자 구성이 Δx, $\frac{\Delta t}{2}$인 격자 구성에서와 같은 셈이 된다.

(23)식을 다시 정리하면

$$[1]\,T_{i-1,j}+\left[-2-\frac{2\Delta x^2}{\alpha\Delta t}\right]T_{i,j}+[1]\,T_{i+1,j}$$
$$=-T_{i-1,j-1}+\left[2-\frac{2\Delta x^2}{\alpha\Delta t}\right]T_{i,j-1}-T_{i+1,j-1} \tag{24}$$

(24)식을 자세히 보면, 간접방법(Implicit Method)에서와 마찬가지로 좌변은 j행에서의 온도 값들로, 우변은 $j-1$행에서의 온도 값들로 구성된다는 것을 알 수 있다. 이러한 방정식의 해를 구하기 위해 그림 III-2-11과 같이 아랫단 $j=0,1$인 2개의 행에 대하여 (24)식을 적용해 보자.

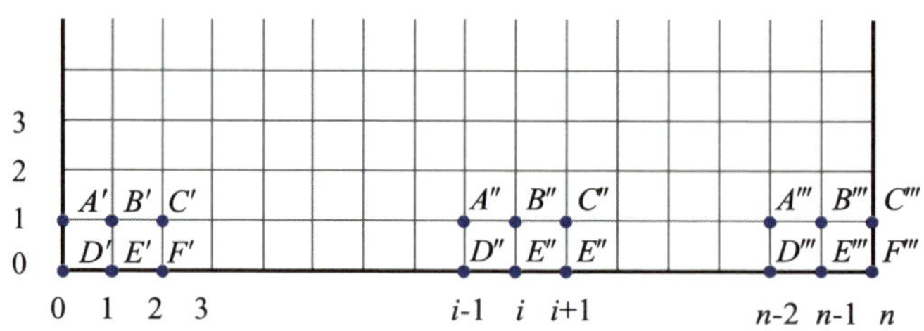

그림 III-2-11 Wall 내부온도 계산영역 격자점에 (25)식 적용

(24)식의 좌, 우변이 6개 항으로 구성되므로 그림 III-2-11에서 보듯이 (24)식의 적용을 위해 A', B', C', D', E', F' 6개 격자점들에서의 온도가 필요하며, $j=0,1$행에서 (24)식을 적용하면 다음과 같다.

$$[1]\,T_{0,1}+\left[-2-\frac{2\Delta x^2}{\alpha\Delta t}\right]T_{1,1}+[1]\,T_{2,1}=-T_{0,0}+\left[2-\frac{2\Delta x^2}{\alpha\Delta t}\right]T_{1,0}-T_{2,0} \tag{25}$$

A′ B′ C′ D′ E′ F′

(25)식에서 B', C' 격자점에서의 온도는 모르는 값이고 A'에서의 온도는 경계조건으로 T_∞와 같고, D', E', F'에서의 온도는 경계온도로 T_i 값으로 조건에서 주어진다.

또한 그림 III-2-11에서 A'', B'', C'', D'', E'', F'' 격자점들에서의 온도 값으로 그리고

A''', B''', C''', D''', E''', F''' 격자점들에서의 온도 값으로 (25)식과 같은 형태의 방정식들이 각각 만들어진다.

결과적으로, 그림 III-2-11의 아랫단 $j=0,1$인 2개의 행에서 $n-1$개의 방정식이 만들어지며 $j=1$ 행에서의 온도 미지수는 $n-1$개이므로 $n-1$개 미지수에 대한 $n-1$개의 방정식이 있는 셈이며, 간접방법(Implicit Method)에서와 마찬가지로 행렬방정식 풀이 방법에 의해 $j=1$ 행에서의 $n-1$개 온도가 결정된다. 그림 III-2-11에서 $j=0,1$행에서의 각 격자점들에서의 온도에 관한 (25)식과 같은 방정식을 정리하면 다음과 같다.

$$\begin{aligned}
&[1]\,T_{0,1}+\left[-2-\frac{2\Delta x^2}{\alpha\Delta t}\right]T_{1,1}+[1]\,T_{2,1}=-\,T_{0,0}+\left[2-\frac{2\Delta x^2}{\alpha\Delta t}\right]T_{1,0}-T_{2,0}\\
&[1]\,T_{1,1}+\left[-2-\frac{2\Delta x^2}{\alpha\Delta t}\right]T_{2,1}+[1]\,T_{3,1}=-\,T_{1,0}+\left[2-\frac{2\Delta x^2}{\alpha\Delta t}\right]T_{2,0}-T_{3,0}\\
&\quad\vdots\\
&[1]\,T_{n-2,1}+\left[-2-\frac{2\Delta x^2}{\alpha\Delta t}\right]T_{n-1,1}+[1]\,T_{n,1}=-\,T_{n-2,0}+\left[2-\frac{2\Delta x^2}{\alpha\Delta t}\right]T_{n-1,0}-T_{n,0}
\end{aligned}\tag{26}$$

(26)식을 행렬방정식 형태로 정리하면 다음과 같다.

$$\begin{bmatrix}
\left(-2-\frac{2\Delta x^2}{\alpha\Delta t}\right) & 1 & & & \\
1 & \left(-2-\frac{2\Delta x^2}{\alpha\Delta t}\right) & 1 & & \\
 & & \vdots & & \\
 & & 1 & \left(-2-\frac{2\Delta x^2}{\alpha\Delta t}\right) & 1\\
 & & & 1 & \left(-2-\frac{2\Delta x^2}{\alpha\Delta t}\right)
\end{bmatrix}
\begin{bmatrix} T_{1,1}\\ T_{2,1}\\ \vdots\\ T_{n-2,1}\\ T_{n-1}\end{bmatrix}$$

$$=\begin{bmatrix}
-\,T_{0,0}+\left[2-\frac{2\Delta x^2}{\alpha\Delta t}\right]T_{1,0}-T_{2,0}-[1]\,T_{0,1}\\
-\,T_{1,0}+\left[2-\frac{2\Delta x^2}{\alpha\Delta t}\right]T_{2,0}-T_{3,0}\\
\vdots\\
-\,T_{n-3,0}+\left[2-\frac{2\Delta x^2}{\alpha\Delta t}\right]T_{n-2,0}-T_{n-1,0}\\
-\,T_{n-2,0}+\left[2-\frac{2\Delta x^2}{\alpha\Delta t}\right]T_{n-1,0}-T_{n,0}-[1]\,T_{n,0}
\end{bmatrix}\tag{27}$$

간접방법(Implicit Method)으로부터 얻어진 행렬방정식 (19)식과 Crank-Nicholson 방법으로부터의 행렬방정식 (27)식을 비교해보면, 형태는 동일하고 다만 좌변의 대각요소들(Diagonal Terms)과 우변 항들의 값들에서만 차이가 있으므로 가우스 소거법(Gauss Elimination Method), 가우스-조던 소거법(Gauss-Jordan Elimination Method), 또는 TDMA 방법으로 $j=1$행에서의 각 격자점들에서의 온도 $T_{1,1}$, $T_{2,1}$, $\cdots$, $T_{n-2,1}$, $T_{n-1,1}$ ($n-1$개)가 구해진다. 같은 방법으로 $j=2$, 3, $\cdots$ 에서도 온도 $T_{1,2}$, $T_{2,2}$, $\cdots$, $T_{n-2,2}$, $T_{n-1,2}$ ($n-1$개), $T_{1,3}$, $T_{2,3}$, $\cdots$, $T_{n-2,3}$, $T_{n-1,3}$ ($n-1$개), $\cdots$ 가 구해진다.

예제 III-2-3

다음 포물형 편미분방정식 문제를 Crank-Nicholson 방법으로 풀이하시오.

$$\frac{\partial^2 T}{\partial x^2} = \frac{1}{\alpha}\frac{\partial T}{\partial t} \quad \text{(포물형 편미분방정식)}$$

$T(0,t)=0$ $(t \geq 0)$ (경계조건)

$T(L,t)=0$ $(t \geq 0)$

$T(x,0)=f(x)$ $(0 \leq x \leq 1)$ (초기조건)

여기서, $\alpha=0.1$, $L=1$, $f(x)=50$.

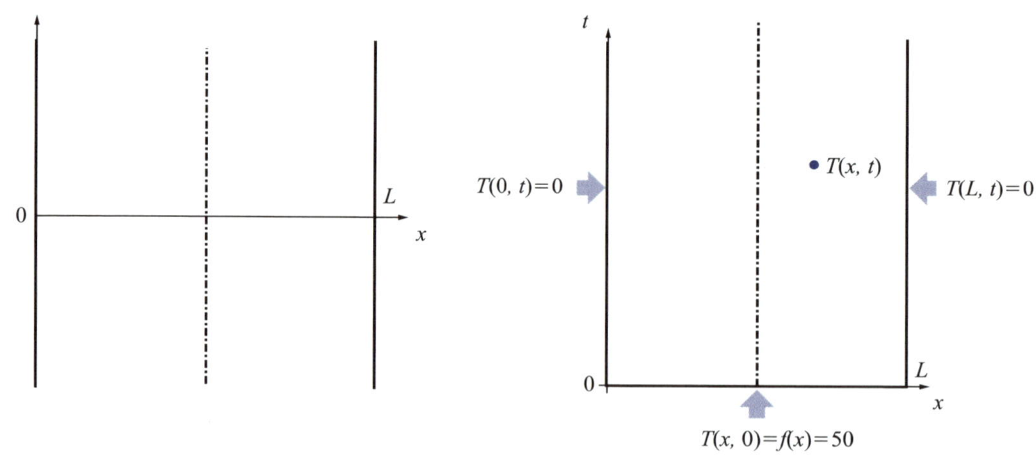

그림 III-2-12 Wall 형상(좌)과 Wall 경계 및 초기온도와 $T(x,t)$ 계산영역(우)

해설 앞서 언급한 Crank-Nicholson 방법에 의해 주어진 포물형 편미분방정식을 차분식으로 바꾸면 (24)식과 같이 되고, 독립변수 x, t의 범위는 각각 $0 \leq x \leq 1$, $0 \leq t \leq 1$이고 먼저 다음과 같이 $\Delta x=0.25$, $\Delta t=0.2$로 정하여 해를 구하여 보자. 초기조건은 $0 \leq x \leq 1$, $t=0$에서 $T(x,0)=50$과 같이 주어져 있고, 경계조건은 $x=0$, $t>0$에서 $T(0,t)=0$ 그리고

$x=1,\ t>0$에서 $T(1,t)=0$과 같이 주어져 있으므로 이것을 (24)식을 통하여 각 격자점에 적용한다.
문제에서 초기 및 경계조건을 적용하여 그림에서 보이는 $1 \le i \le 3,\ 1 \le j \le 5$ 격자점들에서의 온도를 구할 수 있다. 먼저 아래 그림에서 바닥 경계조건과 좌우 경계조건을 Crank-Nicholson 방법을 통하여 $1 \le i \le 3,\ 1 \le j \le 5$에 적용하면 (26)식과 같은 3개의 연립방정식을 얻고 (27)식과 같은 (3×3) 행렬방정식을 얻게 된다. 따라서, 앞서 파트2, 3장에서 다룬 Gauss Elimination. Gauss-Jordan Elimination, Tri-diagonal Matrix 방법 등을 적용하면 해를 얻을 수 있다.

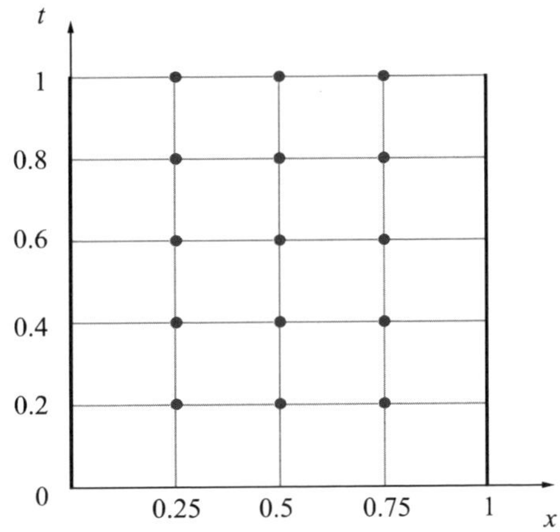

그림 III-2-13 Wall 내부 온도 계산영역 격자점

$$[1]\,T_{0,1}+\left[-2-\frac{2\Delta x^2}{\alpha\Delta t}\right]T_{1,1}+[1]\,T_{2,1}=-T_{0,0}+\left[2-\frac{2\Delta x^2}{\alpha\Delta t}\right]T_{1,0}-T_{2,0}$$

$$[1]\,T_{1,1}+\left[-2-\frac{2\Delta x^2}{\alpha\Delta t}\right]T_{2,1}+[1]\,T_{3,1}=-T_{1,0}+\left[2-\frac{2\Delta x^2}{\alpha\Delta t}\right]T_{2,0}-T_{3,0}$$

$$[1]\,T_{2,1}+\left[-2-\frac{2\Delta x^2}{\alpha\Delta t}\right]T_{3,1}+[1]\,T_{4,1}=-T_{2,0}+\left[2-\frac{2\Delta x^2}{\alpha\Delta t}\right]T_{3,0}-T_{4,0}$$

위 연립방정식에서 초기 및 경계조건, 그리고 계수값을 대입하면

$$[1]\times 0+[-8.25]\,T_{1,1}+[1]\,T_{2,1}=-50+[-4.25]\times 50-50$$

$$[1]\,T_{1,1}+[-8.25]\,T_{2,1}+[1]\,T_{3,1}=-50+[-4.25]\times 50-50$$

$$[1]\,T_{2,1}+[-8.25]\,T_{3,1}+[1]\times 0=-50+[-4.25]\times 50-50$$

와 같이 기술되고, 이를 행렬방정식으로 나타내면 다음과 같은 (3×3) 행렬방정식으로 나타낼 수 있다.

$$\begin{bmatrix}-8.25 & 1 & \\ 1 & -8.25 & 1\\ & 1 & -8.25\end{bmatrix}\begin{bmatrix}T_{1,1}\\ T_{2,1}\\ T_{3,1}\end{bmatrix}=\begin{bmatrix}-312.5\\ -312.5\\ -312.5\end{bmatrix}$$

위 행렬방정식을 파트2, 3장에서 다룬 TDMA 방법으로 구하게 되면 $T_{1,1}=43.755913$, $T_{2,1}=48.486282$, $T_{3,1}=43.755913$과 같이 계산된다. 같은 방법으로 $j=2$, $1 \le i \le 3$에서 차분식을 정리하면 3개의 연립방정식이 도출된다.

$$[1]T_{0,2}+\left[-2-\frac{2\Delta x^2}{\alpha\Delta t}\right]T_{1,2}+[1]T_{2,2}=-T_{0,1}+\left[2-\frac{2\Delta x^2}{\alpha\Delta t}\right]T_{1,1}-T_{2,1}$$

$$[1]T_{1,2}+\left[-2-\frac{2\Delta x^2}{\alpha\Delta t}\right]T_{2,2}+[1]T_{3,2}=-T_{1,1}+\left[2-\frac{2\Delta x^2}{\alpha\Delta t}\right]T_{2,1}-T_{3,1}$$

$$[1]T_{2,2}+\left[-2-\frac{2\Delta x^2}{\alpha\Delta t}\right]T_{3,2}+[1]T_{4,2}=-T_{2,1}+\left[2-\frac{2\Delta x^2}{\alpha\Delta t}\right]T_{3,1}-T_{4,1}$$

위 연립방정식에서 초기 및 경계조건, 그리고 계수값을 나타내면

$$[1]\times 0+[-8.25]\,T_{1,2}+[1]T_{2,2}=-0+[-4.25]\times 43.755913-48.486282$$

$$[1]T_{1,2}+[-8.25]\,T_{2,2}+[1]T_{3,2}=-43.755913+[-4.25]\times 48.486282-43.755913$$

$$[1]T_{2,2}+[-8.25]\,T_{3,2}+[1]\times 0=-48.484282+[-4.25]\times 43.755913-0$$

와 같이 기술되고, 이를 행렬방정식으로 나타내면 다음과 같은 (3×3) 행렬방정식으로 나타낼 수 있다.

$$\begin{bmatrix}-8.25 & 1 & \\ 1 & -8.25 & 1 \\ & 1 & -8.25\end{bmatrix}\begin{bmatrix}T_{1,2}\\ T_{2,2}\\ T_{3,2}\end{bmatrix}=\begin{bmatrix}-234.44891\\ -293.57852\\ -234.44891\end{bmatrix}$$

TDMA 방법으로 해를 구하게 되면 $T_{1,2}=33.722$, $T_{2,2}=43.760$, $T_{3,2}=33.722$와 같이 계산된다.

⋮

⋮

같은 방법으로 $j=5$, $1 \le i \le 3$에서 차분식을 정리하여 해를 도출하면 $T_{1,5}=18.429978$, $T_{2,5}=25.964628$, $T_{3,5}=18.429978$을 얻게 되고, 따라서 $x=0.5$, $t=1$에서 $T=25.964628$과 같은 해를 얻게 되는데, $T_{exact}(0.5,1)=23.724373018$이므로 완전해에 근접한 결과를 주고 있다. 격자의 크기를 변화 할 때 해의 정확도가 정확도 변화는 다음 C 프로그래밍 연습에서 격자의 크기를 달리하며 살펴보도록 하자.

C 프로그래밍 연습 [III-2-3]

(예제 III-2-3)에서 다룬 다음 포물형 편미분방정식을 Crank-Nicholson 방법으로 풀이하는 C 프로그램을 작성하고 해를 구하고 격자구성을 변화시킬 때 해가 어떻게 변화하는지 설명하시오.

$$\frac{\partial^2 T}{\partial x^2}=\frac{1}{\alpha}\frac{\partial T}{\partial t}$$ (포물형 편미분방정식)

$T(0,t) = 0 \ \ (t \geqq 0)$ (경계조건)
$T(L,t) = 0 \ \ (t \geqq 0)$
$T(x,0) = f(x) \ \ (0 \leqq x \leqq 1)$ (초기조건)

여기서, $\alpha = 0.1$, $L = 1$, $f(x) = 50$.

본문에서 언급한 위 포물형 편미분방정식을 Crank-Nicholson 알고리즘으로의 해법은 (24)식으로 주어지는 차분식을 이용하여 주어진 $0 \leq x \leq 1$, $0 \leq t \leq 1$ 범위에서 Δx, Δt로 하는 격자를 구성하여 주어진 초기조건 및 경계조건을 대입해 (26)식과 같이 연립방정식을 구성하고, 이러한 연립방정식이 (27)식과 같은 행렬방정식과 등가임을 고려해 파트2, 3장에서 다룬 행렬방정식의 해법인 Gauss Elimination, Gauss-Jordan Elimination, Tri-diagonal Matrix 방법 등을 통하여 해를 얻어내는 알고리즘을 C 프로그래밍에 구현하면 아래와 같다.

```
#include<stdio.h>
#include<math.h>

main()
{

FILE *out1;
out1=fopen("solution of PDE_parabolic_Crank-Nicholson_III-2-3.dat","w");

int i,j,m,n;
double x0,xn,t0,tm;
        double delx,delt,coef_a,coef_b,coef_c,coef_r;
        double alpha;
        double factor,sum;

        double T[500][500];

n=3;          /* number of x-axis span : boundary 0 and n+1            */
m=4;          /* number of y-axis span : boundary 0 final point m+1   */

x0=0.0;
xn=1.0;
t0=0.0;
tm=1.0;
delx=(xn-x0)/float(n+1);
delt=(tm-t0)/float(m+1);
alpha=0.1;
        coef_a=1.0;
        coef_b=-2.0-2.0*delx*delx/(alpha*delt);
        coef_c=1.0;
        coef_r=2.0-2.0*delx*delx/(alpha*delt);
```

```

        double x[n+1];
        double a[n+1],b[n+1],c[n+1],d[n+1];

        /* boundary conditions */

for(j=0;j〈=(m+1);j++)
        {
        T[0][j]=0.0;
        T[n+1][j]=0.0;
}

for(i=0;i〈=(n+1);i++)
{
T[i][0]=50.0;
}

/* -------------------- */

for(j=1;j〈=m+1;j++)
{
        a[1]=0.0;
        b[1]=coef_b;
        c[1]=coef_c;
        d[1]=(-T[0][j-1]+coef_r*T[1][j-1]-T[2][j-1])-coef_a*T[0][j];

for(i=2;i〈=n;i++)
{
a[i]=coef_a;
b[i]=coef_b;
c[i]=coef_c;
d[i]=-T[i-1][j-1]+coef_r*T[i][j-1]-T[i+1][j-1];
}
c[n]=0.0;
d[n]=(-T[n-1][j-1]+coef_r*T[n][j-1]-T[n+1][j-1])-coef_c*T[n+1][j];


        /* deleting the diagonal terms in the tridiagonal matrix*/

 for(i=2; i〈=n; i++)
 {
         factor=a[i]/b[i-1];
         b[i]=b[i]-factor*c[i-1];
         d[i]=d[i]-factor*d[i-1];
 }
```

```
77
78              x[n]=d[n]/b[n];
79
80      /* this loop is for backward substitution*/
81
82              for(i=n-1; i>=1; i--)
83              {
84          x[i]=(d[i]-c[i]*x[i+1])/b[i];
85              }
86
87              for(i=1;i<=n;i++)
88              {
89              T[i][j]=x[i];
90      }
91
92      for(i=0; i<=(n+1); i++)
93              {
94        fprintf(out1,"T[%f][%f]=%f \t\n",float(i)*delx,float(j)*delt,T[i][j]);
95              }
96        fprintf(out1," \n");
97
98              }
99
100       fclose(out1);
101     }
```

위 프로그램 역시 포물형 편미분방정식의 간접방법(Implicit Method)을 통한 해법과 같이 미분방정식을 차분식으로 바꾼 (24)식을 통하여 주어진 문제의 초기 및 경계조건을 적용하여 연립방정식을 구성하고, 이를 TDMA 행렬방정식의 해법을 통하여 풀이하는 과정으로 크게 2개의 파트로 구성되어 있다.

line 18~19는 주어진 문제의 $0 \le x \le 1$, $0 \le t \le 1$ 범위를 x방향으로는 4 = (n + 1)개의 격자로, t방향으로는 5 = (m + 1)개의 격자로 나누라는 의미이다. line 21~26은 line 18~19에 정의된 격자 개수를 통하여 $\Delta x = \frac{1}{4} = 0.25$, $\Delta t = \frac{1}{5} = 0.2$로 정의하고 있다. line 27은 주어진 포물형 편미분방정식의 계수값 $\alpha = 0.1$을 나타내며, line 28~31은 (24)식으로 주어지는 차분식의 각 계수값을 나타내고 있다.

line 36~49는 문제의 경계 및 초기조건을 구성된 격자에 부여하고 있으며, line 51~98은 연립방정식의 구성 및 이로부터 얻어지는 행렬방정식을 TDMA 알고리즘을 통하여 해를 구하는 내용을 담고 있다.

line 92~95는 임의의 j에서 $(j,\ 1 \le i \le 3)$ 얻어지는 연립방정식을 풀어 얻은 해를 출력파일 "solution of PDE_parabolic_Crank-Nicholson_III-2-3.dat"에 저장하도록 한다.

완성된 프로그램을 수행하면 다음과 같은 결과를 얻는다.

```
T[0.000000][0.200000] = 0.000000
T[0.250000][0.200000] = 43.755913
T[0.500000][0.200000] = 48.486282
T[0.750000][0.200000] = 43.755913
```

```
T[1.000000][0.200000] = 0.000000

T[0.000000][0.400000] = 0.000000
T[0.250000][0.400000] = 33.722339
T[0.500000][0.400000] = 43.760388
T[0.750000][0.400000] = 33.722339
T[1.000000][0.400000] = 0.000000

T[0.000000][0.600000] = 0.000000
T[0.250000][0.600000] = 27.199078
T[0.500000][0.600000] = 37.312059
T[0.750000][0.600000] = 27.199078
T[1.000000][0.600000] = 0.000000

T[0.000000][0.800000] = 0.000000
T[0.250000][0.800000] = 22.319267
T[0.500000][0.800000] = 31.225811
T[0.750000][0.800000] = 22.319267
T[1.000000][0.800000] = 0.000000

T[0.000000][1.000000] = 0.000000
T[0.250000][1.000000] = 18.429978
T[0.500000][1.000000] = 25.964628
T[0.750000][1.000000] = 18.429978
T[1.000000][1.000000] = 0.000000
```

위 결과는 $\Delta t = 0.2$ 스텝 별로 $0 \le x \le 1$에 대한 결과를 보여준다. $x = 0.5$, $t = 1$에서의 결과를 보면 $T(0.5, 1) = 25.964628$로 완전해 $T_{exact}(0.5, 1) = 23.724373018$과 근접해 있는 것을 볼 수 있으며, 앞서 간접방법(Implicit Method)에서 $\Delta x = 0.25$, $\Delta t = 0.2$일 때 해가 $T(0.5, 1) = 25.306324$인 것과 거의 차이가 없다. 이제 주어진 $0 \le x \le 1$, $0 \le t \le 1$ 범위의 구간의 개수를 달리하여 해의 정확성을 검토해 보자. $\Delta x = 0.1$, $\Delta t = 0.05$로 하여 x를 10개 패널로 t구간을 20개 패널로 나누어 프로그램을 수행하자. $\Delta x = \dfrac{1}{n+1}$, $\Delta t = \dfrac{1}{m+1}$이므로 위 프로그램에서 line 17~18에서 n=9, m=19로 수정하면 되겠다. 수정된 프로그램을 수행하면 아래와 같은 결과를 준다.

```
T[0.000000][0.050000] = 0.000000
T[0.100000][0.050000] = 41.421350
T[0.200000][0.050000] = 48.528100
T[0.300000][0.050000] = 49.747249
T[0.400000][0.050000] = 49.955397
T[0.500000][0.050000] = 49.985132
T[0.600000][0.050000] = 49.955397
T[0.700000][0.050000] = 49.747249
T[0.800000][0.050000] = 48.528100
T[0.900000][0.050000] = 41.421350
T[1.000000][0.050000] = 0.000000
```

```
T[0.000000][0.100000] = 0.000000
T[0.100000][0.100000] = 29.289237
T[0.200000][0.100000] = 44.364620
T[0.300000][0.100000] = 48.673682
T[0.400000][0.100000] = 49.699477
T[0.500000][0.100000] = 49.880002
T[0.600000][0.100000] = 49.699477
T[0.700000][0.100000] = 48.673682
T[0.800000][0.100000] = 44.364620
T[0.900000][0.100000] = 29.289237
T[1.000000][0.100000] = 0.000000
  ⋮
  ⋮
T[0.000000][0.950000] = 0.000000
T[0.100000][0.950000] = 7.897274
T[0.200000][0.950000] = 15.016361
T[0.300000][0.950000] = 20.659494
T[0.400000][0.950000] = 24.278366
T[0.500000][0.950000] = 25.524441
T[0.600000][0.950000] = 24.278366
T[0.700000][0.950000] = 20.659494
T[0.800000][0.950000] = 15.016361
T[0.900000][0.950000] = 7.897274
T[1.000000][0.950000] = 0.000000

T[0.000000][1.000000] = 0.000000
T[0.100000][1.000000] = 7.517904
T[0.200000][1.000000] = 14.296517
T[0.300000][1.000000] = 19.671705
T[0.400000][1.000000] = 23.119996
T[0.500000][1.000000] = 24.307601
T[0.600000][1.000000] = 23.119996
T[0.700000][1.000000] = 19.671705
T[0.800000][1.000000] = 14.296517
T[0.900000][1.000000] = 7.517904
T[1.000000][1.000000] = 0.000000
```

위 결과는 $\Delta t = 0.1$ 간격으로의 $0 \le x \le 1$에 대한 결과를 보여준다. $x = 0.5$, $t = 1$에서의 결과를 보면 $T(0.5,\, 1) = 24.307601$로 완전해 $T_{exact}(0.5, 1) = 23.724373018$에 더욱 근접하는 것을 볼 수 있으며, 앞서 간접방법(Implicit Method)에서 $\Delta x = 0.1$, $\Delta t = 0.05$일 때 해가 $T(0.5,\, 1) = 24.260127$인 것과 거의 차이가 없다.

2.3 타원형(Elliptic) 편미분방정식의 해법

타원형(Elliptic) 편미분방정식은 (2)식과 같이 표현되며, 단순한 형태로는 $\beta = 1$, $\Phi = 0$인 형태로 Laplace 방정식이라 부르며 다음과 같은 형태의 식이 된다.

$$\frac{\partial^2 u}{\partial x^2} + \frac{\partial^2 u}{\partial y^2} = 0 \tag{28}$$

(28)식에서 독립변수 $u(x, y)$를 온도라고 하면 (28)식은 2차원 정상상태 열전도방정식(2-Dimensional Steady-State Heat Transfer Equation)이 된다. 물리적으로는 그림 III-2-14와 같은 2차원 형태의 직사각형 블록에서의 정상상태 열전도 현상을 생각할 수 있으며,

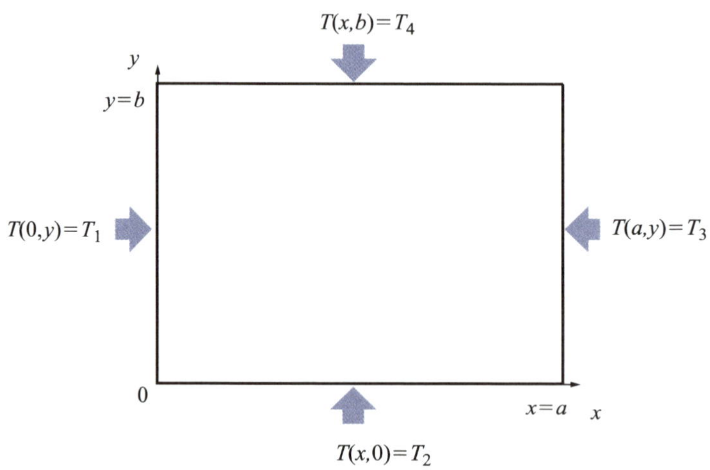

그림 III-2-14 사각 블록에서의 온도 $T(x, y)$의 계산영역

블록 벽의 경계 $0 \le x \le a$, $0 \le y \le b$에서의 온도가 T_1, T_2, T_3, T_4와 같이 일정하게 유지될 때 무한한 시간 후에 블록 내부의 온도 분포가 어떻게 될 것인가의 문제이며, 이와 관련한 물리현상의 지배방정식과 경계조건은 다음 식과 같이 표현된다.

$$\frac{\partial^2 T}{\partial x^2} + \frac{\partial^2 T}{\partial y^2} = \Phi(T, x, y, \frac{\partial T}{\partial x}, \frac{\partial T}{\partial y}) = 0$$

$$T(0,y) = T_1$$

$$T(x,0) = T_2 \tag{29}$$

$$T(a,y) = T_3$$
$$T(x,b) = T_4$$

(29)식에서와 같이 지배방정식은 $\Phi(T,\ x,\ y,\ \frac{\partial T}{\partial x},\ \frac{\partial T}{\partial y}) = 0$인 타원형 편미분방정식이며 각각 x 방향으로 2개, y방향으로 2개의 경계조건을 갖고 있어야 수학적으로 해가 존재하는 형태이다. 이러한 문제를 수치적으로 풀기 위해 먼저 해야 할 일은 그림 III-2-14에서와 같이 블록 영역 $(0 \le x \le a,\ 0 \le y \le b)$을 Δx, Δy 간격으로 등분하고 (29)식으로 주어지는 편미분방정식을 유한차분법을 이용하여 산술식으로 만드는 작업이다. 먼저, 그림 III-2-14에서의 관심 영역을 Δx, Δy로 등분하면 그림 III-2-15와 같다.

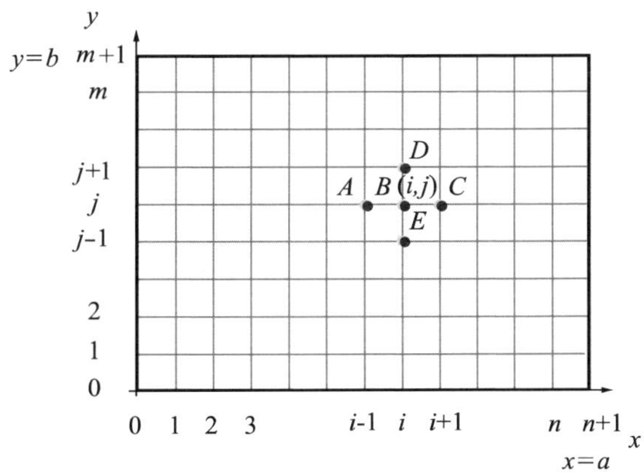

그림 III-2-15 사각블록의 내부온도 $T(x,y)$ 계산영역의 격자화

(29)식으로 표현되는 타원형 편미분방정식의 미분항들을 그림 III-2-15의 격자점 $B(i,j)$에서 파트1, 2장에서 언급된 유한차분법(Finite Differencing Method)을 이용하여 산술식으로 표현하면 $\frac{\partial^2 T}{\partial x^2}$항은 중앙차분법을 이용하여 다음과 같은 식으로 표현된다.

$$\left.\frac{\partial^2 T}{\partial x^2}\right|_{i,j} = \left[\frac{T_{i-1,j} - 2T_{i,j} + T_{i+1,j}}{\Delta x^2}\right] \tag{30}$$

또한 (29)식의 두 번째 항인 $\frac{\partial^2 T}{\partial y^2}$도 역시 중앙차분법으로

$$\left.\frac{\partial^2 T}{\partial y^2}\right|_{i,j} = \left[\frac{T_{i,j+1} - 2T_{i,j} + T_{i,j-1}}{\Delta y^2}\right] \tag{31}$$

(31)식과 같이 나타난다.

(30)식과 (31)식으로부터 (29)식의 타원형 편미분방정식은 유한차분식으로 다음과 같이 표현된다.

$$\frac{T_{i-1,j}-2T_{i,j}+T_{i+1,j}}{\Delta x^2}+\frac{T_{i,j-1}-2T_{i,j}+T_{i,j+1}}{\Delta y^2}=0 \tag{32}$$

(32)식은 그림 III-2-15의 격자점 $B(i,j)$를 포함한 A, B, C, D, E 5개의 격자점에서의 온도 값으로 표현된다는 것을 알 수 있으며 그림 III-2-16에서의 임의 5개의 점들, 즉 A', B', C', D', E', F'와 같은 점들의 온도 값들에 의해서도 (32)식과 같은 또 하나의 방정식이 만들어진다.

(32)식으로부터 $B(i,j)$점에서의 온도 $T_{i,j}$를 구하는 식을 쓰면 다음과 같다.

$$T_{i,j}=\frac{T_{i-1,j}+T_{i+1,j}+\left(\frac{\Delta x}{\Delta y}\right)^2(T_{i,j+1}+T_{i,j-1})}{2+2\left(\frac{\Delta x}{\Delta y}\right)^2} \tag{33}$$

(33)식은 그림 III-2-15에서 보여주고 관심 영역 ($0\le x\le a$, $0\le y\le b$)에서 A, B, C, D, E와 같은 5개의 격자점들에서의 온도에 적용하는 방정식이며 그림 III-2-16에서와 같이 $j=0$, 1, 2 행에 대하여 적용하여 보자.

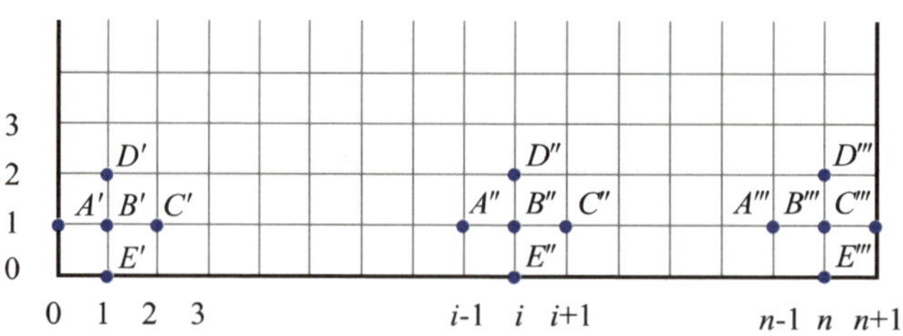

그림 III-2-16 사각블록 온도계산영역의 격자점에 (34)식의 적용

먼저 그림 III-2-16에서 A', B', C', D', E', F' 격자점들의 온도에 관해서 (33)식을 적용하면 다음과 같다.

B′ A′ C′ D′ E′

$$T_{1,1}=\frac{T_{0,1}+T_{2,1}+\left(\frac{\Delta x}{\Delta y}\right)^2(T_{1,2}+T_{1,0})}{2+2\left(\frac{\Delta x}{\Delta y}\right)^2} \tag{34}$$

(34)식에서 A', E' 격자점에서의 온도 $T_{0,1}$, $T_{1,0}$ 값은 각각 그림 III-2-14에서와 같이 T_1, T_2로 각각 주어진 값이지만 C', D' 격자점에서의 온도 $T_{2,1}$, $T_{1,2}$ 값은 초기 임의로 가정한 온도 T_i이므로, (34)식으로부터 구해지는 B' 점에서의 온도 $T_{1,1}$은 정확한 값이 아니다. 그러나 (34)식으로부터 구해지는 $T_{1,1}$ 값은 초기 가정된 온도 T_i 값이 아니라 새롭게 계산된 어떤 값을 갖는다.

같은 방법으로 그림 III-2-16에서 A'', B'', C'', D'', E'', F'' 그리고 A''', B''', C''', D''', E''', F''' 격자점들에서의 온도에 적용된 (33)식으로부터 계산된 $j=1$행에서의 온도들은 초기 임의로 설정된 온도 T_i가 아닌 새롭게 계산된 어떤 값들이 될 것이다.

또 같은 방법으로 $j=2$ 행에서의 각 격자점들에서의 온도를 계산하면, 초기 설정된 온도 T_i값이 아닌 다른 값들을 갖게 되며 $j=3$, 4, $\cdots$, m행까지 같은 방법으로 계산하면 그림 III-2-15에서 보여주는 전체구간 ($0 \le x \le a$, $0 \le y \le b$) 내부 격자점들에서의 온도가 계산되어 초기 설정된 온도 T_i 값이 아닌 다른 값들이 될 것이다.

이러한 방법으로 반복해서 $j=1$, 2, $\cdots$, m까지 다시 계산하면 관심영역 내 격자점들에서의 온도가 또 다른 값들이 계산되며, 이를 계속 반복하면 전 영역에서 더 이상 거의 변화하지 않는 수렴된 결과를 얻게 된다. 이러한 방법을 파트2, 3장에서 다룬 Gauss-Siedel 방법과 같이 반복계산법(Method of Iteration)이라 하며, 타원형 편미분방정식을 수치적으로 해석하는 방법이다.

우리가 파트2, 3장에서 Gauss-Siedel 방법을 공부할 때 relaxation factor λ를 고려했었는데 앞서 타원형 편미분방정식을 해석할 때에도 동일하게 적용할 수 있는데, (33)식에 의해서 임의 $B(i,j)$ 격자점의 온도를 새롭게 계산할 때 이전 step에서 구한 값을 이용하여 다음과 같이 구할 수 있다.

$$T_{i,j}{}^{(l+1)} = T_{i,j}{}^{(l)} + \lambda\left(T_{i,j}{}^{(l+1)*} - T_{i,j}{}^{(l)}\right) \tag{35}$$

(35)식에서 $T_{i,j}{}^{(l+1)*}$는 (33)식에 의해 격자점 (i,j)에서의 온도 $T_{i,j}$를 $(l+1)$ step에서 계산한 값이고 $T_{i,j}{}^{(l+1)}$은 relaxation factor λ를 고려하여 최종적으로 $(l+1)$ step에서의 (i,j) 격자점에서의 온도 $T_{i,j}$를 산정한 값이 된다. relaxation factor λ는 일반적으로 $0 < \lambda < 1$인 경우와 $1 < \lambda < 2$인 경우를 구분하여 사용하는데, $0 < \lambda < 1$인 경우를 under relaxation이라 하고 $1 < \lambda < 2$인 경우를 over relaxation이라 한다.

relaxation factor λ는 파트2, 3장에서도 언급한 바 있듯이 under relaxation $0 < \lambda < 1$일 때는 step 별 계산에서 계산폭을 작게 하여 계산의 안정성을 좋게 하고 계산수렴에 도움이 되도록 하며, over relaxation $1 < \lambda < 2$일 때는 계산이 전체적으로 안정적일 경우에 step 별 계산의 계산폭을 크게 하여 계산을 빠르게 하고자 할 때 사용된다.

예제 III-2-4

다음 타원형 편미분방정식 문제를 풀이하시오.

$$\frac{\partial^2 T}{\partial x^2} + \frac{\partial^2 T}{\partial y^2} = 0$$
$$T(0,y) = f(y)$$
$$T(x,0) = 0$$
$$T(L,y) = 0$$
$$T(x,H) = 0$$

(여기서, $L=1$, $H=1$, $f(y)=100$)

해설 앞서 언급한 (32)식에 의해 위 타원형 편미분방정식을 차분화하면 (33)식이 얻어지고 (33)식은 그림 III-2-15에서 보듯이 B점과 같이 중앙의 한 점의 온도값이 주변 4개의 격자에서의 온도값에 의해 결정된다. 독립변수 x, y의 범위는 각각 $0 \le x \le 1$, $0 \le y \le 1$이고 먼저 다음과 같이 $\Delta x = 0.25$, $\Delta y = 0.25$로 정하여 격자를 구성하고 해를 구하여 보자. 타원형 편미분방정식 중 $\Phi = 0$인 Laplace 방정식은 무한한 시간이 흘렀을 때 경계조건에 의해 결정되는 내부 물리량을 구하는 문제이므로, 반복계산법을 통하여 위 (33)식을 $0 \le x \le 1$, $0 \le y \le 1$ 범위에서 $\Delta x = 0.25$와 $\Delta y = 0.25$로 정해지는 격자들에 적용하여 해를 구하게 된다. 이때, 초기온도($T(x,y)=0$)을 갖는 4각판의 경계는 문제에서 주어진 대로, $T(0,y)=f(y)$, $T(x,0)=0$, $T(L,y)=0$, $T(x,H)=0$과 같은 조건이 계속해서 주어지고, 평형이 이루어질 의 온도를 구하는 것으로 한다.

위 타원형 편미분방정식의 완전해는

$$T(x,\, y) = \sum_{n=1}^{\infty}\left[\frac{2}{H}\int_0^H f(y)\sin(\lambda_n y)\, dy\right]\left[\frac{\sinh(\lambda_n(L-x))}{\sinh(\lambda_n x)}\right]\sin(\lambda_n y),$$

$$\lambda_n = \frac{n\pi}{H}\ (n=1,\ 2,\ 3,\ \cdots\ )$$

로 주어지며, $f(y)=100$, $(x=0.5,\ y=0.5)$에서 완전해를 구하면

$$T(x,\, y) = \frac{400}{\pi}\left[\frac{1}{1}\left[\frac{\sinh(\pi/2)}{\sinh(\pi)}\right]\sin(\pi/2) + \frac{1}{3}\left[\frac{\sinh(3\pi/2)}{\sinh(3\pi)}\right]\sin(3\pi/2) + \frac{1}{5}\left[\frac{\sinh(5\pi/2)}{\sinh(5\pi)}\right]\sin(5\pi/2) + \frac{1}{7}\left[\frac{\sinh(7\pi/2)}{\sinh(7\pi)}\right]\sin(7\pi/2) + \cdots\right]$$

와 같이 되며, 이를 계산하면 $T_{exact}(x=0.5,\ y=0.5)=25.0$이 된다. 이제는 앞서 언급한 타원형 편미분방정식의 수치해석적 방법을 통하여 계산하여 보자. 그림 III-2-15와 같은 격자구성에서 $n+1=4$, $m+1=4$로 하고 $1 \le i \le 3$, $1 \le j \le 3$에서의 온도를 (33)식을 이용하여 구할 수 있는데, $1 \le i \le 3$, $j=1$에 적용해 보면 다음과 같다.

$$T_{1,1} = \frac{T_{0,1} + T_{2,1} + \left(\frac{0.25}{0.25}\right)^2 (T_{1,2} + T_{1,0})}{2 + 2\left(\frac{0.25}{0.25}\right)^2} = \frac{100 + 0 + \left(\frac{0.25}{0.25}\right)^2 (0+0)}{2 + 2\left(\frac{0.25}{0.25}\right)^2} = 25$$

$$T_{2,1} = \frac{T_{1,1} + T_{3,1} + \left(\frac{0.25}{0.25}\right)^2 (T_{2,2} + T_{2,0})}{2 + 2\left(\frac{0.25}{0.25}\right)^2} = \frac{25 + 0 + \left(\frac{0.25}{0.25}\right)^2 (0+0)}{2 + 2\left(\frac{0.25}{0.25}\right)^2} = 6.25$$

$$T_{3,1} = \frac{T_{2,1} + T_{4,1} + \left(\frac{0.25}{0.25}\right)^2 (T_{3,2} + T_{3,0})}{2 + 2\left(\frac{0.25}{0.25}\right)^2} = \frac{6.25 + 0 + \left(\frac{0.25}{0.25}\right)^2 (0+0)}{2 + 2\left(\frac{0.25}{0.25}\right)^2} = 1.5625$$

같은 방법으로 $1 \le i \le 3$, $j = 2$, 3일 때 계산을 하면, 4각판 내부 격자점 모두에 대해서 계산을 1회 마치게 된다. 다시 $1 \le i \le 3$, $j = 1, 2, 3$ 격자점들에 대해서 위 계산을 반복하면 4각판 내부 격자점 모두에 대해서 2회 계산을 마치게 되며, 계속해서 이러한 계산을 반복하면 4각판 내부의 격자점에서의 온도가 어떤 일정한 값으로 수렴하게 된다. 이렇게 해서 수렴된 값을 취하는 것이 타원형 편미분방정식의 해법이 되겠다. 앞서 본문에서도 언급한 바와 같이, 수렴하는 해를 얻어내는 방법으로는 4각판 전체에 대해 한번 계산하고 전체 격자점들에서의 온도 값을 모두 더하고 다음 스텝에서의 격자점에서의 온도를 더한 것의 전체적 차를 구하여 차이가 거의 없을 때까지 반복계산을 수행하는 것이다. 이렇게 해를 구하는 것은 실질적으로 많은 반복계산이 필요하며, 주어진 구간 내 많은 격자들에 대해서 모두 계산을 하고 스텝별로 차이를 구해 확인하는 작업은 사람이 일일이 계산하기는 어려우며, 뒷부분의 C 프로그래밍 연습에서 자세히 살펴보도록 하겠다. 참고로 위의 $0 \le x \le 1$, $0 \le y \le 1$ 구간을 $\Delta x = 0.25$, $\Delta y = 0.25$ 로 나누어 격자를 만들고 각격자들에서의 반복계산을 하여 해를 얻으면 약 68회의 반복계산을 통하여 $T(x = 0.5, y = 0.5) = 24.999929$ 값을 주어, 위에서 언급한 완전해 값과 거의 일치된 결과를 주는 것을 확인할 수 있다.

C 프로그래밍 연습 [III-2-4]

(예제 III-2-4)에서 다룬 다음 타원형 편미분방정식을 풀이하는 C 프로그램을 작성하고 해를 구하시오.

$$\frac{\partial^2 T}{\partial x^2} + \frac{\partial^2 T}{\partial y^2} = 0$$

$$T(0,y) = f(y)$$

$$T(x,0) = 0$$

$$T(L,y) = 0$$

$$T(x,H) = 0$$

(여기서, $L = 1$, $H = 1$, $f(y) = 100$)

본문에서 언급한 위 타원형 편미분방정식을 수치적으로 풀어내는 알고리즘으로 (33)식으로 주어지는 차분식을 이용하여 주어진 $0 \le x \le 1$, $0 \le y \le 1$ 범위에서 $\Delta x = 0.25$, $\Delta y = 0.25$ 로 하는 격자를 구성하여 주어진 경계조건을 대입하고 반복계산을 통하여 해를 구한다. (33)식을 적용할 때 첫 번째 스텝에서의 각 격자점들에서의 온도를 구할 때 계산의 편의상 초기온도를 설정해 주는데 어떠한 값을 넣어도 동일한 결과를 준다. 이는 앞서 언급한 바와 같이 Laplace 방정이 갖는 물리적 의미가 무한한 시간 흘렀을 때의 평형상태를 의미하기 때문이다. 이제 다음 C 프로그램을 살펴보도록 하자.

```
#include <stdio.h>
#include <math.h>


double u[1000][1000],u_o[1000][1000];

main ()
{

FILE *out1;
out1=fopen("solutions of PDE_elliptic equation_III-2-4.dat","w");

        int i,j,k,l,m,n;
        double x0,xn,y0,ym,delx,dely;
        double coef_a,coef_b,coef_c,coef_d,coef_e,coef_f;
        double lamda,sum_err,epsil;

        n=3;            /* number of x-panel --> n+1  */
        m=3;            /* number of y-panel --> m+1  */
        l=10000;

        x0=0.0;
        xn=1.0;
        y0=0.0;
        ym=1.0;
        delx=(xn-x0)/float(n+1);
        dely=(ym-y0)/float(m+1);
        coef_a=1.0;
        coef_b=1.0;
        coef_c=-2.0-2.0*delx*delx/(dely*dely);
        coef_d=delx*delx/(dely*dely);
        coef_e=delx*delx/(dely*dely);
        coef_f=0.0;

        lamda=0.6;
        epsil=0.0001;

```

```
          /* boundary conditions */
          for(j=0;j<=m+1;j++)
          {
          u_o[0][j]=100.0;
          u_o[n+1][j]=0.0;
}
for(i=0;i<=n+1;i++)
{
u_o[i][0]=0.0;
u_o[i][m+1]=0.0;
}
/* --------------------- */

/* initial conditions   */
          for(j=1;j<=m;j++)
          {
          for(i=1;i<=n;i++)
{
u_o[i][j]=0.0;
          }
}
/* --------------------- */

/* Method for solving elliptic equation */

for(k=0;k<=l;k++)
{
sum_err=0.0;
for(j=1;j<=m;j++)
{
for(i=1;i<=n;i++)
{
u[i][j]=(coef_a*u_o[i+1][j]+coef_b*u_o[i-1][j]
+coef_d*u_o[i][j+1]+coef_e*u_o[i][j-1])/(-coef_c);

u[i][j]=u_o[i][j]+lamda*(u[i][j]-u_o[i][j]);
sum_err=sum_err+fabs(u[i][j]-u_o[i][j]);
}
}

fprintf(out1,"iter #%d, error_sum = %f  \n",k+1,sum_err);

if(sum_err<epsil) goto END;

for(j=1;j<=m;j++)
```

```
{
for(i=1;i<=n;i++)
{
u_o[i][j]=u[i][j];
}
}

            }

END:;

 fprintf(out1,"\n");

/* print the results  */

/* rewriting the boundary conditions */
for(j=0;j<=m+1;j++)
   {
          u[0][j]=100.0;
          u[n+1][j]=0.0;
}
for(i=0;i<=n+1;i++)
{
u[i][0]=0.0;
u[i][m+1]=0.0;
}

/* -------------------------  */

for(j=0;j<=m+1;j++)
{
for(i=0;i<=n+1;i++)
{
fprintf(out1,"u[%f][%f] = %f \t\n", float(i)*delx,float(j)*dely,u[i][j]);
}
     fprintf(out1,"\n");
}

fclose(out1);
}
```

위 프로그램은 앞서 언급한 4각 블록 전체구간의 격자점들에 대해 (33)식의 계산을 수행하여 스텝 별로 온도 값을 계산하고 전체적으로 합산하여 현재 스텝과 이전 스텝에서의 차이가 일정 값 이하 $(\epsilon \leq 0.0001)$일 때까지 반복계산을 하여 수렴된 4각판 내부 격자점에서의 온도를 계산하도록 설계하였다. 그리고 본문 (35)식에 언급한 내용과 같이 스텝 별 계산폭을 조절하기 위하여 λ(relaxation factor)를 설정하여 해의 수렴성을 조절하도록 하였다.
line 5에서는 각 스텝에서의 온도 값을 계산하여 저장하기 위해 2개의 2차원 배열을 정의하고 있다. 즉, u[][]는 현재 스텝 값을 저장하는 배열이고, u_o[][]는 이전 스텝의 값을 저장하는 배열이다. line 18~19는 x, y 방향에 대하여 각각 4개씩의 패널을 만들라는 의미이며, line 22~27에서 $0 \le x \le 1$, $0 \le y \le 1$ 범위에서 $\Delta x = 0.25$, $\Delta y = 0.25$로 격자를 구성하는 것을 보여준다. line 20의 l=10000은 전체적인 반복계산의 횟수를 10000회로 제한하도록 한 것이며, line 28~33은 (33)식에서 사용될 계수값들을 계산한 것이다. line 35는 (35)식에서 $\lambda = 0.6$으로 해주고 있으며, line 36에서는 앞서 언급한 각 격자점들에서의 온도 값 합산 값의 스텝 별 차이를 구하고 일정 값 이하($\epsilon = 0.0001$)일 때까지 반복계산을 하도록 수렴조건을 정한다. line 38~49는 주어진 문제의 경계조건을 나타내고, line 51~59는 4각판 내부 격자점에서의 초기 온도값을 임의로 정하고 있으며, 어떤 값을 초기값으로 정해도 최종해에는 영향을 미치지 않는다. line 63~90은 타원형 편미분방정식의 수치해석 알고리즘인 (33)식이 그대로 나타나 있고, 특히, line 73~74는 $\lambda = 0.6$을 고려해 스텝 별 계산폭을 조정해주고 있고, 앞서 언급한 격자점들에서의 온도값 합산의 스텝 별 차이가 일정 값 이하($\epsilon = 0.0001$)일 때까지 반복계산을 수행한다. line 80은 위 line 63~90에서 계산수행 중 온도값 합산의 스텝 별 차이가 ($\epsilon = 0.0001$) 이하이면 반복계산을 그치고 line 92 아래로 출력 등을 실행하라는 의미이다. 이렇게 해서 수렴된 결과를 얻으면 line 112~119에서는 "solutions of PDE elliptic equation_III-2-4.dat" 파일에 저장한다. 출력파일에 저장된 내용은 다음과 같다.

```
iter #1, error_sum = 45.000000
iter #2, error_sum = 33.750000
iter #3, error_sum = 26.550000
iter #4, error_sum = 21.375000
iter #5, error_sum = 17.415000
iter #6, error_sum = 14.273100
iter #7, error_sum = 11.732220
iter #8, error_sum = 9.657414
iter #9, error_sum = 7.955046
iter #10, error_sum = 6.554973
iter #11, error_sum = 5.402195
iter #12, error_sum = 4.452501
iter #13, error_sum = 3.669903
iter #14, error_sum = 3.024916
iter #15, error_sum = 2.493308
iter #16, error_sum = 2.055136
iter #17, error_sum = 1.693971
iter #18, error_sum = 1.396278
iter #19, error_sum = 1.150901
iter #20, error_sum = 0.948647
iter #21, error_sum = 0.781935
iter #22, error_sum = 0.644521
iter #23, error_sum = 0.531256
iter #24, error_sum = 0.437895
```

```
iter #25, error_sum = 0.360941
iter #26, error_sum = 0.297511
iter #27, error_sum = 0.245227
iter #28, error_sum = 0.202132
iter #29, error_sum = 0.166610
iter #30, error_sum = 0.137331
iter #31, error_sum = 0.113197
iter #32, error_sum = 0.093304
iter #33, error_sum = 0.076907
iter #34, error_sum = 0.063392
iter #35, error_sum = 0.052252
iter #36, error_sum = 0.043069
iter #37, error_sum = 0.035500
iter #38, error_sum = 0.029262
iter #39, error_sum = 0.024119
iter #40, error_sum = 0.019881
iter #41, error_sum = 0.016387
iter #42, error_sum = 0.013507
iter #43, error_sum = 0.011133
iter #44, error_sum = 0.009177
iter #45, error_sum = 0.007564
iter #46, error_sum = 0.006235
iter #47, error_sum = 0.005139
iter #48, error_sum = 0.004236
iter #49, error_sum = 0.003492
iter #50, error_sum = 0.002878
iter #51, error_sum = 0.002372
iter #52, error_sum = 0.001955
iter #53, error_sum = 0.001612
iter #54, error_sum = 0.001328
iter #55, error_sum = 0.001095
iter #56, error_sum = 0.000903
iter #57, error_sum = 0.000744
iter #58, error_sum = 0.000613
iter #59, error_sum = 0.000505
iter #60, error_sum = 0.000417
iter #61, error_sum = 0.000343
iter #62, error_sum = 0.000283
iter #63, error_sum = 0.000233
iter #64, error_sum = 0.000192
iter #65, error_sum = 0.000159
iter #66, error_sum = 0.000131
iter #67, error_sum = 0.000108
iter #68, error_sum = 0.000089

u[0.000000][0.000000] = 0.000000
```

```
u[0.250000][0.000000] = 0.000000
u[0.500000][0.000000] = 0.000000
u[0.750000][0.000000] = 0.000000
u[1.000000][0.000000] = 0.000000

u[0.000000][0.250000] = 100.000000
u[0.250000][0.250000] = 42.857107
u[0.500000][0.250000] = 18.749949
u[0.750000][0.250000] = 7.142821
u[1.000000][0.250000] = 0.000000

u[0.000000][0.500000] = 100.000000
u[0.250000][0.500000] = 52.678521
u[0.500000][0.500000] = 24.999929
u[0.750000][0.500000] = 9.821378
u[1.000000][0.500000] = 0.000000

u[0.000000][0.750000] = 100.000000
u[0.250000][0.750000] = 42.857107
u[0.500000][0.750000] = 18.749949
u[0.750000][0.750000] = 7.142821
u[1.000000][0.750000] = 0.000000

u[0.000000][1.000000] = 0.000000
u[0.250000][1.000000] = 0.000000
u[0.500000][1.000000] = 0.000000
u[0.750000][1.000000] = 0.000000
u[1.000000][1.000000] = 0.000000
```

위 내용을 보면 4각판 내부 격자점들에서의 온도합의 스텝 별 차이가 반복계산의 횟수가 증가하면서 현저히 줄어드는 것이 관찰되며, 68회 될 때는 그 차이가 0.000089 되는 것을 볼 수 있다. 즉, $\epsilon = 0.0001 > 0.000089$이므로 반복계산을 중지하고 그 아래 4각판 격자점에서의 온도 값을 출력하고 있는 것을 볼 수 있다. 마지막으로 $T(x=0.5, y=0.5) = 24.999929$로 계산되고 있는데, $T_{exact}(x=0.5, y=0.5) = 25.0$과 비교해 볼 때 매우 정확하다.

위 계산은 $\lambda = 0.6$일 때 계산한 것으로 λ값을 조종함으로써 반복계산 횟수를 줄일 수 있는데, $\lambda = 0.6$일 때보다 λ값을 크게 하면 스텝 별 계산의 폭을 넓게 하므로 보다 적은 반복계산으로 수렴결과를 얻을 수 있다. 아래 결과는 $\lambda = 0.9$로 하여, 즉 위 프로그램의 line 35에서 lamda=0.9로 수정하여 프로그램을 수행한 결과이다.

```
iter #1, error_sum = 67.500000
iter #2, error_sum = 42.187500
iter #3, error_sum = 30.543750
iter #4, error_sum = 22.317187
iter #5, error_sum = 16.482656
iter #6, error_sum = 12.107264
```

```
iter #7, error_sum = 8.931646
iter #8, error_sum = 6.568653
iter #9, error_sum = 4.841726
iter #10, error_sum = 3.562963
iter #11, error_sum = 2.625074
iter #12, error_sum = 1.932385
iter #13, error_sum = 1.423381
iter #14, error_sum = 1.047968
iter #15, error_sum = 0.771829
iter #16, error_sum = 0.568313
iter #17, error_sum = 0.418535
iter #18, error_sum = 0.308191
iter #19, error_sum = 0.226960
iter #20, error_sum = 0.167127
iter #21, error_sum = 0.123075
iter #22, error_sum = 0.090630
iter #23, error_sum = 0.066740
iter #24, error_sum = 0.049147
iter #25, error_sum = 0.036192
iter #26, error_sum = 0.026651
iter #27, error_sum = 0.019626
iter #28, error_sum = 0.014453
iter #29, error_sum = 0.010643
iter #30, error_sum = 0.007837
iter #31, error_sum = 0.005771
iter #32, error_sum = 0.004250
iter #33, error_sum = 0.003130
iter #34, error_sum = 0.002305
iter #35, error_sum = 0.001697
iter #36, error_sum = 0.001250
iter #37, error_sum = 0.000920
iter #38, error_sum = 0.000678
iter #39, error_sum = 0.000499
iter #40, error_sum = 0.000368
iter #41, error_sum = 0.000271
iter #42, error_sum = 0.000199
iter #43, error_sum = 0.000147
iter #44, error_sum = 0.000108
iter #45, error_sum = 0.000080

u[0.000000][0.000000] = 0.000000
u[0.250000][0.000000] = 0.000000
u[0.500000][0.000000] = 0.000000
u[0.750000][0.000000] = 0.000000
u[1.000000][0.000000] = 0.000000
```

```
u[0.000000][0.250000] = 100.000000
u[0.250000][0.250000] = 42.857124
u[0.500000][0.250000] = 18.749973
u[0.750000][0.250000] = 7.142838
u[1.000000][0.250000] = 0.000000

u[0.000000][0.500000] = 100.000000
u[0.250000][0.500000] = 52.678544
u[0.500000][0.500000] = 24.999962
u[0.750000][0.500000] = 9.821402
u[1.000000][0.500000] = 0.000000

u[0.000000][0.750000] = 100.000000
u[0.250000][0.750000] = 42.857124
u[0.500000][0.750000] = 18.749973
u[0.750000][0.750000] = 7.142838
u[1.000000][0.750000] = 0.000000

u[0.000000][1.000000] = 0.000000
u[0.250000][1.000000] = 0.000000
u[0.500000][1.000000] = 0.000000
u[0.750000][1.000000] = 0.000000
u[1.000000][1.000000] = 0.000000
```

위 결과를 보면 $\lambda = 0.6$일 때 반복계산을 68회 반복한 것과는 비교되게 $\lambda = 0.9$일 때 45회 반복한 것을 볼 수 있으며, $x = 0.5$, $y = 0.5$에서 온도값이 $T(x = 0.5,\, y = 0.5) = 24.999962$로 계산되고 있어, $T_{exact}(x = 0.5,\, y = 0.5) = 25.0$과 비교해 볼 때 매우 정확한 것을 알 수 있다. 이러한 relaxation factor는 1보다 작을 때 안정된 계산을 주며, 문제 자체가 안정적인 문제일 경우 λ값을 크게 하여 계산해도 되지만, $\lambda > 1$인 경우 계산이 불안정해 질 수 있다. 예를 들어, $\lambda = 1.4$로 하게 되면 발산하게 되는데 위 프로그램에서 line 35에서 lamda = 1.4로 수정하여 수행하면

```
iter #1, error_sum = 105.000000
iter #2, error_sum = 50.750000
iter #3, error_sum = 41.125000
iter #4, error_sum = 40.705000
iter #5, error_sum = 56.511000
iter #6, error_sum = 77.489300
iter #7, error_sum = 107.891420
iter #8, error_sum = 149.678746
iter #9, error_sum = 208.143715
iter #10, error_sum = 289.223445
iter #11, error_sum = 402.045363
iter #12, error_sum = 558.795019
iter #13, error_sum = 776.711415
iter #14, error_sum = 1079.580328
```

```
iter #15, error_sum = 1500.567335
iter #16, error_sum = 2085.709622
iter #17, error_sum = 2899.032866
iter #18, error_sum = 4029.508164
iter #19, error_sum = 5600.813474
iter #20, error_sum = 7784.847471
  ⋮
  ⋮
```

위 결과와 같이 발산하게 된다.

2.4 쌍곡선형(Hyperbolic) 편미분방정식의 해법

쌍곡선형 편미분방정식은 (3)식과 같은 형태의 식으로 나타나며

$$\frac{\partial^2 u}{\partial x^2} - \gamma \frac{\partial^2 u}{\partial y^2} = \Phi\left(x,\ y,\ u,\ \frac{\partial u}{\partial x},\ \frac{\partial u}{\partial y}\right) \tag{3}$$

단순한 형태로는 $\Phi = 0$일 때를 말하며 물리적으로 고무줄의 출렁거림 같은 1차원 파동과 같은 현상을 의미한다. $\Phi \neq 0$인 경우 실질적으로 압축성유동(Compressible Fluid Flow)과 같은 불연속 현상을 의미하여 이런 경우 특성이론(Method of Characteristics)과 같은 수학적 이해가 필요하다. 본 교재에서는 가장 단순한 형태의 쌍곡선형 편미분방정식인 1차원 파동방정식인 $\Phi = 0$ 경우에 대한 해법을 살펴보고자 한다.

그림 III-2-17 양쪽 벽에 고정되어 있는 탄성링

그림 III-2-17과 같이 길이가 a인 고무줄이 끝점에 고정되어 있는 경우를 생각해 보자. 고무줄은 중심에서 수직으로 길이 $\frac{a}{2}$만큼 늘렸다 놓으면 공기저항 등 저항이 없다고 한다면 그림 III-2-18과 같은 운동을 시간에 따라 계속할 것이다.

그림 III-2-18과 같은 현상을 나타내는 지배 방정식은 다음과 같은 쌍곡선형 편미분방정식으로 기술된다.

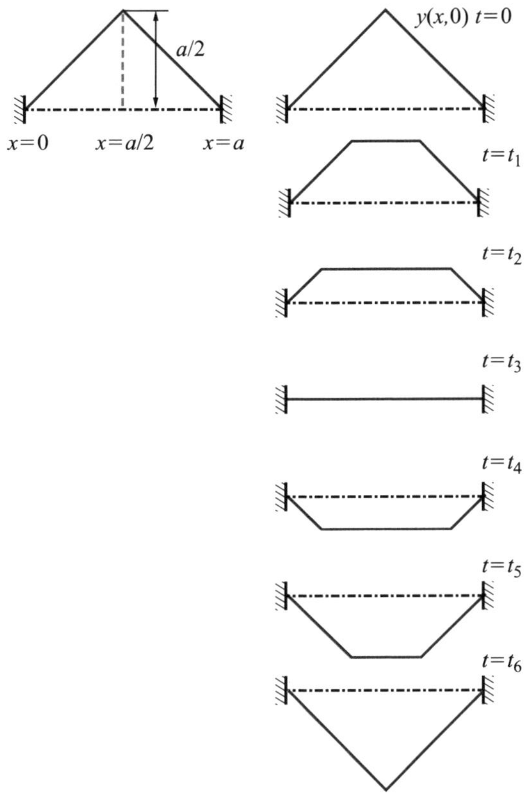

그림 III-2-18 초기 $\frac{a}{2}$ 만큼 늘어뜨린 탄성링의 시간에 따른 변화 개략도

$$
\begin{aligned}
&\frac{\partial^2 y}{\partial x^2} = \gamma \frac{\partial^2 y}{\partial t^2} \\
&y(0,t) = 0 \\
&y(a,t) = 0 \\
&y(x,0) = \quad x \qquad (0 \leq x \leq \frac{a}{2}) \\
&\qquad\quad = -x + a \ \ (\frac{a}{2} < x \leq a) \\
&\frac{\partial y}{\partial t}(x,0) = 0
\end{aligned} \tag{36}
$$

여기서, t는 시간, $y(x,t)$는 고무줄의 임의위치 x, 임의시간 t에서의 중심으로부터의 변위(Displacement)를 나타내며, γ는 고무줄의 물리상수를 의미한다. 본 문제의 계산영역은 고무줄의 위치를 나타내는 $0 \leq x \leq a$와 시간 t이며, 이러한 계산영역에서의 임의 x, 임의 t에서의 고무줄의 중심으로부터의 변위 $y(x,t)$를 찾는 것이 (36)식으로 표현되는 쌍곡선형 편미분방정식의 해를 구하는 것이다. 계산영역을 그림으로 나타내면 다음과 같다.

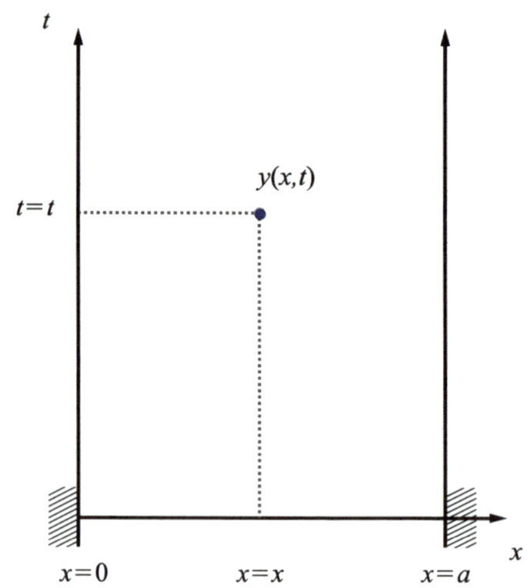

그림 III-2-19 탄성링의 시간에 따른 변화를 계산하기 위한 계산영역 개략도

위 그림에서 보여주듯이 임의 고무줄의 위치 x와 시간 t에서의 고무줄의 중심으로부터의 변위 $y(x,t)$를 구하기 위해, 계산영역을 Δx, Δt로 등분하고 (36)식과 같은 쌍곡선형 편미분방정식을 차분법을 이용하여 산술식으로 만든다. 그림 III-2-19에서의 계산영역을 Δx, Δt로 각각 등분하면 그림 III-2-20과 같다.

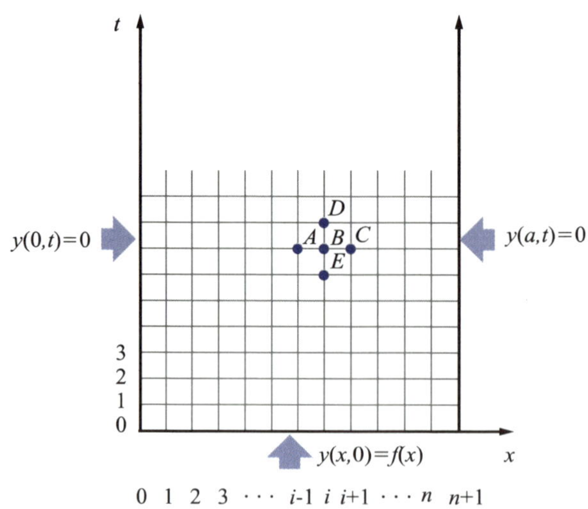

그림 III-2-20 탄성링 변위를 계산을 위한 계산영역의 격자화 및 초기, 경계조건 개략도

(36)식으로 표현되는 쌍곡선형 편미분방정식의 미분항들은 그림 III-2-20의 격자점 $B(i,j)$를 기준으로 유한차분하여 산술식으로 표현하면 (36)식 좌변의 $\frac{\partial^2 y}{\partial x^2}$ 항은 중앙차분법으로 차분하여 다음과 같은 차분식을 얻는다.

$$\left.\frac{\partial^2 y}{\partial x^2}\right|_{i,j} = \frac{y_{i-1,j} - 2y_{i,j} + y_{i+1,j}}{\Delta x^2} \tag{37}$$

또한 (36)식의 우변항인 $\gamma \left.\frac{\partial^2 y}{\partial t^2}\right|_{i,j}$ 도 중앙차분법으로 차분하면 다음과 같은 차분식을 얻는다.

$$\beta \left.\frac{\partial^2 y}{\partial t^2}\right|_{i,j} = \gamma \frac{y_{i,j-1} - 2y_{i,j} + y_{i,j+1}}{\Delta t^2} \tag{38}$$

(37), (38)식들을 (36)식 쌍곡선형 편미분방정식에 적용하면 다음과 같은 산술식을 얻는다.

$$\frac{\overset{\text{A}}{y_{i-1,j}} - 2\overset{\text{B}}{y_{i,j}} + \overset{\text{C}}{y_{i+1,j}}}{\Delta x^2} = \gamma \frac{\overset{\text{D}}{y_{i,j+1}} - 2\overset{\text{B}}{y_{i,j}} + \overset{\text{E}}{y_{i,j-1}}}{\Delta t^2} \tag{39}$$

(39)식은 그림 III-2-20의 격자점 $B(i,j)$를 포함한 A, B, C, D, E 5개의 격자점들에서의 탄성링 변위 y값으로 표현되며 이러한 형태의 5개의 격자점들이 하나의 방정식을 형성하는 것을 알 수 있다.

(39)식을 재정리하면 $D(i,j+1)$점에서의 변위 $y_{i,j+1}$을 구하는 식을 구하면 다음과 같다.

$$\overset{D}{y_{i,j+1}} = [-1]\overset{E}{y_{i,j-1}} + \left[\frac{(\Delta t)^2}{\gamma(\Delta x)^2}\right]\overset{C}{y_{i+1,j}} + \left[\frac{(\Delta t)^2}{\gamma(\Delta x)^2}\right]\overset{A}{y_{i-1,j}} + \left[2\left(1 - \frac{(\Delta t)^2}{\gamma(\Delta x)^2}\right)\right]\overset{B}{y_{i,j}} \tag{40}$$

(40)식을 자세히 들여다보면 $j+1$행의 D점에서의 링의 변위 $y_{i,j+1}$가 j행에서의 A, B, C 점들에서의 링의 변위 $y_{i-1,j}$, $y_{i,j}$, $y_{i+1,j}$ 값들과 $j-1$행에서의 E점에서의 링의 변위 값 $y_{i,j-1}$로부터 구해진다는 것을 알 수 있다. 즉, $j+1$행에서의 격자점들에서의 변위 값은 j행과 $j-1$행에서의 격자점들에서의 변위 값들을 알면 구해진다는 의미이다. (40)식을 그림 III-2-21의 $j=0,1$인 격자점들에 적용하려면 그림 III-2-21의 아랫행 $j=-1$인 가상 격자점들에서의 변위값들이 필요하다.

그림 III-2-21에서 A', B', C'에서의 링 변위 값은 경계조건 $y(x,0)=0$으로 주어져 있으므로 E'에서의 변위 값 $y_{1,-1}$을 찾으면 D'에서의 변위 값 $y_{1,1}$이 결정된다.

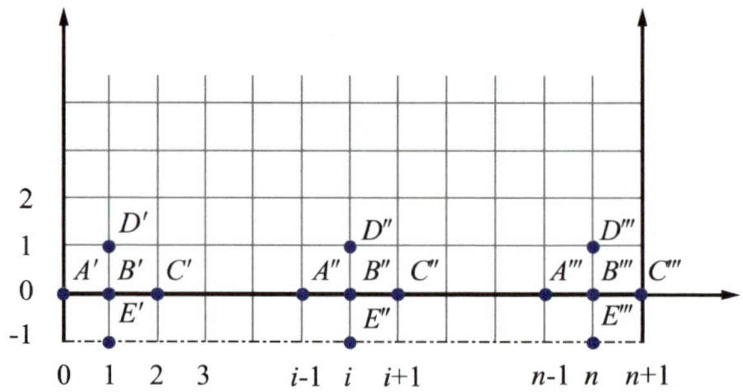

그림 III-2-21 계산영역에 가상적 격자를 넣어 (42)식을 적용

그런데 (36)식에서 경계조건 $\dfrac{\partial y}{\partial t}(x,0)=0$이 미분형식으로 되어 있으므로 이 항을 차분식으로 나타낼 수 있는데 다음과 같이 표현된다.

$$\frac{\partial y}{\partial t}(x,0)=\left.\frac{y_{i,j+1}-y_{i,j-1}}{2\Delta t}\right|_{i,(j=0)}=\frac{y_{i,1}-y_{i,-1}}{2\Delta t}=0 \tag{41}$$

(41)식으로부터 $y_{i,1}=y_{i,-1}$인 관계를 얻게 되는데 이는 그림 III-2-21에서 가상의 $j=-1$행에서의 변위 값은 $j=1$행에서의 변위 값과 같다는 조건을 의미한다.

이제 (40)식을 그림 III-2-21의 A', B', C', D', E' 격자점들의 변위 값들에 적용하면 다음 식을 얻게 된다.

$$\overset{\text{D}'}{y_{1,1}}=\overset{\text{E}'}{[-1]y_{1,-1}}+\overset{\text{C}'}{\left[\frac{(\Delta t)^2}{\gamma(\Delta x)^2}\right]y_{2,0}}+\overset{\text{A}'}{\left[\frac{(\Delta t)^2}{\gamma(\Delta x)^2}\right]y_{0,0}}+\overset{\text{B}'}{\left[2(1-\frac{(\Delta t)^2}{\gamma(\Delta x)^2})\right]y_{1,0}} \tag{42}$$

(41)식으로부터 $y_{i,1}=y_{i,-1}$이므로 $y_{1,-1}=y_{1,1}$이 되며 이를 (42)식에 적용하면 다음 식을 얻는다.

$$\overset{\text{D}'}{2y_{1,1}}=\overset{\text{C}'}{\left[\frac{(\Delta t)^2}{\gamma(\Delta x)^2}\right]y_{2,0}}+\overset{\text{A}'}{\left[\frac{(\Delta t)^2}{\gamma(\Delta x)^2}\right]y_{0,0}}+\overset{\text{B}'}{\left[2\left(1-\frac{(\Delta t)^2}{\gamma(\Delta x)^2}\right)\right]y_{1,0}} \tag{43}$$

(43)식으로부터 D' 격자점에서의 변위 $y_{1,1}$이 A', B', C' 격자점에서의 변위값 $y_{0,0}$, $y_{1,0}$, $y_{2,0}$으로부터 결정되는데 $y_{0,0}$, $y_{1,0}$, $y_{2,0}$ 값들은 경계의 조건으로 주어져 있으므로 $y_{1,1}$ 값을 얻게 된다.

같은 방법으로 그림 III-2-21에서 A'', B'', C'', D'', E'' 격자점들을 통해 D'' 격자점에서의 변위 값이 결정되고, 또한, 연차적으로 D''' 격자점에서의 변위값이 결정되어 결국 $j=1$행의 모든 격자점들에서의 변위 값이 결정된다는 것을 알 수 있다. 결과적으로 $j=2,\ 3,\ 4,\ \cdots$ 행에서의 변위 값들도 결정되어 (36)식과 같은 쌍곡선형 편미분방정식, 즉 1차원 파동방정식의 해를 얻게 된다.[19)]

이때 주의할 사항은 포물형 편미분방정식의 해법의 때와 같이 (40)식의 중심 항의 계수가 양인 조건인 다음 식을 만족해야 한다.

$$2\left[1-\frac{(\Delta t)^2}{\gamma(\Delta x)^2}\right] \geq 0 \tag{44}$$

(44)식으로부터 그림 III-2-20과 같이 격자를 구성할 때 Δx, Δt가 다음과 같은 조건을 만족하여야 한다.

$$\Delta t^2 \leqq \gamma \Delta x^2 \tag{45}$$

예제 III-2-5

다음 쌍곡선형 편미분방정식 문제를 풀이하시오.

$$\frac{\partial^2 y}{\partial x^2} = \gamma \frac{\partial^2 y}{\partial t^2}$$

$$y(0,t) = 0$$

$$y(L,t) = 0$$

$$\begin{aligned} y(x,0) &= \quad x \qquad (0 \leqq x \leqq \frac{L}{2}) \\ &= -x + L \ \ (\frac{L}{2} < x \leqq L) \end{aligned}$$

$$\frac{\partial y}{\partial t}(x,0) = 0$$

여기서, $\gamma = 1$, $L = 1$

해설 위 쌍곡선형 편미분방정식을 차분화하면 (40)식이 얻어지고 (40)식은 5개의 격자점을 통해 하나의 방정식이 만들어지는 것을 의미하여, 4개의 격자점에서의 변위를 통해 외곽에 있는 하나의 격자점에서의 변위 값이 결정된다. 문제에서 독립변수 x, t의 범위는 각각 $0 \leq x \leq 1$, $0 \leq t \leq 2$이고 먼저 다음과 같이 $\Delta x = 0.2$, $\Delta t = 0.2$로 정하여 격자를 구성하고 해를 구하여 보자. 위와 같은 형태로 주어지는 쌍곡선형 편미분방정식은 본문에서도 언급한 바와 같이 고무줄과 같은 링의 진동현상을 수학적으로 모델링했을 때 나타나므로 위 문제를 양 끝단이 고정되고 초기($t=0$)에 활시위를 당긴 것처럼 변위를 주고 놓았을 때 링의 위치와 시간에 따른

19) 참고로, 본문에서 쌍곡선형 편미분방정식의 해를 구한 것은 특별한 경우, 즉 초기 탄성링의 속도가 0이라는 조건이 주어졌기 때문이다.

링의 진동, 즉 링의 변위 값을 구하는 문제이다.
위 쌍곡선형 편미분방정식의 완전해는

$$y(x,\, t) = \sum_{n=1}^{\infty}\left[\frac{4L\times \sin(n\pi/2)}{\pi^2 n^2}\right]\cos(\gamma\lambda_n t)\sin(\lambda_n x),\ \lambda_n = \frac{n\pi}{L}\ (n=1,\ 2,\ 3,\ \cdots)$$

로 주어지며, $\gamma=1$, $L=1$, $(x=0.4,\ t=0.2)$에서 완전해를 구하면

$$\begin{aligned} &y(x=0.4,\, t=0.2)\\ &= \frac{4}{\pi^2}\left[\begin{aligned}&\frac{1}{1^2}[\cos(\pi\times 0.2)][\sin(\pi\times 0.4)] - \frac{1}{3^2}[\cos(3\pi\times 0.2)][\sin(3\pi\times 0.4)]\\ &+\frac{1}{5^2}[\cos(5\pi\times 0.2)][\sin(5\pi\times 0.4)] - \frac{1}{7^2}[\cos(7\pi\times 0.2)][\sin(7\pi\times 0.4)] + \cdots\end{aligned}\right]\end{aligned}$$

와 같이 주어지며, 이를 계산하면 $y_{exact}(x=0.4,\ t=0.2)=0.3$이 된다. 이제는 앞서 언급한 쌍곡선형 편미분방정식의 수치해석적 방법을 통하여 계산하여 보자. 다음 그림과 같은 $1\le i\le 4,\ j=1,\ 2,\ 3,\ \cdots$ 에서의 링의 위치변위를 (40)식을 이용하여 구할 수 있는데, $1\le i\le 4,\ j=1$에 적용해 보면 다음과 같다.

$$y_{1,1} = [-1]y_{1,-1} + \left[\frac{(\Delta t)^2}{\gamma(\Delta x)^2}\right]y_{2,0} + \left[\frac{(\Delta t)^2}{\gamma(\Delta x)^2}\right]y_{0,0} + \left[2(1-\frac{(\Delta t)^2}{\gamma(\Delta x)^2})\right]y_{1,0}$$

$$= [-1]y_{1,1} + \left[\frac{(0.2)^2}{1(0.2)^2}\right]0.4 + \left[\frac{(0.2)^2}{\gamma(0.2)^2}\right]0 + \left[2\left(1-\frac{(0.2)^2}{\gamma(0.2)^2}\right)\right]0.2$$

$$y_{1,1} = \frac{1}{2}\left[\left[\frac{(0.2)^2}{1(0.2)^2}\right]0.4 + \left[\frac{(0.2)^2}{\gamma(0.2)^2}\right]0 + \left[2\left(1-\frac{(0.2)^2}{\gamma(0.2)^2}\right)\right]0.2\right]$$

$$= 0.2$$

$$y_{2,1} = [-1]y_{2,-1} + \left[\frac{(\Delta t)^2}{\gamma(\Delta x)^2}\right]y_{3,0} + \left[\frac{(\Delta t)^2}{\gamma(\Delta x)^2}\right]y_{1,0} + \left[2(1-\frac{(\Delta t)^2}{\gamma(\Delta x)^2})\right]y_{2,0}$$

$$= [-1]y_{2,1} + \left[\frac{(0.2)^2}{1(0.2)^2}\right]0.4 + \left[\frac{(0.2)^2}{\gamma(0.2)^2}\right]0.2 + \left[2\left(1-\frac{(0.2)^2}{\gamma(0.2)^2}\right)\right]0.4$$

$$y_{2,1} = \frac{1}{2}\left[\left[\frac{(0.2)^2}{1(0.2)^2}\right]0.4 + \left[\frac{(0.2)^2}{\gamma(0.2)^2}\right]0.2 + \left[2\left(1-\frac{(0.2)^2}{\gamma(0.2)^2}\right)\right]0.4\right]$$

$$= 0.3$$

$$y_{3,1} = [-1]y_{3,-1} + \left[\frac{(\Delta t)^2}{\gamma(\Delta x)^2}\right]y_{4,0} + \left[\frac{(\Delta t)^2}{\gamma(\Delta x)^2}\right]y_{2,0} + \left[2\left(1-\frac{(\Delta t)^2}{\gamma(\Delta x)^2}\right)\right]y_{3,0}$$

$$= [-1]y_{3,1} + \left[\frac{(0.2)^2}{1(0.2)^2}\right]0.2 + \left[\frac{(0.2)^2}{\gamma(0.2)^2}\right]0.4 + \left[2\left(1-\frac{(0.2)^2}{\gamma(0.2)^2}\right)\right]0.4$$

$$y_{3,1} = \frac{1}{2}\left[\left[\frac{(0.2)^2}{1(0.2)^2}\right]0.2 + \left[\frac{(0.2)^2}{\gamma(0.2)^2}\right]0.4 + \left[2\left(1-\frac{(0.2)^2}{\gamma(0.2)^2}\right)\right]0.4\right]$$

$$= 0.3$$

$$y_{4,1}=[-1]y_{4,-1}+\left[\frac{(\Delta t)^2}{\gamma(\Delta x)^2}\right]y_{5,0}+\left[\frac{(\Delta t)^2}{\gamma(\Delta x)^2}\right]y_{3,0}+\left[2(1-\frac{(\Delta t)^2}{\gamma(\Delta x)^2})\right]y_{4,0}$$

$$=[-1]y_{4,1}+\left[\frac{(0.2)^2}{1(0.2)^2}\right]0+\left[\frac{(0.2)^2}{\gamma(0.2)^2}\right]0.2+\left[2\left(1-\frac{(0.2)^2}{\gamma(0.2)^2}\right)\right]0.1$$

$$y_{4,1}=\frac{1}{2}\left[\left[\frac{(0.2)^2}{1(0.2)^2}\right]0+\left[\frac{(0.2)^2}{\gamma(0.2)^2}\right]0.4+\left[2\left(1-\frac{(0.2)^2}{\gamma(0.2)^2}\right)\right]0.2\right]$$

$$=0.2$$

⋮

⋮

$1\le i\le 4,\ j=2,\ 3,\ \cdots$ 일 때도 계속 계산하면 $x,\ t$의 범위 $0\le x\le 1,\ 0\le t\le 2$에서 격자구성을 $\Delta x=0.2,\ \Delta t=0.2$로 했을 때 각 격자점에서의 링의 변위 y를 결정하게 된다. 위의 계산값을 보면 $x=0.4,\ t=0.2$에서 링의 변위가 $y(x=0.4,\ t=0.2)=0.3$으로 계산되어 완전해 값 $y_{exact}(x=0.4,\ t=0.2)=0.3$과 일치된 결과를 보여준다.

C 프로그래밍 연습 [III-2-5]

(예제 III-2-5)에서 다룬 다음 쌍곡선형 편미분방정식을 풀이하는 C 프로그램을 작성하고 (예제 III-2-5)에서의 격자와 구성을 달리할 때, 즉 $\Delta x=0.1,\ \Delta t=0.1$로 할 때 해를 구하고, 또한 격자비를 달리할 때 해가 어떻게 되는지 설명하시오.

$$\frac{\partial^2 y}{\partial x^2}=\gamma\frac{\partial^2 y}{\partial t^2}$$

$$y(0,t)=0$$

$$y(L,t)=0$$

$$y(x,0)=\ \ x \qquad (0\leq x\leq \frac{L}{2})$$

$$\qquad\ =-x+L\ \ (\frac{L}{2}<x\leq L)$$

$$\frac{\partial y}{\partial t}(x,0)=0$$

여기서, $\gamma=1,\ L=1$

본문에서 언급한 위 쌍곡선형 편미분방정식을 수치적으로 풀어내는 알고리즘으로 (40)식으로 주어지는 차분식을 이용하여 주어진 $0\le x\le 1,\ 0\le t\le 1$ 범위에서 $\Delta x=0.1,\ \Delta t=0.1$로 하는 격자를 구성하여 주어진 경계조건을 대입해 해를 구한다. 주의할 사항은 앞서 (예제 III-2-5)에서도 풀어 보았듯이 주어진 알고리즘대로 처음 계산을 수행할 때, 즉 $1\le i\le 9,\ j=1$에 (41)식을 적용할 때 $\frac{\partial y}{\partial t}(x,0)=0$을 사용하여 $1\le i\le 9,\ j=-1$ 격자점들에서의 변위 값들이 $1\le i\le 9,\ j=1$ 격자점들에서의 변위 값들과 동일하다는 조건을 적용하여 처음 계산을 수행하여야 한다는 점이다. 이러한 조건들을 만족시키는 C 프로그래밍을 수행하면 다음과 같다.

```
#include <stdio.h>
#include <math.h>


double y[500][500];

main ()
{

FILE *out1;
out1=fopen("solutions of PDE_hyperbolic equation_III-2-5.dat","w");

        int i,j,m,n;
        double x0,x_end,t0,t_end,delx,delt;
        double beta,coef_a,coef_b,coef_c,coef_d;

        n=9;                /* number of x-panel  <-- n+1 */
        m=19;                /* number of y-panel  <-- m+1 */

        x0=0.0;
        x_end=1.0;
        t0=0.0;
        _end=2.0;
        delx=(x_end-x0)/float(n+1);
        delt=(t_end-t0)/float(m+1);
        beta=1.0;
        coef_a=-1;
        coef_b=delt*delt/(beta*delx*delx);
        coef_c=coef_b;
        coef_d=2.0*(1.0-delt*delt/(beta*delx*delx));

        /* boundary conditions */
        for(j=0;j<=m+1;j++)
        {
        y[0][j]=0.0;
        y[n+1][j]=0.0;
}
for(i=0;i<=(n+1)/2;i++)
{
y[i][0]=delx*float(i);
}
for(i=(n+1)/2+1;i<=n+1;i++)
```

```
43  {
44  y[i][0]=delx*(float(n+1)-i);
45  }
46  /* -------------------- */
47
48  /* solving hyperbolic equation */
49
50  for(i=1;i<=n;i++)
51  {
52  y[i][1]=(1.0/2.0)*(coef_b*y[i+1][0]
53          +coef_b*y[i-1][0]+coef_d*y[i][0]);
54  }
55
56  for(j=1;j<=m;j++)
57  {
58  for(i=1;i<=(n);i++)
59  {
60  y[i][j+1]=-1.0*y[i][j-1]+coef_b*y[i+1][j]+coef_b*y[i-1][j]+coef_d*y[i][j];
61  }
62  }
63
64  /* print the results  */
65
66  for(j=0;j<=m+1;j++)
67  {
68  for(i=0;i<=n+1;i++)
69  {
70  fprintf(out1,"y[%f][%f] = %f \t\n", float(i)*delx,float(j)*delt,y[i][j]);
71  }
72  fprintf(out1,"\n");
73  }
74
75  fclose(out1);
76  }
```

위 프로그램은 (40)식으로 주어지는 쌍곡선형 편미분방정식의 알고리즘이 주축이 되어 구성되었고, 차분식 표현 상 한 점의 격자점에서의 변위량을 계산하기위해 4개 격자점에서의 변위량의 정보가 필요하다. 초기 계산에서는, 즉 $1 \leq i \leq 9,\ j=1$ 격자점들에서의 변위량 계산 시 $1 \leq i \leq 9,\ j=0,\ -1$ 격자점들에서의 변위량의 정보가 필요하다. $1 \leq i \leq 9,\ j=0$ 격자점들에서의 변위량은 초기 변위조건으로 주어져 있고, $1 \leq i \leq 9,\ j=-1$ 격자점들에서의 변위량은 주어진 경계조건 $\frac{\partial y}{\partial t}(x,0)=0$에서 $y_{i,1}=y_{i,-1}$와 같이 주어지므로, $1 \leq i \leq 9,\ j=1$에서의 초기 계산이 수행되어진다.

line 5에서는 링의 변위가 링의 위치, 시간의 함수이므로 y[][]와 같이 2차원 배열로 정의하고 있고, line 17~18은 $0 \leq x \leq 1,\ 0 \leq t \leq 2$ 범위를 x방향으로 10개의 패널(n=9), t방향으로 20개의 패널(m=19)로 나누고 있다. line 20~25는 주어진 구간의 크기를 $\Delta x=0.1,\ \Delta t=0.1$과 같이 각각 정하고 있고,

line 26~30은 (40)식에서의 계수 값들을 정의하고 있다.

line 32~46은 양 끝단에 고정된 링의 경계조건 및 초기조건을 나타내고 있고, line 48~62는 (40)식으로 나타나는 알고리즘을 통한 계산과 앞서 언급한 경계조건 $\frac{\partial y}{\partial t}(x,0)=0$에서 $y_{i,1}=y_{i,-1}$과 같이 주어지므로 $1 \le i \le 9,\ j=1$에서의 초기 계산수행을 포함하고 있다. 마지막으로 line 66~73은 계산된 결과를 "solutions of PDE hyperbolic equation_III-2-5.dat"에 저장한다. 위 프로그램을 수행하고 저장된 결과를 출력하면 다음과 같다.

```
y[0.000000][0.000000] = 0.000000
y[0.100000][0.000000] = 0.100000
y[0.200000][0.000000] = 0.200000
y[0.300000][0.000000] = 0.300000
y[0.400000][0.000000] = 0.400000
y[0.500000][0.000000] = 0.500000
y[0.600000][0.000000] = 0.400000
y[0.700000][0.000000] = 0.300000
y[0.800000][0.000000] = 0.200000
y[0.900000][0.000000] = 0.100000
y[1.000000][0.000000] = 0.000000

y[0.000000][0.100000] = 0.000000
y[0.100000][0.100000] = 0.100000
y[0.200000][0.100000] = 0.200000
y[0.300000][0.100000] = 0.300000
y[0.400000][0.100000] = 0.400000
y[0.500000][0.100000] = 0.400000
y[0.600000][0.100000] = 0.400000
y[0.700000][0.100000] = 0.300000
y[0.800000][0.100000] = 0.200000
y[0.900000][0.100000] = 0.100000
y[1.000000][0.100000] = 0.000000

y[0.000000][0.200000] = 0.000000
y[0.100000][0.200000] = 0.100000
y[0.200000][0.200000] = 0.200000
y[0.300000][0.200000] = 0.300000
y[0.400000][0.200000] = 0.300000
y[0.500000][0.200000] = 0.300000
y[0.600000][0.200000] = 0.300000
y[0.700000][0.200000] = 0.300000
y[0.800000][0.200000] = 0.200000
y[0.900000][0.200000] = 0.100000
y[1.000000][0.200000] = 0.000000
 ⋮
 ⋮
y[0.000000][1.800000] = 0.000000
```

```
y[0.100000][1.800000] = 0.200000
y[0.200000][1.800000] = 0.400000
y[0.300000][1.800000] = 0.600000
y[0.400000][1.800000] = 0.600000
y[0.500000][1.800000] = 0.600000
y[0.600000][1.800000] = 0.600000
y[0.700000][1.800000] = 0.600000
y[0.800000][1.800000] = 0.400000
y[0.900000][1.800000] = 0.200000
y[1.000000][1.800000] = 0.000000

y[0.000000][1.900000] = 0.000000
y[0.100000][1.900000] = 0.200000
y[0.200000][1.900000] = 0.400000
y[0.300000][1.900000] = 0.600000
y[0.400000][1.900000] = 0.800000
y[0.500000][1.900000] = 0.800000
y[0.600000][1.900000] = 0.800000
y[0.700000][1.900000] = 0.600000
y[0.800000][1.900000] = 0.400000
y[0.900000][1.900000] = 0.200000
y[1.000000][1.900000] = 0.000000

y[0.000000][2.000000] = 0.000000
y[0.100000][2.000000] = 0.200000
y[0.200000][2.000000] = 0.400000
y[0.300000][2.000000] = 0.600000
y[0.400000][2.000000] = 0.800000
y[0.500000][2.000000] = 1.000000
y[0.600000][2.000000] = 0.800000
y[0.700000][2.000000] = 0.600000
y[0.800000][2.000000] = 0.400000
y[0.900000][2.000000] = 0.200000
y[1.000000][2.000000] = 0.000000
```

위 결과를 보면 링의 위치, 시간에서의 링의 변위를 보여주고 있는데, $t=0$일 때 링의 변위가 링을 잡아 당기는 초기 변위를 그대로 보여주고 있으며, 시간이 지나면서, 즉 $t>0$에서 링의 변위가 flat하게 거동하며 아래위로 출렁거리는 것이 관찰되는데, 앞서 본문 그림 III-2-18에서 나타낸 쌍곡선형 편미분방정식으로 표현되는 링 변위 거동과 일치된 결과를 보여준다.

이번에는 격자간격의 변화가 해에 어떤 영향을 미치는지 확인해 보도록 하자. $0 \le x \le 1$, $0 \le t \le 2$ 범위를 x방향으로 10개의 패널(n = 9), t방향으로 10개의 패널(m = 9)로 나누어서 프로그램을 수행하여 보자. 즉, $\Delta x = 0.1$, $\Delta t = 0.2$로 하여 프로그램을 수행해 보자. 이를 위해, line 18에서 m = 9로 변경하고, 프로그램을 수행하면 된다.

```
y[0.000000][0.000000] = 0.000000
y[0.100000][0.000000] = 0.100000
y[0.200000][0.000000] = 0.200000
y[0.300000][0.000000] = 0.300000
y[0.400000][0.000000] = 0.400000
y[0.500000][0.000000] = 0.500000
y[0.600000][0.000000] = 0.400000
y[0.700000][0.000000] = 0.300000
y[0.800000][0.000000] = 0.200000
y[0.900000][0.000000] = 0.100000
y[1.000000][0.000000] = 0.000000

y[0.000000][0.200000] = 0.000000
y[0.100000][0.200000] = 0.100000
y[0.200000][0.200000] = 0.200000
y[0.300000][0.200000] = 0.300000
y[0.400000][0.200000] = 0.400000
y[0.500000][0.200000] = 0.100000
y[0.600000][0.200000] = 0.400000
y[0.700000][0.200000] = 0.300000
y[0.800000][0.200000] = 0.200000
y[0.900000][0.200000] = 0.100000
y[1.000000][0.200000] = 0.000000

y[0.000000][0.400000] = 0.000000
y[0.100000][0.400000] = 0.100000
y[0.200000][0.400000] = 0.200000
y[0.300000][0.400000] = 0.300000
y[0.400000][0.400000] = -1.200000
y[0.500000][0.400000] = 2.100000
y[0.600000][0.400000] = -1.200000
y[0.700000][0.400000] = 0.300000
y[0.800000][0.400000] = 0.200000
y[0.900000][0.400000] = 0.100000
y[1.000000][0.400000] = 0.000000
 ⋮
 ⋮
y[0.000000][1.600000] = 0.000000
y[0.100000][1.600000] = 979763.300000
y[0.200000][1.600000] = -2431897.400000
y[0.300000][1.600000] = 4343808.300000
y[0.400000][1.600000] = -6082585.200000
y[0.500000][1.600000] = 6794675.700000
y[0.600000][1.600000] = -6082585.200000
y[0.700000][1.600000] = 4343808.300000
y[0.800000][1.600000] = -2431897.400000
```

```
y[0.900000][1.600000] = 979763.300000
y[1.000000][1.600000] = 0.000000

y[0.000000][1.800000] = 0.000000
y[0.100000][1.800000] = -15549132.700000
y[0.200000][1.800000] = 35725568.200000
y[0.300000][1.800000] = -59807500.500000
y[0.400000][1.800000] = 80587936.400000
y[0.500000][1.800000] = -88904825.500000
y[0.600000][1.800000] = 80587936.400000
y[0.700000][1.800000] = -59807500.500000
y[0.800000][1.800000] = 35725568.200000
y[0.900000][1.800000] = -15549132.700000
y[1.000000][1.800000] = 0.000000

y[0.000000][2.000000] = 0.000000
y[0.100000][2.000000] = 235217305.700000
y[0.200000][2.000000] = -513348044.599999
y[0.300000][2.000000] = 819755213.099999
y[0.400000][2.000000] = -1072294337.199999
y[0.500000][2.000000] = 1171337768.499999
y[0.600000][2.000000] = -1072294337.199999
y[0.700000][2.000000] = 819755213.099999
y[0.800000][2.000000] = -513348044.599999
y[0.900000][2.000000] = 235217305.700000
y[1.000000][2.000000] = 0.000000
```

위 결과를 보면 단지 주어진 구간의 격자간격을 바꾸기만 하였는데, 해가 발산하는 것을 보여준다. 이는 본문 (45)식으로 주어지는 $(\Delta t^2 \leqq \gamma \Delta x^2)$ 격자간격의 조건을 맞추지 않았기 때문인데, 앞서 $\Delta x = 0.1$, $\Delta t = 0.2$ 이므로 $(\Delta t = 0.2)^2 > (\gamma \Delta x = 1 \times 0.1)^2$과 같이 격자조건을 만족하지 않기 때문이다.

참고문헌

[1] Robert W. Hornbeck, Numerical Methods, Quantum Publishers, INC. New York, 1975.

[2] A. Ralston, P. Rabinowitz, A First Course in Numerical Analysis, Dover Publications, Inc., New York, 1978.

[3] C. F. Gerald, P. O. Wheatley, Applied Numerical Analysis, Addison-Wesley, 2004.

[4] C. Y. Chiang, Matthew M. Lin, The Eigenvalue Shift Technique and its Eigenstructure Analysis of a Matrix, J. Com. & Applied Mathematics, Vol. 253, 2013, pp. 235-248.

[5] 이규봉, 실습을 통한 수축방법의 효과적인 이해, 한국수학교육학습지 시리즈 E: 수학교육 논문집, 제20집, 제4호, 2006, pp. 575-586.

[6] S. C. Chapra, R. P. Canale, Numerical Methods for Engineers, McGraw-Hill Education, New York, 2015.

[7] H. Anton, C. Rorres, Elementary Linear Algebra, Wiley, 2014.

[8] A. Kharab, R. B. Guenther, An Introduction to Numerical Methods A Matlab Approach, CRC Press, 2011.

[9] S. C. Chapra, Applied Numerical Methods with MATLAB for Engineers and Scientists, McGraw-Hill Education, New York, 2018.

[10] E. Kreyszig, H. Kreyszig, E. J. Norminton, Advanced Engineering Mathematics, Jon Wiley & Son, INC, New York, 2011.

[11] B. W. Kernighan, D. M. Ritchie, The C Programming Language, Prentice Hall, 1988.

찾아보기

저자 | 노성철

저자는 서울대학교 공과대학 기계공학과에서 학부를 마치고 한국과학기술원(KAIST) 기계공학부에서 석, 박사학위를 취득하였다. 이후 한국항공우주연구원(KARI)와 한국항공우주산업(KAI)에서 우주발사체 및 초음속 항공기 공력에 관한 연구와 실무를 수행하였으며, 현재는 연세대학교 환경에너지공학부 학생들에게 공업수학, 수치해석, 물질전달학 등을 가르치고 있다.

C로 코딩된 소스 프로그램 연습
자연과학 및 공학해석을 위한 수치해석 정가 25,000원

발 행 2023년 3월 10일 초판 1쇄
저 자 노성철
발행인 정우용
발행처 도서출판 동화기술
경기도 파주시 광인사길 201(문발동, 파주출판도시)
Tel (031)955-4211~6 donghwapub@nate.com
Fax (031)955-4217 www.donghwapub.co.kr
(등록) 1977년 12월 19일/9-16호

ISBN 978-89-425-9441-2